トランプVS
上 ディープ・ステート

世界を震撼させた 米大統領選の真相

ロジャー・ストーン
藤井幹久〔訳〕

トランプVSディープ・ステート　上巻

謝辞

リチャード・M・ニクソン大統領に捧げる。ドナルド・トランプに自由世界の指導者になる才能があることを、初めて見抜いた人である。

ワニータ・ブロードリックにも捧げる。ビル・クリントンからの性的暴行について、沈黙を守るように圧力を受けながらも、勇気をもって真実を述べた女性である。

ジェローム・R・コルシ博士にも、この本を捧げる。現在も、きわめて優れた調査報道に取り組んでいる、よき助言者であり、同輩である。

エリック・パドン博士、クリストファー・コックス、ケビン・ライアン、ジェイコブ・エンゲルス、セイント・ジョン・ハント、マイケル・カプート、A・ゴア・ビダル、ランディ・ショート、ジョン・カカニス、タイラー・ニクソン、ケイト・カプテンコ、マイロ・ヤイノプルス、マッシュー・J・ボイル、マット・ドラッジ、アレックス・ジョーンズ、ステファン・K・バノン、デビッド・アーバン、エド・マクマレン、スージー・ウィールズ、マット・ラバッシュ、タッカー・カールソン、ローリー・ゲイにも感謝する。

そして、二〇一六年に九五歳で他界した母のためにも、本書を捧げる。トニー・ソプラノ

（ドラマシリーズ『ザ・ソプラノズ』の主人公）の母親リビアを知っている方ならば、シチリア出身の私の母のことも、ご理解くださるだろう。母は、ヒラリー・クリントンのことを「いんちきで、ウソつきだ」と語っていた。私の結婚式のときに、ダンスの相手をしてくれたドナルド・トランプのために、投票するまで生きられなかったことだけは、本当に残念だった。

限りない忍耐力と知恵をもつ女性である、愛する妻のニディアにも捧げる。

ロジャー・J・ストーン

ニューヨーク市にて

目次

2019年版のまえがき

あなたが今、手にしている本を、私が執筆したのは二年前のことだ。旧版のハードカバーの本の題名は、『大統領になる方法　2016年』である。トランプは、国民的なムードに乗った選挙運動を展開して、ほとんど誰もが予期していなかった、衝撃的な勝利を成し遂げた。その勝利が、いかにして実現したのかを、初めて綿密に検証した本となった。

私はアドバイザーとして、選挙戦のことを深く知る立場にあった。また、私は、三十年以上も前から、ドナルドに大統領選に出馬することを勧めてきた者でもある。トランプ陣営の一員であれたことを、私は誇りに思っている。

悲しいことではあるが、この新版となる本を出版するにあたっては、題名を『大統領でなくなる方法　2016年―2019年』にしようかとも考えてみた。なぜなら、現在の私たちは、前代未聞の策謀の真っただ中にいるからだ。永続する政治的エスタブリッシュメント（既得権益層）は、二〇一六年の選挙の結果を覆そうとしている。ドナルド・トランプを、ホワイトハウスから追放することを企んでいるのだ。

アメリカ大統領選の歴史のなかでも、最大級の逆転劇となる勝利が生まれた理由としては、主に三つの要素があると考えられる。

まず、二大政党の政治的エスタブリッシュメントが、アメリカ国民のなかに渦巻いていた不満を過小評価していたことだ。国民たちは、二大政党のエリート支配によって、アメリカが破壊されてきた現実を、よく理解している。

また、アクセスが容易でありながらも、強力な威力を発揮するインターネットが出現したことだ。アメリカ政治をめぐる言論において、主要メディアの独占支配は崩れ去った。

それから、ドナルド・トランプの不撓不屈《ふとうふくつ》の精神である。

これまでの著作である『ケネディを殺した男　ＬＢＪ（リンドン・ベインズ・ジョンソン大統領）を告発する』『ブッシュ犯罪一家』『クリントン夫妻と女性たちとの戦い』『ニクソンの秘密』のなかで、私としては、軍産複合体（現在では、〝ディープ・ステート〟として広く知られている）についての記録を書き綴ってきたつもりだ。

しかし、そんな私でありながらも、甘く見ていたと痛感することになった。二大政党による独占支配を築いてきた者たちにとっては、「自分たちのもの」であるホワイトハウスを失うことは、とてつもなく大きな衝撃となっていた。だからこそ、二〇一六年の選挙結果を覆すことを、断固として決意していたのである。

現在、ＣＩＡほかのオバマ派の国家安全保障関連の機関、ＦＢＩほかのオバマ派の司法省は、トランプ政権の存在を、自分たちにとっての深刻な脅威であると認識している。彼らの危機感は、私が想像していた以上のものだった。

実際に、オバマ政権は国家権力を濫用して、ドナルド・トランプのトップ・アドバイザーたちの監視活動を開始していた。憲法にも法律にも違反するかたちで、外国情報監視法（ＦＩＳＡ）に基づく捜査令状が発行されていたのである。


二〇一七年一月二十日（大統領就任式の日）のニューヨーク・タイムズ紙の一面では、大統領選の最中に、トランプの三人のアドバイザーが、監視活動のもとに置かれていたことを報じていた。そして、その三人のうちの一人としては、なんと私の名前も記されていた。私がその記事を読んだときに、どれだけの衝撃を受けたかを、想像してみてほしいものだ。

現在に至っても、私としては理解できないことがある。いったい、いかなる権限のもとで、私に対するスパイ活動が許されていたのだろうか。合衆国憲法修正第四条（不合理な捜索・押収の禁止）で保障されているはずの私の権利は、重大な侵害を受けていた。また、そのような侵害行為が法廷で正当化され得るとしたら、いったい、いかなる相当の理由があるのだろうか。

私がターゲットとされたのは、明らかに、完全に政治的な理由からだ。私が、四十年にわたって、ドナルド・トランプのアドバイザーを務めてきたからだ。

さらに現在、分かっていることがある。オバマ派のＦＢＩは、トランプ陣営に潜入工作を仕掛けるための要員を放っていた。現在、ＦＢＩが認めているところでは、いわゆるロシア疑惑で、トランプ陣営に対する捜査が開始されたのは、二〇一六年七月である。しかし、二〇一六年五月の時点で、私は、「ヘンリー・グリーンバーグ」と名乗る男からの接触を受けていた。ヒラリー・クリントンに関するネガティブな情報を売りたいとのことだった。グリーンバーグは、この情報を二〇〇万ドルで売りたいと言ってきたが、バカバカしい話なので、私としては即座に断っていた。

当時は知らなかったが、このグリーンバーグには本当の名前があった。ジェナディ・バシリエビッチ・ボストレッツォフが本名であり、ＦＢＩが長年使っていた情報提供者だった。この男が、アメリカ合衆国で活動することができた理由は、ＦＢＩのマイアミ支局によってビザが承認されていたからだ。

ウィキリークス（告発サイト）のジュリアン・アサンジは、二〇一六年六月のインタビューで、ヒラリー・クリントンに関して入手した情報を、いずれ公開する予定であると語っていた。七月下旬になって、ニューヨーク市の進歩派のラジオ番組で司会者を務めるランディ・クレディコから、私にもたらされた情報があった。ウィキリークスに近い筋からであるとされていた。クレディコとは、以前に麻薬問題の制度改革のことで、一緒に仕事をした縁があった。

クレディコによると、アサンジが思わせぶりにしている情報は、「政治的にはダイナマイト」であり、「ヒラリーの選挙戦を破滅させる」とのことだった。そして、そうした情報が公開されるのは、十月になるだろうと言っていた。

この貴重な情報がもたらされて以降、私は、ウィキリークスからのツイッターの発信を、熱心にフォローするようになった。グーグル・ニュースでは、〝ジュリアン・アサンジ〟をアラート設定しておいた。それから、大小の様々なメディアに出ていた、ウィキリークスのジュリアン・アサンジのインタビュー記事を、大急ぎで読んでみた。そして、来るべき十月に、ウィキリークスから情報が公開される予定であることを、私としても、大々的に宣伝することにした。

たしかに、私が、ウィキリークスからの情報公開を告知していたのは事実である。しかし、実際のところ、情報源についても、情報の中身についても知っていたわけではなかった。また、私がそのような行動を取ったのは、自分のことを、ドナルド・トランプ陣営に売り込むためでもなかった。(二〇一五年八月に、私は、自らの意志で陣営から離れている)。そうではなくて、ヒラリー・クリントンとクリントン陣営に、政治的なダメージをもたらす情報があるならば、投票日の前に、有権者とメディアの注目を最大限に引き付けておきたいと考えたからだった。

投票日の夜に、私は興奮してはいたが、トランプが当選したことに驚きを感じていたわけではない。トランプ陣営で世論調査を担っていたのは、共和党のベテラン世論調査専門家のトニー・ファブリツィオだ。ファブリツィオは、トランプが持てる時間と資源を、ミシガン州、ウィスコンシン州、ペンシルベニア州、フロリダ州に重点的に投下する作戦を、強力に推し進めた。ファブリツィオが見るかぎり、ヒラリー・クリントンは、前者の三つの州での勝利を、すでに確実視していた。この三州では楽勝するとの前提で、終盤の数週間での選挙運動は十分でなく、広告費用も減らしていた。

また、ファブリツィオだけでなく、私としても気づいていた状況があった。以前のミット・ロムニーや、ジョン・マケインと比較したときに、トランプは労働者階級の白人層で、組合員であるか否かを問わず、きわめて善戦していた。したがって、この終盤での戦力配分の意思決定が、勝敗を決することにつながった。こうしてニューヨークの億万長者に、トルーマン対デューイ以来の大逆転勝利がもたらされたのである。

投票日の夜、私は、テキサス州オースティンの「インフォウォーズ」のスタジオで、選挙報道に出演していた。疲れ果ててはいたが、選挙の結果には、もちろん嬉しさをかみしめていた。だが、司会者のアレックス・ジョーンズは、不思議なくらい陰鬱《いんうつ》な様子を見せていた。まるで不吉な前兆を感じ取っているかのようだった。「これで終わりではないぞ」と言っていた。そして、「これは始まりにすぎないんだ」とも語っていた。

アレックス・ジョーンズが言っていたことは、たしかに正しかった。

知事を務めてから大統領になったロナルド・レーガンに、私は、若き側近として仕えていたことがある。そのときに、直接に目の当たりにしたことがあった。ワシントンの政治的エスタブリッシュメントは、既得権益を脅かしかねないアウトサイダーの大統領を、巧妙に取り込んでいった。ジミー・カーターのときにも、やはり同じことが起きていたのを、私は見てきている。元ジョージア州知事のカーターも、CIAによる権力の濫用に、毅然たる態度で臨もうとしたアウトサイダーだった。しかし、トランプ政権を飲み込もうとする圧力と比べれば、その頃の動きは、まるで子供だましのようなものだった。

私が驚きと共に、ショックを感じたのは、政権スタッフを配置するにあたり、共和党全国委員長を務めていたラインス・プリーバスに助力を仰いだことだ。トランプ陣営に終盤で参画していた、ナショナリストのスティーブ・バノンも、「首席戦略官」との肩書を与えられて、ホワイトハウス入りしていた。しかし、バノンが、トランプ支持派を新政権に迎え入れるために、政治的資源を費やしていないことは、すぐに明らかになった。トランプ政権のホワイトハウスを発足させるために、急遽《きゅうきょ》かき集められていた陣容は、ジェブ・ブッシュ知事が大統領に当選していたとしても、まるで変わらないものとなっていた！

トランプは、「不介入主義者」として当選していた。長期化で戦費がかさんでいたイラクやアフガニスタン、そして、シリアでの戦争について、アメリカの介入を終結させることを公約していた。しかし、国家安全保障担当大統領補佐官や国務長官に配置したのは、ネオコンのタカ派であるH・R・マクマスター将軍、レックス・ティラーソンだった。同じように、国連大使に任命されたのは、サウスカロライナ州知事のニッキー・ヘイリーだった。

大統領としては、多額の戦費を要する外国での危険な冒険から、アメリカを脱却させなければならないことを直感していた。しかし、トランプ政権の最初の二年間では、そうした意向は、事実上、アドバイザーたちによって覆されていった。アメリカは、グローバリズムに向かって漂流していた。

内政面での当初の任命人事でも、やはり失望させられることになった。トランプは、ウォールストリートの大手企業であるゴールドマン・サックスを、痛烈に批判していたはずだった。テッド・クルーズ上院議員には、違法なかたちで選挙資金が融資されていたことを批判していた。また、ヒラリー・クリントンには、六七万五〇〇〇ドルもの講演料が支払われていたことも、やり玉に挙げていた（ヒラリーは、講演内容を公開することを拒否していた）。それなのに、トランプはゴールドマン・サックスのゲーリー・コーン社長を、首席経済顧問として迎え入れていた。コーンは、炭素税を強く支持する立場だった。

幸いなことに、大統領は誤りに気づくことができた。かつてない大胆な規制改革と、アメリカ史上最大の減税のための法案を、成立までこぎ着けることができた。コーンを交代させて、経済成長論者のラリー・クドローを任命したことは、賢明な判断だった。クドローは、選挙戦のときに公約していた、大胆な経済政策の共同立案者の一人である。

アメリカ史上で最大の景気回復が生まれることになった。トランプが当選して以来、雇用は三九〇万人増加して、その後も増え続けている。GDP成長率も四・二パーセント（二〇一八年第2四半期）を記録した。失業率も、一九六九年以来の低水準となっている。バラク・オバマ大統領が「もはや戻ってこない」と断言していたはずの製造業での雇用でも、七一四パーセントとなる驚異的な伸びを示した。（トランプ政権の発足二年間の成果をオバマ政権と比較したフォーブス誌の調査）企業景況感指数も急上昇している。また、トランプの規制廃止により、消費者マインドも急回復している。ある指標によると、過去十八年間で最高の水準に達している。企業業績が過去最高の水準並みとなっているのも、トランプの法人減税のおかげである。

トランプ大統領による大幅な減税と、ビジネス規制の廃止が、米国史でも有数の力強い経済成長を促したことは明らかだ。トランプの経済政策は、きわめてシンプルなものである。税金と規制に立ち向かい、インフラと軍備への支出を拡大する。そうすれば、停滞している景気に、供給側からの刺激が生まれるというものだ。

おそらく、トランプ大統領が犯した最大の失敗は、アラバマ州選出のジェフ・セッションズ上院議員を、司法長官に任命したことだ。セッションズは、二〇一六年の選挙戦のときには、トランプの強硬な移民政策にアイデアを提供して、熱烈に支持していたはずだった。しかし、ディープ・ステートから、ロシアの支援で当選できたとする、トランプ政権の正統性を否定する動きが生まれると、驚くべきことに、セッションズは捜査への関与を辞退してしまった。

このロシア疑惑という神話は、あるときには攻撃のための武器となり、また、あるときには防衛のための武器ともなった。ブッシュ―クリントン―オバマ政権の支配階級としては、この神話を利用することで、自分たちが重大犯罪を重ねてきたことに、煙幕を張ることができた。実際のところ、権力は濫用されていた。自国の情報機関を動かして、トランプ陣営に対するスパイ活動や、潜入工作を仕掛けていた。また、この神話は、ドナルド・トランプを大統領の座から追放するためにも、格好の口実として利用することができた。この企みは、現在も進行中である。

現在までに、「スティール文書」が捏造《ねつぞう》されたことに関しては、著名なパーキンス・コイエ法律事務所を経由して、クリントン陣営からの資金が流れていたことが判明している。「スティール文書」では、ドナルド・トランプの性的不品行を材料にして、ロシアから不当な影響力が行使されているとの疑惑が示唆されていた。しかし、この捏造された文書の情報源をたどっていくと、ジョン・マケイン上院議員や、オバマ派の司法省などに行き着いていた。この「スティール文書」が、ドナルド・トランプ陣営への監視活動を行うための根拠として採用された結果、外国情報監視法（FISA）による捜査令状が発行されていたのである。

インチキなFISAの捜査令状は、トランプ陣営に協力していたカーター・ペイジ（元外交顧問）への監視活動のために適用されていた。その経緯を示す内容については、理由は不明であるが、今のところ、トランプ大統領は機密解除を認めていない。オバマ政権が「保険」政策として、情報機関を使って、トランプ陣営の監視活動をしていたことを証明する文書についても、同様とされている。オバマ政権は、二〇一六年の選挙が予想外の事態となったことを受けて、当選した人物の信用を傷つけて、大統領の座から追放するための作戦を開始していた。

デビン・ニューネス下院議員は、二〇一九年一月まで下院情報委員会の委員長を務めていたので、そうした機密文書を閲覧できるセキュリティ・クリアランス（機密情報の取扱い資格）を保持していた。そうしたなかで、機密文書の内容が公開された場合には、トランプを監視対象にして、信用を失墜させようとした謀略の全貌が暴露されることになることを示唆していた。そして、トランプ政権を守るためにも、アメリカ国民の前に、検閲なしで機密解除することを、大統領に対して、公然と訴えかけていた。

ジェフ・セッションズ司法長官は捜査への関与を辞退していたが、ジェームズ・コミーFBI長官も、トランプ大統領に解任されていた。その後に、司法長官を代行するロッド・ローゼンスタイン（司法副長官）は、トランプ、トランプ陣営、トランプ政権を捜査するために、独断によって、元FBI長官のロバート・モラーを特別検察官に任命した。（ローゼンスタインによる任命の前日に、大統領は、モラー氏をFBI長官に検討する面談をしていたが、就任の要請はしなかった。モラー氏には、利益相反の疑義も生じている）。すでに独立検察官を規定する法律は失効しているが（ウォーターゲート事件を受けて定められた独立性の高い制度は、一九九九年に失効）、実質的には、モラー氏には制限されることなく、いかなる捜査でもできる権限が与えられた。

二〇一七年一月の時点では、私のトランプ陣営との関わりが、この疑惑の中心となるであろうことは、まだ予想していなかった。現在では、私が、インチキ特別検察官のロバート・モラーから抹殺対象者とされていることを理解している。私が、過去四十年にわたって、ドナルド・トランプのアドバイザーをしてきたことが理由である。

つまり、私がターゲットとされている理由は、何かの罪を犯したからではない。ディープ・ステートのリベラル派たちは、私のことを沈黙させようと企んでいるのだ。あるいは、私にとってのよき友人の利益に反する証言を、私から引き出したいと考えているのだ。

モラーはロシア疑惑捜査のなかで、ヒラリー・クリントン陣営に打撃を与えたウィキリークスからの情報公開に、私が直接に関与していたという証言を得ようと取り組んでいた。しかし、そのような事実を裏付ける、いかなる証拠も存在していなかった。過去と現在の私の仕事仲間のうち一二名以上が、FBIから脅しを受けた。それでも、結果は変わらなかった。さらに六名以上が、モラー捜査の法廷に引っ張り出された。それでも、やはり結論は同じことだった。

モラー氏が、私をデタラメな容疑に陥れようとした目的は、私のことを黙らせるためであったのかもしれない。あるいは、大統領に不利な証言を引き出すためであったのかもしれない。しかし、最終的には、この壮絶な戦いのために、私は二〇〇万ドル以上を費やすことになった。私だけでなく、私の家族も、とてつもない損害を受けることになった。この魔女狩り事件のおかげで、私はとことん消耗させられた。容赦なくフェイクニュースがリークされたことによって、順調だった私のコンサルタント事業は干上がり、自己破産の危機にも直面した。孫たちの大学進学資金のために、著書の収益を積み立てていた、ささやかなファンドも精算するはめに陥った。

私の人生をあらゆる側面から追及するために、何百万ドルもが投じられていた。しかし、それにもかかわらず、連邦議会および特別検察官は、ロシア疑惑に関しても、ウィキリークスとの共謀に関しても、二〇一六年大統領選での不法行為に関しても、何ひとつ証拠を見つけ出すことはできなかった。

しかし、そうした事実は、もしも、あなたがCNNや、MSNBCを視聴していたとしたら、あるいは、ウォールストリート・ジャーナル紙とか、ワシントン・ポスト紙とか、アトランティック誌とか、ニューヨーク・タイムズ紙とかを読んでいたとしたら、きっと分からなかったに違いない。

モラーの私に対する捜査は、二年以上も続けられた。私個人のこと、私生活のこと、家族のこと、ビジネスのこと、政治の仕事が、徹底的に調べ上げられた。まるで悪夢のような、とてつもない個人攻撃となった。CNNの報道によると、モラーは、私のすべての金融関係の記録を調査したとのことである。また、私のすべてのEメール、テキストメッセージ（携帯端末でのショートメッセージサービスによる文字通信）、通話の記録が、特別検察官によって調査されたことを示す十分な証拠があった。

法律に則れば、特別検察官は捜査にあたり、守秘を求められているはずだ。それにもかかわらず、私は、繰り返し違法なリークに晒《さら》されることになった。ハッキングされたとも、盗まれたともされる、ウィキリークスが公開したメールに関して、私が、事前にその情報源や内容を知っていたとの容疑で、誹謗中傷《ひぼうちゅうしょう》が繰り広げられた。しかし、完全に事実無根である。

二〇一七年九月に、私は、下院情報委員会の非公開会合で、自ら進んで三時間にわたり証言を行った。私は、自分の証言をアメリカ国民に公開することを要請した。そうすれば、私の証言が真実であることが、自ずと判定されることになるからだ。私に対しての聴聞や、作為的な質問が、党派的な動機によるものであることも、白日の下に晒されるからだ。しかし、私の要請は却下されてしまった。

私としても、やむを得ず証言することになったのは、ウィキリークスもしくはジュリアン・アサンジと私のつながりが、旧友のランディ・クレディコを介した関係だけであったことだ。クリントン陣営のメールに関しては、情報源も、内容も知らされていなかったことも証言した。また、実際に公表されるまでは、本当にウィキリークスが、そうした情報をつかんでいるのかどうかの確証もなかったことも証言した。

そのとき以降、クレディコは、そうした私の証言を否定するようになっていた。そして、誰から聞かれても――モラー捜査の法廷でも――私が偽証をしていると言い張った。それからは何か月にもわたり、私は自分の立場を守るために、悪戦苦闘しなければならなくなった。

ありがたいことに、私の弁護団が、決定的な証拠を発見してくれた。それは、私が二〇一六年以来、使っていなかった携帯電話に残されていたテキストメッセージの記録だった。クレディコは、法廷の場で、アサンジの情報を私に伝えた事実を否定していた。しかし、その通信記録を見たならば、クレディコの証言が偽証にあたることは明らかだった。

そうした通信記録のほかにも、今、あなたが手に取っている本書の内容を読んでくれたならば、私とトランプ陣営との関わりについて、誤解の余地なく理解することができるはずである。真相を語っているのは――クレディコでもなく、モラーでもなく、リベラル派のメディアでもなく――本書であるからだ。ドナルド・トランプは、ヒラリー・クリントンを倒すために、ロシアからの支援など必要とはしていなかった。実際に、支援を受けていた事実もなかった。

カリフォルニア州選出の民主党アダム・シフ下院議員は、私の宣誓証言が、完全な偽証であるとの非難を繰り広げた。アダム・シフは、今日のアメリカの民主党政治家のなかでも、とりわけ典型的な人物だ。巧妙な二枚舌で、卑劣な誹謗中傷をすることを生業としている男だ。すり替えの名人であり、フェイクニュースの捏造屋であり、正真正銘のウソつきだ。言うなれば、シフという男は、イカサマ野郎だ。

実際に、アダム・シフの作り話は、いつもコロコロと変わっていた。二〇一七年三月二十二日には、疑惑について「現在、状況証拠以上のものが出てきている」と、厚顔無恥な発言をしていた。（三日前のインタビューでは確たる証拠があると述べていたが、発言を後退させた）

番組『ミート・ザ・プレス・デイリー』での会話のなかで、チャック・トッド（NBC、MSNBCの番組司会者）からは、共謀の事実とされるものが、せいぜい状況証拠でしかないことが指摘された。

「実際のところ、そうではないのですよ。チャックさん」シフは言い返した。「もっと確かなものです。これ以上は、詳しくは言えないのですが。現在、状況証拠以上のものが出てきていて……。状況証拠ではないのです。十分な証拠として耐えうるものが出ているのです」

しかし、現在に至るまで、このウェスト・ハリウッドから選出された下院議員からは、そうした証拠が示されたことはない。

アダム・シフというのは、デタラメ放題のゴロツキ集団の代表格だ。そうした連中は、腐敗にまみれて、誇大妄想狂で、党利党略しか考えていない。そんな出世主義の政治屋どもによって、民主党政権ができようものなら、中央集権型の権威主義国家が生まれて、あっという間に、民主主義は破壊されてしまうことになるだろう。

二〇一六年の選挙では、ロシア疑惑をめぐっては、すでに明白な証拠が存在していた。しかし、それはトランプ大統領の疑惑ではない。クリントン夫妻が私腹を肥やす目的で設立していた、クリントン財団の疑惑である。クリントン財団は、何千何百万ドルもの「賄賂《わいろ》」の受け皿となり、不正資金の温床となっていた。ロシアの国営エネルギー企業ロスアトムの役員たちからは、一億四五〇〇万ドルが献金されていた。そうした背景のもとで、アメリカのウランの二〇パーセントの権益が、ロシア企業に売却される取引が承認されていたのである。国家を裏切る経済犯罪としては、おそらく米国史上で最悪のものであったと、私は考えている。

本書のなかで詳述しているが、二〇一六年までに興隆していた、強力で活発なインターネットは、アメリカの政治言論をめぐる、大企業型の主要メディアによる独占支配を終焉《しゅうえん》させた。そうした背景のもとで、ドナルド・トランプは当選していた。

しかし、そのことを理解したディープ・ステートと、巨大テック企業の仲間たちは、エスタブリッシュメントが作り出している物語に賛同しない者たちを、猛烈な勢いでインターネットの世界から排除していった。その対象とされた話題としては、ドナルド・トランプ、二〇一六年の選挙、不法移民の無制限な受け入れ、イスラム過激派、ワクチン接種の義務化、貿易問題、戦争が挙げられる。「インフォウォーズ」だけでなく、何千もの保守派、リバタリアン、共和党、さらに反戦主義の進歩派までもが、フェイスブック、ツイッター、ユーチューブなどの拡散力のあるソーシャルメディアのプラットホームから、使用停止の措置を受けることになった。

私自身も、二〇一七年にツイッター社から永久追放の処分を受けた。不透明で、不公平に運用される「コミュニティ・ガイドライン」に違反したのが理由であるそうだ。

別の言い方をすると、キース・オルバーマン（番組司会者）が、ツイッターを使ってドナルド・トランプの暴力的な暗殺を唆《そそのか》したとしても、禁止措置を受けないのに、私が、ＣＮＮのジェイク・タッパー（番組司会者）の感情を害したときには、永久追放になるということだ。

二〇一九年一月には、信じがたいことが明るみに出ていた。腐敗したジェームズ・コミー長官が解任されたことを受けて、ＦＢＩは、「ロシアの利益を図った」との疑惑をめぐり、トランプ大統領本人への捜査に着手していたのである。ヒラリー・クリントンが私用メールサーバーを使用して、国家安全保障を脅威にさらした容疑を不問にしていたのが、コミーＦＢＩ長官である。ロッド・ローゼンスタイン司法副長官と、クリストファー・レイＦＢＩ長官（トランプ大統領に任命されたが、ディープ・ステートの人間である）は、大統領と連邦議会に対して、この捜査の存在についてウソをついていたということだ。

ここで、はっきりと記しておきたいことがある。二〇一八年の中間選挙（前代未聞の不正選挙があった）では、民主党が下院の過半数を獲得した。下院では、いかなる口実を見つけてでも、ドナルド・トランプの弾劾条項を成立させる動きが出てくることだろう。そうなれば、共和党が優位の連邦上院議会で、弾劾裁判が行われることになる。ただし、大統領を失職させるためには、三分の二の議席が必要とされている。

現在のところ、弾劾が成立する可能性はないように思われる。しかし、ブレット・カバノー最高裁判事の承認人事をめぐる攻防を見たときに、これから何が起きるかは想像がつく。ＣＮＮ、

ＭＳＮＢＣ、ニューヨーク・タイムズ紙、ワシントン・ポスト紙などでは、事実無根の内容が煽《あお》り立てられて、メディアの自作自演によるマス・ヒステリーが生まれていた。カバノー判事の指名承認が、わずか一票をめぐる争いとなったことは、指摘しておかなければならない。（承認に反対する共和党マカウスキ議員が棄権するなどで、採決は五〇対四八の二票差となる）カバノー判事に性的暴行や集団レイプをされたとする訴えが、作り話であったことを認めた告発者もいたが、刑罰を受けることはなかった。

いつの日か、アメリカを支配するエリート階級が、米国史上最大級の魔女狩り事件をでっち上げるための陰謀を巡らせていた、暗い時代があったことを、歴史家が書いてくれるときが来るだろう。そのようなときに、これからあなたが読もうとしている本書が、最も信頼できる資料として使われるようになることを、私は願っている。本書は、いかにしてドナルド・トランプが二〇一六年の選挙に勝利して、世界に衝撃を与えたのかについての、決定版の記録である。

ロジャー・Ｊ・ストーン
ニューヨーク市にて
二〇一九年一月

序章
トランプ派として

二〇一六年十一月八日に、ドナルド・ジョン・トランプは、第四五代アメリカ合衆国大統領に選出された。この類まれなる偉業は、ドナルド・トランプという人物の才能、エネルギー、先見力によって成し遂げられた。

選挙戦の最終盤の日々で、トランプは八つの州を駆け巡った。そして、一九四八年以来の大逆転劇を巻き起こした。当時の大統領選挙でも、ハリー・S・トルーマン大統領は制限速度を超えて鉄道を走らせて、各地を駆け抜けていた。一日に六か所も、七か所も訪れることで、ついには、ニューヨーク州知事のトーマス・E・デューイを破っていた。

そうした過酷な日程を乗り切ったトランプの体力は、まさにヘラクレス並みである。ウィスコンシン州やミシガン州を巡り、ペンシルベニア州西部にも乗り込むという最終盤の猛攻は、意志力の賜物でもあった。ヒラリー・クリントンが当選を祝い始めていたなかで、勝敗の決め手となったことは疑いがない。

二〇一六年大統領選では、アメリカ合衆国の政治報道で、初めて主要メディアが独占支配を失うことになった。オルタナティブ・メディアが勢力を伸ばしていたからだ。その報道の水準は、巨大なテレビネットワーク（ABC、CBS、NBCが三大ネットワークとされる）や、ケーブルニュース局（CNN、FOXニュース、MSNBCなど）を凌駕していた。有権者は、そうしたオルタナティブ・メディアからの情報を受け取るようになっていた。

トランプは、「デイリー・コーラー」「ブライトバート」「WND（ワールド・ネット・デイリー）」「インフォウォーズ」などの保守系メディアを、巧みに味方につけた。そして、政治意識は高いが、既存の報道に飽き足りないアメリカ国民に向けて、大統領候補者としては、初めて効果的にメッセージを届けることに成功していた。

また、トランプは、メディアに対しては「不公正」で、「ウソつき」であるとの批判を広げた。それは、ニクソンの手法に倣うものである。ニクソンも、トランプも、メディアの偏向に対する支持者たちの怒りに、うまく乗じていた。

トランプが、公然とメディアと対決する姿勢を見せたことによって、選挙報道での扱いが、多少なりとも公正になった部分はある。それでも、ケーブルニュース局は、トランプに容赦のない攻撃を浴びせ続けた。それは、これまでに私が携わってきた、過去九回の大統領選挙を振り返ってみても、いまだかつてないレベルのものとなった。もはやメディアは、客観性を装うことすらしていなかった。意図は見え透いていたし、やり方も露骨だった。

しかし、たいていの場合、結果は裏目に出た。メディアと政治的エスタブリッシュメントが結託して、数々の真実を隠蔽している事実に、アメリカの有権者が気づいてしまっていたからだ。もはや有権者は、メディアのことを信じてはいなかった。

ドナルド・トランプは、本人自身が選挙参謀であり、選対責任者であり、戦略家でもあった。選挙での素晴らしい成果のすべては、トランプ本人の功績によるものだ。その道のりを共にできたことを、私は嬉しく思っている。私は、一九八八年以来、トランプが大統領選に出馬することを願ってきた。二〇〇〇年には、大統領選準備委員会の責任者を務めた。二〇一二年に出馬を検討したときにも、コンサルタントの仕事を引き受けた。

四十年にもわたり、私は、トランプ・オーガニゼーション、トランプ・シャトル、トランプ・ホテルズ＆カジノ・リゾーツの仕事で、トランプに仕えてきた。そうしたなかで、出馬を検討するための仕事も、何度かしてきていた。

トランプは、米国史上で最強のセールスマンである。プロモーターの資質があり、起業家として熱意を伝播させていく才能を持っている。そして、金儲けと勝負に勝つことを愛している。

トランプは、近年の大統領選で採用されてきた世論調査、高額のテレビ広告、精密な調査分析などの従来型のツールには、あまり積極的ではなかった。その代わり、近年では初めての「コミュニケーション」型の選挙運動を展開した。また、かつてのリチャード・ニクソンの選挙運動と同じように、トランプ陣営は「お決まりの集会」を展開した。

トランプは、「サイレント・マジョリティー」のための候補者として、〝忘れられた人々〟に訴えかけた。〝法と秩序〟の候補者であり、平和のための候補者でもあった。そうしたことを訴えて出馬していたのは、決して偶然ではなかった。トランプの選挙運動は、多くの点で、ニクソンと共通していた。

政治というのは、大きな争点、考え方、テーマをめぐる問題であることを、トランプは分かっていた。有権者にとっては、オタクのような細かい話は退屈でしかない。そうしたことを、よく理解していた。もし、そうでないならば、とっくの昔にニュート・ギングリッチ（元下院議長）が大統領になれていたはずだ。

たしかに、トランプの当選には、一九八〇年のロナルド・レーガンの勝利との類似性がある。しかし、トランプが勝利した理由には、あまりイデオロギー的なところはない。むしろ、政府の仕事を有効に機能させたいという、素朴な願いが公約とされていた。ニクソンと同様に、トランプはプラグマティックな人間だ。関心があるのは、理念として純粋であるかよりも、実際に仕事がうまくはかどることだ。トランプには、アメリカが敗北していく姿が、見ていられなくなっていた。まさに、国民が待望していた応援団長なのである。

トルーマンが〝ホイッスル・ストップ〟集会（地方遊説のこと）をしたのと同じように、トランプの選挙集会は、選挙戦略の中心を占めていた。ケーブルニュース局が、トランプの選挙演説を放送し続けたことによって、その影響力は何倍にもなった。トランプは、たくさんの聴衆を集めた。そして、有権者は、トランプが正直で、面白い人物であることを、よく理解することができた。

さらには、信任の厚いプレス担当のホープ・ヒックスが、応じられる限りで、個別インタビューの予定を入れていった。まさしく、いつテレビをつけたとしても、ドナルド・トランプのことを見たり、聞いたりすることができた。ケーブルニュース局が、そうした扱いをしたのは、もちろん視聴率のためだ。トランプはリハーサルをせず、コーチも受けず、誰からも操縦されていなかった。聴衆にとっては、それが新鮮で、信頼できるものに感じられていた。

私が、ドナルド・トランプに出会ったのは、ロイ・コーンを通じてである。コーンは著名な弁護士であり、伝説的な悪党でもあった。その当時、若き不動産界の大物であるトランプのために、顧問弁護士を務めていた。

一九七九年のことである。私は、北東部諸州を代表するニューヨーク州で、大統領選ロナルド・レーガン陣営の活動に参画していた。支援のお願いを見込める人々のリストとして、私には、レーガン知事夫妻の「ニューヨークの友人たち」の名刺ファイルが渡されていた。その中にあった一枚が、サックス・ベーコン・ボラン弁護士事務所のロイ・M・コーン弁護士の名刺だった。面会の約束を取り付けるために、私は、コーンのオフィスに電話をかけた。

アッパー・イーストサイドにあるブラウンストーン造りのコーンの法律事務所に到着してから、私は、待合室で一時間ばかり待たされた。それから、面会場所となる二階のダイニング・ルームに通された。コーンは、シルクの白いガウンを羽織っていた。夜更かしの宴会でもあったのか、まぶたは深く垂れて、眼は充血していた。そのときまでコーン氏と向かい合って座っていた来客は、体格のよい紳士だった。

「こちらは、トニー・サレルノさんです」コーンが言った。

私が対面していたのは、その当時、マフィアのジョノヴェーゼ一家のボスをしていた〝ファット・トニー〟こと、トニー・サレルノ氏だった。一九八六年十月のフォーチュン誌では、アメリカで「政治力、資金力、影響力ではトップのマフィア」として、七五歳のサレルノが紹介されている。

ドナルド・トランプは、ニューヨークの不動産開発業者として、サレルノが支配するマフィア絡みの会社からコンクリートを仕入れていた。もっとも、ニューヨーク州政府やニューヨーク市政府のほか、主な不動産開発業者のほとんども、サレルノの会社からコンクリートを調達していた。組合との良好な関係を築いておくためだ。サレルノの会社は、州政府や連邦政府を大口の得意先として、コンクリートに関しては、事実上の独占状態にあった。ニューヨーク州からの正式な営業許可を受けて、ビジネスを展開していた。

サレルノが出ていってから、話の本題に入った。私はコーンに、ニューヨーク州でレーガン候補を支援してほしいと依頼した。コーンは、伝説的な〝タマニー〟（ニューヨーク市政を牛耳った民主党のマシーン）に属する判事の息子で、名目上は民主党員となっていた。ニューヨーク州民主党には、隠然たる影響力を与えていた。

法廷では、その悪党ぶりが恐れられていた。裁判に提訴した原告人も、コーンが相手方の弁護士についたことを知ると、ただちに和解に応じた。トランプは、コーンを顧問弁護士に迎え入れることで、そうした力を発揮してもらっていた。

「なあ、君、どんなことでお役に立てるかな？　いまのジミー・カーターは、ひどいもんだ。スタンリー・フリードマン（ブロンクス区民主党の有力者）にも、ミード・エスポジト（ブルックリン区民主党の有力者）にも、あのピーナッツ農場主は、まるでダメな野郎だと言ってやった」コーンは、まくし立てた。

「ロニー（ロナルドの愛称）とナンシーは、一九五〇年代の頃からの友人なんだ。俺が、あのあわれな酔っ払いのジョン（ジョセフ）・マッカーシー（赤狩りに取り組んだ上院議員）の下で働いていた頃のことだ。ロニーは、ハリウッドで共産主義のやつらに対して、立ち上がったんだ。それで、Ｊ・エドガー・フーバー（初代ＦＢＩ長官）のお気に入りなんだよ」

私はコーンに、財務委員会を発足させたいと伝えた。選対本部の場所を決めて、オフィスをレンタルして、電話を設置する必要があることも伝えた。ニューヨーク州共和党予備選挙の投票用紙に、レーガン支持の代議員の名前を記載するために、正式に署名集めの運動を始める必要があった。

コーンは、しばらく外の景色を窓越しに眺めていた。それから、おもむろに言った。

「君には、ドナルド・トランプが必要だろう。ドナルド・トランプとは知り合いかな？」

コーンは、きらりと眼を光らせた。私は、タブロイド紙の記事でしか知らないことを伝えた。

すると、すぐに会えるように手配すると言ってくれた。しかし、ドナルドはとても忙しい人なので、限られた時間での面会になるだろうとのことだった。

また、コーンからは、クイーンズに住むドナルドの父親フレッド・トランプにも会いに行くようにとも言われた。

「フレッドさんは、バリー・ゴールドウォーター（一九六四年大統領選の共和党候補者）とも知り合いだ。保守派とか、共和党候補者とか、そういう運動には協力的な人だ。レーガンのことも、気に入ってくれるはずだ。私は保証するよ」

三度にわたり起訴された過去があるコーン弁護士が、そう言ってくれた。


こうしてコーンの勧めに従って、私は、ドナルド・トランプに会いに行くことになった。

面会の時刻になったとき、ベテラン秘書のノーマ・フォーダラーが、私をトランプのオフィスに案内してくれた。

「トランプさん、お会いできて嬉しいです」私は言った。

「ドナルドと呼んでくださって結構です」ビジネス界の大物は、笑顔を見せて答えた。

トランプは、あたかもスポーツに興味を持つように、政治への関心を示した。ロビイストを雇い、法律に則って政治的な資金を使うやり方には通じていた。

トランプのカーターに対する評価は低かった。そして、「ジョージ・ブッシュも、ダメなやつだな」とも言った。

「なあ、レーガンは見てくれがいいじゃないか」トランプは言った。

「見栄えがいい男というのが、いるもんだよな。シナトラだって、JFKだって。レーガンもそうだな。国民は、強いリーダーを求めている。カーターは優柔不断で、弱いよな」

トランプは、世論調査の状況を様々に質問してきた。そして、レーガン候補の財務委員会のために、父親との折半で合計一〇万ドルの献金を決めてくれた。

協力を決めてくれたときから、よく連絡が来るようになった。トランプは、最新の世論調査の動きを知りたがった。特に、西部諸州や南部諸州での、レーガン対カーターの支持率のデータに注目していた。そして、五二丁目にオフィスを開くことも援助してくれた。「21クラブ」の隣にあり、以前は立派だったが、さびれてしまっている建物だった。

かつては瀟洒《しょうしゃ》であったはずの、古風なブラウンストーン造りの建物は、一九七〇年代には、手入れも行き届かずに、オフィス空間として使用されていた。薄汚れた緑色のカーペットが敷かれ、安っぽい間仕切りが設置されていた。たくさんの小部屋のほかに、広々とした会議室もあったので、人を集めるのには適していた。共和党予備選挙の有権者に電話がけをしたり、ボランティアが封入作業をしたりする場所としては、好都合だった。私のデスクでは、毎日のようにネズミが走り回っていた。それでも、立地としては最高だった。

ロイ・コーン行きつけの店である「21クラブ」は、トランプのお気に入りの場所でもあった。ある日の午後、コメディアンのジョージ・ジェッセルが、このクラブに立ち寄っていた。そのときに、この往年のコメディアンと私が、ニューヨーク州共和党のジョージ・L・クラーク委員長と一緒にいたところを、ニューヨーク・タイムズ紙のカメラマンに撮影されたという出来事もあった。クラーク委員長は、レーガンが一九七六年に現職のジェラルド・フォード大統領に挑戦したとき以来、レーガン支持者となっていた。

ニューヨーク州共和党の幹部たちから、トランプは、州知事や市長に立候補することを、何度も求められていた。例えば、二〇〇六年には、ニューヨーク州上院議会の共和党最高幹部であるジョー・ブルーノが動いていた。もし、トランプが共和党の指名を受けて、州知事選に出馬する場合には、集票力のあるニューヨーク州独立党とも連携して擁立する構想を描いていた。この話は大いに盛り上がっていたが、トランプが水を差したところで終わりとなってしまった。

「しばらく話題にしておいてくれたら、よかったのですが。そう思ってきました」と、ブルーノは語っている。

「でも、それでは仕事が小さすぎたのだということが、ようやく分かりました……。二〇一六年の（大統領選）出馬は、旋風を起こすには絶好のタイミングでした。不正な仕組みによって、弱者が虐げられているという不信感が高まっていたからです。有権者のあいだでは幻滅が広がっていました。たしかに、荒っぽく見えたところもあります。でも、有権者は、トランプのそんなところが好きなのです。国を破壊してきたエスタブリッシュメントたちへの、あからさまな反抗でもあるからです」と、元ボクシング選手でもあるブルーノは語っている。

トランプには、茶目っ気のあるユーモアがあるので、楽しい時間を過ごすには、とてもよい相手だ。美しい女性にも、ひときわ関心を寄せた。そうした審美眼は、建築物にも向けられた。高層ビルの美しいラインや、ぜいたくな真鍮《しんちゅう》の使用や、よく目立つ看板として表現されていた。建築の仕事では、業界の水準をはるかに超えるレベルを目指していた。組合との関係は、つねに良好に保たれていた。それは、民主党優位のニューヨーク市では、とりわけ大事なことだった。

建築物に関しては金ぴか趣味ではあったが、ドナルド・トランプの人柄としては、派手さや、見栄を張るところはまったくなかった。好物はミートローフ、チーズバーガー、ダイエット・コークである。ケーブルテレビ局のニュース番組を視聴することも趣味にしていた。

トランプの天才ぶりには、全米中の人たちが出し抜かれたのかもしれない。しかし、私が知るかぎりでは、トランプは、ロムニーが敗北した直後に、米国特許商標庁に「メイク・アメリカ・グレイト・アゲイン」を登録していた。

そして、二〇一三年の元日に、トランプは、二〇一六年大統領選に出馬するつもりであることを、私に語っていた。そこで、私からは、以前にも出馬を匂わせたことがあるので、メディアは本気であるかを疑ってくるだろうと言ってみた。トランプからの答えは、こうだった。

「私が発表したら、そんな疑問はなくなるさ」

実際に、その通りになった。

ドナルド・J・トランプ大統領――とても心地よい響きを感じる言葉だ。

一九八七年以来、私は、このアイデアを心の中であたためてきた。もっとも、トランプの大統領選出馬を思いついたこと自体は、私の手柄というわけではない。そのアイデアの最初の生みの親となったのは、ニクソン元大統領である。ニクソンは、やがてドナルド・トランプが大統領選に出るかもしれないことを、最初に見抜いた人物だ。

私がニクソン元大統領と近い関係になったのは、ジミー・カーターとの選挙戦をしていたロナルド・レーガン知事の陣営の状況を、毎週、報告する仕事を頼まれたとき以来である。

そして、ニクソンがトランプと会ったのは、ヤンキー・スタジアムのジョージ・スタインブレナー（ニューヨーク・ヤンキースのオーナー）のボックス席でのことだ。ニクソンは、たちまちのうちに強い印象を受けることになった。

「あの男は、なかなかいいじゃないか」と、ニクソンは私に言った。

その頃の私は、毎週土曜日の午前中に、ニクソンに電話をかけることになっていた。政界の内情やゴシップへの飽くなき関心に応えるためだった。

ニクソンからトランプ宛てに書かれた、有名な手紙がある。ニクソン夫人が、『フィル・ドナヒュー・ショー』に出演したときのドナルド・トランプを見て、立候補したら当選できる人であると感じたとされている。これは、ニクソンお決まりの持って回った言い方である。自分の思いを、ニクソン夫人の言葉のなかに託していた。

「私は、その番組を見ていないのですが、ニクソン夫人が、あなたのことを素晴らしいと言っておりました」と、ニクソンは、トランプのことを手紙に記していた（「素晴らしい」という言葉には、手書きでアンダーラインを引いていた）。

「ご存じかもしれませんが、私の家内は、政治のことには詳しいです。その家内が、あなたは立候補すれば、必ず勝てるはずだと予言していました！」

ニクソンが権力というものを行使してきたことに、トランプは関心を引かれていた。また、ニクソンのプラグマティズムにも魅力を感じていた。私はニクソンに頼まれて、トランプと妻のイバナを、週末のヒューストンに招いた。この四人の親密な集まりには、さらにジョン・コナリー元テキサス州知事も参加していた。コナリーは、ジョン・F・ケネディ大統領暗殺事件のときに重傷を負った経験をしている人物である。

一九六八年に、コナリーは、テキサス州でニクソンを痛い目に遭わせていた。保守的なテキサス州民主党をニクソン支持に動かすとの密約を破り捨てて、最終盤のダラスでの選挙集会では、ヒューバート・ハンフリー（一九六八年大統領選の民主党候補者）を応援していた。それでも、コナリーの揺るぎない信念に、ニクソンはいつも感心していた。ジョン・ケネディとの歴史に残る関係があったコナリーは、貴重な仲間だった。

一九七二年には、コナリーはニクソンとの当初の約束を果たして、「ニクソン支持の民主党員」と称する動きのリーダーとなった。その後に、正式に共和党にくら替えしている。ニクソン政権では、財務長官に就任していた。ニクソンに物価・賃金統制を売り込んだのは、コナリーだ。それは、おそらくニクソン政権での最大の失敗のひとつとなった。

ニクソンは上機嫌だった。何時間もの間、トランプと二人きりで話し込んでいた。ニューヨークの不動産王からは、様々な質問が、元大統領にぶつけられていた。ニクソンとトランプの二人にとって、このときの出来事は、きわめて重要で、決定的なものとなった。ニクソンは、権力から退いた立場にありながらも、かつての自分を取り戻していた。トランプとしては、マンハッタンのビジネスマンに惚れ込んでくれた元大統領から、いかなることでも吸収しようとしていた。

ニクソンとトランプの二人は、週末を終えたときに、それぞれの家路につこうとしていた。しかし、そのときにトランプは、プライベート・ジェットの７２７型機で、ニクソンをニューヨークに招待することにした。

もし、ニクソンが存命で、二〇一六年大統領選を見ていたとしたら、主要メディアへの批判を繰り広げた、トランプの勇猛さと大胆さを、さぞかし楽しんでいたことだろう。米国政治史で、リチャード・ニクソンに匹敵するほどに、メディアからの敵意と憎悪に耐え抜いた人物がいるとするならば、それはただ一人、ドナルド・J・トランプだけである。

一九八九年に、私はドナルド・トランプのために、ワシントンでロビイストの仕事をしていた。カジノ事業の資金規制に関する問題に取り組んでいた。

私としては、当局にも受け入れられる規制の内容に調整することができたので、ドナルドの了解を得たいと考えた。そこで、ドナルドのオフィスに電話した。私は、ワシントンDC・ニューヨーク間のシャトル便に急いで乗ることができるので、正午にマンハッタンのオフィスで会えないだろうかと聞いてみた。

ドナルドは、私に、面会はできそうにないと答えてきた。これから幹部社員たちと一緒にヘリコプターに乗って、アトランティック・シティに出発するところであったからだ。

私は、ドナルドに、私が行くまでは待っていてほしいと頼み込んだ。幹部社員たちには、先に行かせておいて、ヘリコプターが戻ってきてから、もう一度、それに乗ってアトランティック・シティに行けばよいではないかと言った。

私が、ドナルドのオフィスの部屋に入ってから間もなく、秘書のノーマ・フォーダラーが青ざめた顔をして入ってきた。ニュージャージー州警察長官のクリントン・パガノから、電話がかかっていることが伝えられた。トランプは電話を受けた。

「誠に残念なことですが、御社がチャーターしていたヘリコプターが、マツ林のなかに墜落しました。乗客のみなさんは、全員死亡しています」

「本当ですか?」トランプは聞き返した。

「百パーセント、間違いありません」警察長官は答えた。

トランプは、カジノ事業で最高幹部を務めていたスティーブ・ハイドと、マーク・エテスを一度に亡くしてしまった。トランプ・オーガニゼーションの女性社員たちは、声を上げて泣いていた。ハイドは、七人の子供がいるモルモン教徒だった。私も、カジノ事業の業務では、一緒に仕事をしていた。

ドナルドは、ノーマに夫を亡くした夫人たちへの電話をかけさせて、一人ずつ話をしていった。恐ろしい事故で夫が死んだことを伝える、第一報になったものもあった。

トランプには、本当は、私との面会よりも大事な予定が入っていたのかもしれなかった。しかし、トランプが死を免れたのは、この国を救い、そして、経済を立て直すためであったのだと思う。

このときに、私は、トランプが大いなる意思によって、この地上に遣わされていることを理解した。そして、このときに、トランプがやがて大統領になるべき人であると分かったのである。

トランプがホワイトハウスを目指した初めての出馬　一九九九年―二〇〇〇年

勝てないのであれば、勝てると思えないのであれば、私は立候補したりはしない。絶対に立候補しない。無所属の候補者として、過去最高の得票を取れたらよいと思っているわけではない。勝ちたいと思っている。

一九九九年十月八日、『ラリー・キング・ライブ』にて　ドナルド・トランプ(1)

一九九九年九月半ばのことである。ニューヨーク市内の五番街にあるトランプ・タワーの二六階のオフィスで、私たち二人は、向かい合って座っていた。気づまりな空気のなかで、沈黙の時間が流れていた。その沈黙は、永遠に続くかのようにも思われた。しかし、トランプは、長くしゃべらないでいることはできない。それは、私ならずとも誰もが知っていることだ。

このような滅多にない沈黙が続いた後には、重大な決心が明かされることになる。トランプが、朝の新聞に目を通している間、私は、そこに座って控えていた。

新聞を読んでいたトランプは、おもむろに憤慨した様子で首を振った。そして、今ではよく知られている、あの眉をひそめた表情を見せた。

「ブッシュ対ゴアになるのは、間違いないようだな」

トランプがそう言ったときに、部屋のなかの不気味な沈黙は破られた。

「どちらにしても、本当にひどいな。——とにかく、ひどいよな。この国は、どうなってしまっているんだ?」

トランプが、こう私に問いかけたのは、このときが最初ではなかった。これで最後ではないことも分かっていた。

トランプはかすかな笑顔を見せながら、私を見つめて言った。

「ロジャー、次の段階に行こうかと思う。ドナルド・トランプが、ホワイトハウスを勝ち取れるのかを試してみたい。この国には、トランプ大統領への期待があるだろうか?

ひとつだけ、分かっていることがある。いま立候補しているクソたちよりも、私の方がマシだということだ」


情勢を見極めるために、準備委員会を立ち上げることを——私は、何か月にもわたって促してきていた。実際のところ、すでに私たちは、内政と外交の政策の概要を、『我々にふさわしいアメリカ』という一冊の本にまとめ上げていた。(2)

この本は、大統領選に出馬する可能性を見越して、二〇〇〇年一月に、セントマーティン社から出版予定となっていた。もし、出馬を決めた場合には、この本で話題づくりをしながら、国民に向けて政策的な立場を訴えていくつもりでいた。この本で記されていた見解は、現在のたいていの国民が感じているよりも、はるかに穏健な立場だった。一九九九年のときには、トランプは改革党の人たちからの支持を受けようとしていた。改革党は、基本的には穏健派の集まりだ。これに対して、二〇一六年には、概ね保守派からなる共和党の支持を求めることになった。

もちろん、いくつかの争点では立場を変更している。政治では、聴衆にウケることが大事なのだ。――ごく単純なことだ！　トランプは、そうしたことを、誰よりもよく理解していた。

しかし、振り返ってみると、この本のなかで記された一文は、現在でも注目に値する。

「私は、政治家ではない人が、未来への変化を代表していると考えている」と、トランプは書いていた。

これは、現在から見れば、驚くべき内容だ。まさしく二〇一六年を予見していたかのようである。

このときまで、ホワイトハウスを目指すことについては、幾度となく、語り合ってきていた。だが、トランプが、実際に始動することを決意したのは、この日が初めてのことだった。

改革党

トランプの仲間である億万長者のロス・ペローは、何週間にもわたって、トランプを熱心に口説いてきていた。二大政党の候補者に代わりうる選択肢として、トランプに改革党の大統領候補として出馬することを求めていた。

ペローは、テキサスの大成功したビジネスマンであり、一九九二年には、無所属で立候補していた。ジョージ・H・W・ブッシュ大統領と、民主党からの対抗馬ビル・クリントンと戦って、一般投票では約一九パーセントを獲得していた。

それから三年後に、ペローは改革党を結成した。そして、一九九六年大統領選には、改革党の大統領候補者として出馬していた。クリントンとボブ・ドールと対戦して、ペローは、やはり一般投票で八・四パーセントを獲得した。

四年前と比べれば、たしかに得票数は減少していた。しかし、一九九六年の選挙結果は、第三党からの大統領選候補者の戦いとしては、依然として画期的なものとなっていた。主要メディアは、ペローのことを政治の素人であるとして、折にふれてバカにしていた。しかし、政治への潜在的な不信感や、職業政治家への有権者の怒りを、ペローはうまく取り込んでいた。

さらに、ペローと共に、トランプ出馬の説得にあたっていたのが、ジェシー・ベンチュラだ。

かつては、ジェシー・〝ザ・ボディ〟・ベンチュラとして知られた元プロレスラーである。ベンチュラは、一九九八年に改革党から立候補して、ミネソタ州知事に当選したことで、全米を驚かせていた。

もちろん、ジェシーであれば、改革党の所属ではなかったとしても、ミネソタで当選できていたことだろう。たとえ共産党からの立候補であったとしても、知事の座をつかんでいたかもしれない。

プロレス・ファンならば誰もが——つまり、かなり多くの人たちが——ジェシーのファンだった。ジェシーは聡明で、人を惹きつける魅力があった。愛されている有名人だった。率直に語る人で、庶民の代表だった。

そうしたことは、ドナルド・トランプにも当てはまった。私が思うに、二〇一六年にトランプがホワイトハウス入りを決めることができたのは、同じような理由である。

今日まで、トランプは、ペローとベンチュラに、よく学んでいた。この二人のことについて語るときには、よく冗談っぽく、「イカれた億万長者とプロレスラー」と言っていた。ただ、実際には二人のことは称賛していたし、アドバイスにも真剣に耳を傾けていた。この二人は、中産階級の政治的不満が生まれていることを発見していた。トランプも、すぐにそのことに気づくことになった。

不思議なことに、トランプは、一九九九年のナショナル・エンクワイアラー誌の世論調査の結果に、自信を深めていた。インタビューの対象者は一〇〇人にすぎなかったが――標準的な全米対象の調査でのサンプル数と比べると一〇分の一程度である――回答者たちは、トランプの出馬を待望していた。

トランプが、このナショナル・エンクワイアラー誌の世論調査に目を通していたとき、トランプ・タワーの二六階のオフィスには、トランプと私のほか、ニューヨーク・タイムズ紙のアダム・ナゴルニー記者がいた。

「トランプ氏は、デスクの上に両手を置きながら、このエンクワイアラー誌の読者について語り、『これが本当の国民だ』と断言していた」と、ナゴルニー記者は書いている。

「コンサルタントを務めるロジャー・ストーンが、デスクの向かいに座り、四五分間のインタビューのなかで、適宜、助言をしていた。そして、『ここに、トランプ支持層があるのです』と補足した」(3)

私は、もちろん真剣に考えてはいた。ただし、本当のことを言うと、トランプが二〇〇〇年に大統領になれる可能性があるとまでは思っていなかった。まだ、それにふさわしい時節は、到来していなかった。

アメリカ国民は、ワシントンにいる政治家たちに幻滅を感じていた。しかし、「アウトサイダー」であるドナルド・トランプが現れて、国民に救いの手を差し伸べるまでには、まだ長い道のりが必要となっていた。その後になってから、経済が崩壊して、九・一一のテロ事件も起きて、移民のことが問題となった。――そうしたことのすべてが、二〇一六年にトランプの勝利をもたらす材料となった。

いよいよ、全速前進するときを迎えていた。直近の二回の大統領選では、ペローが善戦していた。もっとも、トランプが改革党の大統領候補者として、ホワイトハウスを勝ち取れるかについては、私はきわめて懐疑的だった。改革党に、民主党や共和党のような組織力がないことは明らかだったからだ。

それでも、ニューヨーク出身の億万長者の不動産王にとっては、有権者の反応を試してみることで、失うものは何もなかった。

準備委員会

トランプの意向を受けて、私が責任者となって準備委員会を立ち上げた。このこと自体は、小さな一歩にすぎず、選挙の行方を左右するようなものではない。しかし、いよいよ動き始めていた。前述した通り、準備委員会を発足させることでは、まったく失うものはなかった。

忘れてはならないのは――ドナルド・トランプは、報道されることも、称賛されることも、波紋を生じさせることも好きな人間である。しかし、それだけではなく、このときにはアメリカ国民に向かって、真剣に訴えかけたいと考えていた。

思いがけない好条件にも恵まれていた。四年前にペローが出馬していたお蔭で、改革党の大統領候補者には、連邦政府の公的補助制度から約一三〇〇万ドルを受け取れることになっていた。つまり、トランプが出馬して、指名を獲得できた場合には、他人の金を使って選挙を始められることを意味していた。ただし、ご想像の通り、トランプにとって資金のことは問題ではなかった。

私が、最初に取り組んだことがある。改革党指名候補への出馬を検討するために準備委員会を発足させると発表するときに、いかに多くのメディアの注目を集めるかということだ。目標としては簡単なことだった。ドナルド・トランプを話題にして注目を集めることは、さほど難しいことではない。ドナルド・トランプがメディアに注目されるのは、しごく当然の成り行きだった。

私たちは、準備委員会の発足を発表するタイミングを、一九九九年十月八日のＣＮＮの番組『ラリー・キング・ライブ』とすることに決めた。当時、ラリーの番組は大人気だったので、発表を行うには最もふさわしい場になるはずだった。(4)

テレビ出演を控えて、私たちは、ラリーを前にして何を発言するべきかをブレーンストーミングした。私としては、準備委員会の発足を発表するだけでは、翌日の新聞とテレビの話題をさらうには、不十分ではないかと懸念した。すでに何週間にもわたって、様々な憶測が飛び交っていたからだ。

そこで、私はトランプに向かって、にやりと笑いかけながら言ってみた。

「ラリーが、副大統領候補を誰にするつもりかと聞いてきたら、ただ、『オプラさん』と言ってください。誰からも愛されている人といえば、オプラ(・ウィンフリー)さん(全米有数のトーク番組司会者)ですよ! メディアは、食いついてくるはずです。オプラさんの名前を出したら、それで、もう決まりです」

ラリー・キングの番組に出演する前に、私は、CNNにいる以前からの知り合いに電話をかけた。

「ラリーの番組に、トランプが出演しますよね。そのときに、何かデカいネタを期待しているのでしたら、ラリーさんには、こう質問させてください。『大統領選に立候補するとしたら、副大統領候補には、誰を選びますか』」と、私は言っておいた。

そして、プロデューサーには、誰もが仰天するはずの回答が飛び出すはずだと、ウインクしながら約束しておいた。プロデューサーは、私からの話を、たしかにラリー・キングに取り次いでくれると約束してくれた。だが、本当に、ラリーがこのエサに食いついて、実際に、その通りの質問をトランプにぶつけてくれるかは、知るよしもなかった。

ラリーのインタビューは日中に行われて、その夜の番組で放送されることになっていた。その日の晩は、トランプとしては、どうしてもジェシー・ベンチュラとの夕食会に出席して、改革党の人たちと交流しておきたいと考えていたからだ。

インタビューの早い段階で、トランプは、爆弾発言の第一弾を投下した。

「それで、大統領選の準備委員会を立ち上げることにしました。せっかくなので、この番組で発表することにした。明日には、発足させたいと考えている」トランプは、ぶっきらぼうな司会者に向かって言った。

「それで、かなり真剣な検討を行うつもりです」

それから数分後のことである。ラリーは、副大統領の候補者として、誰か意中の人はいるのかと質問した。トランプは、少しばかり考え込むような素振りをしてから、ラリーだけでなく、誰もがあっと驚くことになった返答をした。オプラ本人も、きっとびっくりしていたに違いなかった。

「オプラさんです。オプラさんのことが、大好きだから」トランプは言った。

「私にとっての一番の候補者は、オプラさんです。とても素敵な女性だ。とびきりの人だ。もし、そうなってくれたら、とても素晴らしい。人気があって、頭がよくて、素敵な女性だと思う」

こうして翌日には、テレビと新聞の話題は、トランプとオプラのことで埋め尽くされた。

メディアが、この話で持ち切りになったのは、まったく狙《ねら》い通りだった！

ラリー・キングの番組での発言を受けて、メディアからはインタビューの申込みが殺到した。

トランプにとっては、待っていましたと言わんばかりの展開となった。真剣に出馬を考えていることを、何度も繰り返して語ることができた。

「最後まで勝てる見込みがなければ、私は関心を持ったりはしない」と、トランプはある新聞社に語っていた。

争点となる問題についての立場は、近刊の著書と、インタビューのなかで明らかにした。

妊娠中絶については？　トランプは、「積極的な容認派」の立場だった。

「中絶することは、よくないと思う」と、トランプは言っていた。

「私としては、よくないと思う。とにかく、よくないとは思うのだが……。だが、中絶することは容認したい」

二〇一六年に中絶反対の立場になっているのとは、まったく違っていた。

銃規制については？　著書では、銃規制には「一般論として」は反対であるとしていた。ただし、殺傷性の高い銃器を禁止することや、銃器購入までの待機期間を延長することには賛成の立場だった。この点でも、現在のトランプよりも、穏健派寄りの立場である。

医療保険については？　トランプは、この問題に関しての立場は、「きわめてリベラル」だった。そして、「国民皆保険」には賛成であるとしていた。

さらに、先見の明があったのは、テロ対策に警鐘を鳴らしていたことだ。

「いま、困難な課題に取り組むべきときであると考えている。いずれ、アメリカのどこかの大都市に、大量破壊兵器が持ち込まれて、爆発するような事態が、本当に起きるかもしれない」

ブキャナンとの対決

こうして、私たちはスタートを切った。しかし、改革党から指名を獲得するにあたって、トランプの前に立ちはだかる人間が、一人だけいた。パット・ブキャナンである。ニクソン時代のホワイトハウスでは、かつての私の同僚だった。ブキャナンは、次の大統領を目指すことを真剣に考えていた。

ブキャナンは、ニクソンのアドバイザーとして、スピーチライターを務めていた。一九六八年にニクソンが訴えかけていた人々を表現する言葉として、「サイレント・マジョリティー」との有名なフレーズを生み出していた。頭がよくて、鋭い人物であるが、気難しいところもあった。パット・ブキャナンは、トランプにとっては、格好の引き立て役となってくれた。

ブキャナンは聡明であったが、過激な発言が仇《あだ》になることがあった。もっとも、率直な物言いをしていただけだったのかもしれない。一九九九年の著書『帝国ではなく共和国を』では、ヨーロッパで第二次世界大戦が開始されていた一九四〇年当時、アメリカ合衆国にとってヒトラーは脅威ではなかったと書いていた。(5) しかし、たとえそれが真実であったとしても、アメリカ国民には受けが悪かった。あくまでもヒトラーは、極悪人でしかないからだ。

そのことを、トランプに気づかせたのは、私である。政治の世界にあって、このようなチャンスというものは、そう滅多には到来しないものだ。そして、もしも、そうしたチャンスが目の前に巡ってきたならば、思い切り叩《たた》くべきである。――徹底的に叩きのめすのだ。

ブキャナンが、そうした発言をしていた以上は、私たちとしては、あらゆる機会を捉えて、世間の人たちに訴えかけていくだけである。トランプは、獲物を仕留めるかのごとくに勢い込んだ。あたかも生肉を追い求める猛獣のようだった。トランプは打撃を放っては、また放つことを繰り返し、とどまるところを知らなかった。

一九九九年九月二十六日に、ブキャナンは、CNNの番組『レイト・エディション』に出演した。そして、著書の内容が、第二次世界大戦でのアドルフ・ヒトラーを擁護しているわけではないことを弁明していた。

「わが国は、まったく正しかったのです。ただ、正しかっただけではなくて……（ドイツや日本を）打倒することは善であり、正義でした」ブキャナンは述べた。

「崇高な大義があったのです。あの本で書いたのは、そういうことなのです」(6)

私は、トランプの声明を書面にして、番組宛てにファックスを送っていた。ブキャナンの発言を批判した声明の内容は、以下の通りである。

「パット・ブキャナンは、アドルフ・ヒトラーを阻止する必要はなかったとの見解を述べていますが、きわめて不愉快なことです。このようなパット・ブキャナンの過激で極端な見解に対しては、抗議をする必要があると考えました。（ブキャナンは）ヒトラーを阻止するために、アメリカ人が第二次世界大戦で捧げた尊い犠牲を侮辱しています」

トランプの声明を、あまりにも急いで出そうとしたあまり、ヒトラーのファースト・ネームの文字のスペルを間違ってしまっていた。ニューヨーク・デイリーニューズ紙には咎《とが》められてしまったが、この際に、そんなことはどうでもよかった。ブキャナンに「ヒトラーのシンパ」であるとのレッテルを貼ることには、すでに成功していたからである。

その後に、私は、トランプに言った。赤ん坊にキスすること、笑顔を振りまくこと、アドルフ・ヒトラーを糾弾することで、これまで選挙に負けた人はいません、と。私が助言した通りに、トランプはあらゆる機会を通じて、ヒトラー総統についてのブキャナンの発言を印象づけようとした。

一九九九年十月二十五日に、トランプが政党の登録を変更したことを、メディアが大きく取り上げた。共和党からニューヨーク独立党（改革党のニューヨーク州での組織）に変更して、改革党の指名候補者となる資格を得ることになった。トランプのブキャナン批判は、さらに勢いを増した。

「ドナルド・J・トランプは、パトリック・J・ブキャナンを『ヒトラーが好き』であると批判してきたが、本日、共和党での登録を抹消すると発表した。改革党の大統領候補者として、ブキャナン氏と指名を争うためである」と、一九九九年十月二十五日のニューヨーク・タイムズ紙に掲載された記事の冒頭で、フランシス・X・クラインが書いていた。(7)

「『立候補する可能性は大いにある』と、不動産事業とカジノ事業を経営する億万長者のトランプ氏は語っている」

トランプは、ブキャナンのことを、こう語っていた。

「いいですか。彼は、ヒトラーが好きなんだ。反ユダヤ主義者なのかもしれない。黒人も嫌っている。ゲイも嫌っている。こんな男を支持するなんて、信じられないことだ」

共和党に対しては、こう言っていた。

「いまの共和党は、あまりにもおかしいと思う」

これ以上にないくらい、首尾よくことが運んだ。なぜなら、このニューヨーク・タイムズ紙の記事が出たタイミングは、ブキャナンが共和党を離れて、改革党からの出馬を発表するとみられた日の、ちょうど前日となっていたからだ。トランプは、ブキャナンへの攻撃を放ちながら、政党登録の変更も行い、出馬への期待感をかき立てていた。――そうしたことを、すべて同時にやってのけていた。


次に取り組んだのは、トランプのメッセージを全米に行き渡らせることだ。私たちは、トランプの日程を入念に検討した。目標は、メディアに最大限の露出をすることである。そして、両海岸地域だけでなく、内陸中央部にいる、ごく普通の人たちの間でも共感を生み出すことだ。全米ツアーを始めるにあたっては、もう一度、大々的な発表を行う必要もあった。

十一月上旬に、トランプは富裕層への課税案を公表した。億万長者である立場を、有権者に受け入れてもらいやすくして、労働者階級との絆を深めることを意図していた。最富裕層の人々に対して、一回限りで「富裕税」を実施するという案である。一〇〇〇万ドル以上の資産を有する個人や信託財産を対象としていた。「高額純資産」に対して一四・二五パーセントの課税をすれば、五・七兆ドルの税収が見込まれるので、国家債務は帳消しになるという計画だ。そうすれば、連邦政府にとっては毎年二〇〇〇億ドルの利払い費の負担が解消されるので、中産階級のための減税が実現できるはずだった。

（ブキャナン批判として）ヒトラーを非難したことと、富裕層への課税を訴えたことで、信じられないくらいの数多くの報道が生まれていた。政党登録の変更をしたタイミングと同じように、これ以上にないくらいの成功を収めることができた。

選挙運動をスタートする

いよいよ、出発のときを迎えていた。

最初の旅程として、十一月中旬にフロリダ州南部に行くことにした。フォートローダーデールのサン・センチネル紙は、来訪を伝える記事の見出しを、こう記していた。

「トランプ氏は語る　大統領になる資格は十分ある」(8)

トランプは、ホワイトハウスに入るだけの資質が自分にあることを、いつも誇らしげに語ってきていた。

「ほかの候補者を見たらいいが、わずかの年月で一〇億ドルを稼いだことがある人がいるか？

そんな人は、いないと思うな」トランプは語っていた。

「そんなことはできないと誰もが言うことを、私はやってのけてきた」

さらに同紙は、こう書いている。

「トランプはマイアミ訪問を皮切りとして、『アメリカ国民』からの支持を勝ち取るための、九〇日間の日程を開始している。複数の広告会社のほかには——新たに選挙参謀を務めることになった、ロジャー・ストーンが付き従っている。ストーンは、これまでにリチャード・ニクソンやロナルド・レーガンの大統領選を手掛けてきている」

もう一度、繰り返しておきたい。トランプの作戦計画は、ごく単純なものである。つまり、聴衆にウケることだ。取り組んだのは、それだけのことである。

サン・センチネル紙は、こう書いている。

トランプは、革命前のキューバ国歌に賛意を表明した。演説では、フィデル・カストロを殺人者だと述べた。（ピッグス湾の）侵攻作戦に参加した約四〇名の退役軍人から、「ドナルド・トランプ万歳《ビバ》！　万歳《ビバ》！」との歓声を受けたときには、嬉しそうな表情を見せていた。

マイアミ西部のラディソン・クラウンプラザでは、「キューバ系アメリカ人財団」の主催により、トランプの演説集会が開催されていた。約四〇〇人のキューバ系アメリカ人が集まり、日が暮れてからも喝采は続いていた。

「もしも、今、カストロに会うとしたら、『さらば、友よ《アディオス・アミーゴ》』とだけ言ってやりたい」と、トランプは聴衆に語った。

「フィデル・カストロには、通商関係も、国際通貨も与えてはならない。敬意を表する必要もない。殺人者だからだ。独裁者だからだ。悪党だからだ」

キューバ系アメリカ人にとって、フィデル・カストロはヒトラーである。トランプは、そうしたことをよく分かったうえで発言していた。

マイアミでの二日間の滞在では、キューバ系アメリカ人の指導者たちと面会したほかに、改革党の集会にも参加した。ピッグス湾侵攻作戦の退役軍人たちにも招かれた。反カストロのチラシを、島国キューバの上空から撒いた団体「救援のための兄弟たち」のメンバーたちとも面会した。

トランプのスケジュールは、順調に進行していた。大歓迎を受けただけでなく、たくさんのメディア報道も生まれていた。

それからロサンゼルスにも行った。改革党の集会には、二回参加した。ホロコースト博物館も訪問した。一万七〇〇〇人の聴衆が参加する「自己啓発」大会でも、スピーチをした。ジェイ・レノの番組『ザ・トゥナイト・ショー』にも出演した。

しかし、カリフォルニア州改革党のリーダーたちとの会合では、最初の躓《つまず》きが生まれてしまった。このときの会合で、トランプは「成功した不動産開発業者、新刊本の著者、来るべき自由世界の指導者」であると自己紹介していた。

一九九九年十二月十日に掲載されたニューヨーク・タイムズ紙で、アダム・ナゴルニーが記している。

「カリフォルニア州改革党のリーダーたちとの会合では、険悪な雰囲気が流れた。トランプ氏が出馬するときには、支持者になるはずの人たちを前にして、決定的な場面が生まれていた。それは、トランプ氏が、改革党の綱領を支持するのかと尋ねられたときのことである」(9)

「ええと。改革党の綱領なんて、知っている人はいないと思うが」トランプは、大きな声で答えていた。

そこで誰かが、トランプに、改革党の綱領の冊子を手渡した。聴衆からはブーイングが起きていた。

実際のことを言えば、党の綱領のことなど、執筆した人のほかには、誰もたいして気にはしていないものだ。しかし、不運なことに、トランプが返答していた相手は、まさにそうした人たちだった。さらには、このときの改革党の綱領が、とりわけ重要であるとされていた事情があった。一九九九年の改革党が、どのように共和党とは違うのかが説明されていたからだ。そして、改革党のメンバーの大半は（ドナルド・トランプも含めて）、共和党から移ってきていた。

この出来事を受けて、ニューヨーク・タイムズ紙は、トランプの西海岸での二日間の活動に対して、根本的な疑問を投げかけた。

「トランプは本気なのだろうか？」と、記事のなかで、ナゴルニーは問いかけた。トランプが、本当に大統領候補者になるつもりがあるのか、疑問が呈されていた。

「改革党のリーダーたちとの会合で、トランプ氏の言動から垣間見えたのは、大統領選についての知識や理解が欠けていることだ」

たしかに、このときのことは失敗だった。もっとも、致命的なものではなかった。私は、このような失敗は二度とさせまいと、心に誓うことになった。

しかし、このときの日程では、軽快な雰囲気が生まれた場面もあった。改革党の集会で話をしていたときには、テレビカメラが入っていることに、わざわざ言及していた。

「ところで、あれは『60ミニッツ』のカメラだよな」トランプは指さして言った。

「心配しなくてもいいだろう。あれは、たいしたテレビ番組ではないからな」

忘れてはならないことがある。トランプは、注目を集めることが好きだ。

番組『ザ・トゥナイト・ショー』の出演で、レノから状況を尋ねられたときに、トランプはこう答えていた。

「ああ、メディアがたくさんいた。メディアがたくさん来ていた」

トランプが言っていたことは、ウソではなかった。ロサンゼルス滞在中のドナルド・トランプが、最大級の有名人として注目されるように、私はあらゆる手を尽くしていた。


メディアへの売り込みを狙うための、ハリウッドのセレブたちのお決まりの場所に、「ジ・アイビー」というレストランがある。このレストランも、しっかりと訪問先に入れておいた。「ジ・アイビー」をご存じない方のために説明をしておこう。ティンゼルタウンにあり、スターたちがよく来るお店である。ロバートソン大通りに面した、平凡なレンガ造りの建物で、白いフェンスで囲まれていることで知られている。店内には、ふかふかの座席、柔らかいクッションが置かれて、縞柄のカーテンで装飾されていた。

店の外にはパパラッチたちが待ち構えていて、訪れてくる人たちに目を光らせていた。それなりの値段はしたが、料理は申し分なかった。だが、食事のために行く人はいなかった。注目されるためか、見物のために訪れる場所となっていた。

選挙の候補者というタイプの人が、出入りするような場所でもなかった。ただし、繰り返しておくが、ドナルド・トランプは、そういうタイプにはあてはまらない。『アプレンティス』に出演するよりも前から、有名人として通っていた。

さて、トランプが、このレストランに入店したときには、完全に注目の的となることができた。誰もが動きを止めて、トランプに視線を集中させていた。「ジ・アイビー」ほどの場所であっても、すべての人の動きを止めることができる人は、ほんのわずかだろう。しかし、トランプが姿を見せたときには、そうしたことが現実に起きていた。そして、ロッド・スチュアート（ロック・ミュージシャン）がいたテーブルのそばで挨拶をしたり、マイケル・ボルトン（ミュージシャン）に声をかけたりした。

トランプは、そこにいた人たちの全員を感動させていた。

トニー（アンソニー）・ロビンズの自己啓発イベントにも登壇した。そのときにも、会場の熱気は高まった。トランプはロビンズとの契約で、一回につき一〇万ドルの講演料で、一〇回の講演をすることになっていた。もちろん、この日程でカリフォルニア入りしていたのは、ロビンズのイベントがあるからでもあった。ちょうど都合がよかったというわけだ。

ロサンゼルスでは、ホロコースト博物館も訪問した。ホテルの屋上で改革党のイベントを開いたときには、メディアが大きく報道してくれた。

それから、ロビンズのイベントで講演をするために、アナハイムにも出かけた。政治とビジネスを、一緒くたにしているとの批判もあった。しかし、トランプは気にしていなかった。後日、私にはこう語っていた。

「私は、大統領選出馬の準備運動をしながら、金も稼ぐことができた。そんなことができるのは、私だけだよな」

ただし、まだ、大統領選への出馬を検討していただけである。正式な候補者にはなっていなかった。

有益な経験をする

この頃、トランプは、ある懸念を感じていた。改革党の内部では、派閥争いの兆候が生まれていた。内紛というのは、政治的な考え方の違いの表れではある。しかし、たいていの場合は、人間関係の対立から生まれているものだ。政治の世界では、よくあることである。しかし、比較的に小規模であっても、これから勢力を伸ばそうという第三党にあっては、きわめて厄介な問題となっていた。改革をめざしていた人たちにとって、この問題はダメージとなった。

トランプと私は、当初から、こうなることを恐れていた。万一、立候補をしたあげくに、改革党が崩壊することにでもなれば、非難の矛先を向けられることになるからだ。私たちは、トランプが仮に立候補しなくても、いずれ改革党が内部崩壊を起こすと、確信するようになっていた。

二〇〇〇年一月上旬に、トランプはジェシー・ベンチュラと意見交換をするために、ミネソタ州まで出かけて行った。ベンチュラは、改革党の現状に憤慨していた。完全に身を引くことも考えていると、私たちには打ち明けてくれた。ただ、その時点では、何とか踏みとどまって最善を尽くそうとしていた。私たちとしては、立候補するべきタイミングではないとの確信を、ますます深めた。それでも、トランプは波紋を巻き起こしつつ、候補予定者然とした振舞いを続けていた。

このときミネソタ州で、トランプは、ジョージ・W・ブッシュとアル・ゴア副大統領のことを批判した。二人の家柄のことを、引き合いに出していた。

「富を築き上げることとは、幸運な家柄のもとに生まれつくこととは、まったく別のことだ。しかし、今どき立候補しているのは、そんな人たちばかりだ」と、トランプはベンチュラと並んで姿を見せながら語っていた。

まるで準備していたかのように、ベンチュラも、すぐに付け加えた。

「私も、そういう家柄の人間ではないです」

トランプは、そうした主流派の候補者との違いを、最大限に強調した。

共和党の立候補者たちのことを「役立たずばかり」であるとして、最有力候補のブッシュのことも「まるで知能がない」と批判した。「みんなからバカなやつだと思われてしまったら、選挙で勝つのは難しくなるだろうな」と語っていた。ブキャナンのことは、やはり「負け犬」であると呼んでいた。

本当に出馬に踏み切るのだろうか、との疑念は増していた。しかし、トランプは、本気で立候補を検討していると言い続けた。

「本当に勝てるのかどうか、とにかく真剣に考えている」と、トランプは大統領選のことに言及していた。

「もし、勝てたならば、とてもよい仕事ができると思う」

しかし、トランプは心の中では、もう終わっていることを感じていた。私たちの誰もが、そう感じていた。ジェシーも改革党には失望して、身を引こうと考えていた。それだけでなく、トランプとしては、いよいよ改革党が、内紛で崩壊することを確信していた。ホワイトハウスを目指すために、もはや役に立たないものとなっていた。

ジェシーが決断するまでの配慮として、トランプは不出馬の発表を、しばらく控えていた。

それでも、私たちは、少しずつほのめかしていった。

二月六日には、ニューヨークのゴシップ紙で、コラムニストの記事が掲載された。

「『交渉の達人』（邦訳タイトルは『トランプ自伝』）の著者である人物は、改革党の候補者として、大統領選に出馬する姿勢を見せてきた。しかし、政界の事情通によると、二週間以内には撤退を予定しているとのことである」

二〇〇〇年二月に、ベンチュラは、改革党を正式に離脱することを表明した。その後に、トランプは不出馬を表明することになった。ベンチュラが改革党から出ていくと決断したことは、トランプにとっても、一緒に仕事をしていた私たちにとっても、驚くことではなくなっていた。ジェシーは、もはや我慢することができなくなっていた。

ベンチュラは、発表の前に知らせてくれていた。ただ、私たちには、もはや何週間も前から、そうなることが分かっていた。実際のところは、ジェシーが改革党を必要としたというよりも、改革党がジェシーを必要としていた。だから、ジェシーがいない改革党には、もはや何の力もなくなってしまった。そして、改革党に力がないということは、トランプが大統領候補者になる意味もなくなっていた。

ジェシーらしく、決断を発表したときには、まったく容赦をしなかった。改革党については、公然と「絶望的なまでの機能不全に陥っている」と評していた。自分のように、二大政党に属さない政治家を失望させていると語っていた。

ＡＰ通信は、こう報じていた。

「改革党では、ペロー支持のグループと、ベンチュラ支持派の間で、何か月も内紛が続いている。二〇〇〇年の党大会の会場、大統領候補者、党の資金をめぐって、対立が生まれている」

改革党を去るベンチュラは、ブキャナンのことを「過激な中絶反対派で、現実離れした孤立主義者だ」と批判していた。

次回に賭《か》ける

こうして、完全に終わりを迎えることになった。トランプが、二〇〇〇年大統領選にかけていた期待は、消えてしまった。

もちろん、トランプの出馬に関しては、何通りものシナリオを検討してきていた。しかし、政党からの支援を受けないで、無所属で出馬した場合には、全州で投票用紙に名前を載せるのは、ほとんど非現実的なことである。もはや出馬することは、時間の浪費でしかなくなっていた。

それでも、トランプは決然としていた。私に向かっても、何度も繰り返して、こう語っていた。

「勝てるときにしか、出馬はしない。本気で言っているんだ！　終わりにしておくのは――今のところだけだ！」

ジェシーが離党を発表したことを受けて、トランプも、二〇〇〇年大統領選に出馬しないことを公式に発表した。

「政治に向けての準備活動を開始した当初から、言い続けてきました。私が立候補をするのは、勝てる見込みがあるときだけです」と、トランプは述べていた。

「ジェシーがいなくなった改革党は、ただの過激な集団になっています。もはや二〇〇〇年の選挙では、影響を与えることはできないでしょう」

さて、二月十四日のニューヨーク・デイリーニューズ紙は、私たちトランプ関係者の誰もが理解していたことを、そのまま記事に書いてくれていた。

「ベテラン政治参謀のハンク・シャインコフは、こう語っている。トランプは、ホワイトハウスを勝ち取ることはできなかったかもしれない。しかし、改革党の勢力を伸ばすことには、候補者として貢献できたはずである。

『ブキャナンでは、過激になってしまう』と、シャインコフは語っている。『トランプにしか、改革党を救える可能性はなかった』」(10)

皮肉なことに、改革党からの出馬が取り沙汰されるなかで、メディアが公然と疑問視していたことがあった。それは、本気で大統領の候補者になるつもりがあるのか、それとも、本当は新刊の本を宣伝したいだけではないのか、ということである。

しかし、私としては、これだけは言っておきたい。トランプは二〇〇〇年の出馬を、かなり本気で考えていた。――そして、トランプに投票したいと本気で考えていた人たちも、たくさんいた。

撤退してから一週間ほどが経ったときに、トランプは、ミシガン州での改革党予備選挙で勝利していた。そして、数週間後には、カリフォルニア州での改革党予備選挙でも、四四パーセントの得票で勝利していた。五人の立候補者のなかでは、次点でも二七パーセントの得票しかなかった。

振り返ってみたときに、二〇〇〇年の大統領選を検討したことは、トランプにとっては何のデメリットもなかった。多くのことを学び、一六年後に役立てることができたからである。

二〇一二年のこと

トランプは二〇一二年にも、もう一度、大統領選に出馬することを真剣に考えていた。このときには、共和党員として、である。

トランプには、信じられないくらいの支持が集まっていた。たしかに、メディアは懐疑的だった。しかし、それよりも大事なことがあった。トランプは、とにかく有権者に愛されていた。共感されていたからだ。

「支持率では、とてもよい数字が出ている」トランプは記者に語っていた。

「真剣に考えているところだ。この国の現状には不満がある」

「ある最近の世論調査では、オバマに勝てるのは、トランプと(ビル・)ゲイツの二人だけだと出ている。ゲイツさんは、名前は挙がっているが、出馬するはずがない。つまり、オバマに勝てるのは、私だけということだ」

トランプは、共和党の候補者たちのなかで、先頭に躍り出ていた。オバマ大統領に関して、ある疑問を投げかけたことが、その理由となっていた。オバマは、本当はケニア生まれである。だとすると、出生時には米国市民ではないので、法律的には大統領になる資格がない。そうした疑惑を訴えていたのである。オバマ批判の急先鋒のなかには、公然と疑問を唱えることで、出生証明書を公表させようと取り組んでいる人たちもいた。

ゴシップ週刊誌「グローブ」が、火に油を注いでいた。二〇一〇年七月に掲載された一面の大見出しは、「オバマは米国生まれではなかった」と書き立てていた。

オバマ本人は、この問題をしばらく放置していた。ハワイ生まれであると述べてきていたが、あえて完全な出生証明書を提示することもしていなかった。しかし、日を追うにつれて、この疑惑はどんどん拡大していった。あまりにも〝政治的に正しくない〟ことは確かであったが、トランプは、この問題に乗じようとした。

メディアのリベラル派たちは、アフリカ系アメリカ人である大統領の出生地に疑問を唱えていたトランプに、人種差別主義者のレッテルを貼ろうとした。

ニューヨーク・タイムズ紙は、後にこう振り返っている。

「多くの人たちがタブー視しているバーサー運動（オバマの出生疑惑を訴える動き）を、トランプ氏は、有権者との共感を生み出すチャンスにしようと考えていた。アメリカ社会の一部に、黒人初の大統領の当選を、快く思っていない人たちがいたのは事実である。しかし、この問題を政治的に利用しようとしていた……」(11)

当時のトランプのアドバイザーは、こう振り返っている。

「バーサー問題を通じて訴えかけていたのは、『私は、この男と戦う。そして、打ち負かすぞ』ということでした。きわどかったとはいえ、格好のテーマになりました」(12)

トランプは、相手の弱みを嗅《か》ぎつけていた。そして、そこにつけ込んだのである。

「どうして出生証明書を出さないんだ」と、トランプは、二〇一一年三月二十三日に番組『ザ・ビュー』に出演したときに、疑問をぶつけた。

それから五日後にも、FOXニュースに出演して、こう語っていた。

「この問題を隠蔽するために、何百万ドルもつぎ込まれている。この問題をもみ消すのに、弁護士に何百万ドルも払っているんだ。いいですか。私がやったのは、ただ何度も、話題にしたことだけだ。そうしたら、急に、いろんな事実が出てきたわけだ。だから、私自身としても、あの男が、この国で生まれたかどうかを疑問に思っている」

別の番組に出演したときにも、トランプは、こう述べていた。

「(オバマの出生証明書のことを) 調査している人たちを知っている。信じられないことが明らかになっているそうだ……。出生証明書を出してほしいと思う。本当に、出してもらったほうが、よいと思う。

なぜなら、それができないのは、できないとしたら、この国で出生していないからだ。たしかに、そういう可能性はある……。これまでの政治の世界の出来事のなかでは、最悪の詐欺だったことになる」

私は、ニューヨーク・タイムズ紙に、こう語っていた。

「トランプとしては、疑わしいことだと思っています。関心を持っていることは確かです」。共和党支持層のなかでは「多くの人たちが、大統領が外国生まれであると信じています。また、主要メディアが取り上げない話題を、トランプだからこそ取り上げさせることができたのです(と、ストーンは語っている)」。

当時のギャラップ社の調査では、オバマが「確実に」米国生まれであると信じているのは、アメリカ人のうち三八パーセントに過ぎないとの結果が判明していた。

ニューヨーク・タイムズ紙が伝えたところでは、トランプのチームのなかでも、このバーサー問題の追及に関しては、意見が分かれていた。同紙によると、共和党の世論調査専門家ケリーアン・コンウェイは、もし、選挙に出馬するのであれば、「実績」を問うことで、オバマを叩くべきであると注意を促していた。

『アプレンティス』を放送していたNBCも、バーサー問題をめぐっては苛立《いらだ》ちを見せ始めていた。NBCの幹部は、トランプに電話をかけて、もう少しトーンを加減してもらいたいと頼み込んでいた。番組を見ている百万人以上のアフリカ系アメリカ人の視聴者を、失うことを恐れていたのである。しかし、このバーサー問題は、私たちが想定していたよりも、かなり早く決着することになった。

正直に言えば、オバマが出生証明書を公開するとは、思ってもみなかった。オバマがトランプに屈する結果になると、考えていた人がいただろうか？

二〇一一年四月二十七日に、オバマは、出生証明書のロングフォームでの原本を公表した。あらゆる人が――トランプまでもが――驚かされた出来事となった。出生証明書では、たしかにハワイ生まれであることが示されていた。

「このようなバカげたことに、時間を費やすべきではない」と、オバマ大統領は苛立ちを見せながら語っていた。

「このようなこと（話題）が、いつまでも続いていることに当惑しています……。普通であれば、このようなことにコメントをすることはありません。しかし、国中に疑問が広がっていますので……。見世物や呼び込みの声に気を取られていると、本当の課題に取り組むことができなくなってしまいます」

それでも、トランプは疑惑を煽《あお》り続けた。

「かなり信頼できる筋から、私のオフィスに電話がかかってきている。私は、オバマが出した出生証明書は偽物だったと聞いている」その後になっても、トランプは語っていた。

ただ、この問題が、公式には完全に終息していたことも理解していた。結局のところは、出生証明書であれ、トランプが言うように「ほかの何か」であれ、オバマに公開させることができたのは、ただ一人、トランプだけだった。

ホワイトハウスへの夢は、トランプの心のなかで燃え続けていた。そのために、『アプレンティス』の契約のことが問題となった。ご想像の通り、それほど簡単な問題ではなかった。トランプとしても、この番組のことが好きだった。だから、できれば止めたくはなかった。ある時点まで、本気で考えていたことがあった。それは、ホワイトハウスを勝ち取ることができたときに、大統領執務室から出演することである。

NBCユニバーサルCEOのスティーブ・バークとのやり取りがあった。テレビ局として差し支えるのであれば、出馬を再考することもありえると、トランプはバークに伝えていた。バークからの回答は明確だった。トランプの選挙運動を望まないとしていた。

バニティ・フェア誌は、以下のように記している。(13)

「もし、出馬が望ましくないとのことならば、そのように私に伝えてほしい」

この会話の事情を知る人物によると、トランプは、そのようにバークに伝えていた。

バークは、トランプのオフィスに出向いた。そして、番組のスター出演者が、ホワイトハウスに挑戦することを望んではいないと伝えた。

「ただし、この事情を知る別の人物によると、さらに、これに続く会話があったとのことだ。そこでは、妥協案が切り出されていた。それは、テレビのリアリティ番組を超えて、トランプ・ファンには夢物語のような話だった。

それは、素晴らしい提案であると思われた。万が一にも当選できたときには、ホワイトハウスの中から『アプレンティス』のスターを続けてもよいとのことだった」

しかし、トランプは選挙戦の展望を考えたときに、もはや出馬するメリットがないと考えるようになっていた。トランプとしては、勝てるときにしか関心を持てないからだ。すでにロムニーが、幸先のよいスタートを切っていた。

世論調査では、トランプには、よい数字が出ていた。しかし、トランプは、オバマが再選される可能性が高いと考えていた。チャンスが広がる二〇一六年の選挙の方が、可能性が高いと判断していた。

二〇一二年二月二日に、トランプは報道陣に対して、ミット・ロムニーを大統領候補として支持すると表明した。そして、ロムニーが共和党の指名を獲得するのであれば、自分には出馬する考えがないと語った。

「ミット・ロムニーを推薦できて、光栄です。本当に光栄なことです」トランプは語った。

ロムニーについては、「強くて」「頭がよい」として、「この国で、悪いことが起き続けることを許さないだろう」と言っていた。

もっとも、トランプは、ロムニーではオバマには勝てないだろうと考えていた。実際に、ロムニーは「ここ一番に弱いやつ」であると判明することになった。またしても、トランプが考えていた通りとなった。

このようにして、トランプが二〇一六年に向かっていく道筋は整えられていた。

ヒラリーの砂上の楼閣《ハウス・オブ・カード》

これはデカいことだ……。

――ドナルド・J・トランプ

ウィキリークスが公開したメールによると、ヒラリー・クリントン陣営の選挙参謀たちは、共和党予備選挙で、ドナルド・トランプを「押し上げる」ことに決めていた。なぜなら、共和党候補者のなかで、ヒラリーが最も勝ちやすい相手は、トランプであると考えていたからだ。ヒラリー陣営のジョン・ポデスタ選対委員長、ロビー・ムック選対本部長のほか、民主党全国委員会の幹部たちも、そうした見解で一致していた。(14)

この思い違いから生まれた数々の失敗のために、元ファーストレディのヒラリー・クリントンは、「ガラスの天井を破る」ための二度目の挑戦でも敗北することになった。女性で初めてのアメリカ合衆国大統領となることは、ヒラリーが生涯をかけて追い求めてきた目標だった。

二〇〇八年にも、ヒラリーは、民主党大統領候補となることを目指していた。しかし、当時はまだ無名だった、イリノイ州選出のバラク・オバマ上院議員に、予備選挙で敗れていた。それでもう一度、二〇一六年に大統領指名候補者となるべく挑戦したのである。ヒラリー・クリントンは善戦したが、今度は、ドナルド・トランプに敗れて、ふたたび大統領の座をつかむことはできなかった。ニューヨークの大富豪であるトランプは、機知に富んだ人物として、様々な話題をふりまいてきた経歴でも知られていた。ただし、人生で一度も政治家の経験をしたことはなかった。

政治家としてのキャリアを見たならば、クリントンの方が断然、有利なはずだった。ファーストレディとして二期を過ごし、二〇〇一年から二〇〇九年までは、ニューヨーク州選出の連邦上院議員を務めていた。そして、オバマ大統領の下では、上院議員を辞職して、国務長官に就任した。二〇〇九年から二〇一三年まで、国務長官職を務めていた。

ヒラリーが二〇一六年大統領選に出馬するにあたっては、主要メディアからの強力な後押しがあった。すべてのテレビネットワークのほか、ニューヨーク・タイムズ紙、ワシントン・ポスト紙などの大手紙は、ジャーナリズムとしての独立性を擲《なげう》って、クリントン候補の応援団となっていた。

それにもかかわらず、アメリカ大統領選で、ヒラリー・クリントンが二度目の敗北を喫したことの理由や経緯には、歴史的な意味合いがある。アメリカ政治において、クリントン王朝の支配は終焉《しゅうえん》することになった。また、ドナルド・トランプのサプライズ当選によって、支持基盤の再編が生まれることになった。さらには、ヒラリーがホワイトハウスへの最初の挑戦で敗北した対戦相手であるオバマが登場して以来、民主党で優位となっていた極左勢力には、深刻な打撃が生まれていた。

ヒラリー・クリントンの業績を挙げることができますか？

この質問は、これまで、ヒラリー・クリントンに付きまとってきた。ヒラリーの躓きは、夫の政権の一期目で、当時、「ヒラリー・ケア」と称された、国民皆保険制度の法案の成立に失敗したときから始まっている。

現実にも、ヒラリー・クリントンは、この質問を受けたときに失態を演じている。著書『困難な選択』が発刊される前日の二〇一四年六月九日に、ＡＢＣニュースの司会者ダイアン・ソイヤーからインタビューを受けたときのことである。ソイヤーは、国務長官時代の目覚ましい業績や、特筆すべき外交方針について問いかけた。ところが、クリントンは、何も挙げることができなかった。

ワシントン・ポスト紙が、ソイヤーとのやり取りを報じている。ソイヤーの質問に答えることができなかったヒラリーの失敗を、さっそく共和党の反ヒラリー派が批判していた。

ワシントン・ポスト紙の記事は、こう書いている。

「月曜日の午前に、クリントンには、政治的な失点が生まれた。ただし、ＡＢＣニュースのインタビューでは、以前にも問題が起きている。そのときのクリントンは、こう発言していた。二〇〇一年にホワイトハウスを去るときには、自分たち家族は『すっからかん』になってしまい、二軒分の住宅ローンを払うのが『大変だった』」。

このときにも、共和党は、クリントンの発言を問題視していた。この民主党政治家は——現在、講演のたびに二〇万ドルを受け取る大金持ちであり——中産階級のアメリカ人の現実からは、かけ離れていると批判したのである」(15)

二〇一六年六月九日に、クリントンの大統領選陣営は、オバマ大統領のメッセージをユーチューブで公開した。映像のなかで、オバマは、ヒラリー・クリントンを次期大統領として推薦していた。これまでにない優れた候補者であると訴えていた。(15)

陣営のウェブサイトでは、ヒラリーの業績のリストが掲載された。そこで挙げられていたのは、四十年間にわたって、女性や家族を守るために戦ってきたことである。また、九・一一事件の救護従事者のために、医療保険を整備したことである。そして、国連本部で「女性の権利は人権である」と訴えたことである。国内外でレズビアン、ゲイ、バイセクシュアル、トランスジェンダー(LGBT)の権利を擁護したことである。(16)

ところが、こうして列挙された業績のリストでは、クリントンの失点については言及されていなかった。例えば、ベンガジで発生したテロ事件では、クリス・スティーブンス米国大使ほか、三名の勇敢なアメリカ人が殺害されていた。ロシアとの「リセット」政策にも失敗していた。エジプト、リビアなどの北アフリカ諸国では、ムスリム同胞団に支援されたイスラム過激派の軍事組織によって、「アラブの春」が乗っ取られてしまっていた。連邦上院議員としての八年間では、重要な法案の発起人となったことは、一度もなかった。

二〇一六年のクリントンは、自らの実績をもとに立候補しているのではなくて、「オバマ政権の三期目のための候補者」であると評されていた。(17)民主党では、そのような理解のもとで、オバマ人気がヒラリーに継承されることが期待されていた。オバマに投票した人たちに向けては、ヒラリー・クリントン政権では、オバマの内政と外交が継続されることになると訴えかけていた。ヒラリー本人も、オバマの代理人として大統領になるという位置づけを、受け入れていたようだった。共和党の政治参謀たちは、そうした弱点に付け込もうと考えた。共和党の大統領候補者たちとしては、オバマを批判することが、すなわち、クリントンを批判することにもなっていた。

オバマ政権の延長であるとの前提に立ったときに、クリントンは、経済面では経済成長率が低調であることを擁護せざるを得なくなった。ベンガジ事件などの外交面での明白な失敗についても同様である。さらには、有権者のなかで人種的な分断や、社会的な多極化が進行している現実にも直面していた。二〇一四年以降の政治的風景としては、新たな政治主体が出現していた。そうした団体のなかには、「ブラック・ライブズ・マター」（黒人の命は大切だ）がある。（二〇一四年のファガーソン暴動をきっかけに、BLM運動が広く認知された）過激なLGBT推進派も生まれていた。例えば、公立小学校でのユニセックスのトイレや、軍隊でのトランスジェンダーの扱いなどの先鋭的な主張が訴えられていた。

ヒラリー・クリントンは、たしかに、政府の輝かしい要職を歴任していた。とりわけ、ドナルド・トランプとの比較では、その点は歴然としていた。しかし、そうした経歴があるにもかかわらず、目立った業績がないことは、二〇一六年大統領選の候補者としては弱点となっていた。ことに、ドナルド・トランプのようなアウトサイダーの立場から、歯に衣着せぬ批判を受けたことはダメージとなった。

ヒラリーが当選するためには、数々の疑問がある業績を粉飾するだけでなく、オバマ政権を持ち上げることまで迫られていた。しかし、アメリカ中西部の人々からは、オバマ政権は米国政治史上ではおよそ最悪であると見なされていた。

オバマ政権の功績#1　国内での経済成長の低迷

商務省経済分析局は、一九二九年以降、毎年のGDP（国内総生産）の統計を出している。一九三〇年以降は、年ごとの実質GDP成長率の統計も出している。一九三〇年から二〇一五年までの八十六年間で、アメリカ合衆国では一四名が大統領を務めている。過去の一三名の大統領のなかで、ハーバート・フーバー大統領だけが――大恐慌を招いたことで記憶されている――三パーセント以上の実質GDP成長率を、一年も実現させることができなかった。

しかし、そのフーバーに続いて、バラク・オバマも——二〇〇九年一月に就任して、二〇一七年一月に退任したが——三パーセント以上のGDP成長率を一年も実現できなかった。一九三〇年以来では、二人目の大統領となった。(18)

二〇一六年一月二十九日金曜日に、経済分析局は、二〇一五年の米国の実質GDP成長率を二・四パーセントと発表した。これにより、十年連続で、実質GDP成長率が三パーセントに到達しない結果となった。これまでの米国経済の歴史では、三パーセント未満の実質GDP成長率が連続したのは、最長でも四年間である。それは、一九三〇年から一九三三年までのことで、大恐慌が最も深刻化していた時期だ。

もっとも、この十年連続が始まったのは、ジョージ・W・ブッシュ政権の二期目の終わりからだ。サブプライム問題が金融危機を招いて、景気を低迷させていた。しかし、この十年の残りの期間は、二期にわたるバラク・オバマ政権と、完全に重なっている。オバマ政権が、前任の大統領が招いた景気後退から、米国経済を浮上させるのに失敗したことは明白だ。(19)

オバマ政権下の労働省労働統計局では、新たなトリックが生まれていた。失業率の数字を低く見せかけるために、労働力人口から除外される数字が、かさ上げされていた。二〇一六年大統領選が終わってからの最初の雇用統計では、失業率は十月の四・九パーセントから、十一月には四・六パーセントに低下していた。失業者数は七四〇万人にまで減少して、オバマ政権下では最も低い数字を記録していた。

ところが、同じときに、十一月の労働参加率は〇・一パーセント低下して、六二・七パーセントとなっていた。つまり、労働力人口は六二・七パーセントとなっていたが、残りの二七・三パーセントのなかには、仕事が見つからないために就職の意思を失い、労働力人口から除外されている人たちがいた。

ブッシュ不況のさなかで、オバマ大統領が就任した二〇〇九年一月に、非労働力人口は、八〇五二・九万人となっていた。この数字は、オバマ政権の二期を通じて、次第に増加して、二〇一六年五月には九四七〇・八万人に達していた。この数字は、同年十一月には再び更新されて、九五〇五・五万人にまで伸びていた。[20]

また、オバマ政権下では、就業者数が増加傾向をみせていたが、その理由は、パートタイム就業者の増加ペースが、フルタイム就業者の減少ペースを上回っていたからである。複数のパートタイムの仕事をかけ持ちしている就業者の人口は、二十一世紀では史上最高の数字を記録していた。[21]

労働統計局の統計による製造業での雇用者数をみると、オバマ政権の発足以来、アメリカの製造業では約三〇・三万人の雇用が失われている。オバマは、二〇一二年の再選をめざす選挙戦で、二期目には、製造業で一〇〇万人の雇用を創出すると公約していた。しかし、この公約は実現されなかった。現実には、二〇一二年一月から二〇一六年十月までに、アメリカの製造業では二九・七万人の雇用増にとどまっていた。[22]

国勢調査局によると、オバマ政権の発足以来、家計収入の中央値が約一三〇〇ドル増加していた一方では、オバマ政権下での貧困率は、一四・五パーセント前後で推移して、絶対貧困率は拡大していた。また、貧困ラインの一二五パーセントの所得水準以下で生活する人口は、オバマ政権の期間を通じて、ブッシュ政権時代よりも増加していた（二〇一〇年から二〇一四年にかけては、毎年一九パーセントを超えていた）。貧困ラインの五〇パーセントの所得水準以下で生活する人口も、同様の傾向となっていた（オバマ政権下では、毎年六パーセントを超えていた）。

結論としては、オバマ政権下で所得格差は拡大していた。貧困問題が悪化していたことは、否定できない事実である。[23]

オバマ政権下では、米国農務省の補助的栄養支援プログラム（ＳＮＡＰ）を公式名称とする、フードスタンプ（低所得者世帯向け食料品購入支援制度）を受給していた人口は、二〇〇九年の三二〇〇万人から、二〇一六年四月の四三六〇万人に増加していた。二〇一三年には、過去最高の四七六〇万人を記録していた。これは、アメリカ人の約七人に一人が、フードスタンプの受給者であることを意味している。[24]

オバマ政権下でのデータから分かることは、フルタイム雇用型からパートタイム雇用型の経済構造に転換していたことだ。上位一パーセントへの富の集中は進行していたが、貧困率が減少することはなく、フードスタンプ受給者は急増していた。

オバマ政権下では、税金も上がっていた。中産階級にとっては、オバマケアによる各種の税金負担が重くなっていた。[25]また、二〇〇九年以降には、新たに二二九件の主要な連邦政府規制が作り出されていた。連邦規制当局の発表によると、米国経済には毎年一〇八〇億ドルの負担が生まれていた。[26]

さらに、オバマ政権の二期目の終わりには、米国の国家債務は倍増して、二〇兆ドルに達していた。オバマ以前のすべての大統領たちが作り出した国家債務の合計額に、さらにオバマが同じ額を積み上げたことを意味していた。[27]

他方で、オバマ政権は、二〇一六年十一月には連邦議会で、新たな「自由貿易」の大型協定を成立させることに取り組んでいた。それが、環太平洋パートナーシップ協定（ＴＰＰ）である。環大西洋貿易投資連携協定（ＴＴＩＰ）と併せて、全世界を束ねる予定とされていた。

大統領候補者討論会のテーマとなる議題は、必ずしも、経済問題が中心になるとは限らない。とはいえ、たいていのアメリカ人は、自分の経済状況が四年前と比べてよくなっているかを考えて、大統領選の投票をするものだ。

ヒラリーは、二〇一六年大統領選を始めるにあたり、オバマが「新世界秩序《ニュー・ワールド・オーダー》」のための貿易協定の拡大に取り組んだことを、擁護する立場に置かれていた。しかし、米国の雇用情勢は厳しかった。増税が続いて、政府規制が増えたことにより、経済成長率が低迷していたからである。

オバマ政権の功績#2　国内外でテロの脅威が増す

オバマの外交政策では、イスラム過激派テロの印象が強かった。ベンガジ領事館が、夜通し燃え続ける事件が起きていた。イスラム国は、シリアからイラクを占領して、勝利の印として黒い旗をたなびかせていた。ジハード主義者たちは、捕虜の首を斬《き》り落とす映像を撮影していた。

イランには合意成立の報酬として、アメリカから何十億ドルもの新札の束が運び込まれた。このイラン合意は、クリントン政権時代の北朝鮮への対応と同様の結末になる恐れがあった。つまり、核開発を停止するとの約束は破られて、大陸間弾道ミサイル（ＩＣＢＭ）が開発され、近隣国だけでなく世界全体が脅威にさらされる可能性があった。

オバマ政権下では、毎年のように、アメリカはテロリストからの攻撃にさらされていた。しかしながら、オバマ大統領は、「イスラム過激派テロ」という言葉を使用することを拒んでいた。シリアほかの中東地域から逃れてきた大量の難民は、審査もされないままにヨーロッパやアメリカに入国していた。(28)

二〇一五年十二月二日には、パキスタン人夫妻のサイード・ファルークとタシュフィーン・マリクが、戦闘服姿でライフル銃を持ち、サンバーナディーノ郡施設を襲撃していた。黒服を着た二人は、クリスマス・パーティーに参加していた約八〇人の職員に向けて銃撃した。一四人が死亡して、二二人が負傷した。この襲撃事件を捜査した連邦当局によると、ファルークは少なくとも二つの外国のテロ組織と、ネット上で連絡を取っていた。そのうちのひとつは、シリアのアルカイダ系組織のヌスラ戦線だった。襲撃から四時間後に、ファルークとマリクの夫妻は、サンバーナディーノの路上での警官隊との銃撃戦を経て射殺された。(29)

さらに、二〇一六年六月十二日には、フロリダ州オーランドで、二九歳の警備員オマール・マティーンが、イスラム国への忠誠を表明した後に、ゲイ・ナイトクラブ「パルス」店内で、四九人を殺害し、五三人を負傷させていた。ＦＢＩは、二〇一三年と二〇一四年にマティーンを尋問していたが、危険性を確認できていなかった。(30)

オバマ政権の八年間では、約四万三〇〇〇人のソマリア難民を米国に受け入れていた。その九九パーセントは、イスラム教徒である。(31)二〇一六年に、オバマは、シリアから一万二〇〇〇人の難民を受け入れることを決めていた。やはり、九九パーセントがイスラム教徒である。オバマは、全世界からは八万五〇〇〇人の難民を受け入れることを表明していた。

シリア難民に関しては、ヨーロッパでテロ計画への関与が判明して以降、受け入れをめぐる議論が巻き起こっていた。(32)二〇一六年大統領選が本格化していくなかで、何百万人もの有権者は、経済状態が悪いことを懸念していただけでなく、国内の治安問題でも不安を感じていた。

ヒラリーは、二〇一六年の勝利を確信する

二〇〇八年と二〇一二年には、バラク・オバマが、共和党主流派の大統領候補者との対戦で――アリゾナ州選出のジョン・マケイン上院議員と、元マサチューセッツ州知事ミット・ロムニーに――圧勝していた。また、民主党大統領候補者が誰であったとしても、カリフォルニア州、ニューヨーク州をはじめとする多くの州では、民主党が勝利することは、最初から決まっている。したがって、ヒラリー・クリントンは圧倒的に有利な情勢のもとで、選挙戦のスタートを切っていた。極左派のエリートたちは、よもや負けることはあるまいと考えていた。

さらに、クリントン財団は、推定二〇〇〇億ドル規模の世界的な帝国に成長していたので、選挙資金の面でも、ヒラリーが共和党に対して優位であることは疑いなかった。(33)もちろん、そうした資金そのものは、二〇一六年大統領選のために使えるものでない。しかし、クリントン夫妻には、クリントン財団を通じて、シリコンバレーやウォールストリートの富裕な寄付者たちがついていた。そうした人たちが大口の献金をしてくれたときには、相応の見返りを提供できるものと考えていた。さらには、ジョージ・ソロスからの思想的な思惑が込められた献金もあった。

クリントン夫妻は、ヒスパニック系移民やアフリカ系アメリカ人でも、民主党が圧倒的に優位であることを確信していた。さらに、労働組合票と、女性票が加わることも見込まれた。クリン

トン夫妻としては、ヒラリーが当選することは、もはや確実であると考えていた。
はたして、これで負けるなんてことが、ありうるだろうか?

二〇一六年の投票日には、一九八〇年が再現されるのか?

一九八〇年十月二十六日のギャラップ社による世論調査では、カーター大統領に対して、ロナルド・レーガンは、かなりの劣勢との結果が出ていた。カーター四七パーセント対レーガン三九パーセントとなっていた。(34)ギャラップ社の世論調査では、一九八〇年十月末に行われた最後の調査の結果が判明するまでは、レーガン優勢の数字は出ていなかった。しかし、投票日の一九八〇年十一月四日の直前に行われていた最後の調査では、レーガンの支持率が伸びていた。カーター四三パーセント対レーガン四七パーセントとなっていた。

一九八〇年十一月四日の投票が終わってみると、レーガンが地滑り的に勝利していた。一般投票でみても、カーター四一・〇パーセントに対して、レーガンは五〇・七パーセントを獲得していた。レーガンは、ジョージア州、ハワイ州、メリーランド州、ミネソタ州、ロードアイランド州、ウェストバージニア州以外の四四州で勝利した。選挙人票では、カーター四九人に対して、レーガンは四八九人を獲得していた。

「実際の結果が出る前には、レーガンの地滑り的な勝利が、いかなる世論調査でも示されていなかったことが議論の的となった」と、二〇一二年十月三十一日付のタイム誌の記事で、シニア・コレスポンデントのマッシモ・カラブレイジが書いている。(35)

「世論調査会社としては、説明責任が求められていることを理解していた」と、カラブレイジは書いている。

「カーター対レーガンの選挙結果を受けて、世論調査への懐疑的な見方が広がった。一九四八年に、トーマス・デューイがハリー・トルーマンに確実に勝つとの調査結果が出ていたとき以来のことである」と、カラブレイジは述べている。

「専門家たちは、説明や修正を加えることで、辻褄《つじつま》を合わせようとした。同業の狭い世界にありがちな陰口、中傷、非難の応酬も、密かに繰り広げられた。世論調査会社は、同業他社の分析力、方法論、信頼性のほか、誠実さまでも含めて批判の対象としていた」

一九八〇年十一月八日のＡＰ通信では、各種の世論調査会社が、レーガンの地滑り的勝利を予測できなかったことを、簡潔に記している。

「ロナルド・レーガンの破壊力は、民主党の政治家たちをなぎ倒したばかりでない。共和党の圧勝を予測できなかった、全米の世論調査会社や世論調査専門家たちの評判までも失墜させた」と、ＡＰ通信のエバンス・ウィット記者が書いている。

「先週火曜日の投票日の直前まで、ほとんどの世論調査は、レーガンとジミー・カーターの対戦の行方を、『接戦のため勝敗は不明』としていた。ところが、実際の投票結果では、レーガンが一〇ポイント差で現職を破っていた」と、AP通信の記事は続いている。

「予測が間違っていたことの説明は、それぞれで異なっている。しかし、レーガンの勝差を、正確に予測していた世論調査はなかった。相対的に近いものもあったが、的確なものはひとつもなかった」

一九八〇年大統領選の翌日である一九八〇年十一月五日に、AP通信は、当時の著名な世論調査会社ルイス・ハリス&アソシエイツのデイビッド・ネフト副社長の発言を引用している。カーターの敗因は、投票率の低さであるとしていた。伝統的には、民主党の方が、登録有権者数が多いので、投票率が高ければ、カーターに有利になっていたはずであると指摘していた。

一九八〇年十月二十八日には、カーター大統領と共和党の対抗馬ロナルド・レーガンの討論会が開催された。その後に、ABCニュースによる調査が行われていた。統計的な世論調査ではなく、討論会の視聴者が電話で投票する方式によるものだ。ABCニュースの電話調査では、レーガン対カーターは二対一以上との結果が出ていた。この調査では、テレビ討論会での勝者はレーガンであると判定していた。

十月二十九日のAP通信による独自の世論調査では、待望の直接対決の結果は、両陣営ともに「勝利」を主張できるものとなっていた。視聴者数としては、カーター支持者よりも、レーガン支持者が多かった。レーガン支持の視聴者のなかでは、四六パーセントがレーガンの勝ちであると判定していたが、三四パーセントは民主党カーターの勝ちと判定していた。このAP通信世論調査での比率は、討論会の前後に行われていた一〇六二人を対象とする世論調査での比率とも、おおよそ一致していた。

「どちらの候補者とも、相手陣営に浸透するまでには至っていない」と、AP通信は記していた。

「両候補者とも、討論会を見ていた、それぞれの支持層をしっかりとつかんでいた。視聴者の討論会に対する受け止め方は、支持政党の違いで分かれていた。レーガンを概ね支持する人たちは、レーガンが上出来だったと考えていた。見識のあるカーターを支持したいと考える人たちにとっては、カーターは最高の出来栄えだったと見ていた」

討論会でのレーガンの対カーター戦での成果を振り返っても、土壇場で支持を伸ばしていた兆候は見出されていなかった。

「火曜日夜の大統領候補者討論会で、どちらが勝者であったかは判然とはしていない。ただ、討論で焦点となったテーマは、まさしくカーター大統領が望んでいた内容となっていた。戦争と平和の問題であり、経済の問題ではなかった」と、一九八〇年十月二十九日にAP通信のR・グレゴリー・ノークスが書いている。

「共和党候補ロナルド・レーガンは、選挙戦の終盤では、カーター政権の『経済政策での悲惨な実績』に焦点を当てたいと語っていた。ところが、カーターよりも、よい実績を出せると発言する機会を、何度も逃していた」と、ノークスは続けている。

「九〇分間の討論のなかで、レーガンは、カーターがレッテルを貼ろうとしていた戦争屋のイメージを払拭しようとしていた。自らが平和の人であると訴えることに、時間を費やしていた。また、大統領にふさわしいと印象づけようとしたが、その点では成功できたかもしれない」と、AP通信は記している。

「しかし、経済面の実績で、カーターを批判することでは、表面的で、おざなりだった」

結局のところは、一九八〇年にカーターの実績を擁護することは、民主党にとっても、あまりにも難しかった。カーター政権の四年間は、数々の深刻な挫折《ざせつ》に苦しめられていたからだ。投票日が迫るなかで、イラン人質事件では四四四日間も苦悩する結果となっていた。OPECの禁油政策のために、ガソリンを買うための行列ができていた。インフレ率は、かつてない二桁となり、景気は低迷していた。

レーガンの圧勝が示していたことがあった。それは、かつてリチャード・ニクソン大統領が、「サイレント・マジョリティ」と名付けていた人々が、カーターを敗北させたことである。そうした有権者層は、主要メディアの世論調査の数字に現れてはいなかった。

一九八〇年の「サイレント・マジョリティ」にあたる人々のことを、バラク・オバマは、「銃と聖書にしがみつく」人たちと表現した。また、ヒラリー・クリントンは、救いようがない「嘆かわしい人たち」と呼んでしまっていた。しかし、勝敗を決したのは、そうした有権者層である。

一九八〇年の選挙では、そうした人々は世論調査の数字には現れていなかった。しかし、主要メディアが一貫して無視していたロナルド・レーガンに投票することで、その存在を明らかにした。しかも、記録的な数字を結果として出していた。

二〇一六年にも、この「サイレント・マジョリティ」が、ふたたび出現するのかが問われていた。そして、今回は、メディアのお気に入りのヒラリー・クリントンを敗北させて、ドナルド・トランプに勝利をもたらした。世論調査では、まさしく最後の最後まで、予測されていなかった結果が生まれたのである。

カーターは、一九七六年に自分を当選させてくれた有権者に、一九八〇年の再選のためにも投票してもらおうと、取り組んでいたはずだった。二〇一六年にも、同じようなことが問題となっていた。オバマが、二度にわたって投票所に引き寄せていた、民主党への大きなうねりを、ヒラリー・クリントンが再現できるのかということである。(36)

つまり、二〇一六年に問題となっていたのは、こういうことである。オバマが引きつけていた支持者層は、個人的なカリスマの賜物でしかなかったのだろうか？　冷たい印象で不人気のクリントンにとっては、そうした支持者層をあてにすることはできないのだろうか？

第一部

ドナルド・トランプは、こうして共和党大統領候補の指名をハイジャックした

ドナルド・トランプによる共和党の敵対的乗っ取り

一九六〇年代以降のアメリカ大統領選では、共和党、民主党の両党ともに、指名を決めるまでに、各州での予備選挙、党員集会、党大会が開催されている。六か月にもわたる過酷なプロセスとなる。二〇一六年には、二月一日のアイオワ州党員集会から始まり、六月七日のサウスダコタ州、ニューメキシコ州、ニュージャージー州、モンタナ州、カリフォルニア州での予備選挙までが行われた。

セオドア・ホワイトの著書『大統領になる方法　1960年』によると、共和党で最初の大統領となったエイブラハム・リンカーンは、シカゴの「ウィグワム」（インディアンの住居に由来する名称で、当時は陣営本部を意味した）と称される木造の建物で開催された党大会で指名されている。その後、一八六五年から一九〇〇年までの三十五年間では、大統領候補者の選出は、「党大会に集まるボスたちの手に委ねられ」ていた。たいていは、凡庸な候補者が選出されていた。

一九六〇年に大統領予備選挙が行われていたのは、わずか一六州にすぎない。現在、全五〇州で予備選挙が行われているのとは、まったく様相を異にしていた。

「アメリカ文化が多様であるように、この一六州は、政治的にも、社会学的にも、それぞれ異なっていた。しかし、何か優れた判断や計画のもとに、選ばれていたわけでもない」と、ホワイトは書いている。

「アメリカの自由を守る指導者となり、その国家権力を担おうとする者が選ばれるための決戦の舞台としては、外国人の眼には、あまりにも不合理なものに映っていたに違いない。しかし、アメリカ大統領選において、これらの州は、過去も現在も、きわめて重大な役割を果たしてきている」(1)

二〇一六年の共和党大統領予備選挙では、全国指名大会の第一回投票で党の指名を勝ち取ることが、候補者にとっての目標となっていた。そのためには、大会に出席する代議員の総計二四七二票のうち、単純過半数の一二三七票を取ることが必要とされた。共和党全国委員会が主催する全国指名大会は、二〇一六年七月十八日から二十一日まで、オハイオ州クリーブランドのクイッケン・ローンズ・アリーナで予定されていた。この会場は、バスケットボール・チーム「クリーブランド・キャバリアーズ」のホーム・グラウンドでもある。二〇一六年には、スーパースターのレブロン・ジェームズが活躍していた。

共和党全国大会の開幕までに、指名のために必要とされる過半数の一二三七票を獲得している候補者が、誰もいないシナリオもあり得た。そのときには、第二回投票にあたり、大半の代議員は、自らの意志で自由に投票できるとされていた。そうした膠着《こうちゃく》状態に陥った場合には、「ブローカード・コンベンション」になると警告する職業政治家たちもいた。つまり、党大会が、裏舞台での取引に逆戻りすることを意味していた。かつての全国指名大会では、密室で代議員票がやり取りされていた。そうした旧態依然たるやり方から脱皮するために、全米規模での予備選挙、党員集会、州党大会という現在の仕組みが生まれていたのである。

現在のアメリカ合衆国では、大統領選が年中行事になっているわけではない。投票日に新大統領が選出された直後に、次の候補者が出馬表明するようなことはない。たいていの場合には、大統領選は、現職の任期の三年目の早い時期からスタートしている。

二〇一六年大統領選で最初に出馬を宣言したのは、テキサス州選出の一期目のテッド・クルーズ上院議員で、二〇一五年三月二十三日に出馬表明していた。すぐに続いたのが、ケンタッキー州選出の一期目のランド・ポール上院議員で、二〇一五年四月七日に出馬表明していた。さらに、フロリダ州選出の一期目のマルコ・ルビオ上院議員も、二〇一五年四月十三日に出馬表明した。この三人の候補者は、連邦上院議会では「新人」だ。それでも、各人とも、ホワイトハウスを目指せるだけの、全米規模での知名度を高められたと考えていた。

その後の数か月に、近年のアメリカ大統領選にはなかった、新たな法則が生まれていた。現職の大統領を擁していない方の政党では、多数の候補者が乱立するのである。それぞれの候補者が、資金支援者たちに向けて、ホワイトハウスを勝ち取れる可能性があると訴えかけていた。

・五月四日に、元ヒューレット・パッカードCEOのカーリー・フィオリーナが出馬表明した。フィオリーナは、二〇一〇年のカリフォルニア州選出の連邦上院議員選では、民主党現職のバーバラ・ボクサーに敗れていた。
・フィオリーナと同日の五月四日に、神経外科医のベン・カーソンが大統領選に立候補した。カーソンは、二〇一三年の全米祈禱朝食会で、同席していたオバマ大統領を批判する二七分間のスピーチをしていた。そのことをきっかけに、ウォールストリート・ジャーナル紙編集部からは、大統領選への出馬を薦められていた。カーソンは、そのとき以来の知名度を活かそうとしていた。(2)
・五月五日には、元アーカンソー州知事のマイク・ハッカビーが参戦を決めた。五月二十七日には、ペンシルベニア州選出のリック・サントラム元上院議員が続いた。五月二十八日には、元ニューヨーク州知事のジョージ・パタキも立候補を表明した。
・六月に入ると、以下の人たちが続き、共和党の候補者は増えていった。サウスカロライナ州選出のリンジー・グラハム上院議員のほか、六月四日には、元テキサス州知事のリック・ペリーが、六月二十四日には、ルイジアナ州知事のボビー・ジンダルが、六月三十日には、ニュージャージー州知事のクリス・クリスティが加わった。
・ただし、六月には、さらに重要な二人が加わっていた。六月十五日に、元フロリダ州知事のジェブ・ブッシュが、六月十六日には、ニューヨークの実業家で億万長者のドナルド・J・トランプが出馬表明していた。
・七月には、ウィスコンシン州知事のスコット・ウォーカー、オハイオ州知事のジョン・ケーシック、元バージニア州知事のジム・ギルモアが出馬表明して、さらに戦列に加わっていた。

最終的には、共和党の大統領候補者は一七人となった。知事と元知事は九人、連邦上院議員と元連邦上院議員が五人いた。それから、政治家としての公職の経験がない女性のCEO経験者と、やはり政治家としての公職の経験がない元神経外科医がいた。

そして、ドナルド・トランプがいた。――トランプは、本物のアウトサイダーである。二〇〇〇年と二〇一二年にも、大統領選出馬の意欲を示してはいた。しかし、実際に、候補者として選挙に出馬したこともなければ、政治家としての地位にも、まったく就いた経験はなかった。

第1章　トランプ対エリートたち

ジェブ・ブッシュというのは、本当にダメなやつだ。はっきり言えば、公職に就いていなかったら、何かの仕事をしてもらうために、雇えるようなやつではない。そうだろ？
あなたが会社をやっていたら、やはり雇いたいとは思わないだろ。

ドナルド・J・トランプ(1)

二〇一五年が終わる頃、民主党大統領候補としては、ヒラリーが有力視されていた。大統領選の行方は、ヒラリーが「女性で初めて」のアメリカ合衆国大統領に当選するか、もしくは、ジェブが「ブッシュ家の三人目」としてホワイトハウスに入るのかに、落ち着きそうに見えていた。主要メディアに出演していた政治評論家で、ドナルド・J・トランプの当選を予想していた人は皆無だった。トランプが、いかに金持ちであろうと関係はなかった。

西海岸のハリウッドと、東海岸の主要メディアに代表される極左派のエリートたちは、二〇一六年大統領選で、独断と偏見に基づく「二十一世紀のアメリカ」を構想していた。「飛び越していく」（内陸中央部のこと）と蔑称《べっしょう》されている地方の人々も、無批判に受け入れてくれるものと確信していた。

ジェブの登場：「もっとよいアメリカを」

大統領選まで、あと約一七か月のときのことである。二〇一五年六月十五日に、ジェブ・ブッシュが——ブッシュ王朝では三人目の大統領を目指して——フロリダ州マイアミ・デイド・カレッジのケンダル・キャンパスで登壇していた。ブッシュは、フロリダ州では初めて、共和党知事として二期を務めていた。ボタンダウンの青いシャツに、カジュアルなズボンという出で立ちをしていた。リラックスした様子を見せながら、コミュニティ・カレッジの体育館で、約三〇〇〇人の支持者の前に立っていた。舞台裏からは母親が見守り、拍手を送っていた。

ブッシュは、二か国語を使いこなす、初めての大統領候補者であるとの触れ込みだった。たくさんの大学生が授業に出ないで参加していて、会場には熱気が生まれていた。聴衆に向かって、ブッシュは「ヨ・ソイ・ジェブ」——英語では「アイ・アム・ジェブ」——と自己紹介した。ヒスパニックへの支持を広げたいというメッセージが込められていた。メキシコ人女性を妻として、スペイン語を流暢に話せることが、選挙戦略の中心に据えられていた。

スペイン語での発言は、ブッシュ陣営のロゴが「ジェブ！」とだけ記されていたこととも符合していた。このスローガンでは、ファミリー・ネームが巧妙に隠されていた。

ジェブとしても、すでに王朝政治が飽きられていることを、十分に理解していた。アメリカ国民からは「クリントン家はもういい」とか、「ブッシュ家はもういい」と言う声が上がっていた。だからこそ、〝ジェブ・ブッシュ〟としてではなく、〝スペイン語を話すジェブ〟として立候補していた。すでにブッシュ家からは二名の大統領を輩出しているが、元大統領の息子であり、元大統領の弟であることとは無関係であると装っていた。

皮肉なことに、ジェブが自分の母親を聴衆に紹介していたときに、移民支援団体「ユナイテッド・ウィー・ドリーム」の抗議デモ隊が、スローガンを連呼し始めていた。デモ隊の各人は、一文字ずつが記された、目立つ黄色のシャツを着て、全体で「法的地位だけでは不十分だ」と表示していた。(2)

ジェブとしては、「包括的移民制度改革」と称される移民政策に賛同することで、ヒスパニックからの支持が得られると考えていたのかもしれない。しかし、それは間違いだった。国境開放政策に対する反対派は、そうした移民政策の名称は、不法移民の恩赦を隠蔽するためのキャッチフレーズであると批判していた。

ブッシュは出馬にあたり、移民問題を争点にしていた。しかし、共和党候補である限り、民主党のバラク・オバマやヒラリー・クリントンが主張するほどまでには、国境開放政策に積極的な立場にはなり切れてはいなかった。それが、まさにデモ隊が、大勢で押しかけていた理由である。

聴衆の中からは、「ジェブが必要だ」との連呼も同時に生まれて、抗議の声はかき消された。ブッシュは、その場を収めるために、きっぱりと言った。

「ところで、友人のみなさんにも、分かるように言っておきたいです。私は、次のアメリカ大統領として、有意義な移民制度改革を法案として成立させたい。それで、問題は解決されます。大統領令でやるのではないです」

その後、この移民支援団体は、このようにツイートしていた。

「@ジェブ・ブッシュに抗議したのは、『愛の行為』であるとか、『どうかお帰り下さい』とか、#移民問題で支離滅裂だからです」(3)（二〇一四年にジェブは、不法滞在は重罪ではなく、家族を養うためであると理解を示したが、他方で、国外退去を求める対策の必要も認めていた）

このような問題は、共和党穏健派としてオバマと対戦した二〇〇八年のマケインや、二〇一二年のロムニーのときにも、すでに起きていた。マケインとロムニーは、全面的にではないにしても、多くのテーマでは、民主党と同様の主張をしていたように見えていた。政策上の違いが明確ではなかったので、共和党の支持基盤を盛り上げることができなかった。共和党の支持基盤となる人々は、首都ワシントンに安住している共和党指導部のエスタブリッシュメントと比べると、保守的な考え方を持っていたからだ。

フィリス・シュラフリー（保守派の女性活動家）は、大統領選の早い段階で、トランプへの支持表明をしていた。シュラフリーは、一九六四年の有名な著書『同調ではなく選択を』で、すでにきわめて的確な指摘をしていた。

シュラフリーは、共和党の大統領候補者を、エスタブリッシュメントの政治家のなかから選ぶのは止めるべきであると述べていた。リベラルな民主党候補者との政策的な立場の違いが、あまり鮮明にはならないことを理由としていた。(4)

ブッシュは、ヒスパニックからの支持を、大統領選での戦略の中心に据えていた。しかし、皮肉なことに、出馬表明演説の原稿には、移民制度改革についての記述はなかった。(5)ジェブは、「もっとよいアメリカを」として、バラク・オバマ政権の八年間にはなかった、優れたリーダーシップを発揮することを訴えていた。抗議活動が起きていなければ、移民問題に言及する予定はなかったのである。

ジェブは演説の最後を、スペイン語で話した。

"Júntense a nuestra causa de oportunidad para todos, a la causa de todos que aman la libertad y a la causa noble de los Estados Unidos de América."

翻訳すると、以下の通りだ。

「すべての人たちに、チャンスが与えられるために。自由を愛する人々のために。アメリカ合衆国の崇高な理想のために、どうか参加してください」

ニューヨーク・タイムズ紙は、ジェブがフロリダ州のコミュニティ・カレッジの体育館で出馬表明を行ったことを報じていた。ブッシュ陣営が期待していたほどの手応えはなかったと論評していた。早くもジェブは、選挙運動に失敗していたのである。何度か再起を試みたが、共和党有権者の熱気を生み出すまでには至らなかった。「ブッシュ家はもういい」という冷淡な空気を、払拭できなかったのだ。

こうした状況は、支持率の低迷を予感させていた。ジェブが選挙集会で、どれだけスペイン語を話していたとしても、まったく関係はなかった。

「予備選挙の有権者からは、ファミリー・ネームのことや、保守派としての信念が疑問視されている。これまでの六か月では、熱狂を生み出そうと苦闘してきていた。ブッシュ氏としては、この出馬表明の集会を、再定義の場とするべく入念に計画していた。両党のライバルたちのことも痛烈に批判していた」と、ニューヨーク・タイムズ紙のマイケル・バーバロとジョナサン・マーティンの二人の記者が書いている。この記者たちは、特にジェブにというよりも、共和党全般に対して批判的なことで知られていた。(6)

バーバロとマーティンの記事は、ジェブが、共和党内の有力な対抗馬の何人かを、経験不足であると貶《けな》していたことも記している。

「予備選挙で対戦している上院議員のことを——以前はブッシュ氏の下にいたフロリダ州選出のマルコ・ルビオら——軽んじる態度を見せていた。わずか三年の上院議員の経験でホワイトハウスを目指した、オバマ大統領になぞらえていた」

しかし、ニューヨーク・タイムズ紙では、「もっとよいアメリカを」とのスローガンは失敗に終わり、フロリダ州での実績を全米にも広げたいとの公約が実現されることはないとみていた。ジェブは、従来からの公約であるチャータースクールの拡大、政府の規模の縮小、何十億ドルもの減税などを、さほど取り上げてはいなかった。そうしたテーマをありきたりなものとみなしたことで、予備選挙で投票する熱烈な共和党員からは、トップに押し上げてもらえるはずがなかったのである。

トランプ・タワーに注目が集まる

翌日の六月十六日火曜日に、ニューヨーク市内のミッドタウン、五番街の五七丁目にあるトランプ・タワーのアトリウムで、ドナルド・トランプが大統領選への出馬を表明した。エレガントな大理石とゴールドで彩られたロビーが会場となった。

ジェブ・ブッシュの出馬表明とは、まったく対照的な風景となった。アトリウムのある三つの階にわたり、たくさんのトランプ支持者が集まっていた。トランプの娘イバンカは、洗練されたデザインの白いドレス姿で現れた。まるでモデルのような出で立ちで、父親を紹介した。

ドナルドは、仕立てのよいダークブルーのスーツに、真っ赤なネクタイという定番の姿で現れた。青色のステージに上がり、マホガニー製の演台から出馬を表明した。青地の看板には赤色の枠が縁取りされて、「トランプ――アメリカを再び偉大な国に」とのスローガンが記されていた。その様子は、全米に向けてテレビで生中継された。また、数十のメディアが演台の前に陣取って、インターネット経由でのライブ・ストリーミングでも配信していた。青いカーテンを背景にして、アメリカ国旗が並んでいた。

「わが国には、深刻な問題がある」トランプは話し始めた。(7)

「我々は、もはや勝利していない。かつては、勝利していたはずだった。しかし、もはやそうではなくなっている。勝っているのを最後に見たのは、いつのことだろうか？

例えば、中国との貿易協定は、どうだろうか？　私たちは、してやられている。私ならば、中国には、つねに勝てる。つねにだ」

プロンプターは使わず、原稿は読んでいなかった。報道してもらいたいテーマに関しては、準備をしていたようであったが、ほとんどは即興での演説となった。

「日本に、何かで勝てたのは、いつのことだ？」トランプの演説は続いた。

「日本は、何百万台もの自動車を輸出してきている。それで、どうなったか？

トーキョーでシボレーを最後に見かけたのは、いつのことだったか？　シボレーは存在していないんですよ、みなさん。ずっと、やられっぱなしなんですよ」

この流れで、トランプはメキシコにも言及した。もうひとつの競争相手として位置づけていた。

ビル・クリントン大統領の署名で成立したＮＡＦＴＡ（北米自由貿易協定）のせいで、アメリカの雇用が奪われてしまったと述べていた。

「国境の問題で、メキシコに勝てたのは、いつのことだったろうか？」トランプは問いかけた。「私たちは、笑いものにされているんですよ。私たちの愚かさのことをです。それから、メキシコは経済でも、私たちに勝っている。あの人たちは、友達なんかではないんです。本当にそうだ。経済でも、やられているんだ」

ここまで語ってきたところで、トランプは決め台詞を放った。

「アメリカは、ほかのあらゆる人たちの問題のゴミ捨て場になってしまった」

出馬表明の熱弁のなかでは、オバマ政権の中東政策の失敗や、失業者の増加についても、約二〇分間にわたり批判した。オバマケアの負担が重くなり、そのウェブサイトも高くついたわりには、出来が悪いことも指摘した。

それから、トランプは、なぜ自分が大統領となるべきなのかという、核心となるテーマに入っていった。

「私は、政治家の人たちを見てきた」トランプは、演説の結論の部分に向かっていた。

「これまでの人生のなかで、私は、政治家たちとも交渉をしてきた。政治家を相手に、よい交渉ができないとしたら、それは問題がある」トランプは、強い調子で語った。

「たいして能力のない人たちなんだ。そんな人たちが、私たちの代表者になっているんだ。アメリカを、再び偉大にしてくれることはない。そんなことは、できやしない。完全にコントロールされているからだ。ロビイストたちや、献金家たちや、特定利益団体にコントロールされているからだ。完全に、そうなっているんだ」

ここまで前置きをしたところで、トランプは結論を述べた。

「いま、わが国に必要なのは――わが国に必要なのは、本当に優れたリーダーだ。本当に優れたリーダーが、今こそ必要とされている」トランプは、力を込めて訴えかけた。

「私たちが必要としているリーダーとは、『交渉の達人』を書いた人だ」

トランプは、自らをワシントン政治のアウトサイダーであるとした。交渉に強いネゴシエーターであり、富を築き上げてきたビジネスマンであることを、訴えかけていた。そして、自分は金持ちなので、大統領選出馬の資金は、自分で出せると明言した。民主党ヒラリー・クリントンは、選挙運動のために二〇億ドルを集める予定であると、すでに噂されていた。しかし、それに十分に対抗できるとしたのである。

「私は、自分の金を使う」トランプは言った。

このように自慢げに語る態度は、支持者からは慕われていた。ところが、リベラル派の民主党からは、憎悪を向けられることになった。民主党は、この数十年というもの、底辺層の有権者の票を集めることで選挙に勝ってきていた。

「私は、ロビイストを使わない。献金家にも頼らない。そんなことには構わない。私が、本当に金持ちだからだ」

トランプは、自分が思っているところを、こう表現した。

「どこか別の陣営に献金している友人たちから、三〇本くらいの電話がかかってくる。いろいろな特定利益団体や、献金家や、ロビイストたちからの電話がかかってくる。しかし、私が自分の考えを曲げる可能性は、ゼロだ。ゼロですよ。

翌日になると、フォードの社長さんから、電話がかかってくるかもしれない。こう言ってくるだろう。『再検討していただけませんか』と。でも、私はノーと言います」

そして、トランプは、自分が守り手の立場であることを訴えて、話を締めくくった。

「こう言ってくるだろう。『大統領閣下、アメリカに工場を戻すことを決めました。メキシコに工場を建てるのは止めました』

以上で終わりだ。選択の余地はない。選択の余地はないということだ」

ジェブ・ブッシュは、コミュニティ・カレッジの体育館の壇上で、ボタンダウンの開襟シャツ姿で、スペイン語を話していたのかもしれない。ただし、トランプとは対照的に、リハーサルして臨んでいた様子がうかがえた。暗記した内容を、そのまま語っているようだった。また、スペイン語を使っていたことでは、多様性のアピールが、どんな人にでも通用すると思い込んでいるように見えていた。

深夜のコメディ番組には朗報となる

予想通りではあるが、ニューヨークとワシントンのエリート・メディアは、トランプのことを全面的に拒絶していた。

「ドナルド・J・トランプが、火曜日に、二〇一六年大統領選への出馬を表明した。饒舌《じょうぜつ》な不動産事業経営者であり、マンションやホテルに自分の名前を冠しているほか、トランプ・ブランドのネクタイや、トランプ・ブランドのステーキまである。自らの富と名声を誇示して、重要な資質であると訴えかけた。あまり見込みはないが、共和党からの指名獲得を目指している」と、ニューヨーク・タイムズ紙は報じている。

また、トランプは出馬表明演説のなかで、アメリカの優位を取り戻すことは、「本物の金持ち」――自分のような人物――にしかできないと訴えていた。(8)

「六九歳のトランプ氏は、共和党から大統領選に出馬することを、以前からちらつかせてきた。実業家としての実績を、自慢げに語ってきた一方では、有力政治家たちの業績を貶してきていた。NBCのリアリティ番組『アプレンティス』を舞台として、やり手の人物であるとの、大衆的なイメージを築き上げている」と、同紙のアレクサンダー・バーンズ記者が書いている。

「二〇一二年には、金満な投資家のミット・ロムニーが、政治的な無神経さで批判を浴びている。共和党には痛手となる出来事となっていた。しかし、『ビリオネアのように思考する』『ミダスタッチ：リッチになれる起業家もいるが、たいていはそうなれない理由』などの著書がある不動産王を指名したとしても、共和党が再起できる見込みは薄い」と、ニューヨーク・タイムズ紙の記事は続いていた。

同紙は、トランプが、二〇〇〇年と二〇一二年にも「ホワイトハウスを目指す可能性について大言壮語してきたが、結局は断念している」と記していた。つまり、報道されることで注目を集めるのが目的であり、まともな職業政治家が出てくれば、またしても大統領選からは撤退するはずであると示唆していた。

ニューヨーク・タイムズ紙は、トランプの政策的な立場についても冷笑していた。バーンズ記者は、こう書いている。

「トランプ氏の政策面での見解も、そのふるまいと同様に、ただの挑発でしかないのかもしれない。過去にも、気候変動のことを『デマだ』と表現している。また、イスラム国を壊滅させるための『絶対に確実』なプランを持っているが、秘密が漏れるといけないので明らかにできないとしている。火曜日には、メキシコ国境に『大きな壁』を建設すると公約した。アメリカに大挙して越境して来る、強姦魔《ごうかんま》などの犯罪者を入国させないためであるとのことだ」

さらに、ニューヨーク・タイムズ紙の記事では、終わりの部分で、トランプが「バーサー」論者であることを、読者に念押ししていた。「政治的な話題としては、オバマ大統領が米国生まれではないとする懐疑論を訴えてきたことが、よく知られている」と記していた。

ニューヨーク・タイムズ紙の記事に、ワシントン・ポスト紙も続いた。トランプは巨万の富によって、ホワイトハウスを買収できると夢想しているに違いないと書いていた。そして、政策の問題を取り上げて、トランプを批判した。職業政治家ならば、対立候補との政策の違いは重要であるからだ。

「このビジネス界の大物は、これまでに政治家として公職に就いた経験はない。それでも、共和党の並みいる大統領候補者が乱立する戦いに参入した。現在のところ、主要な候補者だけでも一〇名以上が出馬している」と、ワシントン・ポスト紙は報道していた。(9)

「政策としては、何を対戦相手との違いとして訴えるのかは不明である。多くの政策について、詳細に語ることを避けているからだ。

先月には、テロ組織のイスラム国を倒すために『絶対に確実なプラン』があると語って、人々を驚かせた。しかし、『これからやろうとすることを、敵には知られたくない』として、詳細については語っていない」

ワシントン・ポスト紙の別の記事では、トランプが九二億ドルの資産と、八七億ドルの純資産があると述べているが、かなりの誇張であると、ベン・テリス記者が書いていた。(10)

「いかに辣腕《らつわん》の会計士であっても、トランプのバランスシートを完全に精査することは難しい。

公的な助成金や、不透明な提携関係が錯綜していて、資産と負債の状況が、あまりにも複雑であるからだ」と、テリスは記している。

「そうした数字を吹聴してきた張本人は、トランプ自身である。誇大宣伝であるとの評判がつきまとっている」

テリスは、トランプ・タワーのアトリウムの演台から、支持者に向けて演説したときのことでも、異論を唱えていた。

トランプは、対抗馬の候補者たちには「これほど、たくさんの聴衆は集められない」と発言していた。そして、「数千人」はいたと述べていたが、せいぜい数百人程度であったことを指摘していた。

「実際には、トランプ陣営の人たちが、マンハッタンのミッドタウンの路上にいた観光客に声をかけて、開始前に聴衆を集めていた」と、ワシントン・ポスト紙は記している。

「『トランプのもとで仕事をしている』とだけ語っていたスーツ姿の男が、通行人に無料のTシャツや、手書きのプラカードを渡して、見物に呼び込もうとしていた」

出馬表明の翌日に、トランプは、選挙運動をスタートさせた四五分間の演説は、事前に原稿を用意したものではなかったと、AP通信に明言していた。(11)

「メモもなく、プロンプターもなしでやった。原稿なしでやる方が、いいのではないかと思っている」トランプは語った。

「私が言ったことは、全部、本気のことだ。いろいろな集団の人たちに、大きな反響が生まれていると思う」

たしかに、トランプは、すでに複数のメキシコ系移民団体からの批判を受けていた。

メキシコのミゲル・アンヘル・オソリオ・チョン内務相は、トランプの発言は「偏見であり、バカげている」と語っていた。メキシコ移民のことを「麻薬を持ち込んでくる。犯罪を持ち込んでくる。強姦魔もいる。なかには、いい人たちもいるとは思っている」と決めつけたことは、誤りであるとしていた。

このとき、トランプは、このようにも語っていた。

「壁を作ることにかけては、私以上の人はいない。本当にそうだ」

AP通信は、メキシコ内務相からの鋭い反論の言葉を紹介していた。

「トランプは、世界中のありとあらゆる国から移民が来たことが、どれだけアメリカの発展に貢献したのかを知らないに違いない」

タブロイドのニューヨーク・デイリーニューズ紙では、出馬表明の演説が茶化されていた。一面では、トランプの写真に細工をして、ピエロ姿に変えて掲載していた。AP通信が感想を求めると、トランプは、同紙のことを「まったく重要なものでない」として捨て置く態度を見せていた。そして、フェイスブックでは一七〇〇万人のファンがいると豪語した。ほかの共和党の大統領候補者たちのことが、ちっぽけな存在に見えるとも語っていた。

ジミー・ファロン（番組司会者、コメディアン）は、『トゥナイト』のゲストに、出馬表明をした翌日のジェブ・ブッシュを招いていた。しかし、ＡＰ通信の報道によると、このコメディ番組の話題を独占していたのは、トランプのことだった。[12]

ファロンは、トランプも番組に呼んでみたいと思っているが、「最後に確認したときに、まだ演説を続けていた」と、ジョークを飛ばしていた。また、トランプが、わが国で最初の「マッド・リブ」（言葉遊びのゲーム）風の大統領となるかもしれないとも語っていた。

「演説の原稿を書いているのは、ゲイリー・ビジー（悪役で知られる俳優）なのではないかと思う」と、ファロンは言った。

ＡＰ通信によると、別のジミー、つまり、ＡＢＣのジミー・キンメル（番組司会者、コメディアン）は、トランプが「ホワイトハウスと遊園地を、合体させてしまうことになるだろう」と言っていた。

「悲しいお知らせがあります」と、ケーブルテレビのＴＢＳでは、コメディアンのコナン・オブライエンが語っていた。

「『セレブリティ・アプレンティス』のシーズン１５は放送されないことになります。でも、ご心配なさらないで下さい。トランプが、大統領選に出馬していますから。場違いなところに出てしまったＢ級セレブさんが、職にありつけない様子を、視聴することができるはずです」

東海岸と西海岸のエリート・メディアでも、トランプをネタにして、大いに楽しむことを考えていた。ニューヨーク・タイムズ紙、ワシントン・ポスト紙などの主要メディアの極左派の記者たちは、「決定打」をつかむ競争を繰り広げた。このゲームの勝者となるのは、トランプから問題発言を引き出すことができた記者である。

本題ではなくて、切り取られた発言でも構わなかった。物議をかもして、トランプが、メディアで何日間も釈明する事態になったら成功だ。もし、発言の撤回や謝罪に追い込めたら、その記者は「決定打」をつかんだことになり、ゲームの勝者であると認定されるのだ。

トランプが、ヒスパニック系移民のことを、犯罪者で、強姦魔で、麻薬密売人であると発言したことに対して、メキシコ政府要人の反論がぶつけられていたのは、まさにそうした理由からだった。トランプの何かの発言をきっかけに、些細な点をついて、メディアの狂騒を作り出すメディアの記者たちは、そうした競争を繰り広げることになった。

クリントンを支持するエリートたちは、最終的には勝利できるものと確信していた。もっとも、穏健派のジェブ・ブッシュが、共和党の大統領候補者に選ばれたならば、そちらでも歓迎だった。ジェブ・ブッシュは、以前のマケインやロムニーと同様に、かなり「民主党的」だったからである。

もし、ジェブが当選したとしても、メキシコとの国境は開放されたままとなる。また、すでにアメリカに入り込んでいる数百万人の不法滞在者も、そのまま放置される。グローバリストによる自由貿易の推進のために、環太平洋パートナーシップ協定（ＴＰＰ）が成立して、ＮＡＦＴＡを補完することになる。大西洋諸国との間では、環大西洋貿易投資連携協定（ＴＴＩＰ）が進められていく。こうした多国間協定を、オバマ政権は各国政府と協力して推進していた。多国間の自由貿易協定に取り組んでいたのは、中国や第三世界の安い労働力にアクセスすることが目的である。

また、ジェブはオバマと同様に、イスラム過激派には強硬なスタンスを取っていない。なぜなら、そうした姿勢を取れば、自分のヒスパニックへの取り組みの意味を損ないかねないからだ。すでにジェブは、多文化主義による多様性を推進する、左翼的な立場を受け入れていた。

端的に言って、クリントン夫妻も、東海岸とハリウッドのエリート・メディアも、ウォールストリートやシリコンバレーの富裕層の支援者たちも、ジェブには勝てると確信していた。ただし、仮に、ジェブがホワイトハウスを勝ち取るようなことになったとしても、それはそれで好都合だったのである。

クリントン夫妻とエリート層の支援者たちは、トランプが本気で立候補しているとは、まったく考えていなかった。メディアの注目を集めて、高級リゾート建設や有名不動産事業でのビジネス上の利益が得られたら、選挙戦から撤退するだろうと予想していた。

エリートたちは、トランプをピエロのごとく描き、選挙運動のこともバカにしていた。そのことは、共和党を支持する保守層を貶めて、危険視することも意味していた。銃器と聖書にこだわり、移民のことも、LGBTのことも、イスラムのことも憎悪する、過激な人々であると見なしていた。そうした戦略のもとでは、ジェブの政策的な立場は、ヒラリーとの違いが、ほとんどなくなっていた。トランプ支持者のことは、狂信的な極右派であると決めつけていた。「気候変動の否定論者」であり、アメリカの将来を脅かす政策を支持する人たちだと見なされていた。

オバマ大統領は、人類の文明にとっては、イスラム過激派よりも、「気候変動の否定論者」の方が危険な存在であると訴えていた。(13)トランプ支持者に向けた非難としては、あまりにも決定的だった。左翼のエリートたちの構想としては、化石燃料の使用に国際課税することを計画していた。だから、反撃してくる共和党候補者がいたならば、打倒するのみならず、破滅させようと決意していたのである。

そうした戦略で目的とされていたのは、アメリカの富を再配分することである。本質的に見れば、反米的な社会主義が進行していることを意味していた。しかし、両海岸のエリートたちは、そうした考え方を、当然のものとして受け入れていた。

二〇一五年の夏に、トランプは波紋を巻き起こす

二〇一五年の夏に、トランプは次々と波紋を巻き起こした。

二〇一五年七月十八日土曜日に、アイオワ州エイムズでは、「ファミリー・リーダーシップ・サミット」が開催されていた。世論調査アナリストのフランク・ランツが司会を務めたセッションで、トランプは、ジョン・マケインに対して、さらなる攻撃を放っていた。マケインとは、すでに移民問題をめぐる応酬をしてきていた。

「彼は、戦争の英雄なんかじゃない」と、トランプは主張した。

ランツは、かなり驚いた反応をみせた。マケインは、ベトナム戦争で海軍パイロットとして従軍して、捕虜となる経験をしていた。そして、勲章を受けた軍歴をもとに、政治的なキャリアを築いていた。

「捕虜になってしまったんだから、戦争の英雄なんかじゃない」トランプは言った。

ランツは、信じられないという反応をした。

「私は、捕虜にならなかった人が好きなんだ。いいかな?」(14)

翌日には、ＡＢＣニュースに出演したが、トランプは謝罪することを拒んだ。

「厳しい戦いをくぐり抜けて、捕虜にはなることもなく、大変な体験をしてきた人たちがいる。

そうした人たちは、何の名誉も受けていない。誰も語ってはくれない。忘れられてしまっている。はっきり言って、残念なことだ」

トランプは、ABCニュースで語っていた。(15)

七月二十日に、ビル・オライリー（FOXニュース司会者）の番組に出演したときには、トランプは、マケインに対して中途半端な謝り方をしていた。

「私は、彼のことが好きだった。支持もしていた。オバマ大統領との選挙戦のときには、献金もたくさんした。たしかに、何かの誤解が生まれたのであれば、完全に撤回したいと思う」トランプは言った。

「ただ、誤解のないように言ったつもりだったのだが。たしか、その後ですぐに、誤解がないように言っているはずなのだが」トランプは、オライリーに語った。

それからすぐに、トランプは移民問題のことに、話題を転じていた。

「それで、フェニックス（マケインの地元アリゾナ州の州都）には、不法な、ええと、移民が、一万五〇〇〇人いるのだが。彼（マケイン）には、何とかしてほしいと思っている」トランプは言った。

「ひどい待遇ですよ。ひどい待遇を受けている人たちなんですよ。そうした退役軍人たちのためにも、何かよい仕事をしてほしいと思うんですよ、ビルさん」(16)

二〇一五年七月二十三日木曜日には、トランプは、テキサス州のメキシコ国境まで出かけて行った。そこでは、自分の選挙運動が、ヒスパニックの利益に反するものではないことを訴えた。

「私は、ヒスパニックの人たちを、何千人も、何千人も雇用している」

トランプは、テキサス州ラレードでの記者会見で語っていた。ラレードは、人口の九五・六パーセントがヒスパニックの都市だ。

「私は、ヒスパニックの人たちが好きだ。素晴らしい労働者だ。素敵な人たちなので、合法的な移民を願っている」

トランプを招いていたのは、ラレードの地元の国境警備隊員の組合だった。しかし、招待は撤回されていた。全米国境警備評議会が、いかなる候補者も推薦しないと、表明したからだ。

「現実に起きている問題について、語ることを恐れている。それで、（地元の国境警備隊員の組合の）動きを止めさせたんだ」トランプは言った。

「ここでは、本当に問題が起きているから……。それで、私を招いてくれていた。それなのに、突然、『黙っていろ』と言われてしまったわけだ」

様々な波紋を生み出しながらも、トランプは、共和党の指名を勝ち取りたいと訴えていた。民主党の対抗馬となるヒラリー・クリントンに対しても、トランプは、大胆な攻撃を仕掛けていた。このときヒラリーは、両党のすべての候補者のなかで、最も高い支持率を誇っていた。

「間違いなく、ヒラリーは、わが国の歴史上で最悪の国務長官だった」トランプは語った。

「ヒラリーは負けるだろう。ヒラリーを破れるのは、私である」(17)

トランプの言動は、共和党全国委員会にとっても問題となっていた。七月上旬には、共和党全国委員会のラインス・プリーバス委員長が、トランプに密かに電話をかけていた。ヒスパニックのことや、移民の問題で、炎上するような発言をトーンダウンしてほしいと依頼していた。マケインのベトナム戦争での軍歴のことを批判したときには、共和党全国委員会は、トランプを非難する公式声明を発表していた。

「立派な任務を務めた人たちの名誉を傷つけるような発言は、わが党においても、わが国においても許されるものではありません」と、共和党全国委員会のスポークスマンは記していた。(18)

ラレードに向かう前に行われた、ザ・ヒル誌のインタビューで、トランプは反撃をした。(19) 共和党全国委員会は、自分が献金していた頃には、好意的だったことを語っていた。

「共和党全国委員会は、協力的ではなくなった。私が献金していたときには、いつも協力的だったのに。お気に入りの存在になっていたのだが」トランプは語った。

「共和党全国委員会は、とてもバカだと思う」

また、このインタビューで、トランプは第三党から出馬する可能性を否定しなかった。

クリスチャン・サイエンス・モニター紙は、第三党からの出馬が、トランプと共和党全国委員会の双方にとって得策ではないことを指摘していた。トランプが第三党の候補者となった場合には、ジェブ・ブッシュの票が食われて、結局は、ヒラリー・クリントンの当選が確実になるからである。

クリスチャン・サイエンス・モニター紙のサラ・カスパリ記者は、一九九二年大統領選を引き合いに出していた。億万長者のロス・ペローが、第三党から出馬して一九パーセントを得票したことは、アーカンソー州知事ビル・クリントンが、ホワイトハウス入りする結果をもたらしていた。(20)

トランプが第三党の候補者となる可能性をめぐる議論は、二〇一五年七月九日のニューヨーク・タイムズ紙で、「クビにはできない：ドナルド・トランプを扱いかねる共和党の苦悩」と題する記事が掲載されたとき以来のものである。この記事は、マイケル・バーバロのほか、二人のベテラン記者マギー・ハバーマン、ジョナサン・マーティンとの連名で書かれていた。(21)

ハバーマンは、クリントン財団の不透明な資金の動きを、痛烈に追及する記事を、何本も書いたことでも知られていた。バーバロは、「決定打」をつかむ取材を自負していた。二〇一二年大統領選では、ロムニー陣営の飛行機に同乗していた。左翼の記者仲間と競い合って、ロムニーに打撃を与える「決定打」となる記事を書くことに取り組んでいた。

このニューヨーク・タイムズ紙の記事では、共和党の定例会合の様子が記されていた。ホワイトハウス向かいのホテル「ザ・ヘイアダムス」で、最高幹部の議員、選挙参謀たち、ラインス・プリーバス委員長らが集まっていた。そして、どのようにトランプに対処するのが最善であるかを議論していた。

同紙によると、今後の共和党大統領候補者の討論会が、トランプの挑発的な言動によって、ぶち壊しになることが懸念されていた。トランプを制御するための作戦を提案する人もいれば、干渉しない方がよいと勧める人もいた。いずれにしても、トランプを政治的な殉教者にまつり上げてしまうか、悪ければ、第三党からの出馬に追いやってしまう恐れがあった。

「メキシコ人をめぐるトランプ氏の発言によって、共和党の支持基盤を分断させかねない、二つの問題が浮上している。――人種問題と移民問題である」と、ニューヨーク・タイムズ紙の記事は記している。

「二〇一二年での共和党の敗北を検証して、プリーバス氏は、ヒスパニック系を重視するように警鐘を鳴らしていた。しかし、トランプが支持を期待していたのは、不満を抱いている白人の有権者だ。――二〇一二年にはロムニーの支持層となっていたが、二〇一六年にホワイトハウスを奪還するためにも、やはり必要となる支持層であると、共和党では考えられていた」

共和党中枢の選挙参謀たちは、穏健派からの支持が失われることを恐れていた。ワシントンの共和党指導部は、概ね、穏健派の共和党員からの支持を受けていた。自由貿易協定などの争点では、共和党指導部は、民主党に協力的な姿勢を取っていた。

「しかし、トランプ氏は、勝敗を左右する浮動層を、共和党から離反させかねない。それは、経済問題では右寄りに傾いているが、マイノリティをスケープゴートにするような発言については、軽蔑している有権者層である。――もちろん、トランプの発言に怒りを感じている各種のマイノリティ層は、言うまでもない」と、バーバロらは書いていた。

さらに、ロシア大統領のウラジーミル・V・プーチンをめぐる発言でも物議をかもした。二〇一五年七月二十三日に、ロンドンのガーディアン紙は、プーチンの支持率が史上最高の水準にあることを報じていた。世論調査では、ロシア国民の九割が大統領を支持しているとの結果が出ていた。ウクライナやクリミアに侵攻したプーチンの戦略が支持されていることを示していた。(22)

二〇一五年七月三十日に、全英女子オープンを訪れていたトランプは、記者会見の場で、プーチンと協力することは、何の問題もないと語った。

「ウラジーミル・プーチンとは、とてもうまくやっていけると思う。本当に、そう思う。『どういう意味ですか?』と、言う人たちもいる。うまくやっていけると思う、ということだ」

「アメリカを再び偉大な国に」の帽子をかぶっていたトランプは、記者にこう語っていた。

「彼(プーチン)は、オバマのことが嫌いだ。オバマも、プーチンのことが嫌いだ。とてつもなく悪い関係になっている。国務長官をしていたのは、ヒラリー・クリントンだ。わが国で史上最悪の国務長官だった。彼女が仕事をしていたときに、世界中がバラバラになってしまった。それで、今度は、大統領になりたいそうなのだが」(23)

このときのトランプの物議をかもした発言をもとにして、二〇一五年から二〇一六年にかけてのニューヨーク・タイムズ紙は、ヒラリー・クリントンを倒すために、トランプとプーチンが秘密裡に共謀しているという疑惑を煽《あお》り立てていった。

一年後の二〇一六年七月二十七日に、トランプは、フロリダ州ドラルで記者会見を開いていた。民主党は、国務長官当時のヒラリー・クリントンの私用メールサーバーにハッキングしたのは、ロシアであると主張していた。トランプは、もし、そうであるならば、ロシアの情報機関には、取得したメールの内容を公表してもらいたいと発言していた。

「ロシアよ、私の話を聞いているだろうか。私は、失われた三万通のメールを発見してくれることを願いたい」

トランプが、ヒラリーが削除したメールのことに言及していたのは明らかだった。

「アメリカのメディアからは、とても報われることになると思う」

ドラルでの記者会見について、ニューヨーク・タイムズ紙の記事では、さらに以下の段落が続いていた。

「ドナルド・J・トランプは、水曜日の発言で、ロシアの情報機関がヒラリー・クリントンのメールのハッキングに成功していることを期待する発言をしていた。さらには、その内容が盗まれたものかどうかには関係なく、公開してほしいと呼びかけていた。つまり、敵性国家に向かって、元国務長官へのサイバー攻撃の実行を要請したということだ」(24)

こうしたテーマは、選挙期間を通じて、ヒラリー支持者がトランプを批判するための「ミーム」（ネット上で拡散されていく情報）となり、物語《ナラティブ》として成長していった。トランプがロシアと共謀して、アメリカの国家安全保障を脅かしたという主張である。

　選挙戦が終わったときに、民主党が作り出したミームは、極左派のヒラリー・クリントン支持者たちが語り継いでいく物語となっていた。トランプが当選できたのは、「オルタナティブ右翼」のメディアがでっち上げた「フェイクニュース」を、ロシアが拡散させたからであるという話になっていた。そうしたオルタナティブ・メディアとしては、マット・ドラッジの「ドラッジ・レポート」、アレックス・ジョーンズの「インフォウォーズ」、「ブライトバート」、ジェローム・コルシが選挙報道をしていた「ＷＮＤ」があった。

「ブライトバート」のマイロ・ヤイノプルス（同誌の編集幹部を務めた）は、極左勢力と対決して、ミレニアル世代の何百万人もの有権者の心を捉えていた。ホモセクシャルの保守派であることを公然と名乗りながら、スクープ記事を放ち、挑発的な発言をすることで、主要メディアの機先を制していた。

　私が、アレックス・ジョーンズの番組に出演したことでは、トランプのメッセージが、ＦＯＸニュースのプライムタイムを超える視聴者数に届いていった。ジョーンズのオンライン番組は、途方もなく大勢の人々に視聴されていた。

二〇一六年の大統領選は、インターネットを通じて勝敗が決された、初めての戦いとなった。ドナルド・トランプは、ただツイッターに投稿するだけで、ニュース報道を独占してしまう手法を駆使した。投稿されたツイートは、瞬く間に拡散されて、とてつもない影響力を発揮していった。

選挙戦が始まって以来、トランプを支持するオルタナティブ・メディアの中心となっていたのは、「ドラッジ・レポート」のジャーナリストたち、アレックス・ジョーンズ、「ブライトバート」、「WND」である。また、ラジオのトーク番組司会者のラッシュ・リンボー、マイケル・サベッジにも、全米規模で膨大な人数の熱心なリスナーがいた。さらに、FOXニュースでは、ショーン・ハニティが、ほとんどただ一人で揺るぎないトランプ支持を続けていた。

二〇一六年に、中西部のトランプ支持者たちは、MSNBCや、CNNにチャンネルを合わせることをやめてしまっていた。FOXニュースを見ることさえ、やめてしまう人たちも出てきていた。――既存のテレビやラジオのニュース司会者たちは、トランプのことを公然と嘲笑《ちょうしょう》することもなかったが、終始、疑問視することを止めなかったからだ。

二〇一五年六月十六日に、トランプが出馬宣言をしたときには、数多くの保守派のウェブサイトや記者たちが記事を掲載した。そうした動きの先頭に立っていたのが、マット・ドラッジだ。「ドナルド、ホワイトハウスを目指す」との見出しの写真入りの記事は、トップ・ニュースの扱いで掲載されていた。ところが、伝統的な主要メディアや世論調査では、選挙戦が展開していくなかで、現実の動きが表現されてはいなかった。極端なまでに、クリントン支持に偏向していたからだ。

トランプが勝利した後に、著名な経済ブログの「ゼロヘッジ」が、「マット・ドラッジは、どのように二〇一六年大統領選で勝利したのか」との記事を掲載した。

この記事では、ニュース集約サイトの「ドラッジ・レポート」が、本選挙までの一八カ月の期間に、トランプの当選を予測した調査や記事を取り上げていたことを記している。

「今回の選挙戦では、あらゆる人たちが間違っていた。マット・ドラッジが正しかったことが、最終的に証明されることになった」と、「ゼロヘッジ」の記事は記している。

「この保守派の大型ニュース集約サイトは、一八カ月の間、トランプ当選を予測する数少ない調査や記事を紹介していた。――他方では、リベラル版の『ドラッジ・レポート』とも称される『ハフィントン・ポスト』では、投票が締め切られる数時間前まで、ヒラリー・クリントン当選の可能性を九〇パーセント程度と予測していた」(25)

リチャード・ニクソンが「サイレント・マジョリティ」と呼んでいた人々から、トランプは完全に共感されていた。ツイッターやフェイスブックなどのソーシャルメディアで、トランプへの強力な支持が生まれていたことを見れば、そうした状況は明らかだった。二〇一六年を通じて、オンライン経由での非統計的な調査では、何万人もの人たちがトランプに投票して、勝者に選んでいた。

こうした大衆的な支持に対抗するために、ヒラリー陣営は、二〇〇八年と二〇一二年のオバマ陣営と同じように、資金を投じて「トロール」（ネット上の荒らし）とも、ロボットの略称である「ボット」（自動プログラム）とも称される手法を動員していた。ソーシャルメディアでトランプ支持のトレンドが生まれるのを妨害するために、ヒラリーを有利にするためのニセ情報が投稿されていたのである。

その後も、統計的な方法に基づく世論調査では、討論会のときでも、トランプが負けていたとする正反対の結果を出していた。しかし、たいした問題ではなかった。実際には、討論会が終わるや否や、インターネット上では、何十万人ものトランプ支持者が、自発的にトランプの勝利であったことを投票していた。ヒラリーには、いくらトロールに資金を投じていたとしても、そうしたオンライン投票での動きが生まれたためしがなかった。

たしかに、トランプは波紋を生じさせていた。しかし、主要メディアのクリントン支持者たちが、理解していないことがあった。それは、プロの選挙参謀やアドバイザーであれば、誰もが知っている基本的な原則を、トランプが実行していたことである。――すなわち、メディアを独占することだ。それが、たとえネガティブな内容であっても、である。

トランプは、メキシコについて、マケインについて、プーチンについて物議をかもす発言をしていた。そうした発言に呆《あき》れた、両海岸のエリートたちからの評判が損なわれたのは事実である。

例えば、不法移民に関して、トランプはネガティブな言い方をすることを厭《いと》わなかった。エリートたちは、わが国に滞在する外国人のことを、「ビザのない出稼ぎ労働者」と表現していた。

二〇〇八年にオバマに敗れたマケインは、あるラジオ番組司会者が、バラク・オバマのミドルネームが〝フセイン〟であると言及していたことを、批判していた。イスラム教徒への侮辱にあたるとしたのである。トランプはといえば、イスラム教徒に向かっても、乱暴な発言をしていた。

また、オバマが、ウクライナからの撤退を求めて、ロシアに制裁を科していたのに対して、トランプは、軍事的な侵攻作戦を成功させたプーチンの手腕を称賛していた。――そのような実行力を、オバマ大統領とヒラリー・クリントン国務長官は、中東で発揮できていなかった。

二〇一五年の夏に何が起きていたかと言えば、すべてのケーブルニュース局と、テレビネットワークのNBC、ABC、CBSでの夜のニュース番組は、トランプの話題でもちきりとなっていた。二〇一五年七月には、テレビのチャンネルをどれだけ変えたとしても、あらゆるニュース番組が一様に、トランプのことを取り上げていた。

ただし、FOXニュースも含めて、ほとんどの番組の内容は、ネガティブなものだった。FOXニュースは、ジェブ・ブッシュに代表される共和党のエスタブリッシュメントの候補者を支持する方針を取っていた。ニューヨークとワシントンの共和党指導部が支持していたのは、そうしたエスタブリッシュメントの候補者だった。

二〇一五年の夏に、両海岸の主要メディアが、ヒラリーの当選を強力に支援していたことは明白だった。ヒラリーにマイナスの影響を与えるような、悪いニュースは抑えていた一方で、トランプに不利な材料であれば、どのようなニュースでも流していた。それでも、二〇一六年大統領選のニュース報道を、トランプが独占していた事実は、いかなるベテラン選挙参謀の眼にも明らかとなっていた。トランプのことが好きか嫌いかはさておき、二〇一五年夏に、アメリカ国民が求めていた話題は、トランプのことだった。トランプは、ニュースの話題を独占することに成功していた。近年で、これに匹敵するものがあったとすれば、バラク・オバマが二〇〇八年の大統領選で、全米の舞台に初めて登場したときの興奮くらいである。

アレックス・ジョーンズが、ドナルド・トランプの関心を引くまで

アレックス・ジョーンズから発信される「インフォウォーズ」のラジオ番組、ユーチューブ、フェイスブックでの配信、インターネットのサイトやツイッターでの展開は、トランプの秘密兵器となった。ジョーンズは、「インフォウォーズ」の看板を掲げてダミ声で語り、何百万人ものフォロワーを集めて、絶大な人気を誇っていた。私も早くから気づいていたが、そうしたフォロワーたちは、誰もがトランプに投票してくれる可能性がある人々だった。

もちろん、主要メディアには、ジョーンズのことを批判する人たちがいることは分かっている。それでも、私は、この男のことが好きなのだ！

ジョーンズの激烈な発言は、何百万もの人々の声を代弁していた。だからこそ、全米の人たちの心に突き刺さっていた。実際に、FOXニュースやCNNの視聴者数よりも、アレックスから情報を受け取っていた人たちの方が多くなっていた。

選挙から九日後の二〇一六年十一月十七日に、ワシントン・ポスト紙は、アレックス・ジョーンズが選挙で与えた影響力に、賛辞の言葉を述べていた。以下のように記されている。

「……ジェネシス・コミュニケーション・ネットワークは、アレックス・ジョーンズの番組を一二九のラジオ局に配信している。そうしたラジオ局の大半は、狭いエリアを対象としている。ジョーンズに、どのくらいの視聴者がいるのかを測定することは簡単ではない。しかし、最近、ジョーンズが語っているところでは、一日あたり五〇〇〇万人のラジオのリスナーがいて、月間では八〇〇〇万人の映像視聴者がいるとのことだ。視聴者数では、ラッシュ・リンボーを超えているとも語っている」(26)

ワシントン・ポスト紙の記事でもふれているが、ジョーンズは、ラジオ番組をウェブサイトからだけでなく、ユーチューブのチャンネルでも同時中継していた。そうすることで、視聴者数を何倍にも拡大させていた。ただし、そのためのコストは、例えばケーブルテレビ局を運営することに比べると、ごくわずかであり、大きな利益を上げることもできた。

私が、アレックスと初めて会ったのは、ダラスで、著書『ケネディを殺した男』のプロモーション活動をしていたときのことだ。(27)何年か後に再会したときに、完全に意気投合することになった。アレックスは、恐れを知らない男だ。そして、真のショーマンでもある。酒と上質のタバコを愛し、下世話な話が好きで、猟と釣りを趣味にしていた。男に好かれるタイプの男である。トランプのために絶大な支援をしてくれる人物であることは、すぐに分かった。アレックス・ジョーンズの訴えかける力は、とてつもなく強力だった。しかし、予備選挙の終盤になっても、ジョーンズに支持を求めようとした候補者は、ただの一人もいなかった。――マルコ・ルビオも、テッド・クルーズも、ベン・カーソンも、ジェブ・ブッシュも支持を求めてはいなかった。一人もいなかったのだ!

何百万もの人々が、毎日のように、アレックス・ジョーンズの番組を見たり、聞いたりしているというのに、そうした潜在的な支持者層に背を向けていたことは、まったく驚くほかなかった。トランプがホワイトハウスに入るにふさわしい人物であることは、アレックスには説明するまでもないことだった。私が、ぜひとも実現させたいと思ったことがあった。それは、ジョーンズの番組に、トランプを出演させることである。私の考えとしては、トランプが、アレックスの熱狂的な視聴者に向けて、直接に訴えかけることができたとしたら、最高のことだった。

選挙後のワシントン・ポスト紙の記事が、この点を取り上げていた。

「『トランプが、ジョーンズの番組に出演するというのは、よいアイデアだと思いました。ジョーンズの番組は、トランプの支持者層に向けられていたからです』と、ストーンは語っている。

『とても有望な人たちに、番組は届けられていました』」

　このアイデアに、トランプは、すぐに飛びついていた。

「ストーンが語るところでは、トランプには、特に説得するような必要はなかった」と、ワシントン・ポスト紙は記している。

「次期大統領は、『テレビが大好きな人です。インフォウォーズも見ていました』と、ストーンは語っている。『意気投合したということです』」(28)

　二〇一五年十二月二日の午前に、トランプは、アレックス・ジョーンズの番組に出演した。これ以上にないくらいの成功となった。

「あなたの評判は、素晴らしい」トランプは、ラジオ番組の司会者に語りかけた。

「みなさんの期待は裏切りません」

　そして、アレックスは、私たちの期待どおりの言葉を言ってくれた。

「……私の視聴者の九〇パーセントは、あなたを支持しています」

　トランプはインタビューのなかで、オバマとクリントンを、はっきりと批判した。

「もし、これまでに起きていたことが、あと四年間も、八年間も続くというのは、やられっぱなしになるということだ」トランプは言った。

「わが国が、やられっぱなしになるということだ。しかし、私としては、アメリカをもっと偉大な国にすることができると思う。そうしなくてはいけない」

翌日には、トランプは、こう語っている。

「ああ、ロジャーはいいやつだ。国を愛しているんだ」

「タフなやつなんだ。本当にそう思う。それで、ファンがたくさんいる。ロジャーは、とても忠実に助けてきてくれた」


このインタビューのとき以降、アレックスは勢いづいた。

ワシントン・ポスト紙の記事は、こう記している。

「選挙戦が展開するにつれて、ジョーンズは存在感を増していった。『ヒラリーを刑務所に』というTシャツを発売すると、爆発的な人気になった。

ストーンは、こう回顧している。選挙集会の会場には、そのTシャツを着た人たちが大勢、来ていた。トランプも、それを眺めるのを楽しみにしていた。ストーンに、そう語っていたとのことである」(29)

私は、ヒラリーが完全に激怒するであろうと予想していた。そして、いつか爆発することを期待していた。

二〇一六年八月二十五日のネバダ州リノでの選挙集会のときに、ヒラリーは、ついに爆発した。トランプと、アレックスのことを非難したのである。

「ナショナル・エンクワイアラー誌のようなものを、絶対の真実のように受け止めていると、こういうことになるのです」クリントンは言った。

そして、アレックス・ジョーンズが、ヒラリーの健康問題を追及していることを批判した。

「十月には、私が六か月以内に死ぬはずだと発言していました。ラジオ司会者のアレックス・ジョーンズという人は、そんなことまで言っているのです。

九・一一の事件も、オクラホマシティの爆破事件も、内部犯行だと主張しています。また、こんなことも言っていて――本当にバカげたことですが――サンディフックでの銃乱射事件の犠牲者も、子供のアクターが演じた芝居だと言っています。実際には誰も殺されていないのだそうです。そんな発言ができる人の心を、私は理解することはできません。心の中に、どれほどの闇があるのかと思います。それなのに、トランプは、こうしたウソに何も文句を言わないのです。

実際に、ジョーンズの番組では、こう言っていました。

『あなたの評判は、素晴らしい。みなさんの期待は裏切りません』」(30)

この発言のお蔭で、アレックスの熱心なファンは、ますますトランプ支持で結束することになった。これ以上のシナリオは描けないくらい、うまくいった出来事になった。ヒラリーには、それが当然の成り行きであることが、理解できなかったのだ。だから、もう一度、同じことを繰り返した。

十月中旬には、トランプとジョーンズとの関係を批判する映像を製作して、リリースしていた。

「そのスポットCMでは、トランプが、ジョーンズのインフォウォーズの番組に出演したときの場面が使われていた。『みなさんの期待は裏切りません。とても、とても感動してもらいたい。たくさんお話をしていきたいと思う』」と、二〇一六年十月十六日のザ・ヒル誌は、ヒラリー陣営のCM映像のことを報じている。

「その後には、ジョーンズが語っている映像が続いていた。二〇一二年のサンディフックの銃乱射事件は作り話であるとか、九・一一事件は内部犯行であるとか、クリントンは硫黄の匂いがする『とてつもない悪魔』であると語る場面である。

『いいですか。この番組で放送した内容と、まったく同じ言葉を、二日後になると、トランプがそのまま語っている。そんな夢のようなことが起きている』と、ジョーンズは語っている」(31)

アレックスは、バラク・オバマも苛立《いらだ》たせた。とうとう大統領までもが、反撃に出ることになった。

「先日、何かで読んだのだが、ラジオをやっている男が言っているらしいのですが――その番組には、トランプがよく出ているそうですが――ヒラリーと私は、悪魔なんだそうです」と、オバマ大統領は、二〇一六年十月のヒラリーの選挙集会で語っていた。聴衆は、笑っていた。

「私たちには、硫黄の匂いがするそうです。そりゃ、大変なことだよな?」

オバマはやおら腕を上げて、匂いをかいでみせた。そして、にやりと笑った。

「なあ、いい加減にしてくれよな!」(32)

当選直後のトランプが、支援に感謝する電話をかけていた相手の一人が、アレックスだった。「アメリカ人のために、そして、アメリカのために戦い抜いたことに、感謝をしてくれた。私のリスナーや、応援してくれる人たちにも感謝してくれた。それから、自分もまったく休みなく戦ってきたと言っていた」アレックスは語っていた。

私としては、このように総括しておきたい。

エリートたちは、アレックス・ジョーンズがしている政治運動のことを、せせら笑っていたのかもしれない。しかし、アレックス・ジョーンズの影響力は、何百万もの人々に及んでいた。そうした人々は、トランプ革命に参加していた歩兵たちだったのである。(33)

第2章　第一ラウンド　共和党候補者討論会

@リアル・ドナルド・トランプ　討論会での最大の敗者は、@メーガン・ケリーだ。ドナルド・トランプを倒すことはできない。あなたの負けだ！

二〇一五年八月七日、ツイッターに投稿　ドナルド・J・トランプ(1)

二〇一五年八月六日に、共和党予備選挙の乱立する候補者たちのなかでは、意外にも、ドナルド・トランプが世論調査で首位を走っていた。直近のCBSでの世論調査では、トランプの支持率は二四パーセントで、ジェブ・ブッシュの一三パーセントを引き離していた。その次は、スコット・ウォーカーの一〇パーセントとなっていた。(2)

「共和党予備選挙の幅広い有権者のなかで、トランプが支持率で首位となっている」と、CBSニュースは、第一回討論会を前に記している。

「トランプは、ワシントン政治への国民の怒りに乗じている。共和党予備選挙の有権者のなかでも、怒りを感じていると述べている人々の間では、大幅なリードを見せている。有権者のうち七九パーセントが、トランプは迎合せずに、自分の信念を語っていると受け止めている。これは、他の候補者と比較したときに、かなり高い割合である」

ＣＢＳニュースは、共和党予備選挙の有権者のなかで、約四分の一がトランプを支持していると報じていた。しかし、嫌いな候補者としても、トランプが二七パーセントで首位となっていることも指摘していた。

ブッシュとウォーカー以外では、いずれの候補者の支持率も低調だった。ハッカビーは八パーセントで、ベン・カーソン、テッド・クルーズ、マルコ・ルビオは六パーセントだった。さらに、ランド・ポールが四パーセント、クリス・クリスティが三パーセントで、以上が主要な候補者である。その他の候補者の支持率は、三パーセント以下となっていた。

二〇一五年八月六日、第一回の共和党大統領候補者討論会が開催される

第一回の共和党大統領候補者討論会を主催したＦＯＸニュースは、候補者を二つのグループに分けていた。メインのイベントは、上位一〇人の共和党候補者が対戦する、ヘビー級マッチであると宣伝された。下位の候補者たちの討論会は、その前に、別途、開催されていた。

東部時間午後九時に、メインのイベントが開始された。ＦＯＸニュース司会者のメーガン・ケ

リーが、「決定的な瞬間がやってまいりました」とアナウンスした。ケリーの右隣にはクリス・ウォレスが、左隣にはブレット・バイアーが並んでいた。

オハイオ州クリーブランドのクイッケン・アリーナが会場となっていた。一年後の二〇一六年七月に、ふたたびこの会場は、一〇名のうちの最終勝者を、共和党の指名候補者として選出する場となることが予定されていた。二〇一六年十一月八日火曜日が投票日となる本選挙で対決する相手は、民主党で「指名確実」とされる、ヒラリー・クリントンになるとみられていた。

テレビ放送が始まったとき、ステージに並んで演台に立つ一〇名の候補者が、カメラに映し出された。候補者たちは、支持率の順番に並んでいた。ドナルド・トランプがステージの中央に立ち、支持率が首位であることが紹介された。トランプの左隣には、ジェブ・ブッシュが、右隣にはスコット・ウォーカーが並んでいた。ジェブの左には支持率の順に、マイク・ハッカビー、テッド・クルーズ、ランド・ポール、ジョン・ケーシックと並んだ。スコット・ウォーカーの右には支持率の順に、ベン・カーソン、マルコ・ルビオ、クリス・クリスティが並んでいた。

こうした乱立状態は、候補者たちで時間の取り合いになることを意味していた。演台で立ったまま、わずか数分間の発言だけで終わってしまう可能性があった。

近年の大統領候補者討論会に関しては、一九六〇年のニクソン対ケネディの討論会が、初めてテレビ放送されて以来の定説がある。つまり、わずか一回か二回ばかりの、全米の注目を集める瞬間によって、カメラを通した印象が決まってしまう。そして、討論会の勝敗が決定されるというものだ。機転の利いた発言をした方が、その夜の印象的な候補者として、記憶されるのだ。

候補者の後方には、目立つように「ＦＯＸニュース」の文字が表示されていた。ステージの背景は、レッド、ホワイト、ブルーの配色となっていた。候補者が紹介されていくときに、聴衆から最も大きな拍手を受けたのは、ドナルド・トランプである。同じくらいの反応があったのは、地元のオハイオ州知事のケーシックが、スタンディング・オベーションを受けたときだけだった。

⑶

討論会の冒頭で、ブレット・バイアーが質問した。バイアーは、最終的に共和党の指名候補者が決定されたときに、その候補者を支持することを誓約できない人はいますかと問いかけた。つまり、第三党から出馬して対抗馬にならないと確約できるか、という意味である。バイアーは、誓約できない候補者は、挙手して下さいと求めた。挙手をしたのは、トランプだけだった。

これが、冒頭の数分間で放送された場面である。共和党の第一回大統領候補者討論会のターニング・ポイントとして、歴史家が記録することになる瞬間が生まれていた。トランプが挙手した瞬間に、聴衆からは「ブーイング」が沸き上がった。

ＦＯＸニュースとしては予期していたかのように、ただちにバイアーが、トランプに向かって尋ねた。

「トランプさん、はっきりとお聞きします。現在、あなたが立っているのは、共和党予備選挙の討論会のステージです」

トランプは、静かに答えた。「分かっています」

バイアーは質問を続けた。

「共和党全国委員会として、指名候補者を決定するための場であるのですが」

トランプは、ふたたび静かに答えた。「十分に分かっています」

バイアーは、さらに突っ込んだ。

「専門家たちが述べていることがあります。第三党からの出馬となると、ほぼ確実に、民主党に選挙を勝たせることになります。また次のクリントンになるということです。それでも、あなたは今晩、誓約することができないと言うのですか?」

トランプは答えた。「言うことはできない」

これは、悪夢のシナリオだった。トランプは全米の視聴者の前で、共和党大統領候補者として指名を獲得できない場合に、第三党から出馬する可能性を排除しないことを明言していた。一年後の指名大会の会場は、この討論会と同じ場所が予定されていた。このスタジアムのバスケットボール・コートでは、キング・レブロン・ジェームズが「クリーブランド・キャバリアーズ」で活躍していた。（クリーブランド出身のジェームズは、新人スター選手としてキャバリアーズに入団したが、その後に移籍して、地元ファンから裏切り者扱いされた。二〇一五年に復帰すると、翌年、キャバリアーズはＮＢＡで優勝した。）

「もし、私でない人が勝った場合でも、その人には敬意を払いたい。今は、かなりのリードをしているので、私が勝てると期待している」トランプは説明した。

「こういう誓約ならすることができる」トランプは発言を続けた。「指名候補者になれた場合には、第三党から出馬しないと誓約できる。今、いろんな人たちと話し合っているところだ。大きな影響を与えることについてだ。勝ちたいと思っている。勝てると思う。私としては、共和党で勝ちたい。共和党の指名候補者として出馬したい」

これが、討論会の開始以降、五分八秒間で起きていたことだ。主要メディアの記事では、確実に最初の段落で報じられることになるはずだった。聴衆にも衝撃が走っていた。

トランプが共和党に向かって、はっきりと語っていたことは、共和党で指名を獲得できる限りにおいて、共和党員でいたいということだ。ステージで並ぶ他の九人の候補者たちに向かっても、必ずしも同じ立場ではないことを宣言していた。

ランド・ポールが、割って入って発言した。

「ほら、ほら！　もう、クリントンに勝たせようとしていますよ。そうですよね？　共和党から出られないときには、クリントンのことを助けるつもりなんですよ。第三党から出るつもりなのでしょう……。どちらに転んでも、いいようにしているわけですよ。これまでも、政治家を金で動かしてきていますから」

トランプは言い返した。「ええ、彼にも、たくさんの金を渡してきた」

トランプは、かつてランド・ポール陣営に献金したことがあった。

バイアーは、さらにもう一度、トランプに尋ねた。現時点で、誓約をするつもりがないのかを、はっきりさせようとした。

トランプは答えた。「いまは、誓約をすることはできない」

この最終回答に対して、会場の聴衆からは拍手も生まれていた。しかし、すぐさまブーイングの声で、かき消されてしまった。


その後、視聴者が見守るなかで、得点を稼ぐことができた候補者も、何人かはいた。しかし、最初の数分間で、トランプが生み出していたドラマには、及ぶべくもなかった。

バイアーはブッシュに向かって、父親や兄の経歴に頼るのではなく、自分の実績としては何を訴えたいのかと尋ねた。

「このステージにいる対抗馬のなかには、早く投票が行われる州で、以下の発言をして、大きな喝采を受けている人もいます。引用します。

『この国で起きてほしくないことがある。またもや、ブッシュが大統領執務室に入ることだ。この国が王朝政治になっているのは、本当に心配なことだ』」

ブッシュはこの質問に対して、ただちに回答した。

「私には、フロリダ州での実績があります。父のことは誇りにしています。兄のことも、本当に誇りにしています。しかし、フロリダでは、私は〝ジェブ〟と呼ばれています。それだけのことはしてきました」ブッシュは答えていた。

しかし、やはりファミリー・ネームのことからは、話をそらしていた。

「私は、私です」ブッシュは発言を続けた。

「私は、保守の立場で知事を務めました。よい仕事ができました。八年間での実績としては、一三〇万人の雇用が生まれました。フロリダ州は豊かになりました。〝パープル（紫色）・ステート〟（共和党と民主党が拮抗する州のこと）でしたが、私は、保守主義を実践しました。人々も立ち上がりました」


この日の夜は、トランプが話題を独占した。

メーガン・ケリーの質問をきっかけとして、応酬が生まれていた。

「トランプさん、あなたが人々に好かれている理由は、正直に本心を語っているからです。また、政治家じみた物言いをしないからです。しかしですが、欠点がないわけではありません。特に、女性に関してのことです。

嫌いな女性に向かっては、こう言ったことがありますね。

『デブのブタ、犬、のろま、むかつく動物』」

トランプは言い返した。「ロージー・オドネル（コメディアン、番組司会者）にしか、言っていない」

会場にいた聴衆からは、笑い声が漏れた。

ケリーは、調子を強めて言った。

「あなたのツイッターのアカウントでは、女性の容姿を侮辱するコメントが、いくつもありますね」ケリーは続けた。

「以前、セレブリティ・アプレンティスの出演者に対して、跪《ひざまず》いてくれたら、よい眺めだな、と言い放ったこともあります。そのような人柄の人物が、大統領として投票されるにふさわしいと思っているのでしょうか。

それから、民主党指名候補が確実視されているヒラリー・クリントンからは、あなたは女性の敵であると言われています。どのように答えますか？」


ここで、トランプは、自らの訴えの特徴ともなった発言をする機会をつかんだ。選挙戦を決することにもつながった主張である。

「私は、この国には大きな問題があると思う。それは、〝政治的な正しさ〟のことだ」

聴衆からは、大きな拍手が生まれた。

「これまでにも、たくさんの人たちから、反論を受けてきた。しかし、本音を言うが、そんなことに構っているヒマはない」

聴衆からの拍手が収まると、トランプは発言を続けた。

「正直に言うが、この国にとって、そんなヒマはない。この国は、重大な問題を抱えている。もはや、勝者でなくなっている。中国に負けている。メキシコにも負けている。貿易のことでも、国境のことでも。どこに対しても、負けてばかりだ」

そして、ケリーに反撃した。ここでも、トランプらしい流儀を見せた。つまり、攻撃されたならば、必ずやり返すということだ。

「はっきり言えば、たいていの場合は言っていることは、面白いこととか、冗談とかだ。それで、楽しんでいるだけだ。そういうことを言っているだけだ」トランプは言った。

「だから、メーガンさん。あなたが気に入らないとしたら、それは申し訳ないことだ。私としては、あなたには悪意はなかったつもりだ。あなたの私への態度からいえば、そうしてもよかったかもしれないが。そうしたくはないと思う」

聴衆からは、ふたたび拍手が生まれていた。不賛成のブーイングも、入り混じっていた。

「しかし、いいですか。わが国には、強さが必要なんだ。エネルギーが必要なんだ。スピードが必要なんだ。この国を立て直すために、頭脳が必要なんだ」

そして、トランプは、こう言って回答を終えた。

「これが、いま、私が言いたいことだ」

これが、第一回討論会での、もうひとつの物議をかもした話題だった。まずは、誓約を拒絶したときに、次いで、メーガン・ケリーに回答したときに、トランプは注目を集めていた。

第一回討論会が終わった日の夜に、ＣＮＮの司会者ドン・レモンのインタビューで、トランプは、さらにケリーを強く批判した。(4)

「ケリーには、あまり敬意を持つことはできない」トランプは語った。「あの人は、取るに足りない人だね。つまらない台本を読んでから、あの場に出てきていたんだろう。それで、強くて、切れるところを見せたかったんだろう。だが、実際に会ってみたら、全然、強くもないし、ちっとも頭もよくないことが分かった。ジャーナリストとしては敬意を持てない。評価され過ぎていると思う」

このインタビューでは、さらに数分後に、こう発言していた。

「目が、血走っていたのが分かるだろう。いろんなところから血が出ていたんだよ」

トランプのこの発言に対しては、共和党の穏健派からも非難が生まれた。そうした人たちのなかには、CNNの元コメンテーターで、「レッドステート」（保守派の政治ブログ）を運営していた、エリック・エリクソンもいた。エリクソンは、アトランタのカレッジ・フットボール殿堂で予定されていた「レッドステート大会」のテールゲート・イベントでのトランプの招待を取りやめた。(5)

「私は、トランプ氏への招待を取り消しました」エリクソンはツイートした。

さらに、その後にも、「私としても、寛容な態度でありたいと考えてきました。しかし、メーガン・ケリーへの発言は、あまりにもひどいものでした」と記していた。

エリクソンは、トランプの発言が品位を欠いたものであるとした。敵意のある質問がぶつけられた理由として、司会者が生理中だったことを示唆していたからだ。

トランプも、この発言については撤回しようとしていた。非難されたので反撃したまでで、それ以上の意味はなかった、とツイートしていた。

それでも、トランプはメディア報道を独占していた。ポリティコ誌によると、二〇一五年七月九日から八月二十七日までの五〇日間では、トランプの扱いが、他の誰よりも多くの放送時間を占めていた。テレビでは、すべての候補者を合わせたなかで、トランプが四五パーセントを占めていた。同じ期間で、二位のクリントンは、わずか一七パーセントを占めていただけだった。(6) ジェブ・ブッシュは、世論調査では劣勢となっていたが、資金集めの面では、共和党内で優位に立っていた。自陣営のスーパーＰＡＣ（政治行動委員会）「ライト・トゥ・ライズＵＳＡ」には、年半ばまでに一億三〇〇〇万ドルが集まっていた。しかし、クリーブランドのクイッケン・アリーナで共和党第一回討論会が開催された頃には、すでに「負け組」の一人になってしまっていた。このときの討論会では、トランプが、メディアの見出しをさらっていた。

オルタナティブ・メディアの登場とエスタブリッシュメントの敗北

ドナルド・Ｊ・トランプが大統領選での成功を収めるために、ひとつの重要な節目となったのは、この共和党の第一回候補者討論会の前後の頃のことだ。

トランプとしては、自分のためにお膳立てされていない舞台で、何千万人ものアメリカ人から注目される、初めての機会を迎えていた。選挙集会であれば、いつも熱心な支持者たちが集まってくれていた。しかし、討論会の会場では、まったく事情が異なっていた。――そうした場所に、トランプは立ったのである。共和党内での支持率は首位だったので、最有力者としての扱いを受けることは期待できた。とはいえ、数ある候補者の一人にしかすぎないことも事実だった。また、対戦相手は、トランプにはない職業政治家としての経歴がある候補者たちばかり（ベン・カーソンを除く）となっていた。

トランプに挑戦してくるような、大胆不敵な候補者は現れるのだろうか？　トランプには、次々と質問が浴びせかけられるのだろうか？　トランプは、撃沈される結果になるのだろうか？

第一回の討論会が終わって以来、私が述べてきたことがある。あの日の夜のクリーブランドのクイッケン・アリーナで分かったのは、トランプには、大きなテーマをめぐる問題に、人々を巻き込む能力があるということだ。ワシントンのインサイダーたちが扱うような、細かい議論にとらわれてはいなかった。その代わり、トランプが採用していたのは、六〇年代に有名な海軍エンジニアが考案した、ＫＩＳＳ（簡単にしろよ、おバカさん）の原則である。

トランプによる移民問題の解決法は、単純明快だ。――壁を建設することである。経済政策も、やはり単純明快だ。――雇用を取り戻すこと、政治的な給付金をやめること、税法を改革することである。さらに挙げることもできるが、これだけでも、よく分かることだろう。

いわゆる「部屋のなかにいる最高のお利口さんたち」は――二四時間放送のケーブルテレビの解説番組に出演している、高名な政治評論家たちのことだが――トランプの単純明快さが、選挙戦の勝利につながったことを、いまだに理解しかねている。テレビで見かける「政治ストラテジスト」のボンクラさ加減には、バカにつける薬はないとしか言いようがない。

主要メディアも、敵対陣営も、トランプのアキレス腱《けん》は、具体策の話が欠けていることだと考えていた。だが、そうした見方は間違っていた。トランプの敗北を予測していた反対派たちにしてみれば、トランプを確実に倒せる、銀の銃弾を持っていると思い込んでいた。しかし、ちょっと待ってほしい。

私の上司であり、よき師でもあったリチャード・ニクソンの頃にまで遡って、過去を振り返ってみたい。米国政治史のなかで、アメリカ国民と真にコミュニケーションをすることができたのは、ごく一握りの人たちである。ロナルド・レーガンであり、バリー・ゴールドウォーターであり、リチャード・ニクソンであり、ジョン・F・ケネディである。そして、ドナルド・J・トランプがいる。

また、この第一回の討論会を通じては、ひとつの見通しが生まれていた。司会者や討論相手から、いかなる攻撃を仕掛けられたとしても、トランプは、シンプルで大胆な政策綱領をもとに立ち向かうことができるということだ。司会者との小競り合いなどは、注意をそらすものでしかなかった。メーガン・ケリーは、アメリカの雇用を取り戻すことについても、イスラム国から国民を守ることについても質問していなかった。トランプを罠《わな》に陥れていただけである。

第一回討論会の終了後に行われた、非統計的なオンライン調査では、ドナルドにとって、討論会での勝利を実感できる結果が出ていた。しかし、私には心配が生まれていた。メーガン・ケリーとの諍《いさか》いをめぐって、怒りの応酬を長引かせれば、アメリカを再建するというレーガン流の公約が、霞んでしまいかねなかった。この問題は、陣営内での出世を目論む「イエスマン」たちと、私（当時は、トランプ陣営シニア・アドバイザーを務めていた）との間での衝突を生むことになった。

難しい決断となったが、私は、陣営を去ることを決意した。四十年間にわたるクライアントであり、友人でもあったドナルド・トランプのために、外野からの立場で支援することにしたいと考えた。私は、こう自分に言い聞かせた。

「内部での権力をめぐる争いのことは、忘れよう。アメリカが危機に瀕しているのだから」

長い目で見れば、私がトランプ陣営での公式な役職から離れる決断をしたことは、トランプにとっても、私自身にとっても最善の選択となった。公には「決裂」せざるを得なくなったが、私には後悔はない。

そうなった理由の大半は、コーリー・ルワンドウスキのいい加減さのせいであり、主要メディアのデタラメさのせいでもあった。ルワンドウスキは、自らが「消息筋」となって——自画自賛の内容ばかりの――お手盛りの話を記者たちに吹き込んでいた。しかし、それが許されないレベルになったときに、クビとなった。

ルワンドウスキは、まったく恥知らずだった。解雇されてからも、陰でうろついていた。スポットライトを浴び続けたいがために、ＣＮＮの「コメンテーター」になる契約をするようなまねまでしていた。この放送局が、一九九〇年代以降、偏向していたことは一目瞭然であるはずだった。だから、私たちは、「クリントン・ニュース・ネットワーク」と呼んでいた。

その後、あと一一回の討論会が続いていくなかで、共和党の候補者は、次第に絞り込まれていった。ドナルド・トランプは相変わらず、注目を集めることに成功していた。第一回の討論会以降では、攻撃に対して反論することと、大事なメッセージを伝えることのバランスを取れるようになっていた。最終的に、トランプは目標に向かう道筋から外れることはなくなった。その主たる目標とは、革命に火をつけることだ。

メーガン・ケリーとの問題のようなことが、二度と起きなかったのは幸いだった。陣営での公式な役職を離れて以降、ドナルドとの往来は限られてしまったが、それでも私としては、できうる限りの支援をしてきた。

私の仕事は、友人の立場からアドバイスすることに変わっていた。トランプが、見事に選挙戦を勝利に導いていくなかで、私も前線に踏みとどまり、戦いを続けていくことには変わりなかった。

トランプは、テッド・クルーズ、ジェブ・ブッシュ、マルコ・ルビオ、ジョン・ケーシックからの攻撃に対しては、容赦のないあだ名をつけて反撃するようになっていた。「ウソつきテッド」・クルーズとか、「元気のない」ジェブとか、「チビの」マルコとか、「ここ一番に弱いやつ」とかである。こうしたあだ名は、共和党の討論会や予備選挙が進行していくにつれて、全米の隅々にまで知られる、お馴染みのユーモアになった。

トランプの対立候補たちは、次々と消えていった。それでも、ニューヨークとワシントンDCにいる共和党指導部のエリートたちは、ドナルド・トランプの向こう見ずな選挙運動では、ヒラリー陣営に太刀打ちできるはずがないと考えていた。

インサイダー階級の人たちや政治ゴロたちの立場は、折々で変遷していった。ジェブ・ブッシュを支持していたが、それが駄目になると、マルコ・ルビオに期待した。そして最後は、テッド・クルーズと、ジョン・ケーシックをあてにした。

共和党のインサイダーたちには、トランプを阻止することは、できなかったのだろうか?

誰一人として、トランプからの集中砲火を、耐え抜くことはできなかった。天才プロモーターであるトランプからは、主要メディアを経由することなく、ソーシャルメディアからの速射砲が放たれていたからだ。

嫉妬《しっと》に狂った負け犬のミット・〝ミッテンズ〟・ロムニーは、#ネバー・トランプ運動の旗手となっていた。テレビの時間枠を買い取ってまで、トランプへの批判を始めていた。幸いなことに、ジェブ・ブッシュやミット・ロムニーが、トランプに対して何を言っているかについて、ほとんどの有権者は関心を向けていなかった。ロムニーは、もはや負け犬でしかなかったし、ブッシュは、やはりブッシュ家のブッシュでしかなかったからだ。共和党の保守層の有権者たちは、ジェブ・ブッシュとミット・ロムニーには飽きあきしていた。もはや消えてもらっても構わないくらいに考えていた。

テレビ番組に出演しているエスタブリッシュメントたちは、浅はかにも「トランプ以外なら誰でもいい」と喧伝していた。しかし、オルタナティブ・メディアでは、そうした見方がまるで見当違いであることが理解されていた。アレックス・ジョーンズは、当初は、ダラスでラジオ・トーク番組をしていただけの、無名の存在だった。そこから頭角を現して、この十年あまりでは、オルタナティブ・メディアの雄となるまでに至っている。現在では、オルタナティブ・メディアによる敵対的乗っ取りを代表する存在となっている。ＦＯＸニュースでさえもが、脅威を感じるようになっていた。ＦＯＸニュースは、ファン・ウィリアムズ（番組司会者）やジェラルド・リベラ（番組司会者）など、民主党の回し者をたくさん抱え込んでいた。

私は、デビッド・ブロックが運営する「メディア・マターズ」から、プロパガンダ工作を仕掛けられた。その結果、主要メディアの放送局からは、閉め出されてしまった。それ以降は、「インフォウォーズ」の番組に、ゲストとして頻繁に出演するようになった。ブロックは、政治評論の世界に入った当時は、反クリントンのホモセクシャルだった。ところが、やがて転向して、今度は、クリントン派のホモセクシャルの活動家として、注目を集めるようになっていた。

つまりは、「メディア・マターズ」を設立して、運営するデビッド・ブロックには、かつてクリントン家の腐敗を追及していた過去がある。保守派からみれば、裏切り者だ。結局のところ、悪魔に魂を売り渡して、クリントン支持者に転向したということだ。その支持の熱烈さにかけては、ヨーゼフ・ゲッベルス（ナチス政権の宣伝相）でさえもが赤面するほどのものだ。デビッド・ブロックの話は、これだけでは終わらないので――また後ほど、記すことにしたい。

主要メディアやソーシャルメディアは、私のことを、何でもありの手段を選ばないトランプ派であると見なしていた。そして、私を黙らせるために、様々な圧力をかけてきた。まさに徒党を組んで襲いかかってきたのである。ソロスの資金が投じられて、ツイッター上でも、ボットを使った大量の攻撃が私に向けられていたが、もはや滑稽なレベルとなっていた。

「メディア・マターズ」所長は、「プロジェクト・ベリタス」の隠しカメラに向かって、「ストーンはMVP級だが、私たちが追いやることに成功した」と、自慢げに語ってしまっていた。

私は、ブッシュのご機嫌取りのアナ・ナバロ（CNN等に出演するコメンテーターで、ニカラグア系）がバカであることや、CNNの元番組司会者ローランド・マーティンが能無しであることをツイートした。すると、CNNは、そうしたツイートが人種差別にあたるとして、私を「出演禁止」にすると決定した。しかし、それは口実でしかなかった。ビル・クリントンが性犯罪者である過去について、私が、テレビで語ることができないようにするためだった。ＭＳＮＢＣも、すぐに追随していた。しかし、それほどの視聴率ではなく、たいした人たちにも見られていないので、どうでもよいことだった。

ラクラン・マードックとジェームズ・マードック（メディア王ルパート・マードックの長男と次男）は、ＦＯＸニュースに長年にわたり君臨してきたロジャー・エイルズ（ＦＯＸニュース会長兼ＣＥＯを務め、二〇一六年七月に辞任）に対して、クーデターを成功させていた。エイルズには、立証されていないセクハラ疑惑が持ち出されていた。それ以降は、ＦＯＸニュースからお呼びがかかることも、急になくなってしまった。しかし、同じ頃に、私は、「インフォウォーズ」では絶大な支持を受けることになった。アレックス・ジョーンズのインタビューに出るたびごとに、視聴者は急激に伸びていった。

二〇一五年九月三日、トランプは誓約書にサインする

二〇一五年九月三日木曜日に、トランプは、共和党全国委員会のラインス・プリーバス委員長と面会した。そして、マンハッタンのミッドタウンのトランプ・タワーのロビーで、共和党指名候補者を支持するとの誓約書に、サインしたことを発表した。誓約書の問題は、共和党全国委員会にとっての重大な関心事となっていた。トランプが、第三党の候補者として出馬しないことに同意するかが、懸案となっていたからである。

「共和党が勝つためのベストの方法は、私が指名を獲得することだ。相手が誰になろうとも、私が直接に対決することだ。そうした理由で、誓約書にサインすることにした」トランプは、サインしたばかりの書類を掲げながら、冒頭で語った。

「だから、私としては、共和党と保守の理念のために忠誠を尽くすことを、誓約することにした」

トランプは、二〇一六年大統領選で、共和党の勝利のために尽力することを明言した。

「これから懸命に戦っていき、勝利したい」

その日の夜、プリーバスの声明では、共和党の大統領候補者となっていた一七名の全員が、正式に忠誠を誓約する書類にサインしたと発表された。トランプの決断については、「党の団結」の証であると述べていた。トランプは、第一回討論会の冒頭では、ブレット・バイアーからの問いかけに挙手で応えていたが、そのときの立場からは転換したということである。

トランプが誓約書にサインすることにしたのは、最近の共和党が、トランプに「きわめて公正」になったからだと、CNNは報道していた。

「共和党全国委員会は、この二か月で、とても素晴らしい対応をしてくれている。私が願ってきたようになっている」トランプは言った。

「このような対応を願ってきたということだ」

書類にサインすることで、何が得られたのかと問われて、トランプは答えた。

「公正に対応してもらうという保証だ」(7)

プリーバスは、トランプの同意を取り付けるために、ニューヨーク市のトランプ・タワーに出向いていた。ワシントン・ポスト紙は、この出来事のことを、批判的に報じていた。テレビ報道のなかで「この二人の奇妙な関係が、あたかも現実離れしたドラマのように展開している」と表現していた。その光景を目の当たりにした古参の共和党員が、困惑した様子を見せていたことを、ロバート・コスタ記者が記している。

ワシントン・ポスト紙の記事は、ジョージ・W・ブッシュ大統領の元アドバイザーであるピート・ヴェーナーの発言を引用している。

「トランプの殿堂に向かって、頭を下げてしまっている。トランプの方に、主導権があるということだ……。平身低頭しているが、共和党全国委員会のためにはならない。トランプを利するだけのことだ」(8)

二〇一五年九月十六日、第二回の共和党候補者討論会が開催される

討論会は、カリフォルニア州シミバレーのレーガン記念図書館で、飛行機の機体を前にして開催された。レーガン大統領のエアフォース・ワンを背景として、各候補者の演台が並んでいた。

この討論会で司会者を務めたのは、CNNのジェイク・タッパー記者、セーラム・ネットワークのラジオ番組司会者ヒュー・ヒューイット、CNN首席政治記者のダナ・バッシュである。共和党の候補者は、このときにはカーリー・フィオリーナを加えて、一一名となっていた。また、このときも、支持率でリードしていたトランプとブッシュが、中央に配されていた。

この討論会での各候補者は、順次、冒頭での発言を行う形式とされた。

トランプは、ビジネスで富を築いた実績と、交渉の能力では、他の候補者と比較にならないことを強調した。(9)

「私は、ドナルド・トランプです」トランプは、自己紹介をした。

「私は、『交渉の達人』という本を書いています。大げさな言い方ではなく、まさしく世界中の人たちとビジネスをして、何十億ドルも、何十億ドルも稼いできた。この国のために、そういう才能を役立てたい。貿易協定をよいものにできる。再び、豊かな国にすることができる。再び、偉大にすることができる。軍を再建して、退役軍人の待遇もよくする。オバマケアも廃止する。とてもよい生活ができるようにしたい」

各候補者とも、自分の番になったときに、それぞれトランプを攻撃していくという流れになった。ジェブ・ブッシュも、トランプと直接にやり合うしかないと考えていた。劣勢を挽回するためには、そうするほかなかったのだ。しかし、結局は成功しなかった。

ブッシュは、トランプから「元気のないやつ」とあだ名をつけられていた。だから、全米の人たちが見ている前で、最有力候補にアグレッシブに向かっていく場面をつくりたいと、考えていたことは明らかだった。

冒頭でタッパーは、候補者同士の応酬を焚きつけるかのように、最初の質問をフィオリーナに向けた。

「フィオリーナさん、あなたから始めたいと思います。共和党の候補者であるルイジアナ州知事のボビー・ジンダルに言わせると、最有力候補のドナルド・トランプ氏は、大統領にするには危険な人物であるとのことです。そして、起きてほしくないこととして、こう言っています。

『このように怒りっぽい人には、核兵器の発射コードに触らせてはいけない』

あなた自身も、トランプ氏の人柄には懸念を感じていましたね。ただのエンターテイナーでしかないという言い方をしています。

ドナルド・トランプが、核兵器の発射コードを手にすることについては、どのように感じていますか？」

タッパーの質問は、ヒラリー・クリントンがしていたトランプ批判とも、歩調を合わせていた。トランプは、大統領にふさわしい「気質」ではないとされていた。気まぐれで、怒りっぽい性格なので、ホワイトハウスに入るには、危険な人物であるとされていた。

しかし、フィオリーナは、トランプを非難するために仕掛けられた、タッパーの質問そのものトランプは、タッパーは、トランプに回答する機会を与えた。トランプは、発言の機会を得たことで、ランド・ポールを批判した。

「ええ、最初に言っておきたいことがある。ランド・ポールは、このステージにいるべきではない」トランプは言った。

「彼は、一一位だ。支持率は一パーセントだ。そんな人が入ってくるので、とにかく人数が多くなりすぎだ」

タッパーは、次に、ランド・ポールに回答の機会を与えた。

「笑ってしまうほかないですが、まったく無関係な話をしていますよ。核兵器に責任を持つ立場として、ふさわしい能力があるかどうかと、聞かれていたはずです。そこから突然、話をそらして、私のことを批判してきています」ポールは非難した。

「これで、十分に判断できると思いますよ。こんな性格で、こんなに不注意な言動をする人に、プーチンとの交渉を任せたいですか？　こんな人にイランとの交渉をしてもらいたいですか？」

さらに、ランド・ポールは、トランプに米軍の核兵器を託せるか、と問いかけた。クリントンとも歩調を合わせて、有名な「ヒナギクのCM」を思い起こさせようとしていた。このCMでは、草原で花を摘んでいる無邪気な少女のシーンから、核爆弾でキノコ雲が生まれていく情景が描かれていた。一九六四年にリンドン・ベインズ・ジョンソンが、このCMを流すことによって、対立候補のバリー・ゴールドウォーター上院議員が、右翼の過激派であり、ソビエト連邦を相手に核戦争を始める人物であると印象づけていた。

「トランプさんは、人を楽しませてくれますが、本当に分別がないことについては心配です」

ポールは発言を続けた。

「私としては、核兵器の責任を持たせてもよいのか、本当に心配しています。この人は感情的に反応して、人の容姿を攻撃しています。——ちび、のっぽ、デブ、ブスとかです。まあ、これは中学生のレベルですよ。もう少し、レベルを上げてもらいたいですよね？　こんな人に核兵器を任せるのは、心配ではないですか？」

ランド・ポールが話し終えると、タッパーは、トランプに水を向けた。この話の流れに食いついてくるのではないかと考えたからだ。

「彼（ポール上院議員）の容姿を攻撃したことは、まったくない。テーマとするべき話題は、たくさんあるはずだ」

トランプが、「本当に、そう思いますよ」と言うと、聴衆からは笑い声が漏れた。

この日の夜のトーンは、こうしたやり取りに、よく表れていた。当意即妙の発言を繰り出すトランプが、やはり話題をさらう結果となっていた。

ブッシュは、自分の順番が巡ってきたときに、トランプに恥をかかせようとした。自分が州知事に立候補したときに、トランプが献金してくれた過去があると述べていた。トランプが、フロリダ州でカジノ事業を計画していたからだと指摘した。ブッシュ陣営への献金が、まるで賄賂《わいろ》でもあるかのような言い方をしていた。

トランプは、即座に、そうした言い分を否定した。もし、フロリダ州でカジノ事業をしたいと考えていたら、とっくに実現させせているると回答した。

さらに、トランプは、選挙資金を自分で賄っていることについても語った。ある献金者から五〇〇万ドルの協力の申し出があったが、断ったという話をしていた。

ブッシュは言い返した。トランプは、結婚式のときに、ヒラリー・クリントンに出席してもらっている。それは、ヒラリーにも献金していたからだと批判した。

トランプは、むしろ満足げな表情を見せて言った。「そうだ。そうなんだよ」

このあたりから、発言は入り乱れた。トランプとブッシュが、互いに応酬する場面となった。

トランプは最後に、こう言った。

「分かったよ。今晩は、いつもより元気があるな。いいじゃないか」

レーガン記念図書館の聴衆からは、また笑い声が上がっていた。

討論会での具体的なテーマとしては、外交政策の重要な問題にもふれていた。ジョン・ケリー国務長官によるイラン合意が、核兵器開発の抑止に成功したか否かも論じられた。政治評論家たちの一致した見解としては、フィオリーナの受けがよかった。重要政策で、共和党エスタブリッシュメントの意見を反映する、常識的な回答をしていたからである。しかし、討論会の判定は、またしてもトランプに軍配が上がった。

フィオリーナは、トランプを「エンターテイナー」であると呼んだことで得点を稼いでいた。全米家族計画連盟《プランド・ペアレントフッド》への熱意あふれる反対意見や、外交政策での多岐にわたる論点でも評価されていた。

ＡＰ通信の報道によると、フィオリーナが印象的であった場面は、容姿を侮辱するトランプの発言に言及したときのことである。[10]

ローリング・ストーン誌の特集記事では、トランプのフィオリーナに対する発言が紹介されていた。

「あの顔を見てみろ！　あの顔に投票するやつがいるか？　あれが、次の大統領の顔になるなんて、そんなことがあってもいいのか？」[11]

フィオリーナは、簡潔に述べていた。

「国中の女性たちが、トランプさんが言ったことを、はっきりと聞き届けたことでしょう」

フィオリーナが、この発言をしたときに、聴衆からは拍手が起きた。トランプも神妙に答えざるを得なかった。

「美しい顔をされていると思う。美しい女性だと思います」

こうした応酬は、「トランプ絶対反対派」には、女性に対するトランプの過去の失礼な発言を思い出させていた。また、メーガン・ケリーとの確執のことも思い起こさせていた。

AP通信は、トランプの全体的な印象を「期待されたほどでもなかった」と表現していた。しかし、司会者の采配のお蔭もあり、やはり討論会を圧倒していた。司会者が配した直接の質問の回数では、トランプは、候補者のなかでは最多の一三回となっていた。これは、ハッカビー、ケーシック、ルビオ、ウォーカーたちに向けられた質問の合計回数よりも、一回少ないだけだ。回数の多い順でみると、トランプ、ブッシュ、フィオリーナが上位の三人となっていた。(12)

視聴者からの投票を単純に集計した形式での、非統計的なインターネット上での調査では、トランプは圧倒的な勝利を収めていた。しかし、第二回の共和党候補者討論会の終了後に行われた、全米を対象とした八種類の統計的な世論調査の結果では、フィオリーナが勝ち、トランプが負けたとの結果が出ていた。

こうした結果を受けて、政治評論家や世論調査専門家からは、疑問が投げかけられた。すなわち、「第二回討論会は、トランプの終わりの始まりなのか?」ということである。こうした疑念は、投票日が到来するまで、トランプにつきまとっていた。もっとも、それに対する答えは、明確に「ノー」だった。

第一回と第二回の討論会が終わった後、たしかに統計的な世論調査では、トランプが敗北したとの結果が出ていた。しかし、興味深いことに、同じく統計的な世論調査による、共和党候補者の支持率ランキングでは、トランプが首位を走り続けていた。討論会の調査結果は、まるで関係がないかのようだった。(13)

「バーサー」問題が浮上する

第二回の共和党候補者討論会の翌日、二〇一五年九月十七日のことだ。ニューハンプシャー州ロチェスターで開催されたタウンホール集会で、トランプが物議をかもす出来事が生まれた。(14)

トランプが発言を求めた最初の人物が、爆弾発言をした。

「この国には、問題があります」その男は言った。

「それは、イスラム教徒のことです。現在の大統領も、そうですよね」

トランプは、質問者に調子を合わせて言った。「そうか」

質問者からの発言は続いた。

「それからアメリカ人でもないことを、ご存じですよね」

トランプは、発言を笑い飛ばそうとした。

「質問をしてほしいのだが。最初の質問は……」

それでも、男は発言を続けた。

「とにかく、訓練所がどんどん増えています。それで、私たちのことを殺そうとしています」

男は主張した。

トランプは、やはり中途半端に答えていた。「ああ、ええと」

この氏名不詳の男は、そのまま話し続けて、最後の言葉を述べた。

「それで、私の質問ですが。そうした人たちを追い出すには、どうしたらいいでしょうか？」

トランプは、不意を突かれていた。

「私たちの目の前には、たくさんの問題がある。多くの人たちが、そう言っている。多くの人たちが、悪い問題が起きていると言っている」

トランプは返答していたが、実際には、答えにはなっていなかった。

「そういう問題にも、ほかの様々な問題にも、私たちは直面している」


このことは、ただちに物議をかもした。民主党は、トランプを非難した。質問者を咎《とが》めるべきであったし、オバマはキリスト教徒であると訂正するべきであったとされた。

「あの男性が質問していたことは、とんでもないことでした。真実でもありませんでした。トランプは分かっていたはずです。分かっていなければいけないです」

ヒラリー・クリントンは、同じ日に開催していたニューハンプシャー州での選挙イベントを終えてから発言した。

「憎悪と言ってもよい、こうした表現については、はっきりと否定するべきであったはずです」

その日の夜に、クリントンは、こうツイートした。

「ドナルド・トランプは、アメリカ合衆国大統領についての虚偽の発言や、イスラム教徒への憎悪に満ちた表現を非難しませんでした。明確な誤りで、憂慮すべきことです。いい加減にしてほしいです」

民主党大統領選候補者の対抗馬である、バーモント州選出のバーニー・サンダース上院議員もツイートしていた。

「トランプは、大統領がアメリカ人ではなく、キリスト教徒でもないというウソを言い続けてきたが、大統領にも、アメリカ国民にも謝罪するべきだ。こんなデタラメなことは、やめないといけない」

その後に、サンダースは、さらにツイートをした。

「人種差別をやめようではないか。外国人差別をやめようではないか」⑮

翌日には、ホワイトハウス報道官のジョシュ・アーネストが発言した。二〇〇八年に、共和党のジョン・マケイン上院議員は、オバマはアラブ系なので信用できないと発言した人から、マイクを取り上げていた。アーネストは、トランプが「同じような愛国心を示さなかった」のは残念であると述べた。

「票を得るためであれば、このような考え方でも黙認できるというのは、共和党の政治家としては、トランプ氏が初めてのことではないです」アーネストは発言した。

「トランプ氏のあざといやり方を非難しない、ほかの共和党大統領候補者も、まさに同類であるということです」(16)

クリスチャン・サイエンス・モニター紙は、このホワイトハウス報道官の発言から、さらに別の部分を引用している。

「これが、ドナルド・トランプの選挙集会で起きていたとしたら、はたして本当に誰か驚いた人がいたでしょうか?」と、アーネストの発言を同紙が伝えている。

「こうした侮辱的な考え方を支持する人々が、トランプ氏の支持基盤になっているのです」(17)


こうしてトランプは、ふたたび「バーサー」として非難されることになった。トランプが二〇一一年にしていた主張が思い出されていた。オバマ大統領は、米国生まれであることを証明するために、ロングフォームの出生証明書をハワイから取り寄せて公開するべきだと訴えていた。合衆国憲法第二条第一節の定めでは、米国生まれであることを、大統領選出馬の資格要件としていた。

二〇一一年四月二十七日に、オバマ大統領はホワイトハウスの記者会見で、出生証明書を公開した。このときに、トランプは、ニューハンプシャー州で記者会見を開いた。トランプは、自分が追及した結果、オバマに出生証明書を公開させることができたと述べていた。

「とても誇らしい思いがしている」トランプは〝花崗岩《かこうがん》の州〟（ニューハンプシャー州の愛称）で記者団に語っていた。

「これまでに、誰もができなかったことを、私は成し遂げることができた」

記者団からは、証明書が本物であると思うかとの質問があった。トランプは、こう答えた。

「よく見てみたい。本物であってほしいと思う。この問題を解決したいと思ってきたので、大きな役割が果たせたのは、とても光栄なことだ」[18]

共和党陣営からの非難も生まれていた。タウンホール集会の翌日に、ナショナル・レビュー誌のチャールズ・C・W・クック記者が、批判記事を書いていた。この出来事では、「二〇〇八年以来のオバマに関する噂話が事実無根であることを、トランプが、いまだに認めてはいないことが判明した」と結論づけていた。[19]

二〇一五年九月十九日に、トランプは自分の主張を訴えるツイートをした。

「もし、誰かが大統領に向かって、私のことに関する暴言や、問題のある発言をしたとしよう。そのときに大統領は、私のことを、本当に弁護してくれるのだろうか？ そんなことはないはずだ」

さらにトランプは、二回目のツイートを続けた。

「誰かが大統領のことに関して、悪口や問題発言をしたときには、私には、つねに大統領のことを弁護しないといけない、道徳的な義務があるとでもいうのだろうか？　そうは思わない」

トランプは、三回目のツイートもした。

「もし、私が、その男に異議を唱えていたら、言論の自由を妨害したと言って、メディアは私のことを非難したはずだ。まるで勝ち目のない状況だ！」

それから、四回目のツイートもあった。

「わが国では（そして、世界中でも）、キリスト教徒が助けを求めている。信教の自由が危機にあるからだ！　オバマはひどかった。私なら素晴らしくできる」(20)

二〇一五年末に、トランプが数々の物議をかもす

第一回と第二回の共和党予備選討論会を通じて、トランプは、メディアの注目を集めることに成功していた。しかし、主要メディアやベテラン政治評論家たちは、いずれトランプは致命的な失敗を犯すことになる、との見解で一致していた。いずれは職業政治家たちによって、選挙戦から追い出されることになると見ていたのだ。

二〇一五年が終わりに近づいていたとき、あたかも、そうした見方を裏付けるかのように、トランプ陣営にはダメージが生まれていた。まさにトランプ自身の発言によって、数々の問題が引

き起こされていた。

二〇一五年十一月十二日にアイオワ州で演説したときに、トランプは、イスラム国対策では、自分は専門家であり、オバマよりも優れていると述べていた。

「将軍たちよりも、私の方がイスラム国のことを、よく分かっている。本当だ」トランプは言った。

そこから、さらに話を進めて、イスラム国が占領する油田を攻撃して、資金源を絶つ作戦についても説明した。

「イスラム国は、とてつもない大金を稼いでいる。油田を持っているからだ。分かりますか？油田がある地域を占領しているからだ。シリアにもあるし、イラクにもある。私なら爆撃して、ぶっつぶしてしまう」トランプは続けた。

「悪いやつらを爆撃すればいいんだ。そうなんですよ。石油パイプも、吹っ飛ばす。製油施設も、吹っ飛ばす。徹底的に吹っ飛ばせばいいんだ。跡形もなくなってしまうだろう」(21)

リアル・クリア・ポリティクスが、アイオワ州での発言について、別のくだりを記している。

「いいですか。それで、エクソン社に行ってもらうんだ。二か月以内にだ。あの人たちのことを知っているかな？　素晴らしい人たちだ。立派な石油会社だ。まったく新しいものを建設してくれることだろう……。それで、石油も得られるようになる」(22)

もちろん、この発言は、民主党が拡散させていく言説の格好の材料とされた。外交の経験がないトランプは、物事を単純化しすぎるので、破滅的な結果を招きかねないとされていた。

二〇一五年十一月のアイオワ州での演説は、やがて、二〇一六年四月のNBCの番組『トゥデー』での発言に展開していた。この番組では、トランプは、イスラム国に対しての核兵器の使用を排除しないことを述べていた。

「そうしたもの（核兵器）を使用したくはない」トランプは説明した。

「ほかの人たちとは違うかもしれないが、私は好戦的ではない。使いたくはない。ただ、その可能性を排除することは、絶対にしない」(23)

二〇一五年十一月二十一日のアラバマ州バーミンガムでの集会では、トランプは九・一一のワールド・トレード・センターへのテロ攻撃をめぐって波紋を生じさせた。

「私は、ワールド・トレード・センターが崩れ落ちるのを見ていた」トランプは集会で語った。

「ニュージャージー州のジャージーシティにいた、何千人もの人たちが、ビルが崩れ落ちるのを見て、喝采していた。何千人もの人たちが喝采していたんだ」

そして、二〇一五年十一月二十二日の日曜日にも、ABCの『ジス・ウィーク』でのジョージ・ステファノプロスとのインタビューで、トランプは、同じ発言を繰り返した。ステファノプロスは、当時のそうした噂話について、警察が事実でないことを確認していると説明した。

「実際に、そういうことが起きていた。私は見ていた」トランプは主張した。

「テレビでやっていた。私は見たんだ」

トランプは、さらに発言を続けた。

「ニュージャージーのアラブ人がたくさん住んでいるところで、喝采していた人たちがいたんだ」トランプは続けた。

「ワールド・トレード・センターが崩れ落ちるときに、喝采していた。こんなことを言うのは、政治的に正しくないことなのは分かっている。ビルが崩れて、次々にビルが崩れていくときに喝采していた。そういうことがあったんだ」[24]

トランプの主張に対して、左翼の「ポリティファクト」（ファクトチェック・サイト）が批判を記した。

「九月十一日のニュージャージー州で、アメリカ系イスラム教徒たちが喝采していた事実があるかを確認するために、記録を遡って調査しました」

日曜日の夜に、「ポリティファクト」は、トランプの主張が事実でないと確認されたことを記していた。

「確認された事実としては、パレスチナ自治区で、テロリストたちが喝采していた映像が、広く報道されていた。しかし、トランプが語るような出来事が、アメリカ国内で起きていたことを裏付ける事実はない」と記している。

「この主張は、ごく単純な矛盾をきたしている。もし、アメリカ国内で、何千人もの人たちが九・一一テロ事件を喝采していたとしたら、トランプ以外にも大勢の人たちが、そのことを記憶しているはずだ。そして、この二十一世紀のことであれば、映像や写真などの証拠が残されているはずだ」

また、いくつかのニュース記事で、この噂話が報じられていたことも確認されていた。しかし、いずれも裏付けとなる事実に欠けているか、事実ではないことが証明されていたものばかりだった。

このファクトチェック・サイトでは、二〇〇一年九月十一日のテロ攻撃から数時間後のニュージャージー州での出来事に関して、トランプの記憶は、「私たちの調査結果には、まったく反している」との結論を出していた。「ポリティファクト」は、トランプの発言内容は事実ではなく、「まったくの虚偽」であると評価を下した。(25)

さらに、二〇一五年十二月七日に、トランプは、選挙陣営のウェブサイトで声明を掲載した。この声明では、「わが国の当局が、対策を講じられるようになるまでの期間は、アメリカ合衆国へのイスラム教徒の入国を、完全かつ全面的に禁止する」と訴えていた。(26)

声明の正当性の裏付けとしては、「安全保障政策センター」による調査結果が引用されていた。この調査では、米国在住イスラム教徒のうち二五パーセントが、グローバル・ジハードの一環として、アメリカ国内でのアメリカ人に対する暴力が容認されると考えていた。また、五一パ

ーセントが、「米国在住のイスラム教徒は、イスラム法の下で統治されるべきである、と考えていた」。(27)

「イスラム法は、改宗を拒む異教徒の殺害や、斬首《ざんしゅ》のような残虐な行為を認めている。また、アメリカ国民にとって深刻な脅威となる、考えられないような行為を、特に女性に対して認めている」と、トランプ・ペンス陣営のウェブサイトに掲載された公式声明は記していた。

このプレスリリースでは、こうした主張の説明として、トランプの以下の発言が引用されていた。

「様々な世論調査のデータを見るまでもなく、こうした憎悪の問題が、理解を超えたものであることは、誰の眼にも明らかである。憎悪が存在している以上は、決意をもって臨む必要がある。危険な脅威の存在が問題として認識されて、対策が講じられるまで、わが国を恐るべき攻撃から守らなければならない。そうした人々は、ジハードを信奉するのみで、人命を尊重する理性を持っていない。もし、私が大統領に当選したら、アメリカを再び偉大な国にしたい」

国連からは、直ちに厳しい反応があった。国連人権高等弁務官のザイド・ラード・アル・フセインは、イスラム教徒のアメリカ入国を全面禁止するとの提言を、「あまりにも無責任なことである」と非難していた。過激派からの「標的」となりうる、ふつうのイスラム教徒を犠牲にすることになり、過激派組織の思うつぼであると警告した。

ザイドは、さらに続けている。

「昨今の情勢のなかでは、いかなるマイノリティに対しても、政治指導者が、差別的な表現を使って乱暴な発言をするのは、危険なことである」

ザイドは、アメリカ合衆国が個人の尊厳と権利をもとに築かれているはずであると強調していた。そして、人々を類型化して、差別するようなやり方は、無実の人々の人間性を踏みにじることになると訴えた。

「市民への殺害や暴力行為が、憎むべきことであるのは明らかです。その結果として、さらに善良な人たちまでも苦しめることをするならば、二重の悲劇になります」ザイドは語った。(28)

二〇一五年末には、ヒラリー・クリントンから女性に対して差別的であると批判されたことに対しても、トランプは一連のメールで反撃していた。

「とにかく、女性カードを使おうとしているが……。はっきり言えば、そんなことでもしないと、まるで戦いにならないのだろう」トランプはCNNで語っていた。(29)

トランプは、ビル・クリントンにも批判の矛先を向けた。ツイートでは、こう書いていた。

「ヒラリー・クリントンは、夫を選挙運動に参加させると発表した。彼には、性差別の傾向があると分かっているのだから、まったく不適切なことだ！」

そして、二〇一五年十二月二十八日に、トランプはクリントン夫妻への批判として、最後に以下のツイートをした。

「ヒラリーは、夫を出してこようとしているが、夫には、ひどい女性虐待の経歴があるではないか。それなのに、私に対して女性カードを使ってくるというのは、間違ったことだ！」(30)

これに対して、クリントン陣営の広報担当者クリスティーナ・レイノルズは、直ちに公式声明を発表した。

「ヒラリー・クリントンは、自身とクリントン元大統領に向けられている批判によって、怯《ひる》んだり、注意をそらされたりすることはありません」

レイノルズは、さらに続けている。

「女性、移民、アジア系アメリカ人、イスラム教徒、障害者、生活の糧を求める労働者たちが侮辱されたときに、ヒラリー・クリントンは共に戦います。当初からのそうした立場が変わることはありません。ドナルド・トランプの発言は差別的です。政策でも、破壊を生むことしかできないです。ヒラリー・クリントンは、ドナルド・トランプや共和党が、私たちが築き上げてきた進歩を破壊することに反対していきます」(31)

左翼的な政治評論家や、主要メディアにとっては、困惑するほかないことが起きていた。こうした物議をかもす出来事にもかかわらず、トランプの支持率の優位は、まったく揺らいではいなかった。原稿なしで語っていたトランプは、〝政治的な正しさ〟からは完全に外れていた。乱暴な発言が繰り返されていたが、数多くの中産階級のアメリカ人の心には響いていた。そうしたことを、クリントン支持派は理解するべきだった。

そうした有権者層の人々は、主要な政策において、基本的にトランプを支持していた。例えば、国境を開放することは拒絶していた。オバマ政権が、イスラム教徒の移民をアメリカに入り込ませることには、懸念を抱いていた。イスラム過激思想を信奉しているか否か、あるいは、テロリストの可能性があるか、まったく審査されていなかったからだ。

また、トランプのことを性差別主義者だと非難しているのに、ビル・クリントンによる女性への性的虐待のことは無視されていた。トランプとしては、それはダブル・スタンダードであると訴えていた。たしかに、それは受け入れがたい偽善である。

左翼的な思想や発言が、政治的に容認されている状況があった。しかし、トランプは、そうした左翼政策に取り込まれまいとする意志を、決然と示していた。その姿勢を見たときに、オバマ政権の八年間で、社会主義が忍び寄ってきたと感じていた聴衆は、トランプにますます惹きつけられていたのである。

二〇一五年十二月三日に、ワシントン郊外のバージニア州のトランプ・ナショナル・ゴルフクラブで、ワシントン・ポスト紙によるインタビューが行われた。トランプは、大統領選を最後まで徹底的に戦い抜く意思があることを明言していた。

「選挙戦から撤退するつもりはない」トランプは、はっきりと述べた。

同紙によると、そのことを強調するために、トランプは、片手を振りかざしながら、一語ずつをはっきりと区切りながら、こう言った。

「私は、絶対に、この、選挙戦から、撤退は、しない」

トランプは、こうした発言をしながらも、自分の人気には自信を深めていた。

「さあ、教えてくれないか。どうして、私の支持率は、ほかの候補者の四倍もあるのだろうか？」トランプは問いかけた。

「討論会の視聴率も、ＦＯＸニュースとＣＮＮでは、過去最高になっている」(32)

トランプ支持層の人たちが聞きたいのも、まさにそうしたところだった。

トランプは、勝者であることを大事にしているとも語っていた。

「学校でも、いつも成功していた」トランプは、ワシントン・ポスト紙の記者に語っていた。

「人生でも、成功してきた。私の父は、不動産開発事業で成功していた。厳しいが、立派な人だった。私のことを、いつも褒めてくれた。私のことを、とても優秀な人間であると、いつも思ってくれていた。ある大手の雑誌には、自分が触れたものは、何でも金に変わると語っていたこともあった」

トランプは、正しかった。アメリカ中西部の人たちは、オバマ政権にはうんざりしていた。グローバルな自由貿易協定のせいで、雇用が失われて、海外に流出していたからだ。パートタイムの仕事に就くほかなくなっていた。そうでなければ、九〇〇〇万人以上ともされる非労働力人口の一員となっていた。パートタイムの仕事さえ見つからないこともあったからだ。

リチャード・ニクソンが「サイレント・マジョリティー」と呼んでいた人々は、現代にも存在していた。そうした人々が、政治の世界に現れることを待望していた人物が、まさにトランプだった。たしかに、共和党全国委員会の委員長には、党から離脱して、第三党からは出馬しないと誓約していた。それでも、共和党のエスタブリッシュメントとは歩みを揃えることはない、アウトサイダーであり、反逆者のままでいた。

ポリティコ誌は、ワシントン・タイムズ紙でのトランプへのインタビューの内容を報じていた。トランプは、USAトゥデー紙での世論調査に言及していた。トランプ支持者のうち六八パーセントは、もし、共和党から離脱して無所属で出馬しても、トランプに投票するとの結果が出ていた。

「トランプは、第三党からの出馬の可能性をちらつかせてきた。その場合には、保守票は分裂して、民主党の有力候補ヒラリー・クリントンを当選させることになる。そうした恐怖に、共和党は苛《さいな》まれている」と、ポリティコ誌でニック・ガス記者が書いていた。(33)

トランプへの熱烈な期待感に、ワシントンの共和党エリート指導部は苦悩していた。そうした期待感は、ヒラリー・クリントンを本選挙で破ってほしいという願いと同じくらい、強いものとなっていた。

二〇一五年末に、トランプは不可能だと思われていたことを、やってのけていた。共和党の指名候補者を支持するとの誓約書にサインしてはいたが、ワシントンの両党の職業政治家たちと対決することを、止めてはいなかった。アウトサイダーの問題児のままで、選挙戦を戦い続けていたのである。

こうした状況のなかで、トランプは、二〇一六年をスタートさせた。二〇一六年一月二十三日の土曜日にアイオワ州スーセンターでの選挙集会では、こう発言していた。

「五番街の真ん中に立って、誰かのことを撃ったとしても、私は支持者を失うことはないだろう。すごいことだ」

ＣＮＮも、発言の趣旨を理解していたはずだった。しかし、トランプに敵対する放送局としては、解釈を歪《ゆが》めることによって、問題を煽《あお》り立てようとした。

「共和党の最有力候補は、忠実な支持者がいることについて語った。そうした支持者の大半は、記者の取材でも、世論調査でも、大統領選では絶対にトランプに投票するとの意思表示をしている」と、ＣＮＮポリティクスでジェレミー・ダイアモンドが書いている。(34)

「度重なる銃乱射事件が大々的に報道されて、銃器の問題が、アメリカ政治の重大なテーマとして議論されていたさなかに、トランプは、このような発言をしていたのである」

トランプを非難するために、発言の趣旨は、銃器による暴力の問題の方向に、捻じ曲げられていた。たしかに、トランプらしい乱暴な物言いではあった。しかし、本来の意味からは、明らかに、かけ離れて解釈されていた。

しかし、二〇一六年一月にトランプが語っていたことは、おおよそ真実だった。二〇一五年に、トランプは、「サイレント・マジョリティー」の熱烈な有権者を、惹きつけ始めていた。そうした人々は、たとえトランプがどのような発言をしようとも、強力に支持することを止めなかった。そして、必ず投票すると決意していた。

皮肉なことに、トランプの発言が乱暴であるほど、そして、政治的に正しくないほど、かえって支持者の熱気は高まっていったのである。

共和党エスタブリッシュメントの「トランプ支持」ＰＡＣ詐欺
エド・ロリンズが、トランプを見捨てながらも荒稼ぎをした話

二〇一六年大統領選では、アメリカ社会や政治の舞台で、何でもありの戦いが繰り広げられた。あたかも卑猥《ひわい》なジェスチャーからスティファーム・タックル（アメフトの反則行為）まで、ありとあらゆる迷惑行為が、公然とまかり通るような状況となっていた。そして、エスタブリッシュメントが敗れ去ったことは、疑いようもなかった。

二〇一六年には、ほかにも敗北していた人々がいた。――それは、「献金者階級」だ。そうした金持ち階級は、政治家を買収して、不正な選挙をすることを、自分たちに許された特権だと考えていた。

今回、そうした金満家たちは、筋の悪い賭《か》け金を投じてしまった。ウォールストリートで不当に稼ぎ出されていた資金は、無益に費やされた。船上カジノで勝負する、泥酔したギャンブラーたちよりも、もっとひどい目に遭っていた。

党内では、弱小候補者たちからも、連日のように批判が生まれていた。党としての規律も、品位も失われてしまっていた。そうなのだ。二〇一六年は、アメリカ政治に巨大な悪臭弾が投下された年として、歴史に記録されることになるだろう。嗚呼《ああ》！

それから、コンサルタント階級にも、さらにまた別の顚末が生まれていた。ご存じだとは思うが、選挙を取り仕切りながら、訳知り顔で回転ドアをしていて、Ｂ級映画に出てくるゾンビのように不死身な人々のことだ。選挙が灰燼《かいじん》に帰しても、何度も生き返ってきて、法外な料金を請求してくる連中である。たいていは、ＦＯＸやＣＮＮの出演者として、自己宣伝のために時間を費やしている。

ここでは、デビッド・アクセルロッド（オバマ陣営チーフ・ストラテジスト、オバマ政権上級顧問）や、デビッド・プラフ（オバマ陣営選対本部長、オバマ政権上級顧問）のことを話そうとしているのではない。たしかに、彼らはコンサルタントとして、現実に何がしかの成果を上げているからだ。

また、カール・ローブ（ジョージ・W・ブッシュ政権上級顧問）のことでもない。ローブの二〇一二年の目覚ましい戦果としては、テキサスの富豪たちから三億五〇〇〇万ドルもの資金を引き出しながらも、連邦議会では一議席たりとも増やすことができなかった。たった一議席もだ！

何がしかを語ることで、何から何まで奪い去り、何の成果も生み出さないという、典型的な政治コンサルタントとしては、エド・ロリンズという男がいる。

ロリンズのことを、覚えている人もいるだろう。一九八四年のロナルド・レーガン再選のときの地滑り的な勝利で、陣営責任者を務めたことで知られている。しかし、実際には、そういう話ではなかった。陣営本部の内部にいた者であれば、誰もが知っていた事情があった。真の選対責任者は、ロリンズの部下のリー・アトウォーターだった。

ロリンズがテレビに出演していた一方で、アトウォーターが陣営を差配していた。テレビ出演していたロリンズは、次の選挙でも期待されて、ジョージ・H・W・ブッシュ副大統領を支援する契約もしていた。しかし、やがてブッシュが、ロリンズを陣営責任者にすることを拒むと、すぐに、ジャック・ケンプ下院議員の陣営に転じていた。もちろん、まったく信条からの問題であるとされた。さらに四年後には、ロス・ペロー大統領選陣営の共同責任者となる契約をしていた。このときのペローの動きのために、ブッシュ大統領の再選が阻まれたことは間違いなかった。

それから、クリスティーン・トッド・ホイットマン（元ニュージャージー州知事）の一九九三年の知事選の陣営に入った。ロリンズが派手な自己宣伝をしたお蔭で、選挙運動の成功は台無しになった。当選が決まると、ロリンズは自分の手柄にしようとした。ニュージャージー州の黒人牧師たちに向かって、「選挙運動の資金」を融通できると吹聴して、信徒たちを投票に行かせないように働きかけたと述べていたのである。（プロテスタントの黒人教会は、伝統的に民主党支持とされる）まったく、いい調子なことだ！

新任の知事は、何度も記者会見に引っ張り出されて、恥をかかされてしまった。結局のところ、ロリンズは自分のホラ話を撤回することになった。高名なエド・ロリンズに金を貢いだことで、何か報われたことがあったのだろうか？

一九九四年には、マイケル・ハフィントン下院議員の連邦上院選陣営で、チーフ・コンサルタントを務めていた。ハフィントンは、二八〇〇万ドルもの私財をつぎ込んだあげくに敗れていた。さらに、私生活をめぐる中傷を、ロリンズの本のなかで書かれたことで、追い打ちをかけられた。

このように数々の選挙運動を失敗させながらも、ロリンズは最高に金を稼ぎ、最高に露出してきた。（候補者よりも、目立っていたことが多かった）。途中で陣営を離脱してしまうこともあった。選挙後のインタビューや、著作や、テレビ出演などで、元の雇い主のことを聞かれると、平然とこき下ろしていた。

知事選に出馬したブルース・ベンソン（一九九四年コロラド州知事選の共和党候補者）やビル・サイモン（二〇〇二年カリフォルニア州知事選の共和党候補者）、上院選に出馬したキャスリーン・ハリス（フロリダ州選出の元連邦下院議員）、大統領選に出馬したマイク・ハッカビーが、エド・ロリンズのことをあてにした。しかし、やはり選挙が終わると、自己宣伝しか考えていないロリンズに、酷評されてしまっていた。

ロリンズは、ミシェル・バックマン下院議員が二〇一二年大統領選に出馬するときにも、陣営責任者に就任した。そのことが鳴り物入りで発表されたときに、賽《さい》は投げられていた。バックマン以外の誰もが、これから起きるであろうことを理解していた。候補者から大金をせしめたあげくに、船が沈み始めるや否や、笑いものにする。それが、これまでのロリンズのやり口だった。エド・ロリンズから得られたものはなく、バックマンは炎上した。ロリンズは、バックマンを手始めにして、自分以外のあらゆる人たちを批判した。大枚をはたいたあげくに、災難がもたらされる始末となった。

後に、バックマンは、選挙戦では別のやり方もあったのではないかと問われた。そのときの返答が、すべてを物語っていた。

「(ロリンズを)雇うと決める前に、グーグルで調べておくべきでした」

バックマンはハメられて、ロリンズはカネを稼いだ。まったく同じことの繰り返しである。


それから、しばらくの間は、コンサルタントの仕事から離れていた。(ロムニーは、二〇一二年の選挙運動で、ロリンズを絶対に寄せつけなかった)。二〇一六年大統領選では、ロリンズはテレビで磨き上げられた評判をもとに、トランプ派のスーパーPACの共同委員長におさまっていた。これが、自分の「最後の活動」であるとしていた。委員長職としての実態はなく、居心地のよいお飾りの立場で、威勢のよいことをメディアに向けて語っていた。そして、トランプ派の資金を募るために用意された手紙に、署名を書き入れていた。

もはや、ロリンズのやり方は分かり切っていた。しかし、これくらいのことしかできなかったのも事実だった。それでも、このような悪ふざけは、見ていて痛々しいものだった。

それで、何か問題があるのでしょうか？　あなたは、そう問いかけるかもしれない。

ロリンズが名ばかりの役職を務める「トランプ支持」のスーパーPACは、その名もふさわしく、「偉大なアメリカPAC」と命名されていた。しかし、トランプ陣営からは「非公認」であることが、すぐに知れ渡っていた。

二〇一六年五月二十二日のFOXニュースで、エド・ロリンズの見解が紹介されていた。

「このような問題のある発言ばかりをしていたら、勝てる候補者になることはできない」[35]

もちろん、ドナルド・トランプのことを語っていたわけだ。ロリンズを見れば分かるように、政治コンサルタント稼業というのは、どうでもよい発言をすることで、高額の報酬を受け取る仕事なのだ。それなのに、何度でも生き返ってくるのである。

党大会が終わって以降も、ロリンズは、この詐欺まがいのスーパーPACで支援しているはずの候補者のことを、こき下ろしていた。二〇一六年八月二十四日に、ローラ・イングラハム（FOXニュースの番組司会者）のラジオ番組に出演したときには、こう語っていた。

「このままの状態が、あと三週間も続いたら、レイバー・デー（九月第一月曜日の祝日）を過ぎる頃には、とても厳しい戦いになっていることだろう」ロリンズは続けた。

「(投票日が)今日なら、トランプは大敗するはずだ」(36)

このような裏切りめいた発言をしておきながらも、ロリンズは、「偉大なアメリカPAC」の役職に留まり、最大限に金を搾り取っていた。スーパーPACを通じて支持しているはずの候補者のことを、番組に出るたびに貶《おとし》めながら、大金を懐に入れていたのである。

選挙が終わってからも、この無能で恥知らずの愚か者は、やはりインタビュー出演の機会をうかがっていた。今度は、スティーブ・バノンらの陣営最高幹部たちが、ドナルド・トランプの勝利を演出したことを称えるコメントを述べるつもりでいた。いつでもロリンズは、耳障りでしかない意見を語りながらも、関わり合いになろうとするのである。

この本の読者であるトランプ派のみなさんのために、私としては、注意を促しておきたい。トランプが大統領に就任した後も、エド・ロリンズのような悪党には、注意を怠るべきではない。早くもエド・ロリンズは、トランプ政権の第一期のもとで、詐欺まがいの「トランプ支持」PACを継続していく考えを示している。しかし、明らかに、ロリンズの個人的な利益と売名を狙《ねら》うものでしかない。

エド・ロリンズのことをテレビで見かけたときや、献金依頼のメールが届いたときに、私は、ジョージ・R・R・マーティンの傑作『ゲーム・オブ・スローンズ』(ドラマシリーズ)に出てくるピーター・ベイリッシュ（リトルフィンガー）のことを思い出してしまう。あぶく銭を稼ぎ出すためには、何としても影響力を維持しようとして、いかなる言動をすることも厭《いと》わない。国を丸ごと滅ぼしかねない、愚かな男である。廃墟《はいきょ》しか残らなくても、お構いなしという考えなのだ。

みなさんが、次にエド・ロリンズをテレビで見かけるときに、どうか覚えておいてほしいことがある。ロリンズは、決してドナルド・トランプのことを支援していたわけではない。また、序盤戦での失言には、非難さえ浴びせかけていた。どうか用心して、注意を怠らないでいてもらいたい。

二〇一七年には、このような恥知らずの悪党には、もはや完全にお引き取り願いたいものだ。ソーシャルメディアで注目されなくなり、詐欺ＰＡＣが破綻《はたん》に追い込まれたときには、そうなっていることだろう。

第3章　第二ラウンド　共和党予備選挙でトランプが選ばれる

インディアナ州で勝てば、それで終わりだ。いいかな？　終わりになる。それで、いんちきヒラリーに集中できるようになる。いんちきヒラリーに集中していこうじゃないか。アメリカを再び偉大にしよう。みなさんを愛している。火曜日には、投票に出かけてほしい。

二〇一六年五月一日、インディアナ州の選挙集会にて　ドナルド・J・トランプ(1)

共和党の指名獲得に向けての最大のライバルは、テッド・クルーズとなっていた。ほとんどのアメリカ人が、そのように考えていたと思われる。クルーズも、自分のことをトランプと同格であると思い込んでしまった。しかし、それは愚かなことだった。他の候補者たちは脱落していったが、テッド・クルーズは、自分がドナルド・トランプと互角の立場で渡り合えると信じていた。

こうした展開のなかで、クルーズは、共和党内の特権集団からの期待を一身に集めるようになっていた。ただし、まさにそのことが、自らの破滅を招く結果にもつながった。

共和党のトランプを取るのか、それとも、共和党のクルーズを取るのか？

この選択は、共和党にとっては、かなり難しい問題となっていた。ワシントンの共和党指導部のエリートたちから、クルーズは完全に嫌われていたからだ。独善的な性格で、宗教色も強すぎると見られていた。また、従来から共和党候補者らしさとされてきた、（レーガンのような）強いイメージが欠けていた。まるでマザコン息子のような印象があった。経歴の乏しさも、さらに魅力を貧弱なものとしていた。

クルーズは、ウィスコンシン州の予備選挙を四八パーセントの得票で勝利して、三六人の代議員を獲得したときには、こう発言していた。

「私は、こう言いたいです。ヒラリーさん、いいですか。さあ、いくぞ！」

しかし、たかが一州を勝ち取ったくらいでは、党の指名を勝ち取れないことを理解するべきだった。連勝できないと分かったときに、その自信はどこかに消えてしまった。

これまでのクルーズは、共和党のエスタブリッシュメントからの支持が得られないことを以て、自分が「アウトサイダー」であることの証としてきた。しかし、クルーズが、自分は政治エリートの道具ではないと否定するのは、ビル・クリントンが、世界に向かって「例の女性との性的関係はなかった」と訴えるのに等しいことだ。

クルーズという男には、過去に確認されている事実と、まったく違うことを平気で語れる才能がある。自分ではアウトサイダーであると主張していたが、テッド・クルーズは、純然たるインサイダーだ。第四一代ブッシュ大統領の元政策アドバイザーであり、グローバリストであり、アイビーリーグ出身であり、典型的なエスタブリッシュメントの職業政治家である。

エスタブリッシュメントのプレーヤー、テッド・クルーズ

そうしたことが、よく分かる証拠を挙げておこう。カルガリー出身のテッドの行動の背後には、ウォールストリートの大手銀行が見え隠れしている。政界での地位は、密かな資金援助を受けることで築き上げられてきた。クルーズは、インサイダーのなかの、究極のインサイダーとして――ゴールドマン・サックスとシティバンクに――寄食してきていた。

ところが、FOXビジネス主催の討論会（二〇一五年十一月の第四回討論会）のときのことを思い出してみたい。クルーズは、『農園天国』（一九六〇年代のテレビドラマ）のヘイニーさんのような声色で、司会者に向かって断言していた。

「（司会者ジェリーさんからの）冒頭のご質問は、もう一度、大手銀行を救済してもよいのか、とのことでした。この質問に答えられる人はいないでしょう。だから、私からお答えしておきます。――絶対にダメです」(2)

つまり、クルーズは悪党なのだ。そうでなければ、ほかにどんな人を、悪党と呼べばよいのだろうか。

二〇一二年連邦上院議員選挙では、ゴールドマン・サックスやシティバンクから――自分の退職年金口座を担保にして――密かに巨額の融資を受けていた。この資金のことについて、カルガリー出身のテッドは、連邦選挙委員会への情報公開を都合よく失念していたそうだ。(3)

その「退職年金口座」というのは、テッド夫妻が「語っていた」ところでは、上院選の選挙資金に充てるために、現金化していたはずだった。別の言い方をしておこう。テッドは、ウソをついていた。

テッドの二〇一六年選挙陣営のほか、各種のスーパーPACには、石油ガス業界からの資金も大量に流れ込んでいた。戦い方というものは、よくわきまえていた。

そして、このカナダ生まれの人物にまつわる最大の偽善は、おそらく配偶者のハイジに関することだ。たしかに妻として、母親としては素敵な人なのかもしれない。しかし、二〇〇五年以来、ハイジはゴールドマン・サックスに勤務していた。マネージメント・ディレクターとして富裕層部門の地域責任者を務めた後に、休職中となっている。

さらに、ハイジは、左派である「外交問題評議会」の栄誉あるメンバーであり、〝ニュー・ワールド・オーダー〟と単一世界政府の賛同者でもある。二〇〇五年には、「北米の未来に関するタスクフォース」に参加して、「北米共同体の構築」という報告書を作成している。ハイジは、このタスクフォースの三一名のメンバーの一員だった。

この報告書の共同執筆者となっていたのは、タスクフォースの副議長を務めたロバート・A・パスターだ。当時のパスターは、ワシントンDCのアメリカン大学北米研究センター所長を務めていた。パスターは、この「外交問題評議会」から発表された報告書が、アメリカ、メキシコ、カナダの三国首脳会議に与えた影響により、「北米連合の父」と呼ばれている。ジョージ・W・ブッシュ大統領が、連邦議会の承認を得ることなく、「北米の安全と繁栄のためのパートナーシップ」を宣言したときに、この三国首脳会議の機運は最大の盛り上がりをみせた。[4]

ハイジには、こうした経歴があったが、クルーズ陣営では重要な役職には就いていなかった。だが、陣営の資金集めでは、不可欠な存在となっていた。昨年のCNNでの報道によると、「ゴールドマン・サックスにいたときと同じように、電話を通じての仕事をしていた」と、クルーズ陣営責任者のチャド・スウィートが語っている。[5] このチャドが、ハイジを巨大投資銀行での仕事にリクルートした人物だ。

それでも、このウォールストリートの大手銀行が、テッド・クルーズに何らの利害関係もないと、本当に信じられるだろうか？ どうして、ハイジ・クルーズは休職中のままで、ゴールドマン・サックスを退職していないのだろうか？ あたかも、ビル・エアーズ（一九六〇年代の極左テロ組織の創設者）や、ソウル・アリンスキーが、バラク・オバマに何の影響も与えなかったと語るようなものではないか。

さらに、別のインサイダーとのつながりとしては、ブッシュ家との関係もあった。ハイジのウィキペディアでの経歴からは都合よく消されているが、ロバート・ゼーリックが率いる米国通商代表部（ＵＳＴＲ）では、次席代表を務めていた。このときに米国通商代表部でハイジが携わっていた仕事は、米中間の貿易政策の問題だった。――まさに現在、ドナルド・トランプが、繰り返し発言をしているテーマだ。

テッドは、ジョージ・Ｗ・ブッシュが大統領選に出馬したときに、ブレーンを務めていた。トップ政策アドバイザーとして、〝ブッシュ・ワールド〟では訟務長官となることを狙っていたが、結局は、連邦取引委員会の役職に納まっていた。テッドには、ブッシュ派の人間として、政界や金融界のエスタブリッシュメントとの深いつながりがあるのだ。また、テッドとハイジは、最初の「ブッシュ結婚」のカップルであることを自慢にしていた。――つまり、ブッシュのスタッフ同士として知り合うことで、結婚していた。テッドは法律問題のアドバイザーで、ハイジは経済政策のアドバイザーを務めていた。

その後、ハイジは、コンドリーザ・ライスの国家安全保障会議で、西半球担当ディレクターを務めている。コンディ（コンドリーザの愛称）は、偽りのイラク戦争をもたらしてくれた人物だ。また、テッド・クルーズ陣営責任者のチャド・スウィートは、ＣＩＡの元幹部だった。

ジョージ・Ｗ・ブッシュ政権のマイケル・チャートフ国土安全保障長官が、ゴールドマン・サックスからスウィートを採用していた。そして、国土安全保障省と、ＣＩＡ、ＦＢＩほかの国家安全保障に関わる機関との間での情報の流れを整理して、再編成する仕事を担わせた。チャートフとスウィートは、ブッシュ政権での仕事を終えると、チャートフ・グループの共同設立者となっている。

クルーズは、真顔でウソをつける能力を――悲しいことにニクソンの流儀でもある――いかんなく発揮して、不法移民の恩赦や、環太平洋パートナーシップ協定（TPP）の支持派であることを隠し通そうとした。しかし、共和党予備選挙の討論会では、マルコ・ルビオ上院議員からの追及を受けることになった。

連邦議会上院では、テッドは跳ね返りを演じていた。それは、現代のジェシー・ヘルムズ（上院外交委員長を務めて、保守強硬派としてセネター・ノーの愛称があった）を擬すことによって、守旧派とのつながりを隠そうとする、懸命な努力の産物だった。だから、二〇一六年大統領選で、保守派のアウトサイダーであると訴えているのは、もはやジョークでしかない。それは、真実を隠蔽するための――ただの見せかけ――でしかなかった。クルーズの実像とは、〝ニュー・ワールド・オーダー〟を目指すグローバリストとしての経歴を重ねてきた、長年のワシントンのインサイダーである。

アイオワ州党員集会とニューハンプシャー州予備選挙を迎えるにあたり、クルーズと、陰で操るエスタブリッシュメントは、トランプを攻撃するための作戦を企んでいた。クルーズ陣営の幹部たちは、真のアウトサイダーはクルーズであり、トランプは、本当はインサイダーなのだというウソ話を広めて、煙に巻こうとしていた。しかし、これほど真相からかけ離れた話はなかった。一番、簡単な言い方をしておきたい。パワーエリートたちは、トランプに対しては、何の影響力も与えてはいなかった。――まったくだ。

これに対して、クルーズは、売国的なエスタブリッシュメントである。ブッシュ家を出自として、ウォールストリートに操られている存在だ。クルーズが強硬派の「アウトサイダー」となったのは、わずか四年前のことでしかない。誤解しないでおいてもらいたい。たしかにテッド・クルーズは、長丁場となる選挙に出馬できるだけの、賢さと、抜け目のなさと、才能のある男ではある。レーガンになることを願っているが、本当のことを言えば、ニクソンだ。つまりは、政治的な駆け引きができる利口さを持ち合わせている。テッド・クルーズの内実は、見てくれとは違う人物なのだ。

最近、ハイジ・クルーズが語っているが、夫が立候補している理由は、アメリカ人に「仕えるべき神の顔」を見せたいからだそうだ。しかし、ハイジの言っていることは間違いだ。なぜなら、テッド・クルーズが彷彿《ほうふつ》とさせるのは、一九二〇年代のシンクレア・ルイスの小説に出てくる、自堕落で反社会的な伝道師エルマー・ガントリーであるからだ。

だから、ハイジさん、それは違いますよ。テッド・クルーズに神の顔を見出すことなんて、無理な話です。

この男は、良心的には見せかけているが、己の利益だけしか考えてはいない。また、高邁《こうまい》な理念や道徳について語ってみせるが、犯罪人の心根を持っている。そして、ウソ、騙《だま》し、盗みという手段を操り、人々の心をかき乱してでも勝とうとする。そうした計算高い政治屋なのだ。ある集団と、別の集団を巧妙に反目させておきながら、まるで自分が本物の救世主でもあるかのように訴えかけることができる才能がある。しかし、結局は、問題をこじらせるだけのことである。

テッド・クルーズ上院議員が、ジョージ・W・ブッシュとジェブ・ブッシュの弟であるニール・ブッシュを、陣営の財務責任者にすると発表したことは、波紋を生じさせた。ニールには、一九八〇年代にコロラド州デンバーのシルベラード貯蓄貸付組合の事件で、米国民の税金から一三億ドルを巻き上げていた経歴があったからだ。[6]（S&L危機の破綻処理で、税金で損失が穴埋めされた）

クルーズ陣営の主要幹部の人選が発表されたときにも、さらなる波紋が生じていた。テキサス州選出の元上院議員であるフィル・グラムを、経済政策の相談役に任命していたからだ。この男は、アメリカ経済を破壊した張本人だ。グラムが尽力した、いくつかの法案によって、投機的なサブプライム・ローンが生まれて、二〇〇八年九月の不動産バブルの崩壊につながっていた。そして、この時期に危機が発生したことが、バラク・オバマをホワイトハウスに送り込む結果を招いていた。

そうした法案のひとつが、一九九九年のグラム・リーチ・ブライリー法だ。グラス・スティーガル法では、大恐慌時代に商業銀行から投資銀行を分離させていたが、その重要な部分が廃止されることになった。この法案は、ロバート・ルービン（クリントン政権の財務長官）とラリー・サマーズ（クリントン政権の財務長官、財務副長官）の後押しを受けて、クリントン大統領が署名している。商業銀行から、住宅ローン担保証券ほかの怪しげなスキームへと、大量の資金が流入するきっかけとなった。

もうひとつは、二〇〇〇年に成立した商品先物現代化法（ＣＦＭＡ）だ。デリバティブ取引を、当局の規制から自由にした。こうした〝素晴らしい〟法律を、テキサス州選出のフィル・グラム元上院議員は、上院銀行委員会の委員長を務めたときに成立させていた。

二〇一六年二月一日、アイオワ州党員集会

二〇一六年一月二十六日火曜日に、ドナルド・トランプが下した決断が波紋を呼んだ。二日後の一月二十八日木曜日には、アイオワ州デモインで、ＦＯＸニュース主催の討論会が予定されていたが、参加を取りやめることにしていた。司会者には、ふたたびブレット・バイアー、メーガン・ケリー、クリス・ウォレスが予定されていた。二〇一五年八月六日の第一回共和党予備選討論会のときと、同じ顔ぶれである。

この決断が、とりわけ物議をかもした理由は、翌週には、アイオワ州党員集会が予定されていたからだ。世論調査によると、アイオワ州で、トランプはクルーズ、ルビオと接戦になっていた。クルーズとルビオの二人は、この州での地上戦のために、大量の資金を投下していた。

トランプは不参加の理由として、FOXニュースが「公平でない」と批判していた。「軽量級」と評したメーガン・ケリーと、確執が続いていることが原因であるというのが、大方の観測だった。(7)この波紋を呼んだ決断により、トランプは、自分のやり方で戦うことになった。第七回の共和党予備選討論会に出席する代わりに、アイオワ州デモインでの集会を開催して、米国退役軍人たちのために六〇〇万ドルの資金を集めていた。ロイターの報道によると、トランプは、「いつものドラマチックな演出によって、集会への注目を集めていた」。(8)

こうした事態は、討論会の司会者たちにとっては、初めてのことではなかった。二〇一五年十月三十日にも、共和党全国委員会の委員長は、NBCニュースのアンドリュー・ラック会長に書簡を送り、NBCとの提携を見送ることを伝えていた。二〇一六年二月二十六日に予定されていた共和党予備選討論会については、NBCからの放送を取りやめて、他社に放送権を提供するとの対応を取っていた。

共和党全国委員会が問題としたのは、二〇一五年十月二十八日にボルダーのコロラド大学で開催された共和党予備選討論会での、CNBC（NBCの系列局）の取り上げ方である。AP通信の報道によると、共和党を怒らせた理由は、CNBC主催の討論会で、司会者のカール・キンタニラ、ベッキー・クイック、ジョン・ハーウッドが、くだらない質問ばかりを浴びせかけて、候補者たちを貶《おとし》めていたからだった。AP通信の報道でも、特に指摘されていた点があった。司会者のハーウッドは、トランプに向かって「漫画みたいな大統領選」をしたいのですかと問いかけ

ていた。(9)

二〇一六年二月一日月曜日には、アイオワ州党員集会で、トランプが僅差でテッド・クルーズに負けたことが判明した。クルーズは二七・六パーセントを得票していたが、トランプは二四・三パーセントで、ルビオは二三・一パーセントだった。共和党予備選挙の独特な制度のもとで、アイオワ州党員集会の仕組みは複雑なものとなっていた。勝者総取り方式ではなく、比例方式とされていた。結果として、クルーズは八人の代議員を獲得して、トランプとルビオは七人ずつの代議員を獲得した。

意外なことに、一番の勢いを見せていたのは、アイオワ州党員集会で第三位となったルビオだった。メディアは、ルビオがトランプとクルーズを猛追していると煽っていた。ルビオ陣営の資金集めには追い風となり、投票直後の二四時間では、二〇〇万ドルが集まっていた。(10)ルビオは、二〇〇八年のマケイン、二〇一二年のロムニーと比較された。両者とも、アイオワ州党員集会では敗れていたが、翌週のニューハンプシャー州予備選挙で圧勝することで、共和党での指名獲得に進んでいた。

二〇一六年アイオワ州党員集会が開始される前の入口調査では、投票先未定の有権者や、キリスト教福音派の人々が、クルーズとルビオに傾いていることが判明していた。主要メディアや政治評論家は、トランプ陣営にとっては、思わしくない結果が出ることを予想していた。

ただし、共和党のアイオワ州党員集会については、留意しておくべきことがあった。近年では、アイオワ州での勝者が、必ずしも、共和党の指名候補者にはなっていなかった。

「現職の大統領ではない共和党候補者では、この四十年間で、アイオワ州党員集会の勝者が指名候補者となれたのは、わずか二回しかない」と、AP通信でビル・バロー記者とエミリー・スワンソン記者が書いている。

「しかし、クルーズが勝利して、ルビオに勢いがあるという情勢からは、トランプの戦略に、新たな疑問が投げかけられている。世論調査では首位を維持しているが、それが実際の得票につながるかが問われている。

翌週火曜日のニューハンプシャー州で勝てるかをめぐり、トランプへのプレッシャーは高まっている。指名獲得を目指して激戦を勝ち抜くための戦略が、危ぶまれている状況だ」(11)

アイオワ州党員集会での結果の不振により、以下の下位三名の候補者が選挙戦から撤退した。アイオワ州で代議員を一名獲得したランド・ポール上院議員、二〇〇八年のアイオワ州党員集会で勝利していたマイク・ハッカビー元知事、二〇一二年にアイオワ州党員集会で勝利していたリック・サントラム元上院議員だ。

「とてつもなく不正直なやつだ」

アイオワ州党員集会が、進行していたときのことだ。クルーズ陣営で州委員長を務めるスティーブ・キング下院議員が、二件のツイートを掲載したことで、騒動が巻き起こった。

アイオワ州党員集会のさなかに、ベン・カーソンは、「新しい着替え」を用意する必要があるので、ニューハンプシャー州に向かう前にフロリダ州に帰宅すると、記者に語っていた。これを受けて、二月一日、現地時間の午後七時一九分に、キング下院議員は、以下のツイートをした。

「ＮＨ（ニューハンプシャー州）＆ＳＣ（サウスカロライナ州）を飛ばすのであれば、撤退するという意味になる。そうした情報が、党員集会に参加する、すべての人たちに届いていないのはよくないことだ」

それから一分後となる現地時間の午後七時二〇分に、キングは、二番目のツイートをした。

「カーソンは撤退するようだ。アイオワ州民は、投票前に知っておいた方がいい。ほとんどの人が、クルーズに投票してくれることを。そう願っている」

キング下院議員は、ＣＮＮポリティクスのシニア・コレスポンデントのクリス・ムーディのツイートをリンクさせていた。ムーディのツイートは、現地時間の午後六時四三分に投稿されていた。

ムーディは、こうツイートしていた。

「カーソンは、NH（ニューハンプシャー州）とSC（サウスカロライナ州）には、行かないだろう。休養のためにフロリダの家に帰るようだ。そして、木曜日にはDCで、全米祈禱朝食会に出席する予定になっている」(12)

カーソンは「とてつもない不正行為」であるとして、クルーズ陣営を激しく非難した。党員集会が開催されている最中に、票を切り崩すための、卑劣な作戦が仕掛けられていたからだ。

「何か月にもわたり、わが陣営は、敵対陣営からの虚偽と卑劣なやり方に耐えてきました。政治家階級のやり方を嫌悪していると公言していながらも、実際には、そういうやり方に熟練しているということです」と、カーソンは声明で記していた。

「今夜もそうですが、敵対陣営は政治的な策謀を仕掛けてきました。私が選挙戦から撤退したという話を、地区責任者に言ったり、メールを送ったり、ツイートしたりしています。党員集会に参加していた人に、投票先の変更を促していたケースもありました」と、アイオワ州党員集会が開催された月曜日の夜に、カーソンは記していた。

カーソンは、疑いようもなく不正行為であると感じていた。

「私が選挙に出ることにした理由は、ひとつには、このような虚偽と欺瞞《ぎまん》がまかり通ることを終わらせたいからです。このようなことを聞くにつけても、『われら国民』のために戦い続けて、政治権力を国民の手に取り戻したいという決意は、ますます強まるばかりです」と、カーソンは記していた。[13]

キング下院議員は、ツイート投稿についての弁明をしていた。ＣＮＮのクリス・ムーディからの発信を見たときに、首席スタッフには、こう語っていたとのことである。

「撤退する公算が高い候補者のために、党員集会に出かけて、投票してほしいとは頼めないよな」[14]

トランプも、理解を示したりはしなかった。二〇一六年二月三日のワシントン・ポスト紙が、トランプの主張を伝えている。月曜日の夜に、ベン・カーソンが選挙戦から撤退するとの虚偽情報が流れたのは、クルーズの仕業であるとしていた。トランプは、アイオワ州では二位で終わっていた。しかし、クルーズの勝利は無効であり、投票のやり直しをするべきだと求めていた。

「テッド・クルーズは、アイオワ州で勝っていない。盗んだんだ」と、水曜日の朝に、トランプはツイートしていた。

「だから、投票結果は間違っている。クルーズが、予想された以上に得票することになった。ひどいことだ！」

さらなるツイートで、トランプは畳みかけた。

「アイオワ州党員集会で、テッド・クルーズ上院議員は不正行為を犯した。選挙をやり直すか、クルーズの結果を無効にするべきだ」

ワシントン・ポスト紙の報道によると、アイオワ州党員集会の投票が行われているときに、いくつかの地区では、クルーズ陣営のスタッフが有権者に対して、カーソンが撤退するとの話をしていた。カーソンへの投票は無駄になると思わせて、投票を思い止まらせようとしていたのである。[15]

クルーズ陣営は、トランプからのツイートに対して、「負け惜しみを言うな」と応えていた。二〇一六年二月十二日のポリティコ誌は、トランプが、二四時間以内に六回ものツイートをしたことを報じている。どのツイートも、「このテキサスの上院議員は信用ならない」という内容となっていた。ポリティコ誌によると、トランプのツイートは、クルーズがネガティブな内容の自動応答電話を仕掛けていたとする非難から始まっていた。サウスカロライナ州フォートミルでの集会の前に、クルーズは記者団を前にして、トランプの主張を否定した。

トランプは、ツイートで応じた。

「私たちのところには、たくさんの有権者からの情報が届いている。クルーズたちは、とてもずるくて汚い手を使って、私に対しても『押しつけ世論調査《プッシュ・ポール》』（世論調査を装って敵対陣営を攻撃する手法）を仕掛けていた。ちゃんと見ているぞ！」

トランプのツイートでは、クルーズがベン・カーソンにまつわるニセ情報を流したことから始まり、「押しつけ世論調査」のことでもシラを切っているとの主張にまで展開していた。ツイートでの戦いはエスカレートしていた。トランプが、クルーズのあだ名である「ウソつきテッド」

を誕生させたのは、このときである。

「ウソつきテッドが、こう発言している。『トランプ&ルビオは、同性婚のことでは、オバマに賛成している』」と、トランプはツイートした。

「クルーズは、最低のウソつきであるか、イカれているか、とてつもなく不正直なやつだ」(16)

テッドは、どのように「ウソつきテッド」になったのか？

どうしてドナルド・トランプは、「ウソつきテッド」のニックネームを、テッド・クルーズに授けることになったのだろうか？

選挙戦のある時点から、トランプは、テッドが明らかにウソつきであると考えるようになっていた。しかし、テッドが選挙戦のなかでウソをついたことがあると述べるだけでは、あまりにも不十分だ。テッドは、大統領選の候補者としては、前代未聞のウソつきの常習犯かもしれないからだ！　私としても、そのように思うようになっていた。そこで、読者のみなさんのために、この本を書くにあたってファクトチェックしてある、紛れもない事実のいくつかを紹介しておきたい。

テッドは自分のことを、不法移民の恩赦や、オバマケアや、全米家族計画連盟に反対してきた、ただ一人の上院議員であると思わせようとしてきた。エスタブリッシュメントとの戦いを演出するために、圧力に屈しない、強硬な姿勢を貫いていた。選挙向けの宣伝としては、有効であったのかもしれない。しかし、事実としては、まったく違っていた。

テッドは、大規模な恩赦を支持する立場のマルコ・ルビオとの対立について、こう語っている。「私としては、このような法案を支持したことは、まったくありません。だから、私は（ルビオの）恩赦を実現するための法案に対しては、戦ってきました」

しかし、「このような法案を支持したことは、まったくありません」という発言は、真っ赤なウソだ。クルーズが、ブッシュ陣営で移民制度改革の政策アドバイザーを務めていた頃や、ワシントン所在の「ヒスパニック進歩同盟研究所」の役員を務めていた頃にまで遡ってみればよい。ビザを持たない移民が、法的地位を取得して、米国内に居住できるようにするための法案づくりに携わってきていた。

市民権の取得に道を開くための移民制度改革は、二〇一三年一月に八名の上院議員によって提案されていた。このときに、クルーズは反対を主張することもできたはずである。しかし、この法案に対しては、何か月もの間、賛成票を投じるのか、反対票を投じるのかを明らかにせず、まったく態度をはっきりさせていなかった。

クルーズは、「市民権のない法的地位」を付与するかたちに、法案を修正することに取り組んでいた。その修正案は、実を結ばなかった。それでも、クルーズとしては、法的地位への道を開くことに関して、賛成の立場であるとまでは認めてはいなかった。どちらつかずの立場を取っていたのは、賛成にでも反対にでも、状況次第で有利な立場を選ぶためだった。

この点については、ワシントン・ポスト紙でも、クルーズの立場がどちらであるのかを判定することができず、十二月十八日の記事では、以下の結論を出している。

「クルーズのスタンスは、包括的移民制度改革が、法案として成立する見込みの場合には、賛成の立場を取るのだろう。しかし、強硬派が優勢になる場合には、反対の立場に回るのだろう」[17]

クルーズは、この法案の修正を提案していた理由は、実は、成立の阻止が狙いだったと発言していた。つまり、「市民権のない法的地位」を盛り込むための取り組みとは、二〇一五年十二月にグレタ・ヴァン・サステレン（番組司会者）がインタビューで確認したところでは、フェイクであり、騙しだった。

サステレンには、信じられない思いがしていた。そこで、驚きながらも聞き返した。

「あれは毒薬条項《ポイズン・ピル》で、法案を丸ごと潰《つぶ》すことを企んでいたというのですか？」

クルーズは答えた。「それで、成功したわけです」

こんなことを平然と語れる男というのは、いったい、どんな人間なのだろうか？

過去の時点でウソをついていなかったならば、現在はウソをついていることになる。現在はウソをついていていないのならば、過去の時点ではウソをついていたことになる。いずれにしても矛盾しているわけだ。ある左翼ジャーナリストは、クルーズのことを、「大統領選の候補者としては、いまだかつてない大ウソつきなのかもしれない」としている。残念ながら、まさしく的確な評価である。(18)

テッド・クルーズのウソは、まだ他にもあった。反ウォールストリートであり、政府による銀行救済には反対であると語っていたことだ。実際には、前述の通り、テッドの妻ハイジは、休職中ではあるとはいえ、一〇〇〇億ドルの救済資金を受け取ったゴールドマン・サックスのマネージング・ディレクターをしていたのだ! クルーズ夫妻は、ゴールドマン・サックスやシティバンクから低金利の融資を受けておきながらも、報告書には記載していなかった。

ここで、クルーズの発言を見ておこう。二〇一二年上院議員選挙のときには、選挙資金として多額の融資を受けていた。しかし、クルーズは、「すべての情報」は「何年も前から公開されていて、透明性が確保されている」と述べていた。「ファクトチェック・ドット・オルグ」では、融資の件については透明性が欠けていたと評価されている。(19)

クルーズは、二〇一二年七月九日になるまで、ゴールドマン・サックスとシティバンクから合計で三五万〇〇〇二ドル以上七五万ドル以下の融資を受けていたことを情報公開していなかった。この時点では、二〇一二年五月二十九日の予備選挙は終わっていた。このときクルーズは、自陣営のために約一〇〇万ドルを貸付けていた。

二〇一二年の選挙では、このほかにも、ゴールドマン・サックスから一〇万〇〇〇一ドル以上二五万ドル以下の融資を受けていた。この融資の件も、二〇一三年五月十五日付の資金報告書が提出されるまで情報公開されていなかった。クルーズは、すでに連邦上院議員となっていた。「ファクトチェック・ドット・オルグ」では、いずれの報告書でも、選挙資金のために融資が行われていた事実が公開されていなかったと、強調されている。

議員個人に関する倫理規則としては、たしかに、財務状況（資産、負債など）の情報公開が求められていただけである。しかし、それとは別に、連邦選挙委員会への報告書としては、選挙資金のために融資を受けたことは、記載が必要とされていた。しかし、実際には不記載となっていた。(20)

また、クルーズは、特に最高裁判事の任命に関しては、大統領にふさわしい資質があると訴えていた。そして、九件の最高裁での訴訟に関わった経験があることを挙げていた。クルーズ陣営の広告では、すべて勝訴しているとされていた。しかし、「ファクトチェック・ドット・オルグ」によると、それは事実ではない。クルーズは九件で勝訴したとしているが、実際に勝訴していたのは、二件だけだ。あとは敗訴か、一部勝訴だった。(21)

二月のアイオワ州党員集会のときに、有権者には、政府からのお知らせのような文書が届いていた。公式文書のようにみえる書面には、「投票を忘れずに」「選挙違反になります」との文字が、目立つように記されていた。書面の内容としては、最近の選挙での投票への参加状況が記載されていた。

投票することが法律上の義務であるならば、こうした通知文書にも妥当性があったかもしれない。しかし、アイオワ州で投票は自由である。通知文書では、党員集会に出かけないと、重大な選挙違反に問われる可能性が示唆されていた。こうした脅迫まがいのやり方が、正当であるはずもなかった。

このお知らせには、最近の選挙で投票していない場合には、宛先となる人やその近隣の人たちの評価として、「落第」を意味する「F」が記載されていた。また、「公的記録」をもとに文書を配布したとされる責任者は、アイオワ州の州務長官、並びに、郡の選挙当局であることが示唆されていた。しかし、それは事実ではなかった。

共和党員であるアイオワ州のポール・ペイト州務長官は、デイリー・メール紙に対して、こう語っている。クルーズ陣営からのプロパガンダ文書は、「私の職責を代表していると、誤解させる内容になっています。さらに悪いことに、アイオワ州の選挙法に関しても誤解を招いています」。

これに対して、クルーズは、謝罪するつもりはないとしていた。「アイオワ州の方々に投票に出かけてもらうために、あらゆる方法で取り組みました」と語っていた。(22)

クルーズは、陣営の選挙資金についての妻との会話のことでも、ウソをついていた。

クルーズが、上院議員選の予備選挙の数週間前の出来事を、振り返っていたときのことだ。世論調査の結果が劣勢であることを受けて、妻には、「なあ、私たちの資産をすべて現金化して、選挙資金に充てよう」との会話をしていたということだ。

「すると驚いたことに、ハイジは六〇秒もしないで、こう言ったのです。『ぜひ、そうしましょう』と。何の迷いもありませんでした」

しかし、ハイジ・クルーズが語っている内容は、異なっている。ポリティコ誌に、ハイジは、こう語っている。

「まずは、いろいろなところから資金を集めた方がよいと思いました。支持してくれている人たちがいることを、示すことができるからです」

さらには、「それで勝敗が決まるならともかく、自己資金を選挙につぎ込むのは、やめておいた方がよいと思うと話しました」とも語っていた。(23)

テッドの口からは、とめどなくウソがあふれ出てくる。それを全部数え上げていたら、丸ごと一冊の本になってしまうことだろう。疑問であるのは、クルーズが、こうしたウソをつく才能を、いったいどこで学んだのかということだ。

フィデル・カストロにまつわる物語
「ウソつきテッド」の生みの親である「ウソつきラファエル」

父親のラファエル・クルーズのことを見ておこう。この男は、あらゆる人生の経歴をウソで塗り固めてきた。いかにしてイエスに救われたのかという浮沈変転きわまる物語を、説教のなかで語っていたが、ありもしない身の上話をでっち上げていた。――テッドも、そうした作り話を、まことしやかに繰り返し語っていた。

ウソ話を、もっともらしく語っていたのですか？　はい、そうです。だから何だって？

クルーズの父が、よくしていた話がある。キューバでは、フルヘンシオ・バチスタの軍事政権のもとで成長していた。一四歳のときに「革命」に参加して、その後の四年間は、「破壊工作、プロパガンダ活動、軍事訓練などをして過ごしていた」としていた。

「逮捕されて、ひどく殴られた。四日間にわたり、四時間おきに拷問を受けた」と述べていた。四日目の夜に、殴る蹴るの暴行を受けて、意識を失った。そして、「死んだときには、行方不明になったことにする」ために、（収容施設がある）マタンサスに連行された。

翌朝になって、奇跡的に解放されることになった。ただし、また爆弾を仕掛けてきたときには、捕まえに来ると言い渡されていた。テッドは、この話をさらに粉飾して、このときに父親は、前歯を折られたとしていた。

さらに、話は続いていた。ラファエルの父親は、収容所から自宅まで、息子を車に乗せて帰った。それから一時間後に、「地下組織」から来たと名乗る見知らぬ女性が現れて、キューバから去るように告げられた。高校での成績はオール「A」だったので、アメリカの大学に行こうと考えた。三つの大学に手紙を書いたところ、一つの大学から受け入れ通知が届いた。

そこで、アメリカ大使館まで行って、四年間の学生ビザを取得した。家族の知り合いが、政府の役人に賄賂《わいろ》を渡しておいたので、ラファエルは、パスポートにスタンプを押してもらうことができた（後に、ラファエルの話は変わっている。「私は、キューバ政府の役人に、学生ビザで出国させてほしいと頼み込んだ」としていた）。そして、父親が運転する車で、後部座席の床の上に隠れたまま移動して、ついに、アメリカのキーウェスト行きのフェリーに乗り込んだ。

出来損ないのウソを寄せ集めた、まったくデタラメな話である。作家のポール・ルボンも、クルーズの話はウソだらけであると指摘している。(24) ルボンは、キューバ革命での本当の英雄とその家族たちと、約六十年間にわたり深く交流してきた人物だ。

そもそも、ラファエルが九年生で、一四歳だったときに、まだ革命は起きていなかった。カストロの革命は、ラファエルが一八歳となる一九五七年まで、完全には始まってはいなかった。つまり、一九五三年から一九五七年までは、まだ革命は実行されていなかった。

一九五三年七月二十六日に、カストロと支持者たちは、モンカダ兵営を一日だけ襲撃している。バチスタ軍を崩壊させていく端緒となった事件である。しかし、多数が殺されてしまい、カストロも、一九五五年にメキシコに亡命していた。高校生が参加できるような出来事ではなかった。事実としても、モンカダ襲撃事件は、ラファエル・クルーズが九年生になる前に起きている。

当時の現地事情を知るキューバ人によると、バチスタ政権は、有益な情報を握っている捕虜でもないかぎり、拷問をするようなことはなかった。捕虜がいたら、収容しておくのではなく、射殺していた。つまり、ラファエルが逮捕されて、拷問されたという話はウソである。

もし、過酷な拷問を受けていたのであれば（そのときの様子が語られたことはない）、どうして、収監されてから四日目の夜に、四人の警官が乗るジープに乗せられて、街中まで連れて来られたのだろうか？　どうして、翌朝には釈放されてしまったのだろうか？　どうして、父親が迎えに来て、家に連れて帰ることができたのだろうか？　負傷して、肋骨は骨折し、歯を折られて、顔はアザだらけになっていたはずではないのだろうか？　タバコの火を押し付けられて、火傷をしていたのではないのだろうか？

四日間連続で、四時間おきに拷問されたとの証言を、思い出してみてほしい。それなりの年齢の男が、意識を失うほどの拷問であったというのだ。革命家であったことを信じてほしいというが、革命のなかで子供が参加する余地など、なかったはずだ。革命に参加して、遠く離れた場所で戦っていたはずなのに、どうやって高校ではオールAを取ることができたのだろうか？　一四歳から一七歳の年齢の子供には、学校に通いながら、革命（まだ当時は起きていないはずだが）で戦うことなどできるはずはなかった。

ラファエル・クルーズは、願書を出すべきアメリカの大学を、どうやって見つけ出したのだろうか？　片言の英語も話せなかったと述べているのに、どうやって大学に願書を出したのだろうか？　新学期が始まる二か月前であるにもかかわらず、成績証明書も、家計の状況に関する書類も、正式な入学願書も送ってはいなかった。それなのに、どうして二週間で入学が許可されてしまったのだろうか？　そんなことが、はたしてありうるのだろうか？

アメリカ大使館からは、四年間の学生ビザが発給されたとのことだ。しかし、当時、認められていたのは一年限りのもので、特定の要件を満たしている必要があった。一九五七年には、学生ビザの申請は、留学費用を賄うに足る十分な資金があることが条件となっていた。また、ビザの申請者には、学業を完全に履修できるだけの、流暢な英語力が求められていた。しかし、このときのラファエルの所持金は一〇〇ドルで、英語力はゼロだった。いずれにしても、一年間の学生ビザでも発給されるはずがなかった。

事情に詳しいキューバ人の弁護士によると、当時の在キューバのアメリカ大使館で、こうした学生ビザが発給されるには、かなりの期間を要していた。まず、面接の予約を取る必要があった。ビザを申請する本人が、面接に出向く必要があった。そこで、アメリカ大使館は申請内容の確認をした。書類手続きを終えるときには、さらに、もう一度、面接があった。

ラファエルは、賄賂を渡した役人が、パスポートにスタンプを押してくれたのだと主張していた。ああ、そうでしたか。その後になると、賄賂を渡したという話は、ラファエル・クルーズが役人に頼み込んだので出国できたという話に、すり替わっていた。そうであるとしたら、出国が認められていたのに、どうして父親の車の中で身を隠す必要があったのだろうか？

この話は、アメリカに入国してから、どうやってテキサス州オースティンにたどり着いたのかとのくだりでは、さらに信じがたい内容となる。大学からの指示で、まず移民帰化局（ＩＮＳ）に行ったところ、二四時間以内に社会保障カードを発行してもらえたとのことだった。入国してから、わずか二四時間以内で、そんなことがありうるのだろうか？

ラファエルは、英語はまったく話せなかったと述べていたはずだ。何のつてもない外国で、途方に暮れていたはずだった。それなのに、どうやって書類を準備できたのだろうか？　外国人の身分であったのに、どうして社会保障カードが発行されたのだろうか？　しかも、二四時間以内に。授業料も、どうやって払ったのだろうか？

英語力について語る内容も、矛盾していた。ラファエルは、こう言っていたからだ。

「キューバでは、英語の先生からのアドバイスを受けて、映画館に何時間も入り浸った。それで、何度も繰り返して映画を観ていた。私は一か月間、独学をした」

この発言は、あまりにもおかしいのではないだろうか！（キューバのどこで、アメリカ映画が上映されていたというのだろうか？）

ラファエルは、まったく英語が話せなかったはずだ。四年間を革命軍で過ごしていたというならば、学校にも通っていないはずだった。それなのに、たった一か月、映画を繰り返し観ただけで、外国語を習得できる人などいるのだろうか？

そういうわけで、テッド・クルーズのウソをつく能力は、父親譲りのものだ。私は、そのように考えている。リンゴは、木から遠いところには落ちないものだ。（子は親に似る、との意味の諺）テッドは、アメリカンドリームを実現させた実例として、こうした空想話を、何度も繰り返して語っていた。「私の父を見れば、分かります」と。まったくナンセンスな話である。

テッド・クルーズは、父親のウソを、そのまま繰り返しただけでなく、さらに新たなウソを上塗りしていた。例えば、父親がダラスにいたときに牧師をしていたという話がある。しかし、それはおかしな話だ。ラファエル・クルーズは、自分が牧師をしていたとは言っていなかった。もし、ラファエル・クルーズが牧師だったのであれば、いつ神学校に通っていたのだろうか？　いったい、どこの教会に属していたのだろうか？

ラファエルも、息子のテッド・クルーズも、最低最悪の詐欺師である。それが、悲しむべき結論だ。

事実としては、ラファエル・クルーズは、裕福な中産階級の家庭に生まれて、政府の役人にもコネがあった。アメリカ合衆国に来てからは、オースティンで大学に通いながら、二児の父親になった。二人の子供が生まれた後に、ラファエルは家族を捨てて、カナダに行ってしまった。そして、カナダでは「別の女性」との間に子供ができた。それが、テッド・クルーズである。

二〇一六年二月九日、ニューハンプシャー州予備選挙

アイオワ州で、トランプはクルーズに僅差で敗れていた。八日後の二〇一六年二月九日火曜日には、ニューハンプシャー州予備選挙が予定されていた。トランプ陣営は、ただちに戦略を変更することにした。アイオワ州党員集会の直前に、デモインで開催されたFOXニュースの討論会に、トランプは不参加としていた。トランプ陣営の内部でも、それが主な敗因であると認めざるを得なくなっていた。

クルーズ陣営は、アイオワ州での組織づくりのために、かなりの資金と時間を投じていた。それを見れば、クルーズの方が、トランプよりもアイオワ州党員集会に真剣に取り組んでいたことは明らかだった。トランプの集会には大勢の聴衆が集まっていたが、それが得票という結果につながることを示す必要があった。

トランプは、ニューハンプシャー州で開催するイベントの回数を増やした。地元からの推薦を何十人も取り付けることにも取り組んだ。

「この数か月で、トランプのニューハンプシャー州での組織は、アイオワ州の組織と比べて、強力な動きを見せてきた。何十人もの推薦を集めている。マンチェスターの陣営本部では、スタッフとボランティアがたくさん集まって、電話かけをしている」と、ＡＰ通信が報じていた。

「ニューハンプシャー州での世論調査では、トランプはかなり優勢だ。この億万長者のビジネスマンにとっては、好意的な州となっている。この州の土地柄は、穏健な候補者にとっては有利である。アイオワ州では、多数を占める福音派への取り組みが迫られたが、それよりも自然に受け入れてもらえる州である」(25)

二〇一六年二月六日土曜日に、ニューハンプシャー州マンチェスターのセント・アンセルム大学で、ＡＢＣニュース主催の共和党討論会が開催された。翌週の火曜日には、予備選挙が予定されていた。ここで、ルビオは、重大な戦略的失敗を犯して、「選挙戦のなかでは最悪の夜」となっていた。ニュージャージー州知事のクリス・クリスティが、ルビオの経験不足をやり玉に挙げると、長い応酬のなかで、ルビオは、同じ反論の言葉を三回も繰り返してしまっていた。(26)

ルビオは、クリスティに向けて、ほとんど同じ言葉を語っていた。

「こういうことになります。バラク・オバマが、自分でやっていることを理解していないのかと言えば、それは違います。自分でやっていることを、よく分かっています」

同じ発言が、さらに四回目に繰り返されたときに、クリスティは言葉を遮《さえぎ》って、こう言った。

「これが、ワシントンＤＣで起きていることです。まずは不正確で、不完全な情報が放たれて、それから二五秒間は、アドバイザーから渡された台本通りの発言が続くわけです」

会場にいた聴衆は拍手していた。クリスティの発言は続いた。

「ほら、マルコさん。そういうことだよ。あなたが、アメリカ合衆国大統領や、州知事になったとして、偉大なアメリカについての三〇秒間のスピーチを丸暗記してみせたとしても、結局のところ、誰か一人のために、何かひとつの問題も解決されたりはしないんだよ。除雪をしてもらいたいとか。学校を開いてほしいとか。過去最大の自然災害に襲われたときに、州を再建してほしいとか。そういう期待に、私は応えてきています」

クリスティは、こう言って批判を終えた。

「そういう問題は、上院議会の議場では取り上げないでしょう。立派な仕事だし、そういうところにあなたが立候補したのは、私も嬉しいです。しかし、それであなたが、アメリカ合衆国大統領になる準備ができたことにはならないんですよ」[27]

ＡＰ通信は、ニューハンプシャー州での討論会が終わったときに、ルビオへの評決を下していた。その内容は、どのような候補者でも、聞きたくはないものとなっていた。

「大統領選討論会のなかで、ルビオにとっては最悪のタイミングで、最悪の場面が生まれていた。対立候補からは、国家を導くための十分な経験があるのかという、基本的な質問が向けられていただけである。しかし、そこで大きな躓《つまず》きを見せてしまった」と、ＡＰ通信は記していた。

「ルビオにとっては、かなり気まずい瞬間となった。ニューハンプシャー州予備選挙を、三日後に控えていたからだ。この予備選挙では、クリスティ、ブッシュ、オハイオ州知事ジョン・ケーシックを撤退に追い込むつもりでいた。もし、ニューハンプシャー州の選挙結果には、重大な影響が出なかったとしても、本選挙の討論会で、民主党ヒラリー・クリントンと戦えるのかとの懸念が浮上している」(28)

ニューハンプシャー州予備選挙の結果は、トランプが三五・二パーセントを得票して、余裕の勝利となった。ケーシックが一五・七パーセントで二位となり、クルーズが一一・六パーセントで三位となった。ルビオは引き離されて、一〇・五パーセントで五位だった。少なくとも一〇パーセントを得票することが、この州で代議員を獲得できる条件となっていた。また、CBSが主催する次回の討論会の参加条件とされていた。それに達しなかったカーリー・フィオリーナ、クリス・クリスティ、ジム・ギルモアが選挙戦から撤退した。残された候補者は、六人となった。

ニューハンプシャー州でも代議員は比例配分されて、トランプが一一人、ケーシックが四人、クルーズが三人、ルビオが二人の代議員を獲得した。このときの決定的な勝利によって、共和党の大統領候補者予備選挙は、トランプに対して、クルーズ、ルビオ、ケーシック、カーソン、ブッシュとの構図となった。

予備選挙の序盤戦は、二〇一六年二月二十日のサウスカロライナ州、二〇一六年二月二十三日のネバダ州までとなっていた。トランプは、両州ともに圧勝した。サウスカロライナ州では三二・五パーセントの得票で、勝者総取りの結果となり、五〇人の代議員を獲得した。(同州の制度は、勝者総取り方式との折衷型)ネバダ州では四五・九パーセントの得票で、比例配分で一四人の代議員を獲得した。

ネバダ州予備選挙を終えたときに、候補者は、トランプ対クルーズ、ルビオの構図に絞り込まれていた。ブッシュは、サウスカロライナ州予備選挙の後で、撤退していた。ケーシックとカーソンは、どちらの州でも一〇パーセント以下の得票となっていた。

この時点で、トランプの代議員は八二人で、クルーズの一七人、ルビオの一六人に対してリードを保っていた。――ただし、第一回投票での勝利に必要とされる一二三七票までは、まだ長い道のりがあった。

トランプ対クルーズの侮辱の応酬

選挙戦がヒートアップするにつれて、トランプとクルーズは、舌戦を繰り広げることになった。二〇一六年九月二十三日のタイム誌では、ケイティ・ライリーが、ドナルド・トランプとテッド・クルーズの侮辱の応酬を、一四項目にまとめている。(29)

以下が、そのリストだ。

1．トランプ：クルーズは「ヒラリーよりも、ひどいやつだな」

「カナダ国籍ではないかと問われたときに、クルーズは、『ああ、そんなことは知らない』と言っていた。知らないなんてことがあるか？

融資のことでも、こう言っていた。『ああ、そんなことは知らなかった』。利口なやつだな。知らなかったなんてことがあるか？

これで分かるだろう。ヒラリーよりも、ひどいやつだな」と、トランプは一月二十日にクルーズについて語った。

2．トランプ：「テッド・クルーズが福音派のクリスチャンだって？」

「テッド・クルーズは、これだけたくさんのウソをついて、こんなに不正直なのに、福音派のクリスチャンだなんてことがあるのか？」と、トランプは二月十二日にツイートした。

3．トランプ：「あなたは、最低のウソつきだ」

「あなたは、最低のウソつきだ。たぶんジェブ・ブッシュよりも、ひどいやつだな」と、二月十三日の予備選討論会で、トランプはクルーズに言った。

「いやなやつだ。同僚たちからは、ひとつも推薦をもらっていない理由が分かったよ」

4．トランプ：「おまえの奥さんの秘密をバラしてやる！」

「ウソつきテッド・クルーズは、GQ誌で撮影したメラニアの写真を、CMで使ってきた。気をつけろよ、ウソつきテッド。おまえの奥さんの秘密をバラしてやる！」と、トランプは三月二十二日にツイートした。

5．クルーズ：「本物の男は、女性を攻撃したりしないぞ」

「ドナルド、本物の男は、女性を攻撃したりしないぞ。あなたの奥さんは素敵な方だが、私の妻ハイジも、私の生涯で最愛の人だ」と、クルーズは三月二十四日にツイートした。

トランプが、メラニア・トランプとハイジ・クルーズのことをめぐって、痛烈な発言をした後でのことだ。

6．クルーズ：「ドナルド、おまえは泣きべそかきの臆病者だ」

「ニューヨークの騒々しいイジメ屋が、私の妻を攻撃してくるのは許せないことだ。侮辱的なことを言ってくることも、汚らわしいツイートをしてくることも許せないことだ。

夜遅くにいったい何をしているのかは知らないが、夜の一一時半あたりになると、こんなことばかりをしてくるわけだ。恐怖心でいっぱいになるのだろう」と、クルーズは三月二十四日に語った。

「私は、めったに怒ることはない。だが、おまえは、私の妻にひどいことをしている。私の子供たちにも、ひどいことをしている。いつも、そんなことばかりをしている。ドナルド、おまえは泣きべそかきの臆病者だ。ハイジのことには構わないでくれよ」

7．クルーズ：「いつも恥知らずだ」

「ドナルド・トランプのふるまいは、いつも恥知らずだ。私たちが目指している職務には、ふさわしくない。模範とされるべきものでもない」と、クルーズは三月二十五日にツイートした。

8．クルーズ：「ドナルド・トランプを指名すれば、大惨事になる」

「ドナルド・トランプを指名すれば、大惨事になる。ホワイトハウスをヒラリー・クリントンに渡すことになる」と、クルーズは三月二十九日にツイートした。

9．クルーズ：「大きな政府のリベラル派だ」

「この選挙は、簡単なことだ。ドナルド・トランプも、ヒラリー・クリントンも、大きな政府を目指すリベラル派だ」と、クルーズは四月二十六日にツイートした。

10. トランプ：クルーズの父親は、ケネディ暗殺に関与していたようだ。

「彼の父親は、リー・ハーベイ・オズワルドと一緒にいた。オズワルドが――ご存じの通り、射殺される前のことだ。怪しい話だ」と、トランプは五月三日のインタビューで、クルーズの父親ラファエルについて語った。

「リー・ハーベイ・オズワルドが死ぬ直前に、いったい何を一緒にしていたのだろうか？　射殺される前だというのに。恐るべきことだ」

11. クルーズ：「この男は、病的なウソつきだ」

「この男は、病的なウソつきだ。真実とウソの違いが分かっていないのではないか。口から出てくる言葉は、ほとんどすべてがウソだ。心理学の教科書に書いてあるパターンそのままだと思う。いつも他人のことを、ウソつきであると非難してくる」と、クルーズは五月三日に記者団に語った。

「この男は、真実を語ることができない。いつもナルシズムを混ぜないではいられない。これほどのナルシストは、いまだかつて、この国ではいなかった。ドナルド・トランプのナルシストぶりは、バラク・オバマからも『おい、大丈夫かよ？』と言われるくらいのものだ」「この男には、道徳のかけらもない。道徳心というものが欠落している」

さらに、クルーズは言った。

「ドナルドはイジメ屋で……。イジメ屋というのは、心の奥底で不安感を抱いているものだ」

12. クルーズ：「良心に従って投票を」

「お聞きくださっているみなさん。どうか、十一月の投票には出かけてください」と、クルーズは七月二十日の共和党全国大会での演説で発言した。しかし、トランプへの支持表明はしていなかった。

「わが国のことを愛し、子供たちのことを愛するならば、とても愛しておられるとは思いますが、良心に従って立ち上がり、声を上げ、投票して下さい。投票用紙の上から下までのなかで、自由を守り、憲法に忠実であると信頼できる候補者に投票して下さい」

13. クルーズ：「私は、自分の妻や父親のことを攻撃してくる人間を、支持することはできない」

「私は、自分の妻や父親のことを攻撃してくる人間を、支持することはできない」と、クルーズは七月二十一日に語った。党大会でトランプを支持表明しなかった後でのことだ。

「どうしろというのでしょうか。私が、『良心に従って投票して下さい』と発言したときに、指名候補者の熱狂的な支持者たちからは、『何てひどいことを言うんだ』という叫び声が上がっていました」と、クルーズは語っていた。

「党の指名候補者に投票することが、良心に従うことや、自由を守り、憲法に忠実であることに合致すると、アメリカ国民に向かって述べることができない。そのようなときには、勝つことはできない。また、勝つべきでもない」

14. トランプ：「政治家としてのキャリアは破滅するだろう」

「正直に言って、政治家としてのキャリアは破滅するだろう。本当に、そう思う。本当に、そう思う。しばらくすると、支持表明してくるだろう。そうするほかないからだ。だが、彼から支持表明してもらいたいとは思わないな。それが、何になるんだ？ 支持表明してくれなくてもいい。彼から支持表明してもらいたいとは思わない。テッド、家でゆっくりしていろよ」と、トランプは七月二十二日の記者会見で発言した。

二〇一六年三月に、二回のスーパー・チューズデーが開催される

二〇一六年三月一日には、スーパー・チューズデーⅠとして、一一州での投票が行われた。この日に行われる共和党予備選挙では、五九五人の代議員が決定される。七月にはクリーブランドで共和党全国大会が開催されるが、第一回投票で勝負を決めるには一二三七票が必要とされていた。その約半分に当たる代議員数が争われることになる。

スーパー・チューズデーが近づいていた頃、トランプは、ＡＢＣの番組『グッドモーニング・

アメリカ』に電話出演した。メディアは、トランプのことを、白人優位主義者のデビッド・デュークと同一視しようとしていた。しかし、このときの出演で、トランプは、改めてそうではないことを述べていた。デュークには、ニューオリンズでクー・クラックス・クラン（ＫＫＫ）のリーダーを務めていた経歴があった。

トランプは、デビッド・デュークとのいかなる関係も否定した。

「私くらい、平等のために取り組んできた者はいないはずだ」[30]

この問題が持ち出されていたなかで、例えば、ワシントン・ポスト紙は、デビッド・デュークに関するトランプの発言を、一九九一年にまで遡って調べ上げていた。そして、「デュークのことに言及するときに、たいていは、その見解を強く非難していない」と指摘していた。[31]

この問題の発端となったのは、二〇一六年二月二十八日のＣＮＮでのジェイク・タッパーからトランプへのインタビューだった。このときに、タッパーは、「元ＫＫＫグランド・ウィザード（最高幹部の呼称）であるデビッド・デュークの人種差別を明確に非難する」ことを求めた。また、二〇一六年大統領選で、デビッド・デュークからの白人優位主義者からの支持を望まないと発言するように求めていた。

ワシントン・ポスト紙の報道によると、トランプは、タッパーからの問いかけに対して、こう答えていた。

「デビッド・デュークのことは、何も知らない。いいですか？　あなたは白人至上主義のことも言っているが、そのことについても、何も知らない。だから、分からない。支持表明してくれているのかも知らない。何が起きているのかも知らない。

デビッド・デュークのことは、まったく何も知らない。白人至上主義のことも、まったく何も知らない」(32)


しかし、スーパー・チューズデーIを迎えるまで、主要メディアは、この問題を追及し続けた。トランプと、アフリカ系アメリカ人の有権者との間に溝を生み出すことが意図されていた。タッパーとしては、デビッド・デュークの問題をぶつけて、格好の「決定打」をつかもうと狙っていた。一九九一年以来の膨大な回数のトランプのインタビューが掘り起こされてはいたが、所詮は過去の発言でしかなかった。

テレビやラジオで繰り返し質問されていたなかで、トランプが気づいたことがあった。中西部の人々は、心の奥深くでは、デビッド・デュークに共感していた。一九六〇年代以降の民主党では、極左派の政策が支配的になってしまっていたからだ。アメリカの労働者階級の人々からの切実な願いには、応え切れなくなっていたのである。

デビッド・デュークをめぐるタッパーからの質問は、トランプには、まったく唐突なものだった。トランプとしては、デビッド・デュークからの支持を求めたりはしていなかった。白人至上主義をもとにした人種差別の考えも、持ってはいなかった。タッパーからの質問の狙いは、トランプと支持者たちのことを、マイノリティ、移民、イスラム教徒を憎悪する、隠れＫＫＫシンパであるとのレッテルを貼ることにあった。

クリントン支持派の主要メディアは、トランプを「決定打」となる瞬間に陥れたいと考えていた。しかし、アメリカ中西部の人々は、そうした意図を見抜いていた。世論調査でも、トランプは共和党で先頭を走り続けていた。

スーパー・チューズデーⅠの予備選挙が終わったとき、トランプは七つの州で勝利して、二五五人の代議員を獲得した。勝ったのは、アラバマ州、アーカンソー州、ジョージア州、マサチューセッツ州、テネシー州、バーモント州、バージニア州である。二位のクルーズは、三つの州で勝利して、二一八人の代議員を獲得していた。勝ったのは、アラスカ州、オクラホマ州、テキサス州である。三位のルビオは、ミネソタ州の一州で勝利しただけだった。代議員数は九六人が上乗せされていた。

ケーシックは二一人の代議員を獲得したが、勝てた州はひとつもなかった。カーソンは、このスーパー・チューズデーで三名の代議員を獲得した。しかし、どの州でも三位以内に入ることはできず、選挙戦から撤退した。

結果として、スーパー・チューズデーが終わったときに、共和党予備選挙は四人の候補者に絞り込まれていた。トランプの代議員は三三七人、クルーズの代議員は二三五人、ルビオの代議員は一一二人、ケーシックの代議員は二七人となっていた。

二〇一六年三月三日に、二〇一二年に共和党大統領候補としてバラク・オバマに敗れたミット・ロムニーが、ソルトレイク・シティのユタ大学で、一七分間の演説をした。ロムニーは、トランプを「ペテン師」呼ばわりして非難した。そして、党大会での決選投票に持ち込むことを強く訴えかけた。つまり、トランプは予備選挙で多数の州を制して、代議員数で優位に立つとしても、党大会の第一回投票での過半数となる一二三七票には到達できないとみていたのである。

その場合には、クリーブランドでの共和党全国大会は、「ブローカード・コンベンション」となる。予備選挙の代議員票では二位、三位となっていたクルーズ、ルビオが、第二回、第三回以降の投票で、共和党大統領候補者として浮上する可能性があった。(33)

「私は知っています。ドナルド・トランプは、ペテン師であり、いんちきです」

それが、ロムニーの演説の結論だった。

「公約として訴えていることも、トランプ大学でもらえる学位と同じくらい、無価値なものでしかない。彼は、アメリカ国民をカモにしているのです。ホワイトハウスを、ただで手に入れようとしているだけです。それで、みすぼらしい帽子をくれるくらいのことです」

ロムニーは、トランプの政策は無謀であると述べた。

「あの国内政策では、不況を招くことになります。外交政策では、アメリカと世界の安全が損なわれます」

それでも、まだ言い足りないかのように、ロムニーは言った。

「大統領にふさわしい性格でもなく、それだけの判断能力もない。その程度の人物を選んでしまったら、アメリカは〝丘の上の輝く街〟ではなくなってしまいます。

私は、アメリカには素晴らしい未来があると信じています。今が選択のときです。そうしたビジョンを実現させてくれる指名候補者が選ばれるために、神よ、われらに祝福をお与え下さい」(34)

さらに、ロムニーは、トランプを指名すれば、ヒラリー・クリントンの当選は確実になってしまうと述べた。

「クー・クラックス・クランのことについての、タッパーとトランプのやり取りは恥ずべきものでした。あの映像と音声は、ケーブルテレビ局では一〇〇万回は放送されるだろう。ソーシャルメディアでは何百万回となく再生されるだろう」

ロムニーの発言に、聴衆からは、笑いと拍手が巻き起こった。

「大勢の人たちが、トランプさんのことを詐欺師で、ペテン師だと言っている。――ありがとう。もう一度、言います。いくらでも証拠がありますが、トランプさんは詐欺師で、ペテン師です。トランプさんが自分の立場をくるくると変えてきたのは、これまでの年月のことだけではないのです。この選挙期間のなかでも、そうしています。クー・クラックス・クランのことでも、三日連続で、そうなのです」

その日、トランプはメーン州ポートランドの集会で、ロムニーに反撃した。トランプは、二〇一二年の選挙でオバマに敗れたことを取り上げて、ロムニーは「失敗した候補者」であると言った。

「とんでもない失敗だった」トランプは言った。

二〇一二年の選挙は、ロムニーが勝てるはずの戦いだったとした。

「私は、バラク・オバマのファンではないから。ミット・ロムニーのことを応援していた」トランプは言った。

「彼が、どれだけ誠実な人物であるかが、分かろうというものだ。あのときは、私から支持表明してもらうことを求めていた。こう言ってやってもよかった。『ミット、跪《ひざまず》いてから言えよ』と。たぶん、跪いてでも、頼んできたことだろう。とにかく懇願してきていたからな」(35)

ロムニーは、トランプを批判し続けた。二〇一六年六月十日に、ユタ州パークシティでのCNNのウルフ・ブリッツァーとのインタビューでも、トランプを支持しないことを述べていた。(36)

「人種差別、外国人差別、女性差別、誤った偏見を訴えて、低俗な言動を繰り返している人のために、自分の名前を連ねることはできないです」ロムニーは言った。

そして、こう言った。

「人種差別がはびこっていくのを見たくはないです」

ロムニーからの支持を受けるためには、トランプはどうしたらよいのかと、ブリッツァーは尋ねた。

「私が支持しなければならない理由は、トランプさんのどこを探しても出てこないと思う」ロムニーは答えた。

「どのような人物であるかは、すでに身をもって示してきています。あのような性格の人間が、次の世代の手本になるようなことがあってはならないと考えます」

スーパー・チューズデーⅠとスーパー・チューズデーⅡの間では、八つの州と、二つの地域――グアム、バージン諸島――のほか、プエルトリコ、コロンビア特別区で、予備選挙と党員集会が開催された。スーパー・チューズデーⅠと同様の結果となり、トランプが首位となった。

トランプは、五つの州――ケンタッキー州、ルイジアナ州、ハワイ州、ミシガン州、ミシシッピ州――で勝ち、一四〇人の代議員を獲得した。二位のクルーズは、三つの州――カンザス州、メーン州、アイダホ州――で勝ち、一三七人の代議員を獲得した。ルビオは三位で、プエルトリコとコロンビア特別区で勝った。ケーシックは、やはり勝てた州はなかった。

二〇一六年三月十五日のスーパー・チューズデーⅡでは、初めての勝者総取り方式の予備選挙となるフロリダ州、オハイオ州のほか、イリノイ州、ミズーリ州、ノースカロライナ州、北マリアナ諸島で、合計三六七人の代議員票が争われた。ここで、トランプは決定的な勝利を収めた。スーパー・チューズデーⅡでは、オハイオ州を除く、すべての予備選挙で勝利したのである。オハイオ州だけは、州知事のケーシックが勝利していた。

このスーパー・チューズデーでの投票の結果、トランプの代議員票の合計は、七〇五票となった。二位のクルーズは、四二三票となった。ルビオは、地元のフロリダ州でトランプに敗れてしまった。ここで、ルビオは勝者総取り方式での九九人の代議員票を落としたことで、選挙戦から撤退することになった。

戦いは、三人の候補者に絞り込まれていた。トランプ、クルーズ、ケーシックである。最後に残された問題は、クルーズが、重大な意味を持つ合計一二三七票の代議員票を、阻止できるのかどうかとなった。また、共和党全国大会でトランプとクルーズの対決となったときに、ケーシックにも可能性が残されているのか、ということだった。計算上では、クルーズにも合計一二三七票に到達する可能性がないとはいえなかった。しかし、そのためには、残りの予備選挙をほぼ全勝する必要があった。

しかし、スーパー・チューズデーⅡが終わった後でも、トランプが一二三七票の目標に到達するのは、不可能ではないが、難しいのではないかと予想されていた。

「火曜日に、共和党の有権者は、スプリット・デシジョン（審判の判定が分かれること）の判定を下した。党の指名を争う戦いは、クリーブランドに持ち込まれる可能性がある。大会での決戦となれば、共和党は二つに引き裂かれることになる」と、タイム誌の政治記者は記していた。

「ドナルド・トランプはフロリダ州で圧勝して、マルコ・ルビオ上院議員を撤退させた。この日の夜での最大の成果となり、代議員票も積み増すことができた」と、タイム誌の記事は続いている。

「トランプは、イリノイ州とノースカロライナ州でも勝利をつかんだ。火曜日の深夜に、最後の結果として判明するミズーリ州でも、四つ目の勝利を決めようとしていた。しかし、オハイオ州ではノックアウトを決めることができなかったので、共和党指名を決定するための一二三七票に向けては、厳しい戦いが続くことになる」[37]

ＦＯＸニュースが、的確な指摘をしていた。オハイオ州予備選挙で勝利したとはいえ、もはやケーシックは、〝スポイラー〟（票割れをもたらす候補者）となることだけを目的として、選挙戦に残っていた。

「火曜日での戦績としては、ケーシックは、共和党の代議員の獲得では四位となった。残された候補者のなかでは、指名獲得の見込みが最も薄い状況にある」と、ＦＯＸニュースは論評した。

「しかし、すでにケーシックが公言しているとおり、七月にクリーブランドで党大会が開催される前の時点で、トランプが指名に必要な代議員数を獲得することを、阻止しようとしている」[38]

トランプは陣営責任者に悩まされる

出馬表明のとき以来、トランプは共和党の最有力候補となっていたが、陣営スタッフの人数は、極端に少なかった。最初の時点で雇っていた二人が、忠実な部下となっていた。四一歳のコーリー・ルワンドウスキと、二七歳のホープ・ヒックスだ。

ルワンドウスキは、二〇〇六年にニューハンプシャー州警察学校を卒業した後、ニューハンプシャー州警察で勤務をしていた。その後、億万長者のデビッド・コークとチャールズ・コークの兄弟が設立した保守派団体「アメリカンズ・フォー・プロスペリティ」のニューハンプシャー州責任者を務めていた。トランプのもとで仕事をするまでに、ルワンドウスキには全米規模での選挙戦の経験がなかった。(39)

二〇〇二年には、ニューハンプシャー州選出の連邦上院議員のロバート・C・スミス陣営で、再選をめざす選挙運動に携わっていた。しかし、共和党の予備選挙で、対抗馬のジョン・E・スヌヌに敗れていた。このスヌヌは、元ニューハンプシャー州知事でホワイトハウス首席補佐官（ジョージ・H・W・ブッシュ政権）を務めたジョン・H・スヌヌの息子である。

一九九四年には、ルワンドウスキは大学生でありながら、マサチューセッツ州下院議員選挙に、記入候補者（投票用紙に名前が記載されないので、投票所で名前を記入してもらう候補者）として出馬して敗れている。二〇一二年にも、ニューハンプシャー州ウィンダムの収入役に立候補して落選している。

　ホープ・ヒックスは、ラルフローレンの子供モデル出身で、二〇一二年に、トランプの仕事に関わるようになった。広告会社のヒルツィック・ストラテジーの社員として、イバンカ・トランプのファッション事業の仕事に携わっていた。トランプ・オーガニゼーションには、二〇一四年八月に入社していた。イバンカのファッション事業のほかには、トランプのリゾート事業の広報の仕事もしていた。

　コスモポリタン誌の記事によると、ヒックスは、ダラスの南メソジスト大学で学位を取得している。ラクロスで四年間を過ごした、元「大学スポーツ選手」でもある。(40)コスモポリタン誌の記事によると、二〇一五年一月に、ドナルド・トランプはヒックスを自分の執務室に呼んで、六月に開始する大統領選の選挙運動のために、報道官の仕事をしてもらいたいと伝えていた。ヒックスには、それまで政治の経験はなかった。

　二〇一六年三月十五日に、ポリティコ誌では、ケネス・P・ヴォーゲルら三名の記者による記事が掲載された。ルワンドウスキの短気な性格と、高圧的な方針のために、二〇一六年二月には陣営内のスタッフたちにより、転覆を画策する動きがあったことを伝えていた。(41)

「インタビューを通じて、ルワンドウスキとの関わりがあった二〇人以上が、様々な不満を語っている。証言しているのは、トランプ陣営で仕事をしていた約一年間のほか、コーク兄弟が支援する『アメリカンズ・フォー・プロスペリティ』での前職時代に関係があった人たちだ。

ルワンドウスキが、記者に対して乱暴な態度を取っていたことや、女性ジャーナリストに性的な発言をしていたことが訴えられていた。また、自分に反抗していると見なした、保守派のスタッフや同僚のことを、口汚く罵《ののし》っていた」と、ポリティコ誌は報じていた。

ルワンドウスキは、トランプ陣営責任者をしていた当時に、「トランプは、トランプらしく」と繰り返し語っていた。この有名な方針について、陣営内部では、トランプの自由で気ままなやり方のお蔭で、有権者に支持されていると理解されていた。しかし、原稿のない演説でのアドリブの発言のために、数多くの失敗を招いていた。失点を取り返すために、選挙運動の貴重な時間を費やすことにもなっていた。

トランプ陣営内の批判勢力は、ルワンドウスキのことを、短気で危なっかしい人物であると見なすようになっていた。トランプに付き添って、機内で長時間を過ごすときに、同僚、政敵、ライバルに関する悪口を吹き込んでいることを、危険であると感じていたからだ。

二〇一六年三月八日に、フロリダ州ジュピターのトランプ・ナショナル・ゴルフクラブで、トランプが記者会見を行った。そのときに、ルワンドウスキの一件が起きた。スーパー・チューズデーⅠが終わった直後のことである。トランプは、対立候補を攻撃する戦闘的なスタイルから、如才のない振る舞い方に「転換」しようとしていた。指名を獲得して本選挙に入ったときに、成熟した政治家であると評価されることを意図していた。主要メディアからも、そうすることを求められていた。

トランプは、「親切で寛大である」とのイメージを定着させようとした。しかし、その取り組みはぶち壊しとなった。ルワンドウスキが、「ブライトバート」のミシェル・フィールズ記者の腕を乱暴につかんだとされる事件が発生したからだ。映像では、大声で質問しながら追いすがる記者たちを、ルワンドウスキが振り切って、トランプを退出させようとしていた姿が撮影されていた。

「火曜日の夜のトランプは、参集していたメディアや全米の代表者に向けて演説をして、上機嫌だった」と、ミシェルは書いている。

そして、事件のことを、自身の言葉で伝えていた。(42)

「テレビネットワークでは、ミシシッピ州の共和党予備選挙で、トランプが勝利したことを報じていた。演説中には、ミシガン州の共和党予備選挙でも、勝利が決まっていた」

ミシェルは、続けて書いている。

「テレビ放送された記者会見のなかでは、私には、質問をする機会がなかった。しかし、その後に、トランプが歩いてきて、記者団の前に立ち止まり、それぞれの質問に答えていた。私の番になったので、アファーマティブ・アクション（差別撤廃措置のこと）についての見解を質問していた」

ルワンドウスキが割って入ったのは、そのときのことだった。

「トランプは、私の質問の内容を理解していた。しかし、回答してもらう前に、私は後ろの方に追いやられてしまった」と、フィールズは振り返っている。

「私は、誰かに腕をつかまれて、引っ張られました。倒れ込みそうになったのですが、何とか踏みとどまりました。それでも、気は動転してしまいました」

ワシントン・ポスト紙のベン・テリス記者は、この事件の直後の記事で、フィールズを乱暴につかんで「引っ張り出そう」としたのは、ルワンドウスキであると報じていた。また、テリスの記事によると、フィールズは、転倒しかけただけでなく、腕には指の跡がはっきりと残るアザができていた。(43)その後に、フィールズは、ツイッターに自分の腕のアザの写真を掲載して、ルワンドウスキから受けた暴力行為の証拠であるとした。(44)

ホープ・ヒックスは、陣営からの声明として、フィールズの主張は「完全に虚偽である」と発表した。トランプが記者会見から立ち去るときに、自分もその場にいたが、「そのような接触が起きたことは目撃していない」としていた。(45)

「WND」でライターを務めるジェローム・コルシは、ミシェル・フィールズには「ニュース沙汰を起こしてきた経歴がある」と指摘していた。二〇一一年十一月当時に、フィールズは「デイリー・コーラー」の記者をしていたが、「ウォール街を占拠せよ」のデモで路上から排除を受けたことがあった。そのときに、自分とカメラマンのディレナ・カズンズが、ニューヨーク市警の警官に「殴られた」と訴えていた。また、「PJメディア」に在籍していた頃には、同じ職場

にいたアレン・ウェスト元連邦下院議員から、エレベーターの前で体に触られたと告発する事件も起こしていた。(46)

フロリダ州のジュピター市警は、軽罪である暴行罪の容疑で、ルワンドウスキを告発していた。しかし、四月十四日に、パームビーチ郡の州検事は不起訴とした。ＣＮＮの報道によると、ルワンドウスキは、選挙戦への「関心をそらした」出来事から、早く立ち直りたいと述べていた。(47)ルワンドウスキの言い分にも、一理あった。反トランプの論調が、クリントン支持派のメディアから生まれて、喧伝される機会となっていたからだ。ルワンドウスキの事件は、トランプが「女性の敵である」ことの証明にされた。また、自分のメッセージに異論を唱える人には、支持者をけしかけて攻撃させることの証拠であるとされた。

この事件に際して、トランプは、ルワンドウスキの立場を守り続けた。三月十一日のＣＮＮで、トランプは、フィールズの話は全部でっち上げであるとした。被害者として名乗り出ることで、自分のことを押しのけて、選挙報道のなかで注目の的になりたいのだろうと語っていた。

「何もなかったと、誰もが言っている」トランプは言った。

「おそらく話をでっち上げているのだろう。それが真相だと思う」(48)

しかし、事件が沈静化したときに、トランプ陣営内では変化が生まれていた。トランプとシニア・アドバイザーたちは、陣営として、新たな段階に入るべきときが来ていると考えていた。連日のケーブルニュース番組では、朝から晩まで、トランプには一二三七票の目標に到達する「道筋」があるのかが議論されていた。

大統領を目指すのであれば、トランプにも、トランプ陣営にも、さらにしっかりとした取り組みが必要となっていた。残りの予備選挙を勝ち進めながら、党大会の第一回投票で必要とされる代議員を獲得するためには、熟練したベテランの手腕を有する人材が求められていた。ルワンドウスキに、そうした能力が欠けていることは明らかだった。

トランプは、マナフォートを雇う

イースター前の金曜日に、南フロリダの自宅にいた私に、トランプからの電話がかかってきた。

「あいつらは、本当に、盗み取るようなまねをしてくるだろうか?」トランプは尋ねてきた。

たしかに、トランプからの電話を受けてから、ウィスコンシン州、ノースダコタ州、コロラド州では手痛い敗北を喫することになった。ルイジアナ州の代議員も、公然と盗み取られてしまった。——ルイジアナ州の予備選挙では、圧勝していたはずだった。だから、トランプの懸念は、もっともなことだった。

「はい、やつらは盗み取ることができます。そうしてくるはずです」私は答えた。

「私が、予備選挙で全勝したとしてもか?」

①大統領選に出馬するようにと、著者ロジャー・ストーン(右)が薦めたのは1988年のことだ。トランプは、まだ関心をみせてはいなかった。

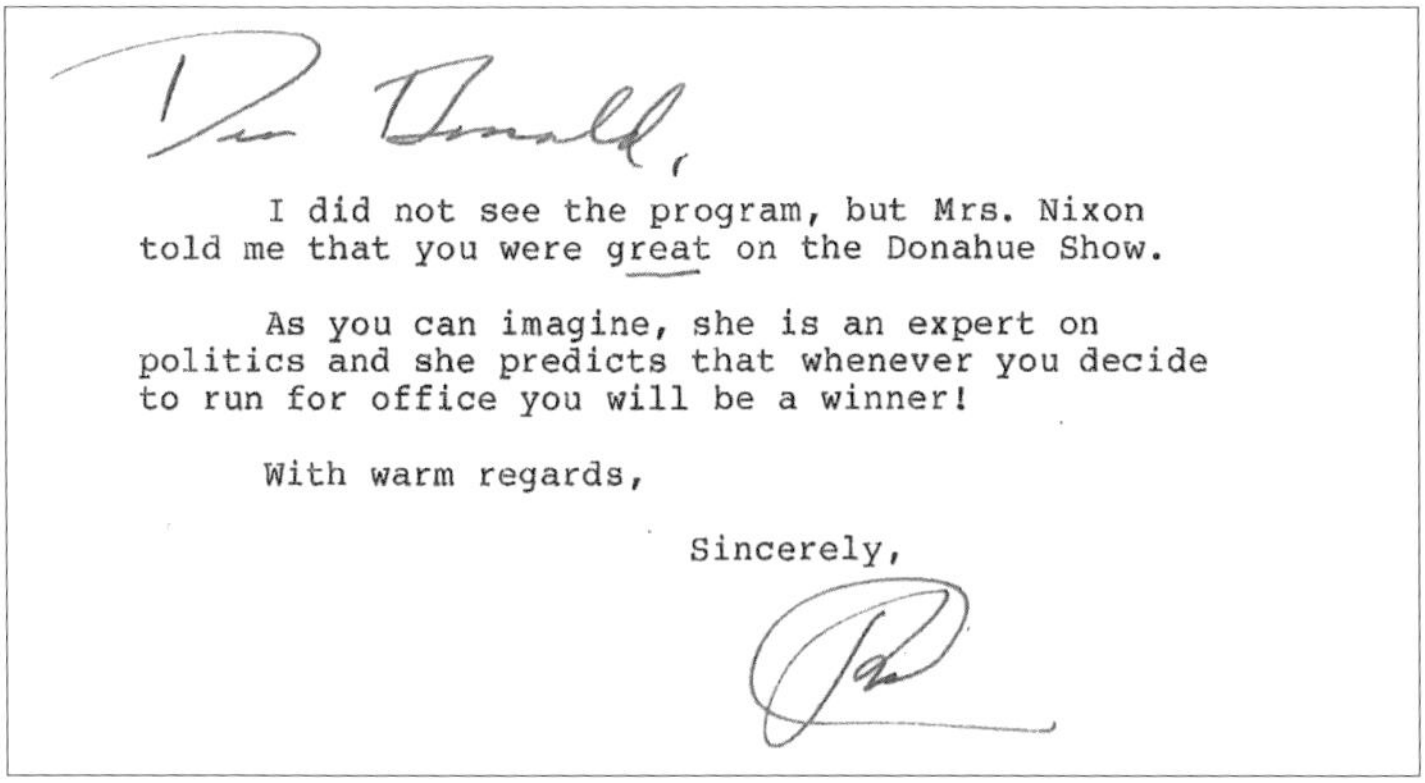

Dear Donald,

I did not see the program, but Mrs. Nixon told me that you were great on the Donahue Show.

As you can imagine, she is an expert on politics and she predicts that whenever you decide to run for office you will be a winner!

With warm regards,

Sincerely,

②リチャード・ニクソン元大統領からトランプに宛てた手紙では、立候補するようにとの内容が記されていた。

③著者ロジャー・ストーン、ニディア夫妻の結婚式には、トランプ、イバナ夫妻を招いていた。

④2000年に改革党から大統領選出馬を模索したときは、メディアも大いに沸き立った。不出馬を表明した後でのことだったが、改革党予備選挙では2つの州で勝利していた。

⑤著者ロジャー・ストーンの母親は、トランプの大ファンだった。結婚式のときに、トランプはダンスの相手をつとめてくれた。

⑥ドナルドには女性への審美眼があった。

⑦トランプは、2012年にも真剣に出馬を考えていた。メディアのエリートたちは、出馬するはずはないと言い続けていた。今となってみれば、どれだけ賢い連中なのか分かろうというものだ。

⑧ポール・マナフォート（左）と著者ロジャー・ストーン（右）は、コネチカット州共和党の出身だ。マナフォートには、党大会での戦いにかけては百戦錬磨の手腕と経歴があった。トランプは、共和党での指名を確定させて、本選挙に向かうことができた。

⑨トランプは、予備選挙でも本選挙でも、準備をして討論会に臨むようなことはしなかった。退屈な資料、冗長な報告書、インチキな慣例には見向きもしなかった。天性のパフォーマーとして当意即妙に受け答えした。大きなビジョンを語ることの大切さも分かっていた。討論会では連戦連勝となった。

⑩「ウソつきテッド」は、ウォールストリートからの融資を密かに受け取っていたが、そのために沈没することになった。

⑪ウォーレン委員会報告書からは、CIAと関係するラファエル・クルーズが、ニューオリンズでリー・ハーベイ・オズワルドと一緒にいたとされる写真が出てきていた。

⑫トランプが、テッド・クルーズの父親(左)はオズワルド(右)と一緒にいたと語ったことでは、期待通りの効果があった。クルーズは平静さを失ったはずだ。

⑬ヒラリー・クリントンは、際限のないウソと不誠実な印象のために、候補者としての信用を完全に失ってしまった。

⑭トランプがジョン・マケイン上院議員を批判したときに、メディアのエリートたちは、これでトランプも終わりだと考えた。ところが、それは大間違いだった。

Brooks Brothers Riot and Donald Trump ?

From:MBerger@bergersingerman.com

To: john.podesta@gmail.com, ha16@hillaryclinton.com

Date: 2016-03-12 16:25

Subject: Brooks Brothers Riot and Donald Trump ?

What does the Brooks Brothers riot have in common with Trump Rallies ?

Injecting violence and the threat of violence otherwise condoned or explained by certain members of the political conservative elite to justify or excuse behavior which cannot be justified or excused.

What else do they have in common?

Roger Stone was asked by Jim Baker to organize the Brooks Brothers and he was Donald Trumps first significant campaign operative.

https://en.m.wikipedia.org/wiki/Brooks_Brothers_riot

⑮クリントン派たちは、トランプと著者ロジャー・ストーンのつながりに強い懸念を示していた。ごもっともなことだ。

⑯クリントン派の殺し屋のデビッド・ブロックは、著者ロジャー・ストーンを個人攻撃するキャンペーンを仕掛けてきた。しかし、有権者には何の影響もなかった。

⑰インフォウォーズのアレックス・ジョーンズは、草の根のトランプ支持者をつくり出すことに貢献した。そのメッセージは、ユーチューブやフェイスブックでのライブ中継、ポッドキャスト、200以上のラジオ局を通じて、何百万人もの視聴者に届けられていた。

⑱大統領選の投票日を目前にして、フーマ・アベディン（左端）の自宅のパソコンからは、65万件のEメール記録がFBIに押収された。最愛の女友達のために、ヒラリーが破滅してしまったのは、何とも皮肉なことだ。

「そうです。やつらはルールを悪用して、仕掛けてきますよ」

「どうしたら、よいだろうか?」トランプは尋ねてきた。

「以前、私が一緒に仕事をしていたポール・マナフォートに、電話をしてみて下さい。あなたも会ったことがある人です。トム・バラック（不動産投資会社コロニー・キャピタル会長）の友人でもあります。党大会での駆け引きにかけては、アメリカ中で、マナフォートの右に出る者はいないはずです」

トランプは、マナフォートの携帯電話の番号を尋ねてきた。私は、それを伝えておいた。

三月二十八日に、トランプは、代議員票を獲得する取り組みを仕上げるために、共和党のベテラン選挙参謀のポール・J・マナフォートを雇い入れた。

ニューヨーク・タイムズ紙では、六六歳のマナフォートは、「指名獲得に向けての戦いを、直接に手掛けた経験では、両党のなかでも数少ない政治参謀のひとりである」と報じていた。一九七六年共和党大会のときに、共和党で若手の政治活動家だったマナフォートは、ジェラルド・フォード陣営でロナルド・レーガンと対決していた。共和党では、指名される候補者が確定しないままで、党大会を迎えたのは、そのときが最後だった。

また、ニューヨーク・タイムズ紙は、マナフォートが、一九八〇年にはレーガンのために、同じ役割を担ったことも指摘していた。さらに、一九八八年と一九九六年の党大会でも、それぞれジョージ・ブッシュとボブ・ドールの陣営で仕事をしていた。

「マナフォートの登用は、トランプ氏が、代議員票をめぐる戦いに集中していくことを示している。対立陣営では、共和党指名候補者を決めるために必要となる、一二三七人の代議員票を阻止する動きが続いている」と、ベテラン政治記者のアレクサンダー・バーンズとマギー・ハバーマンが書いていた。

「こうした状況のもとで、トランプ氏の対立候補は、党大会での決戦の場に持ち込んで、指名を奪い取ることを目論んでいる」(49)

しばらくして、トランプは、陣営責任者をルワンドウスキからマナフォートに交代させていた。ルワンドウスキの解雇はせずに、マナフォートを雇い入れて、陣営責任者としていた。ルワンドウスキは、実質的には「付き人」の立場に降格となった。トランプの日程管理をしながら、出張に随行することが、主たる仕事になった。戦略上のあらゆる判断は、マナフォートの職務とされた。(50)

ポール・J・マナフォートJrは、貧しい工業都市のコネチカット州ニューブリテンの出身である。民主党が圧倒的に優位の街で、マナフォートの父、ポール・マナフォートSrは、人気を集めた共和党の市長となった。ポールは、ジョージタウン大学を卒業したが、学生時代には、大学共和党全国委員会の活動家となっていた。このとき以来、カール・ローブとは生涯の仇敵《きゅうてき》となった。

そして、ポールは、共和党青年全国連盟にいた頃に、伝説的な参謀であるF・クリフトン・ホワイトや、ビル・ティモンズのような、党大会での駆け引きの腕を磨いていた。一九七六年に、マナフォートを登用したのは、ジム（ジェームズ）・ベーカーだ。ジェラルド・フォード大統領陣営で、党大会での代議員票の集票活動にあたらせるためだった。マナフォートは、共和党青年全国連盟の全国監査役に選出されていた。一九七七年には、全国委員長になると目されていた。

しかし、フォードを支援したことで、共和党青年全国連盟の中心となる保守派のなかで、対立が生じることになった。私としては、マナフォートの選挙を応援するつもりでいた。しかし、代わりに候補者となったのは、私だった。マナフォートは、混乱した大会をうまく進めてくれた。そして、私たちは勝利することができた。そうした経緯で、私は、共和党青年全国連盟委員長を一九七七年から一九七九年まで務めている。

私がマナフォートを、ドナルド・トランプに紹介したのは、ニューオリンズで開催された一九八八年の共和党全国大会でのことだ。マナフォートは、共和党での「集票」の達人である。「ハードカウント」と奇襲戦術を得意としている。一九七六年の指名選挙では、ジェラルド・フォード陣営でロナルド・レーガンと戦った経験があった。一九八〇年、一九八八年、一九九六年の党大会でも、名だたる活躍をしていた。

トランプが党大会に臨むにあたってのエキスパートとして、マナフォートが迎え入れられたことを、メディアは理解した。マナフォートが、代議員票を固めて、クリーブランドでの指名を確定させるために登用されたことは、あまりにも明白だった。

マナフォートは、予備選挙での貧弱で秩序に欠けた陣営を、クリントン陣営という強敵を倒すためのチームに脱皮させた。このベテラン選挙参謀は、ウィスコンシン州でテッド・クルーズに完敗を喫することになる数日前に参画して、仕事に取りかかった。

マナフォートも、私も、こう考えていた。指名のために必要なマジック・ナンバーである一二三七人の代議員票には、確実に到達できるはずだ。しかし、そのためには、代議員の選出について、もう一度、勝利を収める必要がある。――代議員の選出は、予備選挙のなかでも重要なプロセスである。クリーブランドに出席する代議員が、まさに誰になるのかを決めることになるからだ。この決定を操ることができたら、その州の投票箱で誰が勝っていたのかは、党大会の会場では関係なくなってしまうのである。

マナフォートのようなベテランの専門家でなければ、代議員票を固めるための複雑な仕組みには、対応できるものではなかった。四月中旬には、「Ｖｏｘ」（オンライン・メディア）で「ドナルド・トランプが、代議員の選出で見せている驚くべき不手際」と題する記事が掲載されていた。(51)この記事では、トランプが予備選挙で勝利していた州で、代議員の選出を、まったくコントロールできていない状況を明らかにしていた。

例えば、サウスカロライナ州のある地区では、六名の代議員の全員が、第一回投票ではトランプに投票することが公式に定められていたが、そのうちの三名はクルーズ支持者で、二名は支持を未確定としていた。つまり、サウスカロライナ州予備選挙で勝利していたので、六名の代議員全員が、第一回投票ではトランプへの投票を誓約していた。しかし、実際には、トランプ支持者は六名のうち一名しかいなかった。このことは、もし、トランプが第一回投票で一二三七人の代議員票の獲得に失敗して、党大会が第二回以降の投票にもつれ込んだときには、とんでもない事態に陥ることを意味していた。「Ｖｏｘ」の記事は、トランプが勝利したはずの多くの州で、同様の状況が起きていることを指摘していた。

コーリー・ルワンドウスキには、こうした複雑な仕組みに対応できるほどの経験がなかった。現実の政治の仕組みが、このように複雑であることを、本当に理解していたかも定かではなかった。候補者にとって、本当に忠実な代議員を確保することが課題となっていた。予備選挙を無事に成功させるための舵取り役としては、マナフォートは、まさにうってつけの人物だった。

マナフォートが登用される前の時点で、世論調査では、ウィスコンシン州で完敗することが予想されていた。二〇一六年四月五日のウィスコンシン州予備選挙で、敗北が現実のものとなったとき、トランプ陣営の楽観は打ちのめされた。今後、残された代議員票のうち六九パーセントを獲得することが必要となった。それは、困難な挑戦ではある。しかし、マナフォートが参画している以上は、可能性がないとはいえなかった。

ウィスコンシン州予備選挙でクルーズに負けて以降、かなりの接戦となっていたいくつかの州を、トランプは落とすことができなくなった。もし、負けた場合には、勝利を確定させることができなくなるからだ。六月のカリフォルニア州まで、選挙戦が続いていくことを考えたときに、もはやルワンドウスキに担えるような仕事ではなくなっていた。

トランプは、これまでのビジネスでの経歴を通じて、決断力と、交渉に勝つ能力で知られている。新たな経営チームに刷新することが、ただちに必要となる場合があることも、よく分かっていた。

トランプ・タワーにやって来たマナフォートは、ルワンドウスキの予備選挙の取り組みが、いかにまずかったのかを理解した。ルワンドウスキは、選対責任者としては経験不足だった。もう一度指摘するが、全国規模での選挙運動を手掛けたことがなかった。勝敗がかかっている州に選挙資金を投下して、活動にテコ入れすることの大切さを理解していなかった。各州での予備選挙や党員集会が終わるたびに、ルワンドウスキは、州のスタッフを解雇していった。経費は節減できたかもしれないが、結果として、複雑な代議員選出プロセスへの対策は手つかずとなっていた。

ワイオミング州やユタ州での敗北によって、それまでのトランプの予備選挙での戦果は色褪《いろあ》せてしまった。ウィスコンシン州で負けた頃には、もはや陣営のお粗末さは歴然としていた。メディアの記者たちも、この見世物がいつの時点で終わりになるのかと、公然と賭け始めていた。

しかし、マナフォートが参画したことで、私は、これで陣営が立て直されると確信することができた。マナフォートは、ワシントンのロビー会社では、私のパートナーをしていた。私たちは、ロナルド・レーガンを当選させる仕事をした後で、共和党のベテラン参謀で、第一級の政治コンサルタントのチャールズ・ブラックと共に、会社を共同設立していた。

マナフォートは、過酷なグローバルな仕事での手腕が優れていた。ブラック・マナフォート・ストーン社では、国際的な業務全般で、指導的な役割を果たしてくれていた。顧客のなかには、フィリピンのフェルディナンド・マルコスや、アンゴラの反共ゲリラ指導者ジョナス・サビンビのような物議をかもした人たちもいた。

最近の国際的な仕事で知られているのは、マナフォートが、元ウクライナ大統領ビクトル・ヤヌコビッチのシニア・アドバイザーを務めていたことだ。七年間にわたり現地ウクライナでの仕事に携わり、強力な大統領派の「地域党」を作り上げた。二〇一四年のマイダン抗議デモで、ヤヌコビッチが〝母なるロシア〟に亡命してしまってからも、マナフォートは、関与していた政党を、何とか収拾しようとしていた。現地での活動は続いたが、マイダン事件以降は、長らく続けてきたウクライナでの政治コンサルタントの仕事は、実質的に終わりを迎えた。

難しい仕事であったが、収入はよかった。このときに、マナフォートは国家の有力者たちと渡り合う仕事をしていた。著名人の顧客との仕事の経験があったので、ドナルド・トランプのアドバイザーとなるには、ふさわしかった。

マナフォートが陣営入りしたのは、ウィスコンシン州で予期された通りに敗北した、数日前のことである。したがって、ウィスコンシン州の選挙に関しては、ルワンドウスキが敗れるに任せるほかなく、それ以降の予備選挙から取り組むことになった。マナフォートの就任で、もう一度チームは団結を取り戻した。

四月十九日のニューヨーク州予備選挙では、勝利は確実だった。ここでは、ニューヨーク州責任者を務めるマイケル・カプートと、ジョン・ハガティが采配を振るっていたからだ。ハガティは、私がこれまでに見てきたなかでも、とびきり有能な政治活動家だ。ニューヨーク州予備選挙が近づいたときに、トランプ陣営選対副責任者のマイケル・グラスナーが、カプートとハガティを引き入れていた。エリー郡共和党のニック・ラングワージー委員長と、州下院議員のデーブ・ディピエトロの協力も得て、六週間のうちに、共和党の郡委員長たちの八五パーセントを固めていた。

トランプを支持してくれた地元の有力な郡委員長たちの多くは、二〇一四年にトランプを知事に担ごうとしていた人たちだった。ハガティたちは、そのチームを再結集させるために、大いに貢献した。二〇一四年のときの動きは実現しなかったが、二〇一六年には、テッド・クルーズに完全に付け入る隙を与えなかった。

四月七日に、トランプ・タワーではマナフォートと、カプート、ハガティ、ディピエトロとの会合が開かれていた。ニューヨーク州予備選挙の最新情勢の報告を受けたマナフォートは、クルーズにはまったく足がかりがないと聞いて、安心することができた。ニューヨーカーからの得票は、過半数を超える見通しとなっていた。また、議会選挙区をもとに代議員が選出されるので、地元候補者であるトランプは、すべての代議員を獲得する可能性もあった。

　クルーズとケーシックは、もはや、残りかすをめぐる争いをしているだけとなった。トランプ・タワー地上階のアトリウムのガラス天井のもとで、ハガティからマナフォートには、陣営チームとしての目標が説明された。ケーシックにも、クルーズにも、代議員票を一票も与えないとの目標が目指されていた。バッファローの不動産開発業者でもある、トランプ陣営ニューヨーク州委員長のカール・パラディーノのもとで、絶大な支持に向けての結束は確実となっていた。

　ニューヨーク市外の保守的な地域では、トランプへの支持はきわめて強かった。しかし、ニューヨーク市の悪名高い穏健派のエスタブリッシュメント集団のなかでは、それほどでもなかった。シラキュース市（ニューヨーク州中央部の都市）でも支持は弱かった。また、北部諸郡で共和党郡委員長を務める有力者たちは、パラディーノ委員長とは近い関係ではなかった。それでも、ハガティは予備選挙に向けての確実なプランを練り上げていた。

　この会合を終えたときに、マナフォートの代議員票の読みとしては、最大でも六票から一〇票を落とすだけで、九〇票以上をトランプが獲得するとの結果を予測していた。カプートが、地元州での勝利を決めてくれるであろうことは確実だった。私とマナフォートにとって、カプートは八〇年代からの旧知の男だ。ブラック・マナフォート・ストーン社で鍛え上げた人材だった。こうして、マナフォートは全米規模の選挙陣営を立て直して、陣営スタッフを養成する仕事に取りかかった。

二〇一六年四月六日に、私は、当時「ブライトバート」発行者をしていたスティーブ・バノンと話をした。そのときに、ニューヨーク州以外の全米各州で、トランプ陣営の存在が、極めて希薄であることを理解した。

ウィスコンシン州でトランプ陣営を担っていた女性は、その前は、オクラホマ州の陣営も指揮していた。トランプは、どちらの州でも負けていた。その女性は、これまで選挙運動の仕事に携わったことがなく、まったく経験不足だった。そうした状況は、特に草の根の活動を見たときに、私は、あちこちで感じていた。

今となれば、私は、そうした人たちの熱心さにも、敬意を表したいとは思う。ただ、大統領選挙には、やり方というものがある。当てずっぽうに取り組んでよいものではなかった。

そのような状況で、トランプは、要注意となるコロラド州、ワイオミング州、アリゾナ州などに進んでいった。これらの州でも、やはり、トランプ陣営の組織はできていなかった。したがって、州の党大会や委員会での白兵戦となることは、もはや必至の情勢となっていた。

また、マナフォートを排除しようとしていたルワンドウスキの策謀が、初めてメディアの注目を集めることになった。その事件は、コロラド州で起きていた。マナフォートが来たとき以降、ルワンドウスキは、何とか陣営内での権力を取り返そうとしていた。大統領選の初心者であるにもかかわらず、自分をはるかに凌駕する経験のある人物に対抗して、舞台裏の動きを工作していた。

ルワンドウスキは自分の部下たちに、マナフォートに関する指令を出していた。マナフォートだけでなく、そのチームにいるメンバーたちとは、一緒に仕事をすることも、会話をすることさえも禁じていた。

コロラド州の陣営責任者には、ルワンドウスキ自身が、ジェームズ・ベーカーという若手の政治活動家を雇っていた。しかし、コロラド州に着任してから四八時間も経たないうちに、ベーカーは解雇されてしまっていた。ルワンドウスキが罪状としたのは、マナフォートと会話をしただけのことだ。さらに、ルワンドウスキの仕業であると疑われたことがあった。ベーカーを中傷する虚偽情報が流されていたことだ。ベーカーの評判が傷ついただけではなかった。新体制のもとで仕事をすることを、裏切り行為とみなすという、強いメッセージが送られていた。

マナフォートは、代議員選出の問題に、ただちに取りかかっていた。それまでにルワンドウスキが生み出していた状況は、惨憺《さんたん》たるものとなっていたが、マナフォートは重要な州に、経験のある活動家を配置していった。しかし、こうした作戦をめぐって問題が発生していた。そのことは、すぐにメディアでも取り上げられた。

コロラド州では、議会選挙区ごとの集会と、州の党大会を経て、クルーズ陣営が三四人全員の代議員を確保していた。コロラド州党大会が開催されたのは、ルワンドウスキがベーカーを解任してから、一週間後のことだった。

三月上旬に、トランプ陣営の政治参謀のジョン・ハルシザーは、ルワンドウスキが代議員選出の問題を故意に放置していたことを、ソーシャルメディアで暴露していた。この件のことで怒っていたハルシザーは、ルワンドウスキの右腕となる人物に、何が起きているのかを尋ねていた。

「マイケル・グラスナー（トランプ陣営副責任者）から、代議員の問題についての返答を聞いたとき、私は心底、怒りを覚えました」と、ハルシザーはフェイスブックで書いている。

「こう言っていました。『トランプさんは、代議員のことは、よく分かっていない。だから、この問題は、とりあえず放っておくことにする』」

もちろん、ルワンドウスキの戦術の拙さは問題となった。トランプは、四月九日にコロラド州での代議員選出の結果を聞いて、驚くことになった。トランプ・ファミリーの人々も、これほど重大なプロセスが、完全に見過ごされていたことを知って、愕然《がくぜん》としていた。このときから、イバンカの夫ジャレッド・クシュナーは、ルワンドウスキの失策に軽蔑《けいべつ》を露わにして、批判の声を上げるようになった。

マナフォートが着任してからの数週間のうちに――何もないところから選挙組織が作り上げられていたが――それが実を結ぶのは、しばらくしてからだ。代議員選出での失敗は、さらに積み重なっていた。ポリティコ誌のニック・ガスは、そうした事情を、まわりくどい長い一文でまとめている。

「（トランプが、コロラド州のほかに）代議員で失敗していたのは、ジョージア州（ある郡では、トランプが一二ポイント差で勝利していたが、代議員の九〇パーセントが、クルーズ支持者になってしまった）、インディアナ州（トランプは事実上、完全に締め出されたようだ）、アイオワ州（一二名の代議員（議会選挙区に配分された人数）のうち、一名を除いた全員が、第二回投票ではクルーズを支持するとしている）、ルイジアナ州（一〇名の代議員を失ったので、共和党全国委員会に異議申し立てをしている）、ノースカロライナ州（議会選挙区からの代議員では、ジョン・ケーシックよりも少ない）、ノースダコタ州（今月初めに、クルーズが二五名のうち一八名の代議員を確保している）、サウスカロライナ州（土曜日に決まった六名のうち一名だけを獲得した）、サウスダコタ州（代議員のなかで、クルーズ支持の方が優勢のようだ）、テネシー州（紛糾した党大会が終わった後に、トランプ陣営は訴えるとの脅しをかけている）であり――ほとんどの州が、クルーズの掌中にある」(52)

マナフォートが参加するのが、あと一週間か二週間遅れていたら、トランプ陣営は完全に行き詰まり、失敗に終わっていたはずだ。ルワンドウスキがウィスコンシン州での敗北を招いたことは、大打撃となっていた。ニューヨーク州までには、陣営には二週間が残されていた。ただし、ここでの勝算はあった。マナフォートのチームは、陣営本部のスタッフたちが気づく間もなく、二七の各議会選挙区に、有力な共和党員を配置していた。

カプートには、マナフォートや私との関係があった。そのことは、ニューヨーク州予備選挙を成功させるための阻害要因にもなった。私たちは、何とかして選挙運動を立て直そうとしていたが、そうした動きを邪魔するために、ルワンドウスキはカプートも標的にしていた。四月六日のニューヨーク州ベスページでのトランプ集会で、マナフォートと熱心に話し込んでいたのを目撃されて以降、カプートから陣営本部への電話は無視されるようになっていた。

さらに、状況はひどくなっていった。トランプの友人でもあるニューヨーク州陣営のカール・パラディーノ委員長は、トランプ・タワーの閉塞した状況に業を煮やしていた。そこで、集会開催のスケジュール案を独自に作成して、先遣部隊に提案するようになっていた。このような動きが生まれていなければ、どれだけの代議員票が、クルーズとケーシックに引きはがされていたことだろうか。

全米各地では、共和党のリーダーたちや無数のボランティアが、投票促進運動に取り組んでいた。そうした動きと連携することも、完全に捨て置かれていた。結局のところ、ニューヨーク州予備選挙の最後の数日間で、陣営本部と直接に関われていたのはジョン・ハガティだけとなっていた。——つまり、四月十九日の予備選挙に向けて、ニューヨーク州陣営チームのなかではただ一人、トランプ・タワーの中で仕事をすることができていた。

しかし、それでも何の問題もなかった。ニューヨーク州予備選挙での成果は、トランプの代議員八九人に対して、ケーシックはわずか六人となった。クルーズは、一人も獲得できずに惨敗した。結局、コーリー・ルワンドウスキは、ハガティの采配をぶち壊しにすることはできなかった。トランプ・タワーのロビーでは、ニューヨーク州の祝勝パーティーを迎えることができた。その後も、同じように続いていく祝勝会の皮切りとなった。マナフォートが選対の責任者に任命されて以降、トランプの勢いは、もう一度、盛り返すことができた。ウィスコンシン州以降の各州は、続々とトランプのものとなっていった。

クルーズは、スポイラーとなるために「選挙戦を継続する」

マナフォートが参画してから、トランプ陣営は、テッド・クルーズ上院議員との対決に集中していった。クルーズは選挙戦を継続していたが、もはや、トランプの一二三七票の獲得を阻止するスポイラーとなるかどうかだけとなっていた。これが、二〇一六年三月二十二日から四月十九日までの共和党予備選挙の期間で、焦点となっていた問題だ。

この期間では、八つの選挙が争われた。トランプは、三州――アリゾナ州、ノースダコタ州、ニューヨーク州――と、米領サモアを勝ち取っていた。クルーズは、四州――ユタ州、ウィスコンシン州、コロラド州、ワイオミング州――を勝ち取っていた。トランプは、さらに一五四人の代議員を上積みしたが、クルーズも一二三人を獲得していた。ケーシックも、まだ選挙戦に留まっていたが、この期間の予備選挙では、ひとつの州も勝てなかった。

トランプがニューヨーク州で勝利したときに、数字の上で、クルーズが一二三七票を獲得できる見込みはなくなった。あと六七八票が必要であるのに、残された票数は六七四票となっていたからだ。

二〇一六年四月二十一日の「トーキング・ポインツ・メモ（TPM）」（ニュースサイト）で、ローレン・フォックス記者は、「いかなる計算をしても、テッド・クルーズが指名を獲得できる見込みはなくなった」と書いていた。[53]

「火曜日の夜に、クルーズは、ニューヨーク州では三位という壊滅的な結果に終わった。クリーブランドの党大会では、決戦投票に入る波乱が起きない限り、共和党の指名を獲得できる見込みはなくなった」

しかし、クルーズは、フィラデルフィアのCBSラジオで、選挙戦を継続している理由を、こう語っていた。

「現時点では、一二三七票に到達している人が、誰もいないからです」

「トーキング・ポインツ・メモ」では、クルーズが選挙戦を継続する正当な理由があるかを問いかけていた。

「民主党指名候補者となる見込みのヒラリー・クリントンとの直接対決で、クルーズはトランプよりも善戦できると見られている。しかし、それでも十一月の選挙では敗北する結果になると、世論調査では出ている」と、ローレン・フォックスが書いていた。

「オハイオ州知事ジョン・ケーシックは——折りにふれて、支持者に訴えていることであるが——本選挙でクリントンに勝てる候補者は、自分だけであると自負している」

それでも、クルーズがクリーブランドの党大会で、トランプから指名を奪い取ろうとするのであれば、実際に、自分の方が指名候補者にふさわしいことを、説明する必要があると指摘していた。

「トランプになると、党にとっては災難であると主張することもできる」と、ローレン・フォックスは続けた。

「トランプでは、女性層の支持を失ってしまうと訴えることもできる。民主党にも献金してきた、インチキな偽装保守派であると決めつけることもできる。

もっとも予備選挙では、こうした主張によってトランプを負かすことはできなかった。それでもトランプから代議員を奪取しようというのは、困難な挑戦となる。こうした主張が有効であるのかは明らかではない」

クルーズが、自らの選挙運動にある矛盾を乗り越える必要があることも指摘されていた。

「クルーズは、自分はアウトサイダーであると述べてきた。『ワシントンのカルテル』と対決して、国を再生させることができる、唯一の候補者であると訴えてきた。しかし、党大会では、自分こそが本物の共和党員であり、トランプは出来損ないの造反者であると主張することもできるはずだ」と、ローレン・フォックスは結論づけていた。

二〇一六年四月十九日のポリティコ誌の報道によると、クルーズは、ニューヨーク州で敗北してから、党大会で「トロイの木馬」代議員を糾合させようとしていた。「トロイの木馬」代議員というのは、第一回投票のときに、義務とされている投票先ではなく、個人として支持する候補者に投票する代議員のことである。(54)

クルーズが固めようとしていたのは、第二回以降の投票で離脱するかもしれない自分の代議員と、同様の可能性があるトランプの代議員の両方だった。クルーズ陣営は「代議員ごとの詳細なプロフィールと、忠誠度のスコアの記録を作成した上で、支持固めの工作をするための要員を配置していた」。

ポリティコ誌によると、クルーズからの「代議員への工作」の背後には、富裕な献金家と洗練された手法が存在しているとされていた。

「例えば、コーク兄弟が支援するi360、ウィルソン・パーキンス・アレン・リサーチ、ターゲテッド・ビクトリー、ケンブリッジ・アナリティカである。こうした組織の支援を受けて、クルーズ陣営には、代議員が揺らがないようにするための個別戦略が提供されていた」

二〇一六年四月二十五日のCNNは、クルーズの「トロイの木馬」作戦に対する、トランプの見解を報じていた。

「そのことについては、記事を読んだところだ。クルーズが一生懸命にやっているのは――『買収』という言葉は使いたくはないのだが――あらゆる手を尽くして、代議員に買収をかけているということだ」トランプは語った。

二回目に「買収」という言葉を発したときには、ほとんど叫ぶかのように語っていた。(55)

共和党予備選挙の最終段階では、代議員票を固めるために、ポール・マナフォートの経験と専門性が必要とされていたことは明らかだった。クルーズをはじめとする職業政治家たちは、トランプ指名を阻止するために、裏舞台で代議員票を操作することを企んでいたのである。

クルーズは福音派ではなく、ペンテコステ派である

三月十五日のフロリダ州予備選挙が、目前に迫っていたときのことである。三月十日のイースト・オーランド・ポストで、同紙設立者のジェイコブ・エンゲルスが、「テッド・クルーズは、隠れペンテコステ派だ」と題する記事を掲載した。エンゲルスは、フロリダ州のベテラン政治活動家でもある。この記事は、クルーズが福音派キリスト教徒を自認していることに対して、疑問を投げかけていた。(56)

「テッド・クルーズは、福音派キリスト教徒であることを、誇りにしていると語ってきた。しかし、クルーズと、牧師である父のラファエルは、本当はペンテコステ派である。これまで、陣

営はそうした事実を隠してきた。また、テッドとハイジの夫妻が所属している教会は、ヒューストンにある、南部バプテスト派のファースト・バプテスト教会だ。そうした事実も隠されてきた」と、エンゲルスは書いている。

「ペンテコステ派では、イエスの使徒たちは、聖霊から『異言』を授かったと信じられている。このことを、ペンテコステ派では、Ｉコリント書の一二章に記述がある『聖霊による洗礼』であると考えてきた。また、使徒たちには、『神より授けられた祈りの言葉』を語る能力が与えられたと考えている。ペンテコステ派の信徒が理解不能な言葉を発するときには、その信徒自身が理解していない別の言語を語っていると、今日でも信じられている」と、エンゲルスは強調していた。

二〇一五年三月二十五日のワシントン・ポスト紙では、サラ・プリアム・ベイリー記者が、二〇一六年大統領選テッド・クルーズ陣営のロゴが、ペンテコステ派教会に特有の、聖霊による炎の舌のロゴと同じであることを、初めて指摘していた。(57) エンゲルスの記事は、ラファエル・クルーズが、現在でも福音派ではなく、聖霊の炎国際宣教団の牧師であると強調していた。

テッド・クルーズが大統領選の準備に入っていた二〇一四年一月に、ラファエル・クルーズは、同教団のウェブサイト www.purifyingfire.com を削除している。ラファエル牧師が依拠しているのは、「ドミニオン主義や、キリスト教再建主義として知られるキリスト教原理主義のイデオロギー」であると、様々なブログの記事で指摘された後でのことだ。

ドミニオン主義では、聖別されたクリスチャンの指導者たちが政府に取って代わり、聖書に基づく国法を定めることを訴えている。エンゲルスは、二〇一二年八月二十六日のテキサス州ダラス郊外のベッドフォードにあるメガ・チャーチ、ラリー・ハッチ牧師のニュービギニングス教会での出来事を描写している。ラファエル・クルーズは説教のなかで、息子のテッド・クルーズが、神の法の支配をもたらすドミニオン主義のメシアとして「聖別された者」であると語っていた。この行事のユーチューブの映像は、記事中に埋め込まれている。

エンゲルスは記事の最後で、テッド・クルーズが「聖別された者」であると語られていたことの意味を指摘している。つまり、ラファエル・クルーズは、息子のことを、福音派のクーデターを実現するために神に選ばれた者であると信じているのだ。エンゲルスは、「クルーズが選挙運動で目指しているのは、ホワイトハウスというよりも、新約聖書のヨハネ黙示録一九章にある、神の王国をもたらす白馬《ホワイトホース》であるのかもしれない」と書いている。

大統領選の選挙運動のなかで、クルーズは、候補者のなかでは、ただ一人の福音派キリスト教徒であると訴えていた。エンゲルスは、フロリダ州予備選挙の直前に、この記事を書いていたが、かなりの人たちに読まれることになった。その結果、クルーズが一七パーセントの得票率で、三位に終わったのかもしれない。二七パーセントを取ったルビオにも、クルーズは負けていた。この予備選挙で、トランプは――ルビオとクルーズの合計よりも多い――四六パーセントの得票で勝利することができた。

ナショナル・エンクワイアラー誌

二〇一六年三月二十三日に、ナショナル・エンクワイアラー誌は、テッド・クルーズには少なくとも五件の不倫疑惑があるとレポートする記事を掲載した。(58) センセーショナルな記事ではあるが、にわかにその内容を否定しがたい理由があった。二〇〇七年にも、ナショナル・エンクワイアラー誌は、ジョン・エドワーズ元上院議員のスクープ記事を出していたからだ。エドワーズ元上院議員は、ジョン・ケリー上院議員が二〇〇四年大統領選に出馬したときの副大統領候補になっていた。その後、大統領選陣営で仕事をしていた映画監督のリエル・ハンターとの間で、隠し子がいるとのスキャンダルが暴露されていた。(59)

全米のスーパーマーケットや酒屋の店頭に並んだナショナル・エンクワイアラー誌の一面で、「スケべなテッドは、これで終わりだ」「クルーズの五人の秘密の愛人たち!」との見出しが躍った。個人的な感想を言えば、この告発記事は、かえってクルーズの男らしさを感じさせてくれたのではないかとも思った。ふだんのクルーズには、そうした男らしさのようなものが、まったく欠けていたからだ。

二日後の三月二十五日に、テッド・クルーズはウィスコンシン州での記者会見で、この記事を非難した。

「こんなガラクタは、政治のことには何の関係もない」

そして、記事を売り込んだのは、トランプ陣営の工作員であるとした。このタブロイド紙は、トランプ支持を表明していた。

「ご存じのとおり、ドナルドは、他人にあだ名をつけるのが好きです。だから、そのやり方にならえば、自分が『低俗なドナルド』と呼ばれたとしても、驚くことではないでしょう。最初で最後の手口として、低俗なことしか思いつかないからです」クルーズは言った。(60)

「これは、政治のことには、何の関係もないです。何年かしたら、私の娘たちが、この件をグーグルで調べるでしょう。そして、ドナルドと、その子分や取り巻きたちと、ナショナル・エンクワイアラー誌が広めた、ウソの中傷記事を読むことになるのです」

しかし、後の祭りだった。ツイッターでは、#クルーズ・セックス・スキャンダルがトレンド入りしていた。

このクルーズのセックス・スキャンダルが浮上したのは、インターネット上での応酬が行われていたときだった。クルーズ支持派のスーパーＰＡＣ「メイク・アメリカ・オーサム」が、トランプの妻メラニアのヌード写真を使ったことがきっかけで、事件が勃発していた。

その写真は、およそ十六年前の二〇〇〇年一月に「ＧＱ」誌で掲載されていたものだ。二〇一六年大統領選向けの広告として、「こちらが、メラニア・トランプさんです。次のファーストレディです。それが嫌でしたら、火曜日にはクルーズに応援を」と記されていた。

このスーパーPACの広告が出現すると、直ちに、トランプはツイッターに報復の投稿を行った。クルーズの妻ハイジのしかめ面と、メラニアの美しい顔写真の画像を並べて、こうツイートした。

「千の言葉を費やすよりも、この写真を見ただけで分かるだろ」(61)

予想どおりにクルーズは反撃して、トランプを非難した。

「私を怒らせるのは、簡単なことではない。私は、めったに怒ることはない。だが、おまえは、私の妻にひどいことをしている。私の子供たちにも、ひどいことをしている。いつも、そんなことばかりをしている」クルーズは、ウィスコンシン州の記者会見で語った。

「ドナルド、おまえは泣きべそかきの臆病者だ。ハイジのことには構わないでくれよ」

クルーズは、アリゾナ州とユタ州の予備選挙のときから、こうした動きが始まっていたとしていた。トランプが、クルーズの妻の「秘密をバラしてやる」と脅すようなツイートをしていたからだ。クルーズとしては、状況から見て、不倫疑惑をでっち上げたのは、トランプの工作員であると考えていた。(62)

また、妻への個人攻撃が仕掛けられた理由について、クルーズは「昨晩にユタ州の結果が出て、トランプにとっては、ひどい夜となっていた」からであると推測していた。ユタ州では、約七〇パーセントの得票率により、クルーズが四〇人の代議員獲得を決めていた。他方で、トランプはアリゾナ州予備選挙では、勝者総取りで五八人の代議員全員を獲得していた。(63)

トランプは、このように反論した。

「私は、その記事のことは知らない。まだ、読んでもいない。だから、ナショナル・エンクワイアラー誌のことには関係していない。また、私は、ウソつきテッドとは違う。政治ゴロたちに取り巻かれていながら、まるで潔癖であるようなふりをしたりはできない」

そして、トランプは続けた。

「テッド・クルーズが、ナショナル・エンクワイアラー誌で書かれていることは、まったく彼個人の問題だ。O・J・シンプソンとか、ジョン・エドワーズとかのときには、記事は正しかった。ウソつきテッド・クルーズのことでは、正しくなければよいと、私は本当に願っている」(64)

さらにクルーズは、この記事について、私、ロジャー・ストーンを非難した。

「この記事のなかでは、ある人物の話が引用されています。それは、ロジャー・ストーンです。ドナルド・トランプの政治顧問をしていた男です」クルーズは語った。

「私の家族が攻撃されています。はっきりしているのは、ドナルドの子分のロジャー・ストーンが、何か月も前から、こうした攻撃があることを予告していたことです。ドナルドのツイートが、この攻撃が起きた前日にあったことも、驚くには値しないです。ストーン氏が、トランプの背後で、五十年にわたり卑劣な工作を担ってきたことを、私は指摘しておきたいです。〝ネズミと交尾する〟という言葉は、この男のためにできたに違いない」

まあ、私としては、はっきりと言っておきたい。

おそらく、ドナルド・トランプのことを、ネズミだと言いたいのだろう。しかし、私としては、彼と交尾したいなんて考えたこともないさ。

テッド・クルーズは、餌《えさ》に食いついてしまっていた。

私としては、この記事が書かれたことにも、掲載されたことにも、一切関わっていないことを断っておきたい。

二〇一六年三月二十七日に「AM970ジ・アンサー」で、私は、フランク・モラノからインタビューを受けた。その内容の抜粋は、以下の通りだ。

フランク・モラノ：　ロジャー・ストーンさんを、お迎えしています。ニューヨーク・タイムズ紙ベストセラー・ランキング本の著者で、共和党のベテラン政治参謀です。ドナルド・トランプのアドバイザーを務めていた方です。

そして、ただ一人の方として……。先ほど、クルーズの発言の一部を流しましたので、みなさんも、お聞きになられたと思いますが、そのナショナル・エンクワイアラー誌の記事では、ただ一人、実名で発言が引用されている方でもあります……。

どこから話を始めましょうか。クルーズ陣営では、すべてのことを、あなたの仕業であると非難しています。およそ、リンドバークの赤ん坊を誘拐したこと（一九三二年に飛行家チャールズ・リンドバーグの幼児が誘拐された有名な事件）以外の、すべてについてです。なぜでしょうか？

誰もが知っているはずです。それは、このクルーズの不倫疑惑を、最初に持ち出そうとしていたのは、ルビオ陣営だということです。それはニューヨーク・タイムズ紙でも、知っているはずのことです。それなのに、ありとあらゆる非難が、あなたに向けられているのは、どうしてなのでしょうか？

ロジャー・ストーン：　おそらくは、注意をそらすためだろう。政治の世界を長く経験したら分かることだが、何も語られないよりは、どんなことであれ、何かを言われることの方が、まだましなんですよ。

私が思う理由としては、私にはブランドがあるからだ。政治の世界には厳しい浮き沈みがあるが、そのなかで、おそらくブランドができている。ドラマをつくり出せるブランドだ。

ただし、この問題に関していえば、記事で引用されている探偵たちというのは……実際には、ルビオ陣営に雇われていた。ルビオ陣営としては、この情報は出すつもりはなくて、ルビオの私生活にまつわる疑惑が持ち出されたときの保険として、取っておくつもりだったのだと思う。それで結局は、使いみちがなくなった。選挙戦から撤退してしまったからだ。

私は、この探偵たちは、二回にわたり、金をもらっていると思う。一回目は、マルコ・ルビオ陣営のために、仕事を請け負ったときだ。それから二回目は、自分たちの方から、ナショナル・エンクワイアラー誌に売り込んだときだ。雑誌の方としても、裏が取れたので、情報を買うことにしたのだろう。

だから、この件に関しては、私としては、はっきりと言っておきたい。ナショナル・エンクワイアラー誌に、この記事をタレ込んだのは、私ではない。それなのに、なぜかドナルド・トランプと、トランプ陣営が猛烈に非難されている。私としては、この件ではドナルドとも、陣営の誰とも話をしたことはない。

私がしたことは、ただひとつだけだ。ナショナル・エンクワイアラー誌のベテラン記者さんは、その前にニューヨーク・ポスト紙にいた頃からの私の知り合いで。さらに前は、イギリスのデイリー・メール紙にいた人なのだが。電話をかけてきて、コメントを求めてきたので、私としても喜んでコメントに応じて、こう言っただけだ。

「この内容が事実であるとすれば、テッドのイメージは、大きく傷つけられることになるはずだ。道徳面で優れているとのイメージを築き上げてきて、そのことをキリスト教福音派の人たちに向けてアピールしてきたから……」

モラノ：　テッド・クルーズが誰と寝たのかということを、私たちが気にする必要はあるのでしようか？

ストーン：　あなたや、私であれば、大統領選に出馬しているわけではないが……。彼は、そういう立場にあるわけだ。自分で、道徳面での優等生であるかのようなイメージを作ってきた。だから、偽善の問題が生じているわけだ。

　それで、その女性たちのことでも、不可思議なことがある。女性のひとりは、カーリー・フィオリーナ陣営で働いていた人だ。その後に、テッド・クルーズは、カーリーに五〇万ドルを払っている。テッドは、カーリーのことを軽蔑しているが、カーリーもテッドのことを軽蔑している。だとしたら、その五〇万ドルは、何のためなのだろうか？　口止め料とかだろうか？

　彼（テッド・クルーズ）は、私のことを〝子分〟と言っていた。ただ、子分というのは、ふつうは金で雇われているものだ。私は、トランプ陣営からは、まったく金を払ってもらっていない。そういうわけで、私のことを子分という言い方をするのは、まったくの誤りで……。彼のような人が、〝ネズミと交尾している〟やつなんだ……」

　この「ネズミと交尾する《ラットファッキング》」という言い回しには、由来があった。（ウォーターゲート事件を記録したボブ・ウッドワードほか著『大統領の陰謀』で使われて有名になった）私も含めてのことだが、リチャード・ニクソンの取り巻きたちが、敵対陣営の選挙運動を攪乱《かくらん》する噂を流したことを指す言葉として生まれていた。

CNNのプライムタイムの時間帯で、テッド・クルーズは、少なくとも三回以上、私のことを名指しで非難した。しかし、CNNが、放送時間のなかで、私のために反論の機会を用意してくれることはなかった。ジャーナリズムとしては、倫理に反することだ。どんな問題であれ、とにかくトランプには敵対姿勢を取るということだ。CNNは、まったくニュース放送局には値しないことを、自ら証明していた。

ラファエル・クルーズとリー・ハーベイ・オズワルド

二〇一六年四月七日に、米軍の元情報将校で、ブロガーのウェイン・マドセンが、「大統領選の有力候補クルーズの父親は、ケネディ暗殺に関与していたのか?」と題する記事を掲載した。(65)

さらに、二〇一六年四月二十日には、ナショナル・エンクワイアラー誌で、「テッド・クルーズの父親がケネディ暗殺に関与」とのセンセーショナルな見出しのトップ記事が掲載された。このタブロイド紙に掲載された写真には、リー・ハーベイ・オズワルドを手伝っていたとされる男の姿があった。オズワルドは、ウォーレン委員会によりケネディ暗殺犯だとされている。写真に撮影されていたのは、一九六三年八月十六日に、ニューオリンズの国際貿易マートの構外で、「キューバ委員会に公正な対応を」とのパンフレットが配布されていたときの様子である。ジョ

ン・F・ケネディが、ダラスで暗殺される約三カ月前のことだ。(66)

主要なニュース番組では、トランプ支持派がセンセーショナルな真偽不明の疑惑を煽っているが、卑劣なやり方であるとして騒動になっていた。

広報責任者のアリス・スチュワートは、マイアミ・ヘラルド紙に、こう語っていた。

「ガラクタの山でしかないタブロイド紙で、また、ガラクタ記事が出てきた」

一九六三年の写真で、オズワルドの隣に立っている人物は、クルーズの父親ラファエルではないと、スチュワートはきっぱりと否定した。

「トランプに、この記事を話題にさせようというのは、恥ずべきことです。これは、ガラクタ話です。たしかに、ドナルドがいつも話したがっているのは、このようなガラクタ話ばかりですが。テッド・クルーズは、これまで通り、雇用について、自由について、安全保障について、アメリカ国民のために語っていきます」スチュワートは述べていた。(67)

マドセンは、こう書いている。

「ラファエル・クルーズSrは、共和党大統領候補者として期待される、ラファエル・クルーズJr（テッド・クルーズ）の父親であるが、一九六〇年代の活動についての疑惑が表面化している。クルーズの父親は、ジョン・F・ケネディが一九六三年十一月二十二日に暗殺される前に、反カストロ活動家として、ダラスやニューオリンズにいた。こうした事実は、CIAの反カストロ作戦に関係していたことをうかがわせる強い根拠となる」

「ジョン・Ｆ・ケネディの暗殺犯とされるリー・ハーベイ・オズワルドに雇われていたキューバ人は、クルーズとよく似ている。一九六三年夏のニューオリンズでの有名な写真を見れば、よく分かるだろう。そこでは、オズワルドほかのキューバ人たちが、『キューバに干渉するな！』と書かれたパンフレットを配布していた場面が撮影されている」と、マドセンが続けている。

オズワルドほか、「キューバへの公正な対応を求める委員会」のキューバ人たちの写真は、一九六三年八月十六日に、ニューオリンズの国際貿易マートの構外で撮影されていた。ある情報源から、「ウェイン・マドセン・レポート」に寄せられた情報によると「オズワルドの隣にいた人物は、ラファエル・クルーズその人に違いないとのことだ。この国際貿易マートでの写真の人物は、一九五四年にキューバ教育省の公式書類に添付されていた、クルーズの写真とよく似ている」[68]

マドセンは、ベテランの調査専門家として、カレッジパーク（メリーランド州）にある国立公文書館のケネディ暗殺事件関係の資料に詳しかった。そうしたわけで、ラファエル・クルーズとＣＩＡとの関係を裏付ける証拠を、すぐに発見していた。

「ラファエル・クルーズは、アメリカの情報機関とつながるＲＣＡコーポレーションの社員の息子として生まれた。一九五七年に、クルーズはキューバを後にして、アメリカに渡っている」

と、マドセンは記している。

「クルーズは、カストロと共に、フルヘンシオ・バチスタのファシスト政権打倒のために戦いながらも、革命には幻滅したと語っている。しかし、クルーズがキューバを去ったのは、カストロ革命の二年前のことだ」

ラファエル・クルーズが虚偽の経歴を語っていたことは、そうした矛盾を見破ることを仕事にしている情報分析専門家のマドセンの注意を引いた。この類の架空の経歴を作り上げることは、「CIAのレジェンドたち」にとっては、お手のものであることが知られていた。

「クルーズはオースティンに到着してから、テキサス大学に入学したとのことだ」と、マドセンは続けている。

「しかし、これは、おかしな話だ。キューバを出るときには、下着に縫い込んだ、わずか一〇〇ドルの所持金しかなかったと語っていたはずだ。それなのに、クルーズは米国永住権を取得して、テキサス大学からは数学の学位を取得している。

一九五九年に、クルーズはジュリア・アン・ガルザと結婚している。一九六一年には、テキサス大学を卒業している。一九六二年十一月十八日には、次女が誕生している。その後に、クルーズ夫婦は、ダラスからニューオリンズに転居している」

マドセンは、ラファエル・クルーズが語る経歴を検証して、容易に確認できる事実との矛盾があることを示している。

「ニューオリンズでは、妻と二人の娘と生活していた。クルーズが住んでいた場所は、二か所あったとされている。ひとつは、ジャクソン通りから入った安アパートだ」と、マドセンは書いている。

「クルーズは、ニューオリンズの石油会社で働いていた。しかし、ニューオリンズにいた頃のことは、ダラスから転居したときのことも含めて、はっきりとはしていない」と、マドセンは続けている。

クルーズと妻ジュリアが離婚したのは、ニューオリンズでのことなのか、ダラスでのことなのか。また、それは一九六二年のことだったのか、一九六三年のことだったのか。そうした事実は、「謎に包まれている」と書いている。

さらに、マドセンは、以下のように述べている。

「クルーズは、一九六七年に兵役登録をしたときに、ニューオリンズのジャクソン通りの住所を記入していた。当時は、クルーズのような居住外国人には、兵役登録が義務とされていた。しかし、クルーズが兵役登録をしたのは二八歳のときのことだ。長期間、登録しないでいたが、それは罪になることだった」

ラファエル・クルーズの二度目の結婚についても、やはり謎があると、マドセンは指摘している。

「兵役の義務により、徴兵されてベトナム行きになる可能性があった。同じくキューバ移民のオットー・マシアス（断交中のキューバに再移住したことで、退役軍人年金が打ち切られたと訴えて話題となる）は、志願兵となって従軍していた。しかし、クルーズは、二番目の妻エレノア・ダラーと共に、カナダのカルガリーに移住してしまった」と、マドセンは書いている。

「ダラーは、デラウェア州生まれで、ヒューストンのライス大学を卒業していた。そして、クルーズが勤めていたのと同じ、ニューオリンズの石油会社で働いていたとされている。

その息子のラファエル・〝テッド〟・クルーズJrが、現在のアメリカ大統領選の候補者だ。父親と母親については、ニューオリンズの同じ石油会社で働いていたと述べている。しかしながら、エレノア・ダラー・ウィルソン・クルーズが、当時のニューオリンズに住んでいたという記録は存在していない」

マドセンによると、一九六七年七月二十六日のラファエル・クルーズの兵役登録書類には、クルーズの勤め先として、ジオフィジクス&コンピューター・サービス株式会社が記入されていた。「この会社は、フランスに本社があるコンパニー・ゼネラル・ド・ジオフィジック（CGG）社のことだ。ちなみに、一九六七年七月二十六日は、キューバ人にとっては重要な意味がある日付だ。カストロが、人民戦線革命軍を『七月二十六日運動』と名付けていたからだ」と、マドセンは書いている。

「CGG社は、大手石油コングロマリットのシュルンベルジェ社の関連会社だ。シュルンベルジェ社は、ハリバートン社と双璧《そうへき》をなす、世界的な石油掘削会社である。また、シュルンベルジェ社には、CIAのほかに、ジョージ・H・W・ブッシュが所有するザパタ・オフショア・カンパニー社とのつながりもあった」

マドセンは、続けている。

「さらには、ペルミンデックス社という会社があり、シュルンベルジェ社の創業者コンラッド・シュルンベルジェの義理の息子であるジャン・ド・メニルが中枢を担っていた。この会社は、ニューオリンズを本拠とするCIAのフロント組織で、クレイ・ショーが動かしていた。ショーは、ダラスで起きたケネディ暗殺事件のニューオリンズでの関係者として、ギャリソン検事からは重要な捜査対象の人物とされていた」

一九六七年に、ラファエル・クルーズSrは、二番目の妻エレノア・ダラー・ウィルソン（テッド・クルーズの母親）と共に、ニューオリンズを去ったとされている。マドセンの指摘によると、その同じ年に、ギャリソン検事は、ケネディ暗殺事件のニューオリンズ関係者への捜査を開始して、ショーを起訴している。ショーのオフィスは、国際貿易マートの中に所在していた。一九六三年八月十六日に、オズワルドと共に、問題の男が「キューバに公正な対応を」と記されたパンフレットを配布していたのは、まさにその場所だ。

「テッド・クルーズの母親エレノアは、シュルンベルジェ社の関連会社で働いていたとの情報もある」と、マドセンは指摘している。

「一九六七年にクルーズ夫妻がカルガリーに去った頃には、夫妻は、ラファエル・B・クルーズ&アソシエイツ社に勤めていた。同社は、ラファエル・B・クルーズSrが所有していた」

マドセンは、国立公文書館の資料を調査するなかで、ジム・ギャリソン検事が、ケネディ暗殺事件に関連して、カルガリーにいると見られる三人の人物についての情報を調査していた記録があることを発見した。マドセンは、そのうちの一人が、ラファエル・クルーズであると考えている。

オズワルドが、元FBI幹部ガイ・バニスターのCIAフロント組織で仕事をしていた事実は、よく知られている。オズワルドにパンフレットを配布するように指示を与えていたのは、バニスターだった。オズワルドが親カストロで、ソ連シンパであるとの印象を作り出すための、数ある工作活動のひとつだった。その当日、オズワルドは、二人の助手を雇っていた。そのうちの一人のキューバ人が、すでに前述している通り、ラファエル・クルーズと酷似していた。

こうした話のなかで、興味深い点がある。ラファエル・クルーズは、これまでニューオリンズに転居したのは一九六五年であると述べてきたが、すでに一九六三年には、ニューオリンズに住んでいた可能性が高かった。

ラファエル・クルーズは、キューバでカストロ派の政治運動に参加していたが、カストロが共産主義に傾斜してから、アメリカ合衆国に出国することにしたと語っている。しかし、ラファエル・クルーズがアメリカ合衆国に到着したときには――キューバ出国の事情がいかなるものであれ――すでにCIAとの関係が深い、アメリカ政府職員の面接を受けていた可能性がきわめて高い。
クルーズ父子は、ラファエルがキューバを出国した理由や経緯について、ウソを語っていることは間違いない。だからこそ、現在のクルーズ家にとっての不都合な真実をめぐり、一面記事で憶測がかき立てられるようなことになったのだ。一九七〇年代にケネディ暗殺事件に関する下院特別調査委員会での検証が行われて以来、この写真のことは、好奇の的とされてきた。これまでに、クルーズによく似た疑惑の人物が、誰であるかは確定されていない。

謎の男がラファエル・クルーズであると証言している情報源の人物に、私は話を聞いたことがある。そのことについては、五月にインタビューを受けたときに話している。そのために、噂をまいたり、記事を仕込んだりしたのは、私なのではないかと、何度も質問を受けることになってしまった。しかし、私は、何もしていない。

かねてから、私には「卑劣なトリックスター」という評判が立てられている。そうしたわけで、犯人ではないかとの疑いがかけられて、集中砲火を浴びることになった。

破廉恥な話が表に出てくるときには、決まって、私に非難が向けられる。私が支持していない政治家に対して、ネガティブなイメージをもたらす話題が仕掛けられたときには、とりわけ、そういう成り行きになるようだ。

クルーズが選挙戦から撤退する

四月二十六日に、五つの州で——コネチカット州、デラウェア州、メリーランド州、ペンシルベニア州、ロードアイランド州——トランプは勝利を収めた。この予備選挙は、これらの州を通過するアムトラック鉄道のアセラ特急にちなんで、「アセラ予備選挙」とも称されている。この結果、トランプは一一一人の代議員を獲得した。クルーズは二人、ケーシックは五人を獲得していた。

アセラ予備選挙が終わると、全米の注目はインディアナ州へと移っていた。五月三日に予定される勝者総取りの予備選挙で勝てば、五七名の代議員を獲得して、一二三七名に到達する見込みとなる。

四月二十七日のワシントン・ポスト紙は、クルーズが、「ヘイルメリー・パス（アメフトの試合終盤に、劣勢なチームが一か八かのロングパスを狙うプレー）を投げた」と報じていた。(69) クルーズは、インディアナポリスの選挙集会で、共和党候補に指名された場合には、カーリー・フィオリーナを副大統領候補者にすると発表していた。フィオリーナは選挙戦から撤退した後、三月九日にクルーズへの支持を表明していた。それ以降、フィオリーナはクルーズ陣営での応援演説をしていた。

同紙は、クルーズがフィオリーナを選んだことは、単なる「女性カード」以上の意味があると指摘していた。CNNが主催した二〇一五年九月の討論会で、フィオリーナ対トランプの応酬が生まれていた経緯があったからだ。そのとき以来、フィオリーナは「対トランプ攻撃には有効である」と目されていた。

クルーズ陣営は報道陣に対して、インディアナ州でドナルド・トランプとの決着をつけるつもりであると語っていた。そして、残されたすべての力を、インディアナ州に投入していた。ここで敗北すれば、クルーズ指名の可能性が消滅するからである。

予備選挙の投票が数日後に迫る四月二十九日に、クルーズがインディアナ州知事マイク・ペンスに支持表明をするように迫っているとの情報が、トランプ陣営に入った。その日のトランプ・タワーは、緊張感に包まれた。マナフォートと腹心のリック・ゲーツは、トランプ・タワーに詰めて、電話をしながら状況の推移を見守った。

マナフォートは殺風景な部屋に籠《こも》って、電話でのやり取りをしていた。ゲーツは、マイケル・カプートの部屋に入って、ペンスとクルーズの同盟ができそうな情勢について、気を揉《も》みながら話し込んでいた。ニューヨーク州予備選挙が終わってから、マナフォートはカプートを陣営本部に呼び寄せていた。

ペンスは支持表明しないだろうと伝えられていた。――マナフォートからの使者が派遣されていた結果である。そのメッセージの内容は、こうだった。トランプが勝ったときには、副大統領の候補者リストの最上位は、ペンスさんになります。

しかし、ほどなく、五階フロアの壁にかかるフラット画面のテレビから、CNNのニュースが流れてきた。ラジオ番組のインタビューで、ペンス知事が、クルーズに支持表明をしたことを伝えていた。ゲーツは速報を伝えるために、マナフォートのところに走っていった。二人はインディアナ州に電話をかけて、発言内容の確認にあたった。ペンスにごく近い人物からの情報によると、もはや流れは止められなくなっていた。ただし、ペンスからの支持表明は、あまり強いトーンではなかった。

二〇一六年四月二十九日に、ペンスは、地元の放送局でのインタビューで、予期されていた通りにクルーズに支持表明していた。

「私は、いかなる候補者にも反対するつもりはないです。ですが、共和党予備選挙では、テッド・クルーズに投票します」

ペンスは、クルーズが「合衆国憲法への理解が深い」ことや、共和党の「リーダーを担いたい」との意欲を称えた。しかし、ペンスは、トランプに向けても温かい言葉を述べていた。空調機製造企業のキャリア社は、インディアナポリスの工場を閉鎖して、メキシコに二一〇〇人の雇用を移転させると発表していた。トランプが、その問題を取り上げてくれたことを称えた。

ペンスは、こう強調していた。トランプは、「ワシントンDCに期待を持てなかった、数多くのアメリカの労働者の不満を代弁してくれています」。

ペンスは、自身の共和党への忠誠心を強調したうえで、インディアナ州の有権者にも、「自らの決意」を示してほしいと訴えかけた。

「この選挙のことで、はっきりと述べておきたいことがあります」

ペンスは、慎重に言葉を選んで語っていた。

「アメリカ合衆国大統領候補者として、共和党全国大会で、いかなる人が選出されたとしても、この秋に当選してもらうために、私は全力を尽くしたいと思います」(70)


インディアナ州予備選挙の当日となる五月三日に、トランプは、FOXニュースの朝の番組『FOX&フレンズ』に電話出演した。このときに、トランプはケネディ暗殺事件の話を持ち出した。番組では、テッド・クルーズがインディアナ州の街頭で、「メイク・アメリカ・グレイト・アゲイン」のプラカードを掲げているトランプ支持者と対面している映像が流されていた。

「あなたは、ドナルド・トランプに騙されているんですよ」クルーズは言っていた。

「トランプは、あなたみたいな人のことを、バカだと思って利用しているんですよ」

トランプ支持者は同意せずに、言い返していた。

「明日になれば、分かるさ」翌日には、インディアナ州予備選挙が予定されていた。

「インディアナ州では、あなたは求められていない」トランプ支持者は言った。

「問題なのは、あなたたちなんだ。政治家さんたちだ。あなたたちがいなければ、アメリカは、もっとよい国になっているはずなんだ」

この映像を見た感想を問われて、トランプは発言した。

「あの人たちは、クルーズがウソつきなのを知っているんだ」トランプは言った。

「だから、『ウソつきテッド』だと言っているんですよ。あの人たちは、分かっているんですよ。中流階級の人たちが、もう十八年間も、給料が上がっていないことを」

それから、『ＦＯＸ＆フレンズ』では、クルーズが、インディアナ州でトランプを倒すために、最後の努力をしている様子が取り上げられていた。インディアナ州で、ラファエル・クルーズが語っている映像が流された。

「私は、心から願います。私は、〝キリストの体〟（教会のこと）のすべてのメンバーが、〝神の言葉〟（聖書のこと）に従って、投票してくれることを願います。〝神の言葉〟と、アメリカ合衆国憲法に依って立つ候補者に投票してください。私の息子テッド・クルーズこそ、そうした候補者であると信じています。もし、別の人を選んでしまったら、アメリカは破滅してしまいます」

すでに、トランプは福音派の有力者たちからも、数多くの推薦を受けていた。だから、テッド・クルーズの父親がインディアナ州に来てまで、こうした発言をしていることについて、トランプは「恥知らず」であると反論した。

そこから、トランプは、ケネディ暗殺事件の話題に入っていった。

「クルーズの父親は、リー・ハーベイ・オズワルドと一緒にいた。オズワルドが撃たれる前のことだ。とにかく怪しい話だと思う。ケネディが暗殺される直前のことだ」トランプは言った。「誰も、こういうことを持ち出さない。誰も話題にしない。報道されていることなのに、誰も語ろうとはしない。いったい、何をしていたんだろうか？　リー・ハーベイ・オズワルドが死ぬ直前に、一緒に何をしていたのだろうか？　撃たれる前のことだ。とても恐ろしい話だ」(71)

五月三日に、トランプ・タワーのロビーでは、陣営スタッフと支持者たちが、激戦となったインディアナ州予備選挙の結果が出るのを見守っていた。早い段階から、トランプが圧倒的にリードしていた。まもなく、クルーズを大差で破ったことが判明した。その後に、トランプ陣営スタッフも、トランプ本人も、トランプの家族や友人たちも——トランプに批判的なメディアまでもが——驚くことが起きていた。指名獲得への道が絶たれたことで、クルーズが大統領選から撤退したのである。

ほんの前日にも、クルーズは、あらん限りの侮辱的な言葉を投げつけていた。それでも、トランプは、勝者としての寛大な態度を示していた。

「テッド・クルーズさん、あなたが、私のことを好きなのか、それとも嫌いなのかは分からない。しかし、手ごわい相手だった」トランプは語った。

「タフで、頭のいい男だ。とても将来性のある人物だ」

トランプの勝利宣言の演説は、いつになく、しっかりとまとまった内容となっていた。テレビの出演者たちは、いつもは不作法な候補者が、それらしく振る舞っていると評していた。トランプは、インディアナ州予備選挙で圧勝していた。得票は五三・三パーセントで、代議員では五七人全員を獲得した。二位のクルーズは三六・六パーセントで、三位のケーシックは、引き離されて七・六パーセントだった。

その日の夜に、クルーズは選挙戦からの撤退を表明した。予備選挙と党員集会で、トランプに対抗して、いくつもの州で勝利を収めていた候補者は、クルーズだけだった。

「当初から、勝利への道が残されている限りは、戦い続けると言ってきました。今晩、残念ですが、その道が閉ざされてしまったようです」

火曜日の夜、インディアナポリスで、クルーズは支持者を前にして敗北宣言を語った。

「有権者のみなさんが、別の道を選択したということです。残念な気持ちではありますが、わが国の行く末に、限りなく明るい期待を寄せて、選挙戦を終えることにしました」(72)

クルーズの決断を報じたニューヨーク・タイムズ紙は、一か月前には、まだ勝機があったことを記していた。

「ウィスコンシン州では勝利していた」と、ニューヨーク・タイムズ紙の記事で、マット・フレゲンハイマー記者が書いていた。

「代議員の選出では優位に立っていたので、七月の共和党大会で、会場での決戦に持ち込む構

えを見せていた。また、ドナルド・J・トランプ陣営の内部でも、不協和音が高まっていた」(73)

ポール・マナフォートが参戦していたのは、こうした頃だった。

トランプが共和党の指名獲得に向けて突き進むにあたって、マナフォートは、日々、陣営の動きを引き締めていった。事態は、改善に向かっていった。そうした日々が進行していくなかで、コーリー・ルワンドウスキの立場は失われていった。それでも、マナフォートの行方を阻むために、毎日のように障害物を投げつけていた。

ルワンドウスキのやり方は、こうだった。マナフォートの粗さがしをしては、トランプに大げさに伝える。失点が見つからなければ、自分で問題を発生させる。マナフォートが問題解決のために動き出すと、ルワンドウスキは、その解決策を失敗させるための企みを仕掛ける。——たとえ、ドナルド・トランプに被害が及ぼうとも、そんなことはお構いなしだった。

ルワンドウスキのチームには、広報責任者のホープ・ヒックスや、陣営副責任者代理で先遣隊長のジョージ・ジジコスがいた。トランプが旅程にあるときの情報伝達は、この三人で管理していた。トランプは、精力的に集会の日程を組んでいたので、外に出ているときの方が多かった。陣営責任者は、マナフォートであるはずだった。しかし、ひとたびトランプの専用機が離陸してしまえば、陣営の様相は、まったく変化してしまっていた。そのときの責任者は、コーリーになっていたからだ。

五月三日夕に、インディアナ州の結果が出て、クルーズが選挙戦撤退の演説をした直後のことだ。共和党全国委員会のラインス・プリーバスは、ツイッターに、こう投稿していた。ドナルド・J・トランプを「共和党指名候補の予定者」であるとして、「私たちは団結して、@ヒラリー・クリントン打倒に全力を挙げる必要があります。#ネバー・クリントン」(74)

翌日には、ケーシックも、オハイオ州コロンバスでの一五分間の演説で、選挙戦からの撤退を表明した。

「私は、いつも語ってきました。すべての人々と同じように、私の人生も、主の意思のもとにあります」ケーシックは言った。

「本日、私は選挙戦から撤退することにしました。主の意思のもとに、私の人生があり、進むべき道が示される。そうした信仰を、深い信仰を、新たにしています」(75)

クルーズも、ケーシックも大統領選からの撤退は表明していた。しかし、二人とも、トランプへの支持表明をするという、次の段階までには至っていなかった。

指名候補予定者となったトランプは、以下の残された予備選挙では、容易に勝利することになった。五月十日から二十四日までのネブラスカ州、ウェストバージニア州、オレゴン州、ワシントン州である。また、六月七日のカリフォルニア州、モンタナ州、ニュージャージー州、ニューメキシコ州、サウスダコタ州である。最終的には、トランプは一七二五票で、共和党大統領候補の指名を獲得した。第一回投票で勝利するために必要とされる票数よりも、四八八票多い票数となっていた。

こうした結果は、もし、ルワンドウスキを交代させていなかったら、実現させることはできなかった。トランプは、第一回投票で共和党大統領候補の指名を確定させるには、マナフォートのプロとしての能力が必要であることを理解した。だからこそ、二〇一六年五月三日を迎えることができたのである。

マナフォートは、長年の経験を持つ専門家として、代議員票を勝ち取るための仕組みに精通していた。そして、真に成熟した人物だけが持ちうる、危機管理のベテランとしての能力も兼ね備えていた。

トランプは、最後に勝ち残った候補者となる

共和党候補者が入り乱れていた状態から、およそ一年が経過したときに、最後に勝ち残った候補者は、トランプとなっていた。――まったく政治家の経験がなく、大統領候補者としては、もっとも見込みがないと思われていたはずだった。

共和党予備選挙の期間に、候補者たちは、合計で一二回の討論会に参加した。二〇一五年八月

六日のオハイオ州クリーブランドのクイッケン・アリーナから始まり、二〇一六年三月十日にCNNが主催した、フロリダ州マイアミのマイアミ大学での開催までとなった。中止となった討論会が一回だけあり、予定よりも早く終了することになった。二〇一六年三月二十一日月曜日には、ユタ州ソルトレイク・シティで、最終回が予定されていた。しかし、トランプとケーシックが不参加を表明したことで、中止となっていた。

一二回の討論会が、マラソンのように続いていくなかで、全米五〇州での予備選挙、党員集会、州党大会が進行していった。二〇一六年二月一日のアイオワ州党員集会に始まり、二〇一六年六月七日まで行われた。最後に舞台となったのは、人口の多い二つの州――カリフォルニア州とニュージャージー州――と、西部の比較的人口の少ない三つの州――モンタナ州、ニューメキシコ州、サウスダコタ州――である。このなかで候補者は順次、撤退して、絞り込まれていった。

二〇一五年九月十一日に、リック・ペリーが最初に撤退した。続いて、二〇一五年九月二十一日には、スコット・ウォーカーが撤退した。まだ予備選挙が開始されていない、二〇一五年十二月末までの時点で、ボビー・ジンダル、リンジー・グラハム、ジョージ・パタキが撤退した。残された共和党候補者は、一二人となっていた。

二〇一六年に入ると、予備選挙で勝てなかったことや、その結果、資金支援者を失ったことが、撤退の主な理由となった。二〇一六年二月中には、マイク・ハッカビー、ランド・ポール、リック・サントラム、カーリー・フィオリーナ、クリス・クリスティ、ジム・ギルモア、ジェブ・ブッシュの七人が撤退した。

二〇一六年二月二十日には、サウスカロライナ州コロンビアで、ジェブが敗北宣言の演説をした。ホワイトハウスを目指す共和党候補者たちの戦いは、転換点を迎えていた。ホテルの会場を埋め尽くしたスタッフ、献金者、支持者、長年の友人たちを前にして、ブッシュは誇らしげに語った。

「この選挙で、私は、政治的な風向きに耐えて、自分のスタンスを貫き通しました」

ブッシュは、知名度の高いエスタブリッシュメントの候補者として出馬していた。敗北演説のなかでは、自分の見通しの甘さによって敗れたことを認めていた。

ワシントン・ポスト紙の報道によると、ブッシュはワシントンで仕事をしたことも、連邦政府の職務にも就いたこともなかったが、共和党のエリートたちの意中の人物となっていた。ブッシュ家という家柄のお蔭で、共和党支持の富裕な献金家たちや、共和党幹部たちとの親密な関係があったからだ。(76)

さらに、同紙によると、二〇一六年二月にブッシュが敗北宣言するまでに、スーパーPACの「ライト・トゥ・ライズUSA」は一億一八〇〇万ドルを集めて、九五七〇万ドルを使っていた。その資金の大部分は、対立候補を攻撃するためのCMに使用されていた。

大統領選について、ジェブは何度も繰り返して、こう語っていた。

「家柄のことを、問うものではないはずです。私としては愛していますが、父親のことも、母親のことも、兄のことも関係はないです。わが国をどこに進めていくのかという、信念を問うものであるはずです」

それでも、ジェブは家柄の問題を払拭することができなかったと、ワシントン・ポスト紙は指摘していた。

ブッシュは、選挙戦をフロリダ州知事としての実績を問うものに変えることができなかった。さらに、九・一一事件後に、兄が実行したサダム・フセインに対する軍事行動を認めるかと問われたことでも躓いていた。何度も問い質されながら、「現在、判明していることを前提」にすれば、自分であればイラク戦争は承認しなかったと認めていた。

二〇一六年三月十日の第一二回共和党予備選討論会のときに、候補者は五人に絞り込まれていた。ドナルド・トランプ対ベン・カーソン、マルコ・ルビオ、テッド・クルーズ、ジョン・ケーシックとなっていた。この五人のなかで、ベン・カーソンだけは予備選挙で、ひとつの州も勝てていなかった。

トランプが戦闘的な姿勢を見せていたのに対して、カーソンは謙虚で、有能な外科医であるとの印象を与えていた。カーソンは、自分の政治的なキャリアを築くことよりも、国の人々のために奉仕することに関心あるとの姿勢を見せていた。共和党候補者の顔ぶれが絞り込まれたときに、アウトサイダーの立場であることを訴えかけていたのが、トランプとカーソンだった。共和党の有権者は、ジェブ・ブッシュを典型とする共和党エスタブリッシュメントの候補者に対しては、拒絶感を露わにしていた。

ルビオとクルーズは連邦上院議員であり、ワシントンのインサイダーだ。しかし、両者とも、トランプと比べたときには、自分の方が明らかに有利であると考えていた。マルコ・ルビオは、自分がキューバ系であることが、断然、有利な要素になると信じていた。共和党大統領候補としてヒラリーに勝つためには、ヒスパニック系の有権者からの支持が必要になるはずであると考えていた。

クルーズも、ルビオと同じくキューバ系だ。牧師である父親と共に、熱心な信仰告白をして、保守的な福音派からの支持を受けていた。その点でも、かなり有利であると考えていた。

最終的に、カーソンは、二〇一六年三月二日に撤退の意向を示した。それからすぐに、ルビオも撤退した。予備選挙で、ルビオはコロンビア特別区、ミネソタ州、プエルトリコでしか勝てていなかった。そして、ベン・カーソンの撤退から間もない、二〇一六年三月十五日に撤退を表明した。

予備選挙が終わりに近づいたときに、最後に残って、ドナルド・トランプと戦い続けていたのは二名の候補者だ。——ジョン・ケーシックは、オハイオ州予備選挙で勝利しただけであり、テッド・クルーズは一一の予備選挙で勝利していた。しかし、最終的には、トランプが圧勝する結果となった。四一の予備選挙で勝利して、第一回投票で必要となる一二三七票を約五〇〇票も超える代議員を獲得した。

ケーシックが、最後に撤退した候補者となった。ケーシックは、共和党指導部が自分のことを後押ししてくれるものと、最後まで信じていた。世論調査では、共和党穏健派としてクリントンに勝てる候補者であるとされていた。予備選挙での乱戦を経て、党大会での決選投票にもつれ込み、代議員票の争奪戦となった場合には、最後に党を団結させることができるのは、自分しかいないと思い描いていた。

米国政治史上では、前代未聞のことが起きていた。率直で、派手な言動をしていたニューヨークの億万長者は、当初は、「ピエロ」でしかないと見られていた。しかし、トランプは、職業政治家としての輝かしい経歴がある対立候補たちを、あだ名を贈ることによって、次々と倒していった。

共和党が七月のクリーブランドの党大会を迎えたときに、「元気のないジェブ」「チビのマルコ」「ウソつきテッド」は、すでに戦場から追いやられていた。そして、あらゆる予想に反して、ドナルド・J・トランプが「いんちきヒラリー」と対決する準備を整えて、最大の決戦に臨もうとしていた。

第二部

ヒラリー・クリントンは、
こうして民主党大統領候補の指名を盗んだ

この第二部では、ヒラリー・クリントンが、二〇一六年の民主党大統領候補の指名を、どのようにして盗んだのかを記録している。女性で初めての指名候補者になれたことは、自他ともに称賛に値する偉業であるとされていたが、アメリカ合衆国大統領に当選することでは、二度目の挫《ざ》折《せつ》に終わった顚末についての話である。

ヒラリー・ロダム・クリントンは、大人になって以降のすべての生涯を、大統領選に出馬することに捧げてきた。ウェルズリー大学に在学していた頃から、そうであったことは間違いないだろう。この大学は、アイビーリーグが男性だけに限定されていた当時の一九一五年に形成された、セブン・シスターズ・カレッジのひとつだ。マサチューセッツ州にあるエリート女子大学である。

これまでヒラリーは、きわめて重大な事実を、有権者に隠し続けてきた。そのことを知ったならば、いったい彼女がどのような人物であるかの、すべてを理解することができるだろう。

実は、ヒラリーのルーツには、一九六〇年代の急進的な極左派の政治学がある。

イリノイ州パークリッジに住む両親のもとで、ヒラリーは「ゴールドウォーター・ガール」となっていた。しかし、ウェルズリー大学に入って以降、その立場は変わっていた。大学生のときに、社会主義者のソウル・アリンスキとの時間を過ごすなかで、急進派となっていた。

アリンスキは、「コミュニティ・オーガナイザー」の創始者であり、一九七一年に社会運動のための手引書として、『急進派のルール』を出版していた。この著書のなかで、アリンスキはルシファーへの献辞を捧げていた。「既成権力に反乱を起こして、自らの王国を築くことに鮮やかに成功した。そのことで、人類にとっての最初の急進派として知られている」と記している。[1]

ヒラリーは卒業論文を書くにあたり、アリンスキをテーマとすることに決めた。そして、当時、アリンスキが著作の構想を練っていたシカゴで、個人指導を受けた。論文のためのフィールドワークとしては、低所得層の人々が住む地区も訪ね歩いている。

ヒラリーの九二ページの論文は、『戦いあるのみ……アリンスキ・モデルの分析』と題されている。[2] この題名は、T・S・エリオットが、一九四〇年に発表した『四つの四重奏』第二部「イースト・コーカー」のなかの二行にちなんでいる。

そこでは、（1）「失ったものを取り戻すためには、戦うしかない」（2）「そして、見つけては失うことを繰り返す」と記されている。

ヒラリーは論文のなかで、以下のように急進派を定義している。

「急進派とは、既存の政府の法や統治に対して、根本的な変革を行うことを提唱する人たちのことだ。ここで提唱される変革とは、政治問題の根底にあるものを対象としている。マルクス主義では、それを人間の姿勢や行動であるとしている」

このような思想を、ヒラリーは、バラク・フセイン・オバマ――二〇〇八年大統領選で一回目の敗北を喫した相手――とも共有していたことになる。オバマも、ヒラリーと同様に、「コミュニティ・オーガナイザー」のソウル・アリンスキを信奉していたからだ。ヒラリーに遅れること二十年となるが、やはり、シカゴの極左派政治学をルーツとしていた。

最後に、これから物語を進めていくにあたり、ヒラリーを理解するためには重要な、もうひとつの真実を示しておきたい。

夫であるウィリアム・ジェファソン・クリントンとは違って、ヒラリーにはカリスマ性が欠けていた。有権者に心から好かれるような、天性の政治家というタイプではなかった。

ヒラリーがビル・クリントンと出会ったのは、一九七一年のことだ。そのとき、二人は共にイェール大学ロースクールの学生だった。

重要な見解を述べてくれているのは、ドリー・カイルだ。アーカンソー州で、ビル・クリントンと長年にわたり愛人関係にあった女性である。カイルは、二〇一六年に出版した『ヒラリーもうひとりの女性』で、ビルとヒラリーの結婚が、ある種の政治協定であったことを記している。カイルは、ヒラリーのことを「監視人」と名付けている。

カイルによると、ビルという存在なくしては、一流の政治の舞台に立つことはできないことを、ヒラリーは理解していた。そうした考えに至るまでに、ワシントンDCでの司法試験では不合格となる経験をしていた。また、ウォーターゲート委員会での仕事を去るときには、倫理に反する行為をしていたと批判された疑惑もあった。

「ヒラリーは、一九七四年の夏をワシントンで過ごしていた。首都の街の権力の座の側にあって、政治権力をつかむ存在となれる可能性を、懸命に追い求めていた」と、カイルは書いている。

「しかし、それは彼女の独力によっては、とうてい実現できないことだった」(3)

第4章　高齢の社会主義者バーニー・サンダースが、大統領候補予定者のヒラリー・クリントンに挑戦する

クレイジーなバーニー・サンダースのことを、まだ、あまり強く批判したいとは思わない。彼が、いんちきヒラリーに、何をするかを見ていたいからだ。彼にもチャンスがあるはずだ！

二〇一六年五月十一日、ツイッターに投稿　ドナルド・J・トランプ(1)

ヒラリー・クリントンが、二〇一六年大統領選に、二度目となる出馬をするであろうことは、どちらの政党の政治家にとっても疑問の余地はなかった。二〇一五年四月十二日の日曜日の東部時間午後三時過ぎ、クリントンの二分間の映像が公開されたときに、ようやく様々な憶測に終止符が打たれた。映像の最後の部分では、「私は、大統領選に立候補します」と、微笑みながら語られていた。(2)

この映像では、多文化、多人種、バイリンガルという多様性のテーマが取り上げられていた。

各人の名前までは明らかではなかったが、若くて、魅力的で、幸せそうなアメリカ人が、次々と登場していた。それぞれの人生の出来事を、一行とか、二行とかの言葉で語っていく場面から始まっていた。

この映像は、かなりの予算をかけて作られた、プロの作品となっていた。ヒラリー陣営のチームが、メディア専門家たちとの協力のもとで、入念にメッセージを制作したことがうかがえた。しかし、この映像を批判的に検証したときに、ヒラリーが候補者として訴えようとしていたことは明白だった。アイデンティティ政治が、メイン・テーマとされていた。そして、そのテーマのもとで、女性で初めての大統領として選出されるとの目標が目指されていた。

二〇一五年四月十二日、ヒラリーは大統領選に出馬表明する

ここに、その映像の非公式な文字原稿がある。(3)「象徴的なアメリカ人」を登場させていくことで、アイデンティティ政治の重要性に気づかせるとの注記が付されている。

中年の白人女性が、紫色の上着とジーンズを着て、戸外での作業をしている。

「春が来たので、お庭の手入れを始めなくては。うちのトマトは、この近所では有名なのよ」

アクション：　庭仕事をしている女性が微笑みながら、手のひらを空に向けて上げている。

女性（人種や民族は不明）と**女の子**がいる。
「来年には、うちの娘は幼稚園に行きます。ですから、娘がよいところに通えるように、引越の準備をしています」
アクション：　母親と子供が一緒にいる。子供が片づけをしたり、文字盤に「ＦＩＳＨ」の文字をはめ込んだりしている。

ヒスパニックの男性が、**年下のヒスパニックの男性**とスペイン語で話している。英語の字幕がつけられている。
"Mi hermano y yo estamos empezando nuestro primer negocio."
翻訳：　私は弟と一緒に、これから初めての事業を立ち上げるところです。
アクション：　兄弟が、壁に絵をかけている。並んで立ち、幸せそうに笑っている。

白人女性と**五歳の男の子**がいる。
「五年間、子育てをしてきたのですが、これから仕事に復帰するところです」
アクション：　椅子に腰かけながら、息子を膝《ひざ》の上にのせて、本の読み聞かせをしている。ひとりで立っている母親が、笑顔をほころばせている。

アフリカ系アメリカ人の男性と女性

「毎日、私たちは心待ちにしながら、準備を整えているところです」
アクション：　夫婦が、おもちゃを箱から取り出している。夫は妻の隣に立ち、大きくなったお腹を優しくなでている。夫は「いいかい、そろそろだな。もうすぐだよ」と語りかける。夫婦は、笑顔を見せている。

二〇代くらいのアジア系の女性

「私はいま、就職活動をしています。大学を卒業してからの実社会が、どのようなものであるかを見て回っているところです」
アクション：　道を歩いていた女性は、会社の住所を見つけて、通りに面した玄関のドアを入っていく。最後に、カジュアルな服装で、屋内で窓を背にして立ち、笑顔を見せている。

二人の若い男性

「この夏には、心から愛している人と結婚する予定です」
アクション：　二人の若い白人男性が、幸せそうに、道を並んで歩いている。手と手をつないでいるところが、クローズアップされる。カメラは引いて、手をつないだ二人が、微笑みながら歩道を歩いているところを映し出す。

アフリカ系アメリカ人の少年

「演劇のときに、お魚の衣装を着るんだ。小さなお魚さんだよ」

アクション：リビングルームのソファの前に、少年が立っている。「二匹の、小さな、お魚たち」と歌いながら、手のひらを合わせて、上向きにくねらせていく。

退職年齢が近づいた**白人女性**

「もうすぐ退職になります。退職するというのは、いろいろな意味で、自分を生まれ変わらせることです」

アクション：フォトフレームには、（夫と思われる）男性と並んで映っている写真がある。戸外で家のそばに立ち、左手で「親指を立てる」仕草をみせる。また、助手席の位置から、女性が車を運転している姿が見えている。

（褐色の肌の）**女性**と**白人男性**

夫婦が、家の中のものを移動させている。妻が、「ええ、お家の模様替えをしているところです」と言う。夫は、「でも、うちの犬には、本当にゴミ箱あさりはやめてもらいたいな」と言う。

「では、二〇一五年への期待は大きいですね。ぜひとも実現させましょう」
アクション：　家の中には夫婦がいる。犬がゴミ箱の中身を引っぱり出そうとしている。
アクション：　男性が、機械工場のなかを歩いていく。機械の前で立ち止まり、作業をしている。
三〇代のスキンヘッドの**男性**
　最近、新しい仕事を始めました。５Ｇ関係の会社ですが、とてもやりがいのある仕事です。この国は、勤勉さによって築かれてきましたが、私も、その一員となることができて嬉しいです。
ヒラリー・クリントンが画面に登場する。
　郊外にある家屋の白い壁の前に立っている。背景には、家の窓の外に、緑の生垣や茂みが広がっている。
アクション：　ヒラリーがカメラに向かって話す合間に、アメリカの人々の幸せそうな姿の映像が挟まれていく。仕事をしたり、生活したり、遊んだりしている。ソフトな音楽がＢＧＭとして流れるなかで、ヒラリーのナレーションが続く。アメリカの日常風景のシーンが映し出されている。ヒラリーはカメラに向かって微笑みながら、ゆっくりと「イエス」とうなずく仕草をみせる。
ヒラリーの言葉：　「私にも、これから準備をすることがあります」と、ヒラリーは語りかける。

「私は、大統領選に立候補します。アメリカの人々は、厳しい経済環境のなかを戦ってきましたが、トップ層の人々に有利な仕組みには、変わりがありません」

「アメリカの人々には、生活を守ってくれる人が必要です。私は、そうした人たちの擁護者になりたいです。何とか暮らしていけるだけではなく、もっと成功できるはずです。なぜなら、家族に力があるときには、アメリカも強くなれるからです」と、ヒラリーは語り続ける。

「みなさんに投票してもらうために、私はこれから出発します。みなさんの時代が来ます。どうか、この私の旅に参加してください」と、ヒラリーは締めくくる。

映像は、ヒラリーのロゴで終了する。二本の青い柱を、赤い矢印が貫いている図柄だ。赤い矢印の中には、白文字で「ヒラリーを」と記されている。その矢印の先端には、青文字で「アメリカへ」と記されている。

ヒラリーは、ロゴの配色に合わせて、赤のブラウスに青いジャケットを着ている。金色の細いネックレスをして、控えめな金色のイヤリングもしている。春の気候にふさわしい、カジュアルなアウトドア・ルックの装いである。

映像の合計時間：二分一三秒。

この映像からは、民主党が、多文化、多人種という多様性の政策を受け入れていることを、明瞭に確認することができた。様々な結合のかたちが、幸福そうなイメージのもとで描写されていた。

そうしたことを表現していたのが、夫や家族がいるかどうかには関係なく、自立している白人女性の姿だ。ＬＧＢＴの男性同士での、幸福そうな同性婚の姿だ。在留資格の有無は不明であるが、小さな会社を起業する、バイリンガルのヒスパニックたちの姿だ。そして、伝統的な家庭もあれば、片親の家庭もある。単身者もいれば、子供もいる。アジア系であったり、人種や民族が不詳であったり、混血であったりという、多種多様なアメリカ人たちの姿だ。

これが、民主党が訴えかけていた主張だった。伝統的な家族のかたちは、時代遅れなものであると宣言していた。結婚に関しては、ＬＧＢＴの政策を受け入れるべきであるとしていた。多人種、多民族、多文化のあらゆる組み合わせのなかで、すべての人種や民族は混ざり合うことができるし、混ざり合うべきであるとしていた。

重要であった点は、ヒラリーが大統領選の選挙運動をスタートさせるにあたり、中西部の郊外を舞台とする映像に収まりながらも、アイデンティティ政治の台座に祭り上げられていたことだ。

この映像で表現されていたユートピアとは、ボーダーレスなアメリカ合衆国だ。そこでは、各人には、それぞれの家庭、学歴、仕事、趣味があるなかで人間関係が営まれていくという、伝統的な考え方が否定されていた。ひとつの大きな幸福な家族のなかに溶け込んでいくものとされていた。そして、そうした政策を脅かすものは何であれ、性差別、外国人差別、人種差別、偏見、反ＬＧＢＴ、反イスラムであると定義されていた。つまりは、不道徳だということだ。

ニューヨーク・タイムズ紙は、クリントン陣営からの大統領選出馬の発表について、その経緯を記事でふれていた。この公式映像のリリースに先立っては、ジョン・Ｄ・ポデスタ選対委員長からも、クリントンの大口献金者や、長年の側近たちへの告知が行われていた。ポデスタは、ワシントン政界の著名なインサイダーで、長年にわたる民主党のリベラル派の活動家だ。左派シンクタンク「アメリカ進歩センター（ＣＡＰ）」の創設者として知られ、ビル・クリントン政権では、ホワイトハウスの首席補佐官を務めた。また、バラク・オバマ大統領の顧問にもなっていた。

この映像によって、メディア展開がスタートした。それから間もなく、ヒラリーは公開のイベントに姿を見せるかたちでの出馬表明を行い、政策についての演説をすることになった。

クリントンが屋外集会で出馬を宣言する

二〇一五年六月十三日土曜日、ヒラリーは、直接のかたちでの選挙運動をスタートさせた。大規模な屋外集会は、ニューヨーク市内を流れるイースト・リバーのなかの、ルーズベルト・アイランドで開催された。この島の西の対岸にはマンハッタン島が、東の対岸にはクイーンズ区やロングアイランドがある。

ヒラリーは、鮮やかな青色のパンツスーツの装いをしていた。演説の舞台となるステージは、上から見下ろすと、選挙キャンペーンのロゴと同じかたちにつくられていた。上空から撮影した写真を見て、冷やかなコメントをする評論家もいた。ヒラリーのキャンペーン・ロゴのデザインが、飛行機が突入したツインタワーを連想させるかたちであると指摘していた。とりわけ、このニューヨークの街では、九・一一のワールド・トレード・センターへのテロ攻撃の記憶を蘇らせるとしていた。

クリントン陣営では、参加した聴衆を五五〇〇人と推計していた。しかし、実際には、その半数程度であると見られた。

ニューヨーク・タイムズ紙のエイミー・チョジック記者は、こう記している。(4)

「よく晴れた日となった。ニューヨーク市のルーズベルト・アイランドには、小旗を持った支持者が参集していた。クリントン氏は出馬を宣言して、選挙運動を包摂的なものにしていくことを語った。また、より包括的な経済をつくると訴えかけた。

共和党では、新しい顔ぶれの候補者までも含めて、相変わらず『トップダウン』型（ボトムアップ型の対になるマクロ経済の視点）の経済政策を掲げているが、すでに失敗が証明された政策であると批判した」

ステージの後景としては、国連本部ビルが見えていた。演説原稿の内容は、クリントンがニューヨーク州選出の上院議員や、国務長官を歴任してきたことを、有権者に訴えかけるように記されていた。

「このニューヨークでは、八年間の上院議員の任期を務めていますが、とても栄誉なことです。家族やたくさんの友人たち、そして、ニューヨーカーのみなさんのお蔭です」クリントンは語った。

「この対岸の国連本部では、何度も、わが国を代表する立場での職務を担ってきました」

そして、フランクリン・D・ルーズベルトのことに――現在でも、民主党では英雄とされている――言及しながら、強く訴えるべきテーマを打ち出していた。すなわち、女性で初めての大統領になる、ということである。

「この美しい公園は、フランクリン・ルーズベルトが掲げていた、アメリカの永遠の理想――わが国のあるべき理念――のために捧げられています」

ヒラリーの言葉は続いた。

「そして、このような場所には……天井がないのです」(5)

ここで、ヒラリーは、野外での演説であることにちなんで、「天井がない」という言葉を使っていた。そのときにイメージされていたのは、「ガラスの天井を壊す」というヒラリーの目標だ。フェミニストたちは、アメリカ政治のなかに、性差別による障壁があるとしてきていた。そして、政治やビジネスの世界が、男性優位の社会であり、女性の進出が阻まれてきたと訴えていた。

ロンドンのガーディアン紙は、ルーズベルト・アイランドでのクリントンの四五分間の演説を、次のように要約している。

・クリントンは、アメリカ経済をすべての人々のためのもの――看護婦、トラック運転手から、退役軍人、中小企業経営者まで――にすると訴えて出馬している。「すでに失敗が証明されている」トップダウン型の経済政策は終わりにする。
・所得格差をなくす。貧困層から抜け出すためのチャンスをつくり、中産階級を復活させる。
・連邦政府の行き詰まりを打破するために、議会との協力を公約している。
・気候変動の問題では、科学者の意見を尊重すること。銀行の「過大なリスク」に対しては、規制を強化すること。「法を尊重する移民の家族には、市民権取得への道を開く」ことを公約している。
・アメリカのすべての児童のために、就学前施設や十分な児童手当を保障することを提言している。また、有給での疾病休暇や育児休暇、賃金の平等、最低賃金の引き上げを提言している。
・アメリカの安全を守ることを公約している。
「私は、プーチンのような敵対者に立ち向かい、イスラエルなどの同盟国との関係を強化してきました。ビンラディンを殺害したときには、シチュエーション・ルームにいました。しかし、力だけでなく、賢明さも必要であることも理解しています」
・さらに、シチズンズ・ユナイテッド事件の最高裁判決（二〇一〇年の判決により、企業の政治献金の上限が撤廃された）を覆すために、憲法の修正を提言している。また、自動的な有権者登録の制度を導入することや、期日前投票の拡大を提案している。

「以上は、まさしく進歩派の政策リストである」と、ガーディアン紙は総括している。(6)

「この選挙で、私は最年少の候補者ではありません。しかし、アメリカ合衆国の歴史のなかで、女性としてならば、最年少の大統領ということになります」クリントンは締めくくった。

ステージには、ビル・クリントンも寄り添い、「マンハッタンの空のもとで、イースト・リバーが美しく横たわっていた。演壇の後方には、明るい陽射しのなかで、国連本部ビルが輝きを放っていた」と、ワシントン・ポスト紙は記している。(7)

ヒラリー・クリントンの演説の問題点としては、政策面では、感動を生み出すような新鮮さが、まったくなかったことだ。ヒラリーは、二十年以上も前から、ほとんどずっと国政の舞台に立ってきていた。その頃から、民主党の大統領選候補者となる人たちのほとんど全員が、所得格差をなくすための富裕層への課税と、貧困層への再配分を公約してきていた。

民主党による貧困対策のための政策プログラムは、五十年以上も前から始まっている。一九六四年に、リンドン・ベインズ・ジョンソン大統領が「偉大な社会」を掲げて以来のものだ。民主党による社会福祉国家政策のもとでは、約二〇兆ドルを費やして、八〇種類もの社会福祉プログ

ラムが実施されてきた。しかし、所得格差が是正されることはなく、貧困層をなくすこともできなかった。(8)

ヒラリーは、ファーストレディ、ニューヨーク州選出の連邦上院議員、国務長官を務めてきた。しかし、そうした経歴のなかでの業績を、何か挙げることができるだろうか？

ビル・クリントン政権では、当時は「ヒラリー・ケア」と呼ばれた法案――オバマケアと称される医療費負担適正化法の先駆けとなった――を成立させることに失敗していた。夫が署名したＮＡＦＴＡのことでは、ドナルド・トランプとバーニー・サンダース上院議員の両者からの攻撃が予想された。

アメリカ合衆国の公教育では、児童のテストの点数が低下を続けていた。しかし、ニューヨーク州選出の上院議員としては、その改善のために、何か重要な法案を提案するようなこともしていなかった。(9)

国務長官在任中のことでも、ヒラリー陣営が悩まされていた問題があった。二〇一二年九月十一日に、リビアのベンガジでは、クリス・スティーブンス大使ほか三名の勇敢なアメリカ人が殺害される事件が起きていた。

また、「アラブの春」の後では、テロリストによる混乱が、リビアから北アフリカ一帯を経て、シリアにまで広がっていた。在任中にイスラム国が台頭したことも、ヒラリーの責任が問われる問題である。

アメリカ国民としては、ヒラリーが二〇〇八年に出馬したことを、すでに見てきていた。しかし、そのときには、「希望とチェンジ」のカリスマとなった、バラク・フセイン・オバマに軍配が上がっていた。

どうしてヒラリーは、もう一度、二〇〇八年大統領選の出馬を再現するだけで、熱狂が呼び起こせるかもしれないと、考えたりしたのだろうか?

二〇一五年四月三十日、バーニー・サンダース上院議員が大統領選に参戦する

二〇一五年四月三十日木曜日に、バーモント州選出のバーニー・サンダース上院議員が、米国史上でかつてないほど控えめなかたちで、アメリカ合衆国大統領選挙に出馬を表明した。サンダースは無所属の議員であるが、民主党との会派を組んできていた。

晴れた日の午後のことだった。サンダースは、グレーのスーツと青いシャツに、シンプルな柄の青いネクタイをしていた。右手には何枚かの紙を丸めて持ち、ゆっくりとした足どりで歩いてきた。そして、ワシントンの連邦議会議事堂の敷地に置かれた、簡易な演台に立った。

一〇分間程度の発表が行われた。時間のおよそ半ばから、二十数名いた記者団との質疑となった。

サンダースは、記者団に向かって「あまり時間を取ることはできないのですが」と、切り出した。上院の議場に戻るとのことだった。

「お話ししたいのは、こういうことです」サンダースは話し始めた。

「現在のわが国は、私の見るところ、一九三〇年代の大恐慌以来の、大きな危機を迎えています」

選挙戦の争点としては、経済に焦点を絞ることを明らかにした。特に、所得格差を強調することがうかがえた。

「ほとんどのアメリカ人にとって、労働時間が増えているのに、賃金が減少しているという現実があります」サンダースは発言を続けた。

「以前と比べると、テクノロジーや生産性では、大きな進歩がみられています。しかし、インフレ調整した数字で見てみると、賃金は減少しています。私は、全米をめぐって、たくさんの人たちに話をしてきました。そのときに、こんなことを言われたことがあります。

『生産性が上がっていて、労働時間も増えているのに、どうして賃金は減っているのでしょうか。子供は、大学に行く学費を払えないです。私も、医療保険を払うのが大変です』

以上の話をまとめるかたちで、サンダースは問いかけた。

「上位一パーセントの人たちが、下位の九〇パーセントの人たちの合計と、同じだけの富を所有している。どうして、そんなことが起きるのでしょうか？」

この問いかけに対して、サンダースは、次のように答えを述べた。

「私の答えとしては、このような経済のあり方は、間違っているだけでなく、持続不可能であるということです」

さらに、記者団からは、ヒラリー・クリントンとの違いについての質問があった。

サンダースは、ジョージ・W・ブッシュ大統領がサダム・フセインとのイラク戦争を始めたときに、断固反対して、否決票を投じたことを語った。地域の深刻な不安定化を招くと、確信していたからだ。

環太平洋パートナーシップ協定の阻止にも取り組んでいるとした。恐るべき自由貿易協定がさらにできれば、何百万もの人々が安定した雇用を失うことになると述べていた。キーストーンXLパイプライン計画にも、強く反対を表明していた。「この世で最悪の汚い燃料」を輸送する計画であるからとした。

サンダースが上院議会に戻ろうとしたときに、記者団から最後の質問があった。

二〇一六年大統領選では、民主党の指名をクリントンと争うことよりも、自分の主張を訴えることが狙《ねら》いであるのか、という質問だった。

「勝つために出馬していることを、理解してほしい」サンダースは回答した。

「みなさんには、私の経歴を知ってもらいたい。いま、みなさんの前に立っている男には、連邦議会では異色の政治経歴があります。無所属の議員としては、米国連邦議会で史上最長の任期を務めています。しかし、初めて州の選挙に出馬したときは、一パーセントの得票でした。誇りに思うべきことなのかは、分からないです。しかし、直近の選挙では、七一パーセントを得票しています」

そして、サンダースは上院に戻ろうとする前に、民主党の支持基盤を揺り動かすことになるテーマを語った。それは、ヒラリー・クリントンが、どれほどプロとして洗練された演説をして、どれだけ資金を費やした映像を作っていたとしても、とうてい太刀打ちできないものだった。

「そのような質問は正しくないと、言っておきたいです」

サンダースは、きっぱりと言った。

「正しい質問であるならば、こう問いかけるべきです。訴えかける主張が、アメリカ国民の心に届いていくのかどうか。国民が一体となって立ち上がれるような運動を、生み出すことができるのかどうか。そして、わが国の議事堂が、美しい議事堂が、億万長者たちの所有物ではなくて、私たちみんなのものであると、言えるのかどうかです。

ただ、主張を訴えたいだけではないのです。選挙に勝つためです。アメリカ国民のためなのです」

話し終えたときに、まばらな拍手があった。サンダースは手を振って、立ち去った。芝生の上を急ぎ足で歩き、議事堂に戻っていった。

サンダースは一九四一年にブルックリンに生まれて、一九六四年にシカゴ大学を卒業している。大統領選に出馬表明したときには、七三歳になっていた。

この出馬をめぐっては、左翼メディアでさえもが理解していたことがある。極左派の社会主義者として知られる経歴は、本選挙では不利な要素になるということだ。過去には、社会主義青年同盟や、トロツキストの社会主義労働者党との関わりがあった。一九六〇年代の公民権運動では、人種平等会議や学生非暴力調整委員会の政治活動家として、抗議運動に参加していた。

現在のサンダースは、自身のことを資本主義者ではなく、「民主社会主義者」（民主党という意味ではない）であるとしている。(10) 政治家としての経歴は、一九八一年に初めて選挙に当選したときから始まっている。バーモント州のバーリントン市長として、四期を務めた。社会主義者であることを自認して（共産主義者であるとは認めていない）、執務室の壁には、鉄道労働組合の活動家ユージン・V・デブスの肖像画を掲げていた。

デブスは、オハイオ州で反戦演説をしたかどで、一九一八年の扇動防止法で有罪となり、第一次世界大戦中に服役している。(11) また、アメリカ社会党から大統領選に五回立候補している。最後に立候補した一九二〇年の選挙では、獄中からの出馬となり、三・四一パーセントを得票していた。

サンダースは、社会主義者の無所属議員でありながらも、民主党の指名をヒラリー・クリントンンと争う決意をしていたのである。

ワシントン・ポスト紙の記事は、この出馬表明を取り上げながらも、あっさりと結論を記していた。「サンダースが勝つ可能性はない」と。

この記事では、最左派のグループ以外では、サンダースには全米的な知名度がないことが指摘されていた。資金集めの面でも、ヒラリー・クリントンの資金力に対抗することはできないとしていた。

「サンダースとしては、クリントンに対抗できるだけの資金を集めたいと考えているようだ。しかし、それは無理なことである」と、ワシントン・ポスト紙でクリス・シリザが書いている。

「まったく太刀打ちできないだろう」

同紙は、サンダースは勝つことを度外視している、としていた。

「サンダースには、きわめて長い政治経歴がある。一九八一年以来、州や全米での政治に、ほとんどずっと携わってきた。したがって、クリントンがどれだけ強力なのかを理解しているはずだ。候補者としての自分の限界も、よく分かっているはずだ」と、シリザ記者は記している。

「出馬の本当の狙いは、四年に一度の大統領選という節目に、民主党内での議論に影響を与えることだ。サンダースは、貿易の問題（環太平洋パートナーシップ協定には反対）、選挙資金制度改革、格差是正という争点で、クリントン（他の候補者も含めて）を左傾化させたいと考えて

いる」(12)

しかし、それから九か月後に、ワシントン・ポスト紙の論調は変わっていた。「サンダースは、きわめて控えめな出馬表明からスタートした。しかし、本日のアイオワ州党員集会では、ヒラリー・クリントンを相手に接戦を繰り広げている。二月九日のニューハンプシャー州予備選挙では、優勢となっている。まさに驚くべき展開である」と、二〇一六年二月一日のワシントン・ポスト紙で、シリザ記者が書いている。

サンダースの運動は、ひとつの政治現象となっていた。ミレニアル世代が熱狂していただけでなく、左傾化した民主党の支持基盤の関心も集めていた。無名の存在から勢力を伸ばして、クリントンに肉薄するところまで迫っていた。

驚くべきことが起きていた。二〇一六年民主党大統領候補への指名が確実視されていたヒラリーは、二〇〇八年に続いて、またもや敗北しかねないところまで、追い詰められていたのである。今回の挑戦者は、バーモント州選出の無所属議員で、さほどの知名度のない、高齢の社会主義者である。議会では民主党との会派を組んではいたが、民主党に対しての忠誠については、何も明言してはいなかった。

死に物狂いとなったヒラリーは、不道徳で卑しい本性を現すことになった。ポデスタや、民主党全国委員会のデビー・ワッサーマン・シュルツ委員長と共に、陰謀を企むことにした。民主党予備選挙のプロセスで不正を行い、絶対にサンダースが負けるように仕組んだのである。

しかし、この二人の候補者を比べたときに、政治家としての人気が高く、カリスマ性もあったのは、サンダースの方だった。

二〇一五年五月、サンダースは初回の選挙集会で、たくさんの聴衆を集める

二〇一五年五月二十六日、地元バーモント州バーリントンでの野外集会が開催された。サンダース本人が姿を見せて、大統領選の選挙運動をスタートさせた。その日は晴れて暖かく、推定五〇〇〇人の聴衆が集まっていた。

ワシントン・ポスト紙は、次のように描写している。

「バーモント州での集会では、ザイデコ音楽が流れていた。アイスクリームも無料提供された。有名なアイスクリーム会社ベン＆ジェリーズの二人の創業者も参加して、スピーチを行った」(13)

アトランティック誌シニア・エディターのラッセル・バーマンも、型通りの集会ではなかったことを記していた。

「選挙集会ではあったが、お祭りのような雰囲気となった。ベン＆ジェリーズからは、アイスクリームが無料で提供されていた。『マンゴー・ジャム』による演奏も行われていた。――バーモント州を本拠に、ザイデコ音楽、ケイジャン音楽、カリビアン音楽を組み合わせた演奏をする、

六人組のダンス・バンドだ」と、バーマンは書いている。

「ライブ演奏やフィッシュ・フード（アイスクリームの商品名）、シャンプレーン湖畔の美しい風景の魅力のお蔭で、数千人が集まっていた。しかし、この政治集会については、もっと重要な点が注目される」

サンダースは、従来の勝算のない候補者たちと同じように、億万長者たちからの資金援助がなくても、まっとうな選挙運動ができることを証明したいと考えていた。

「ベン・コーエンとジェリー・グリーンフィールドが協力者となっていた。自社の有名なアイスクリームを提供するためだけに参加していたのではない。――この二人は、選挙資金制度改革（『政治からカネを追放せよ！』と訴えてきた）に代表されるリベラル派の主張を、かねてから提唱してきている」と、バーマンは書いている。

「サンダースは、活動家や少額寄付者の参加意欲を高めて、これまでと違うやり方でも戦えることを示そうとしている」(14)

聴衆のほとんどは、地元バーモント州の白人だった。ミレニアル世代が多く、年配の人たちは少なかった。演説が始まると、「バーニー」とか、「フィール・ザ・バーン」という連呼が生まれていた。サンダース集会では、お決まりになっていく風景だ。

「はっきりとお話ししておきたいことがあります」サンダースは言った。

そして、連邦議会議事堂の近くで、ささやかな記者会見を開いて出馬表明したときと、同じ内容を語った。

「上位〇・一パーセントの人たちが、下位の九〇パーセントの人たちと同じだけの富を所有している。また、新たに生まれる富の九九パーセントが、上位一パーセントに所有されている。ここには、何か重大な間違いがあるはずです」

ワシントン・ポスト紙のベン・テリス記者は、サンダースが時流をつかんだとも言えるし、時代がサンダースに追いついたと見ることもできると書いていた。[15]

「このバーリントン市で、社会主義者として市長をしていた一九八〇年代以来、所得格差の是正、医療保険制度の国営化、富の再分配を訴えてきた」と、テリスは書いた。

「こうした政策を訴えることで、一九九一年には、バーモント州選出ではただ一人の下院議員に当選していた。上院議員となっていた二〇一〇年には、ブッシュ時代の減税政策の延長に反対して、八時間の演説を行っている」

サンダースがバーモント州では政治的な成功を収めてきたことを、テリスは指摘していた。もっとも、サンダースが市長をしていた当時のバーリントン市は、「バーリントン人民共和国」とも称され、支持者たちは「サンダニスタ派」とも呼ばれていた。

それでもバーモント州の人々は、そうした呼び方をされても、貶《けな》されているとは受け止めてはいなかった。バーモント州は、初めてシビル・ユニオン（同性カップルにも、法律婚と同じ法的権利を認める制度）を合法化した州であり、ベン&ジェリーズのアイスクリームのご当地であり、州都にマクドナルドの店舗がひとつもない、唯一の州だからである。(16)

サンダースが主要政策として訴えたのは、国民皆保険制度の導入や、気候変動への対策だ。富の偏在と所得格差、最低賃金の引き上げ、雇用創出の問題に取り組むことだ。さらには、選挙資金制度改革である。また、とりわけ急速に注目を集めた主張としては、大学教育の無償化が挙げられる。

「教育の問題については、はっきりと言っておきたいことがあります。世界経済のなかで、競争が激化しています。高度な教育を受けた労働力が必要になっています」サンダースは語った。「それなのに、何十万人もの有望な若者たちが、大学に行く学費を負担することができないでいます。また、何百万人もの学生が、卒業してから何十年も、巨額の負債を抱えています。このようなことは、わが国の利益にとっては、非生産的なことです。バカバカしいことです」

このテーマは重要な公約として、繰り返し訴えていくことになった。

「こんなことは、終わりにしないといけない」サンダースは訴えた。

「私が大統領になったら、公立大学の学費を無償にすることに取り組みます。学生ローンの金利も、大幅に下がるようにします」(17)

一九八〇年から一九九五年生まれのミレニアル世代は、「参加賞」（参加するだけで表彰される風潮のこと）のもとで成長した「権利意識の強い世代」とされているが、今や政治的な影響力を生み出し始めていた。ミレニアル世代は、大学授業料の無償化を求めていたし、仕事のなかでは働きがいを求めていた。生活賃金、フランス式の労働時間（法定労働時間を週三五時間としている）、無償の職業訓練、社会的有用労働などが、そうした考え方にあたる。(18)

ワシントン・ポスト紙のジョン・ワグナー記者は、サンダースが、ミレニアル世代に愛される候補者となっていることを指摘していた。

「ミレニアル世代は、不況のなかで、親が苦労しているのを見ながら成長してきている。そして、将来への不安を抱いている」と、ワグナー記者は書いている。

「大学を卒業するときには、多額の負債を抱えている。就職のことでも、住宅購入のことでも不安に悩まされている。従来は信用されてきた、政府機関などのことも、あまり信用してはいない」(19)

サンダースによる経済政策のメッセージは、ミレニアル世代の「権利意識」には、明らかに魅力的に映っていた。しかし、若者世代に訴求している理由を、まがい物でないことにあると感じる人もいた。

オンライン・ニュース番組『青年トルコ』の司会者ジェンク・ユーガーは、ミレニアル世代がサンダースに魅力を感じている理由を、まがい物でないからだとしていた。

「四十年間もの経歴は、ごまかしようがない」と、ユーガーは書いている。「年配の世代が慣れ親しんだのは、髪型を整えた司会者であり、見栄えのよい政治家だ。見え方が大事にされていた」と、ユーガーは書いている。

「バーニー・サンダースは、その頃にはそぐわなかった人であるが、今の時代には向いている。たしかに髪は整っていないが、まがい物ではない。今や、ユーチューブのスターたちにとっては、そうしたスタイルがカッコいいものだと考えられている」(20)

バイデンとウォーレン 「出馬するべきか？ 出馬せざるべきか？」それが問題だ。

民主党の大統領選指名候補をめぐる戦いは、クリントンか、サンダースかの争いとなっていた。そのほかのドラマとしては、ジョー・バイデン副大統領や、マサチューセッツ州選出のエリザベス・ウォーレン上院議員が、名乗りを上げるのか否かくらいしかなかった。

バイデンに関する憶測は、主として、ヒラリーとバラク・オバマ大統領の間に、長年の確執があるとされていたことから生じていた。両者の対立は、二〇〇八年に、オバマが初めて出馬したヒラリーを破ったとき以来のものであるとされていた。

そうした見方の中心にいたのは、政治評論家のエドワード・クラインだ。二〇一四年のベストセラーとなった著書『血の復讐《ふくしゅう》 クリントン家対オバマ家』では、両家の間には、お互いを蔑《さげす》みあう敵対関係があると書いていた。

二〇一五年十月十九日の「ブライトバート」の記事でも、オバマ大統領がヒラリーとの面会を拒んでいることが報じられていた。オバマと側近たちは、ジョー・バイデン副大統領に、ヒラリーの対抗馬となることを促していたとのことだ。クラインによると、オバマは、最初にエリザベス・ウォーレンに打診したが、断られていた。次の候補としては、元メリーランド州知事のマーティン・オマリーが浮上した。しかし、オバマは、オマリーのことを「資質に欠ける」と考えていた。(21)

二〇一五年三月三十一日に、ウォーレンは、NBCの番組『トゥデー』に出演した。そのなかで、大統領選出馬の可能性が、三度にわたって質問された。進歩派の運動のなかで、待望論が生まれていることが背景となっていた。しかし、ウォーレンは、聞かれるたびに否定した。

「出馬はしません。出馬するつもりはないです」ウォーレンは言った。

「いま、私はワシントンにいます。素晴らしい仕事に携わっていて、本当に重要な問題に取り組んでいます」

司会者のサバンナ・ガスリーは、出馬の可能性を「疑いの余地なく、明確に」否定するのですかと尋ねた。

「私は、出馬しません」ウォーレンは、もう一度、断言していた。

それでもガスリーは、「くどいかもしれませんが」との前置きをして、こう問い質《ただ》した。

「あなたは、これまでに大統領選に立候補する可能性を、検討したり、思い描いたりしたことはないのですか？」

ウォーレンは、きっぱりと「ないです」と返答した。

MSNBCは、このやり取りを報じるなかで、リベラル派の団体「ムーブオン」「デモクラシー・フォー・アメリカ」、スーパーPAC「レディー・フォー・ウォーレン」が、ヒラリーを破って大統領指名候補となるように、ウォーレンに決意を促していたことを伝えていた。(22)


バイデンが決断するまでには、さらに時間を要することになった。二〇一五年十月二十一日にホワイトハウスのローズガーデンで、バイデンは、右にオバマ大統領、左にジル・バイデン夫人が並ぶなかで、二〇一六年大統領選への不出馬を表明した。

「残念ですが、もはや時間切れとなりました。指名を獲得するために必要な時間が、もうないのです」バイデンは説明した。

ウォールストリート・ジャーナル紙ほかの多くの報道では、息子ボー・バイデンの死が、いまだに重荷となっていることを伝えていた。(23) バイデン副大統領の長男は、デラウェア州司法長官を務めたが、長らく脳腫瘍《のうしゅよう》を患った後に、二〇一五年五月三十日に四六歳で亡くなっていた。

「バイデン家は悲しみにくれています」と、バイデンは声明で記していた。

「ボーの心は、私たち家族全員のなかで――とりわけ立派であった妻ハリーと、素晴らしい子供たちであるナタリーとハンターを通じて――生き続けています」(24)

ヒラリーは、二〇一六年民主党大統領候補に指名されることを、「決まったのも同然」として選挙運動を進めていた。しかし、民主党内でも様々な人たちが、ヒラリーが数多くの不安な材料を抱えたまま立候補することに懸念を抱いていた。(25)ビルがアーカンソー州知事をしていた頃に始まり、ヒラリーが国務長官を務めていたときに至るまで、クリントン家は、スキャンダルに悩まされ続けていた。

民主党内で懸念材料とされていたのは、ベンガジのテロ事件が発生して以来の行動や説明の問題が尾を引いていたことだ。また、国務長官在任中の私用メールサーバーの問題では、ＦＢＩの捜査を受けて、司法省から刑事訴追される恐れもあった。さらに、クリントン財団をめぐっては、「巨大な犯罪組織」であるとの証言が数多く出てきていた。二〇一二年に卒倒して脳震盪《のうしんとう》を起こして以降は、健康問題も囁《ささや》かれていた。

そもそもヒラリーは、二〇〇八年にオバマに敗北していた。それなのに、二〇一六年のヒラリーには共和党に勝てるだけのものが、何かあったとでもいうのだろうか？

こうした懸念のために、民主党では別の選択肢も生まれてはいた。

もう、あまり覚えている人はいないかもしれないが、二〇一五年十月の民主党予備選討論会では、バーニー・サンダース上院議員だけでなく、さらに三人の対抗馬がいた。このときの第一回討論会のステージには、ヒラリーとサンダースのほかに、最終的に出馬を決意した元メリーランド州知事のマーティン・オマリー、元バージニア州選出上院議員のジム・ウェッブ、元ロードアイランド州知事のリンカーン・チェイフィーがいた。

二〇一五年二月一日のアイオワ州党員集会が開催される前に、ウェッブとチェイフィーは、選挙戦から撤退していた。オマリーも、アイオワ州党員集会の直後に撤退した。

このほかにも、ハーバード大学法学部教授のローレンス・レッシグがいた。わずかの期間だが、候補者として出馬していた。選挙資金ほかの選挙制度改革を熱心に訴えていた政治活動家で、第二回憲法制定会議を提唱していた。レッシグは準備委員会を立ち上げて、一〇〇万ドルの資金を集めていた。しかし、民主党予備選討論会に出席するための参加資格が満たせないと判明してから、二〇一五年十一月二日に撤退した。(26)

二〇一五年八月二十八日には、ミネアポリスで、民主党の夏の大会が開催されていた。CNNが「クリントン支持が大勢となる聴衆たち」と描写していた人々を前にして、ヒラリーは演説した。

明るい調子での演説を終えた後で、記者団との質疑が行われた。ヒラリーは、二〇〇八年の教訓を学んでいると語り、懸念を抱いている人たちを安心させようとした。

「二〇〇八年のことを、思い出す人もいるでしょう。得票数は多かったのです。しかし、代議員の数を、十分に獲得できなかったのです」クリントンは説明した。

「ですから、今回は得票数だけではなく、代議員の獲得にも照準を合わせることが大事であると理解しています」クリントンは続けた。

「できる限りたくさんの支持者を集めていくことに、全力を尽くしています。もちろん、特別代議員も含めてですが……。とてもよい手ごたえがあって、励まされています」(27)

第5章　第一ラウンド　ヒラリーは、サンダースに対して勝利を宣言する

バーニー・サンダースに投票したのに、特別代議員という不正な制度のために、見捨てられてしまった人たちがいる。そうしたすべての人たちを、私は心から歓迎したい。

二〇一六年六月七日、ニューヨーク州ブラークリフ・マナーにて
ドナルド・J・トランプ(1)

二〇一五年十月十三日火曜日に、民主党予備選挙の候補者たちによる、第一回の大統領選討論会が開催された。CNNの主催で、ネバダ州ラスベガスのウィン・ホテルが会場となった。ポリティコ誌によると、民主党予備選挙では史上最高となる一五三〇万人の視聴者があった。(2)

この討論会の開催時期は、共和党と比べると遅かった。二〇一五年八月六日には、共和党予備選挙の第一回討論会が開催されていた。FOXニュースの主催で、視聴者は二四〇〇万人となっ

ていた。[3]さらに、二〇一五年九月十六日には、共和党の第二回討論会が開催されていた。CNNの主催で、二三〇〇万人の視聴者があった。[4]

共和党の第一回討論会での視聴者数は、大統領候補者討論会としては過去最高の記録を更新した。これは、ドナルド・トランプの貢献によるものだ。

ＦＯＸニュース・チャンネルとしても、過去二十年での最高の視聴率を記録していた。二〇一二年にも、同じくＦＯＸ主催で、共和党予備選挙の第一回討論会が行われたが、視聴者数は、わずかに三二〇万人だった。それを、はるかに超える数字が出ていたことになる。[5]

この数字を見たときに、国民的な熱気が生まれていたことは、明らかだった。共和党予備選挙は、ドナルド・トランプという「ダビデ」と、共和党の練達の一六名という「ゴリアテたち」とが、対決する構図となっていた。

これとは対照的に、ヒラリー・クリントンが民主党の指名を獲得するであろうことは、専門家のなかでは、ほとんど異論がなかった。したがって、民主党予備選挙の討論会は、およそ一〇〇〇万規模の視聴者にとっても、あまり興味を引かれるものではなくなっていた。注目されていたのは、バーニーが、どれだけヒラリーを左に引っ張れるのかということくらいだった。

二〇一五年十月十三日火曜日、民主党の第一回予備選討論会

ＣＮＮのアンダーソン・クーパーが司会を務めるなかで、その夜のトップニュースが飛び出していた。クリントンが国務長官在任中に私用メールサーバーを使用していた問題について、バーニー・サンダースに発言の機会が巡ってきたときのことだ。

サンダースの発言は、ただちに拡散されることになった。

「いいでしょうか。重大な政治問題ではないかもしれないが、いいでしょうか」サンダースは発言を始めた。

「国務長官が言っていることは、正しいのだと思います。あの忌まわしいメール問題については、その話を聞かされるたびに、アメリカ国民はうんざりしていると思います」

ウィン・ホテルの聴衆は拍手を送った。クリントンは微笑んで、壇上で隣にいたサンダースに手を伸ばして、握手を求めた。

この発言のお蔭で、クリントンは、このスキャンダルをめぐる、すべての法的責任を免れたかのようだった。サンダースは、この問題を大統領選の——少なくとも民主党予備選挙では——争点にするべきではないと表明していた。

ヒラリーも、私用メールサーバーの使用は「最善の選択ではなかった」として、「間違い」だ

ったと、繰り返し発言してきていた。つまり、メール問題は犯罪には該当しないとしていた。そして、メール問題をめぐる議会での追及は、「支持率の数字を低下させる」ことが狙いだと述べていた。政治的な思惑があり、党派的な動きであると非難していた。

他方で、二〇〇三年のイラク戦争では、連邦上院議員として開戦に賛成したとして、サンダースはヒラリーに厳しい批判を浴びせた。

「私は、上院では退役軍人委員会の委員長を務めた経験があります。戦争の代償については、重大な教訓を学んできました。アメリカ合衆国は、イラクで経験したような苦難に、二度と巻き込まれてはならないです。そのために、私は全力を尽くしたいと考えています。わが国の外交政策としては、イラクのことは史上最悪の失敗でした」サンダースは言った。

「前向きなアラブの諸国とは、同盟関係を結ぶべきです。アメリカとして協力関係を築くべきです。ですから、シリアに地上軍を派遣することには、私は反対します」

クリントンが国務長官のときに、オバマ政権としては、環太平洋パートナーシップ協定の交渉を推進していた。しかし、サンダースは、協定の締結に反対していた。

クリントンも不賛成を示唆していたが、明言はしていなかった。

「さて、貿易協定の問題を考えてみましょう。国務長官をしていた三年前に、私は言ったことがあります。この協定で、素晴らしいルールができることを期待していると。

ちょうど先週、最終交渉が行われました。しかし、私が期待したのとは違う内容になっています。私が期待しているのは、アメリカ人に新たな雇用が生まれるものです。アメリカ人に賃金の上昇をもたらすものです」クリントンは述べた。

「中流階級のアメリカ人たちの目を見て、『これで賃金が上がりますよ』と、しっかりと言えるものにしたいのです。そのようなものではないことが、私には分かりました」

ただし、民主党が基本とするテーマでは、ほとんどの場面で、候補者たちの見解は一致していた。所得格差の問題、雇用創出の必要、国境の開放と移民問題について質問されたときには、ほとんど同じ主張を述べ合うことになった。

「共和党の討論会では、移民問題では感情的な議論となって、混乱が生まれていた。これに対して、民主党の候補者たちの見解は、概ね一致していた。数百万人の不法滞在者に、法的地位を付与する道を開くとしていた」と、ＡＰ通信は報道している。

「民主党としては、本選挙でヒスパニックからの支持を期待している。二〇一二年には、ヒスパニックの圧倒的多数が、オバマに投票していた」(6)

クリントン支持派の主要メディアは、このＣＮＮ主催の討論会を、ただちにクリントンの勝利と判定していた。

「クリントン氏は、銃規制、金融規制の問題、大学の無償化、社会保障の給付の問題では、リベラル派、若者、高齢者たちを――まさしくサンダースの支持基盤である――守る立場になりたいと訴えた。さらに、子供たちや家族の代弁者でもあるとした。（女性初の大統領になるかもしれないとして）女性層にも支持を訴えかけた」と、ニューヨーク・タイムズ紙でパトリック・ヒーリー記者が書いていた。

「サンダース氏は、メール問題のことで、はっきりと不快感を表明した点では、称賛されていた。しかし、他の問題では控えめで、守勢となっていた。クリントン氏のウォールストリートとの緊密な関係を、厳しく批判することは躊躇《ちゅうちょ》していた。また、厳格な銃規制や移民制度改革で、以前と立場を変えたことを弁解したときには、苦しい立場となっていた」(7)

民主党の予備選討論会は、第一回討論会から二〇一六年四月十四日の最終回まで、九回にわたり開催された。最終回の視聴者数は五六〇万人だった。第一回と比べると、視聴者数は約三分の一に減少していた。(8)共和党の予備選討論会も、二〇一六年三月十日の最終回の視聴者数は、第一回と比較すると半減していた。しかし、それでも一一九〇万人の視聴者数となった。(9)共和党予備選討論会での最終回の視聴者は、民主党予備選討論会の最終回の二倍はいたことになる。

繰り返しになるが、二〇一六年大統領選の討論会では、ドナルド・トランプにメディアを席巻する能力があることが示された。最初に出馬表明をしたとき以来、トランプはアメリカ国民の関心を引きつけていた。その事実そのものは、賛成派と反対派のいずれの陣営から見たとしても明白だった。

他方、民主党の予備選討論会でのテレビ視聴者数は、それほど伸びなかった。その要因としては、近年の民主党が掲げてきた争点では、クリントンとサンダースの見解が、概ね一致していたことが挙げられる。クリントンとサンダースが論じていたのは、政策の細部をめぐる問題でしかなかった。

例えば、全米ライフル協会には、両者とも反対する立場だ。全米家族計画連盟《プランド・ペアレントフッド》は、両者とも支持する立場だ。銃規制の強化には、両者とも賛成していた。保守派の側は、銃規制に関しては、合衆国憲法修正第二条の自由権の制限になると主張していた。

また、全米家族計画連盟に税金から補助金を出すことには、両者とも賛成していた。二人とも、ロー対ウェイド事件の最高裁判決を熱烈に擁護する立場だ。この判決では、妊娠中絶に関して、合衆国憲法や権利章典（修正第一条から修正第一〇条まで）では規定されていない「女性のプライバシー権」を認めていた。

つまり、些細《ささい》な論点での相違をめぐる、「内輪」の掛け合いをしていたに過ぎなかった。共和党予備選挙と比べたときには、明らかに見劣りしていた。

共和党候補者たちは、トランプの選挙運動のあり方を問題視して、最後まで指名には異議を唱えていた。さらには、たとえ指名されたとしても、共和党員として支持する義務があるのかと疑問を呈することまでしていた。

予備選挙の序盤戦でのクリントン対サンダースの戦い

二〇一六年二月一日のアイオワ州予備選挙で、クリントンは四九・八パーセント対四九・六パーセントの僅差で、サンダースに勝利した。それから一週間が経った二〇一六年二月九日のニューハンプシャー州では、サンダースが六〇・一パーセント対三七・七パーセントでヒラリーを破り、ニュースの見出しを飾った。これに続く二つの予備選挙では、ヒラリーは、二〇一六年二月二十日のネバダ州では五二・六パーセントの得票で、二〇一六年二月二十七日のサウスカロライナ州では七三・五パーセントの得票で圧勝した。

スーパー・チューズデーの二〇一六年三月一日火曜日には、クリントンは、アラバマ州、アーカンソー州、ジョージア州、マサチューセッツ州、テネシー州、テキサス州、バージニア州、米領サモアの八つの予備選挙で勝利を収めた。これに対して、サンダースが勝利したのはコロラド州、ミネソタ州、オクラホマ州、バーモント州での四つの予備選挙だった。スーパー・チューズデーの選挙が終わったときに、クリントンはサンダースに対して、代議員数で二〇〇票差のリードを確保していた。

民主党予備選挙で、最初のサプライズが起きたのは、サンダースが二〇一六年三月八日のミシガン州予備選挙で、一・五パーセントの差で勝利したときだ。この結果は、政界にかなりの衝撃を与えた。

「サンダースの逆転劇が現実となる直前まで、ヒラリーは、支持率で二一ポイントのリードをしていたはずだった。したがって、このラストベルトの州では、クリントン勝利が予想されていた。予備選挙が行われた火曜日までの世論調査では、二桁のリードをしていた」と、ミシガン州でのサンダース勝利について、ポリティコ誌は書いていた。

「サンダース陣営では、ミシガン州が『重大な決戦場』になると考えていた。そのため、貿易政策やウォールストリートとの癒着をめぐり、クリントンを厳しく批判した。

この中西部の州は、現在までのところ、テキサス州に次いで二番目に代議員数が多い州となる。サンダースとしては、ここで勝利することによって、ポピュリストとしての経済政策の訴えを、全米に波及させようとした」(10)

世論調査の達人であるネイト・シルバーが、ブログの編集長をしていた「ファイブサーティーエイト」では、サプライズ勝利が生まれた理由について、各種の世論調査会社が、若者世代の投票率を過小評価していたと指摘していた。

ミシガン州の民主党予備選挙では、三〇歳以下の有権者は、全体の一九パーセントを占めていた。六五歳以上の有権者も、だいたい同じ割合となっていた。しかし、世論調査会社では、五〇歳以下からの投票を、全体の四分の一程度と見積もっていた。実際には、五〇歳以下からの投票は、半分を超える結果となっていた。

クリントン支持の高齢者層に、投票に出かけるだけの熱気が生まれているかについても、過大に見積もられていた。そして、「若い年齢層の有権者では、サンダースが優位であることについて、世論調査会社は過小評価していた」と、このブログでは結論づけていた。(11)

二〇一五年三月下旬から四月上旬にかけて、サンダースは九つのうち八つの予備選挙で、二桁のポイント差となる勝利を収めていた。サンダースはアラスカ州、ハワイ州、アイダホ州、ユタ州、ワシントン州、ウィスコンシン州、ワイオミング州のほか、「国外の民主党員」で勝利した。クリントンが勝利したのは、アリゾナ州だけだった。

しかし、それでも驚くべきことに、代議員数を合計すると、ヒラリーが優位を保っていた。

はたして、そんなことがありうるのだろうか？

その答えを知るためには、民主党全国委員会により大統領候補者が指名されるプロセスには、不可思議な仕組みがあることを理解する必要がある。

それが、「特別代議員」だ。

二〇一六年二月十八日のラスベガス行きで、ヒラリーの健康問題が表面化する

二〇一六年二月十八日に、ネバダ州予備選挙に向けての選挙運動で、ラスベガスに向かうとき

のことだ。シカゴの空港で飛行機に搭乗する際には、ヒラリー・クリントンは、いつも通りにコンタクトレンズをしている姿が確認されていた。

ラスベガスのシーザーズ・パレスに到着して、ホテルの従業員たちと面会したのは、その日の夜遅くのことだった。しかし、そのときには、強度の黒縁メガネをかけていた。そのメガネはフレネルレンズで、医学的には複視の患者のために処方されることが知られている。(12)

この週の初めに、ヒラリーはニューヨークのハーレムにあるショーンバーグ黒人文化研究センターで講演を行っていた。この講演では、人種問題のことを話していたが、その最中にヒラリーは、公の場では三度目となる咳《せき》の発作を起こしていた。(13)

「ブライトバート」が、この咳の発作のことを報道している。ひどく咳き込んでいたヒラリーを応援するために、聴衆からは「ヒラリー！　ヒラリー！」との連呼が生まれていた。その間合いのなかで、どうにかヒラリーはコップの水を口にして、咳止めの薬を服用していた。

二〇一三年一月二十三日に上院外交委員会の公聴会で証言したときにも、ヒラリーは、強度のフレネルレンズの黒縁メガネをかけていた。ベンガジ問題の調査のなかで、ウィスコンシン州選出の共和党ロン・ジョンソン上院議員は、テロ攻撃が発生した原因を追及していた。ヒラリーは、感情を抑えきれなくなった姿を見せていた。

このときのビデオ映像は話題を呼んで、よく知られるようになった。二〇一六年大統領選を通じて、ヒラリーの敵対陣営では、熱心に視聴されることになった。映像のなかでは、黒縁メガネをかけて、濃緑のジャケットを着たヒラリーが、感情を露わにしていた。

「お言葉ではありますが、四名のアメリカ人が死亡したことは事実です」ヒラリーは、手のひらを上に向けて、両腕を上げる仕草をしながら、ひどく憤慨した調子で語っていた。

「抗議デモが原因であるのかもしれないです。あるいは、アメリカ人を殺害する目的で、夜中に動いていた人たちがいたのかもしれないです」ヒラリーの発言は続いた。

「しかし、今更、その違いが、いったい何だと言うのでしょうか？」(14)

それから、二〇一五年十月二十二日に、ベンガジ問題に関する下院特別委員会で証言を行っていたときにも、クリントンは咳の発作を起こして、質疑が中断されてしまっていた。(15)

二〇一二年の脳震盪《のうしんとう》により、クリントンには「脳損傷」が生じたのか？

二〇一四年五月に、このフレネルレンズの問題が、全米の関心を引くことになった。共和党政治参謀のカール・ローブが、ある会議の場で、ヒラリーのフレネルレンズのメガネのことを話題にしていた。ローブは、有権者に対する説明が必要であると述べていた。フレネルレンズが、外傷性の脳損傷を受けた患者に処方されることも指摘していた。

このことを最初に報道したのは、ニューヨーク・ポスト紙のページ・シックス欄のコラムだ。

ローブは、もし、ヒラリーが大統領選に出馬するならば、二〇一二年十二月に卒倒した出来事について、有権者に対する説明責任があると語っていた。(16)

ヒラリーは、卒倒した理由について、ウイルス性胃腸炎による脱水症状が原因であるとしていた。また、脳損傷には至らず、頭部にできた血栓についても、治療に成功したと述べていた。

その後のワシントン・ポスト紙のインタビューで、ローブは、クリントンは卒倒からの回復と血栓の治療のために、三〇日間も入院していたと述べていた。

「三〇日間も、入院していたんですよ」ローブは疑問を呈した。

「それで、ふたたび姿を見せたときには、脳損傷を受けた患者だけが処方されるメガネをかけていたのですよ。いったい、どのような問題が生じていたのかを、私たちは知る必要があります」

ワシントン・ポスト紙は、ローブの三〇日間との発言を、三日間であると訂正していた。クリントン側近と病院の職員によると、その三日間、ニューヨーク長老派教会病院・コロンビア大学メディカルセンターに入院していた。そこでは、ウイルス性胃腸炎を原因とする脱水症状で倒れた後に生じた、血栓の治療をしていたとされていた。(17)

二〇一四年五月十四日に、ビル・クリントンは、ワシントンのピーターソン財団での質疑で、ローブの批判について問われた。ビルは、ヒラリーの脳震盪《のうしんとう》が「かなり深刻な治療が必要となり、六か月はかかるものだった」と聴衆に語っていた。

ABCニュースは、このクリントン元大統領の発言を報道する際に、ヒラリーのこれまでの経過として、卒倒のこと、脳震盪のこと、その後に生じた血栓のことを、あわせて解説していた。二〇一二年十二月三十日に、ヒラリーはニューヨーク長老派教会病院に入院していたが、その理由は、数週間前に起こした脳震盪の経過観察のときに、頭部に血栓が発見されたからだとされていた。

二〇一二年十二月三十日に、国務省の広報担当者のフィリップ・ラインスから発表が行われた。

「クリントン国務長官の医師団は、本日の経過診察のなかで、数週間前に脳震盪を起こしたことがきっかけとなり、血栓が生じていることを発見しました。現在、抗凝血薬の投与を受けています。四八時間の経過観察のために、ニューヨーク長老派教会病院に入院しています。医師団は、脳震盪に関連する問題が他にも生じていないか、健康状態の検査を続けています。さらに処置が必要となるかを判断するためです」(18)

二〇一二年十二月三十一日に、クリントンの医師団からは、さらなる発表が行われた。

「日曜日に通常のMRI検査を行った結果、右脳横静脈洞血栓症が生じていることが確認されました。血栓ができた箇所は、右耳後ろの頭蓋骨と脳の間にある静脈です。脳卒中や神経疾患までには至っていません。

医療チームとしては、血栓を溶解させるために抗凝血薬の投与を開始しています。投薬が完了すれば、退院できるようになります。これ以外の回復の経過も、きわめて良好な状態ですので、全快を確信しています。現在は、元気な様子で医師団や、家族や、スタッフたちとのやり取りをしています」

二〇一五年十一月十六日に、ワシントンを本拠とする政府監視団体「ジュディシャル・ウォッチ」からは、クリントンのスケジュールに関する二〇一三年一月二十六日付のメールが情報公開されている。そこでは、側近のフーマ・アベディンとモニカ・ハンリーのやり取りが記録されていた。クリントンは「よく意識が混乱する」ので、電話の予定を確認しておくことは「とても大事です」と、フーマは記していた。(19)

二〇一五年十二月十九日のニューハンプシャー州ゴフスタウンで開催された第三回民主党予備選討論会のときにも、やはり事件が起きていた。この第三回討論会が進行していた最中に、クリントンは五分間の休憩を取っていた。トイレに行って戻ってくるまでに、時間がかかってしまったとされていた。

CMの時間が終わって討論が再開されるまで、バーニー・サンダースと、マーティン・オマリー元メリーランド州知事は、壇上で待ちぼうけの状態となった。前述の通り、オマリーは、候補者として名乗りを上げていたが、アイオワ州党員集会の後で撤退している。クリントンが壇上から姿を消していた間、舞台中央の演台には、誰もいない不自然な状態が続いていた。当初の報道では、演台に戻るまでに時間を要した理由は、女性用トイレの場所が遠かったからだと説明されていた。[20]

しかし、「ブライトバート」では、舞台裏にいた警察関係者からの情報をもとにした、アレックス・スウォイヤーの記事が掲載されていた。ヒラリーが舞台から消えて、遅延が起きた真相は、「脳損傷を原因とする症状が起きていた」からだと解説されていた。ヒラリーは、疲労感、めまい、意識障害に襲われて、舞台裏で椅子に腰かけて回復を待っていたとのことだった。[21]

二〇一五年の早い段階から、クリントン陣営では、ヒラリーの健康問題が懸案となる可能性を認識していた。ウィキリークスが公開したメールは、その事実を証明している。

二〇一五年三月十四日付のクリントン陣営幹部からポデスタ宛てのメールでは、納税や健康問題のことが、ヒラリーと話し合われているかが尋ねられていた。

「どちらの問題とも、きわめて重大なことだと思います。透明性を追及されたあげく、応じる結果になるのはまずいです。事前に対策をしておいた方が、うまくコントロールできると思われます。いかがでしょうか？」[22]

また、二〇一五年四月二十一日付のメールでは、クリントン最側近の腹心フーマ・アベディンが、選対陣営の最高幹部たちに向けて注意喚起をしていた。

ヒラリーは「本日の午前中、書類に目を通そうとしていました。しかし、まだ頭の調子が、完全には戻っていないです」。

脳震盪の後遺症で、ヒラリーの思考能力が万全ではなかったことがうかがえる。(23)

ヒラリーは、血栓という「重大なリスク」を抱える

ヒラリー・クリントンの健康問題に関しては、主治医のリサ・バーダック医師が、二〇一五年七月二十八日付で書面を出している。(24)選対陣営が公表していた内容は、それだけだった。

この書面では、クリントンの健康状態は、概ね「良好」であるとされていた。ただし、過去に二度、血栓症――「静脈中に血液の固まりができる」ことを意味する医学用語――の病歴があることを明らかにしていた。

バーダック医師は、ヒラリーが、二度にわたり脚部に血栓を生じていたことを記している。「一九九八年と二〇〇九年に、深刻な血栓症の症状があったことが、過去の病歴として留意される」と記していた。

また、この書面では、二〇一二年の脳震盪の結果、横静脈洞血栓症――右耳の後ろの頭蓋骨と脳の間に血栓ができた――を生じていたことも明らかにしていた。

「脳震盪の後遺症のために、クリントン氏はしばらくの間、視界が二重に見えていた。そのために、フレネルレンズのメガネの着用が必要となっていた」

バーダック医師は、クリントンが、予防のために「日常的な抗凝血薬」の服用を処方されてい

たことも記していた。

二〇〇七年にニューヨーク・デイリーニューズ紙は、当時六〇歳を迎えたクリントンのことを記事にしていた。一九九八年には、「命にかかわるおそれ」がある出来事が起きていたとのことだった。(25) ニューヨーク州で上院選に出馬していた、チャック・シューマーを支援する選挙運動をしていたときに、右足が腫《は》れ上がり、激痛が走っていた。

「ヒラリーとしては、頻繁なフライトを控えれば、よくなるだろうと考えていた」と、ニューヨーク・デイリーニューズ紙のハイジ・エバンス記者は記していた。

「ホワイトハウスの医師からは、ベセスダ海軍病院に急行することを薦められた。そこで、右《みぎ》膝《ひざ》の裏側に大きな血栓ができていると診断された」

クリントンは、次のように同紙に語っていた。

「至急の治療を要するとのことでした。とても怖かったです。血栓が崩れて、脳や、心臓や、肺に移動する危険がありました。これまでの人生では、一番、深刻な健康問題でした」(26)

ヒラリーは、二〇一一年八月十九日付のシェリル・ミルズ宛てのメールで、「決断疲れを起こしていませんか？」とのタイトルの記事についてふれていた。

さらに、二か月後に送信された別のメールでは、国務省で外交政策のアドバイザーを務めていたジェイク・サリバン（バイデン政権の国家安全保障担当大統領補佐官）からヒラリー宛てに、プロビジル（モダフィニル）という薬の存在が伝えられていた。「パーキンソン病、アルツハイマー病、多発性硬化症の患者にみられる過度の眠気」や「睡眠発作の症状による過度の眠気」のために処方される薬だと説明されていた。(27)

エバンスの記事のなかでは、クリントンは抗凝血薬の使用は止めていると語っていた。「とても健康な状態です。ここ九か月では、全米各地を飛び回っています。自分の半分の年齢の秘書でさえ、疲労困憊《ひろうこんぱい》するスケジュールをこなしています」と述べていた。「体力に恵まれたことを、幸運に思っています」クリントンは、エバンスに語っていた。「健康には気をつけています。出張のときは、ジャンクフードの食べ過ぎなど、誘惑が多いので大変です。大統領選の選挙運動が本格化してからは、以前ほどは運動できていないです。それでも、なるべく外に出て歩いています」

しかし、二〇一五年のバーダック医師からの発表は、この内容と食い違っていた。一九九八年に血栓症を起こして以来、クリントンは抗凝血薬の使用を継続していたことが記されていた。「一九九八年に、彼女（ヒラリー・クリントン）は長時間のフライトに際しては、即効性のある抗凝血薬として、ロベノックスを処方されています。クマジンの服用を始めるまでは、この薬の使用を継続していました」

バーダックは、クリントンの薬がロベノックスからクマジンに変わった時期について、詳細を明らかにしていない。しかし、クマジンの服用を継続していることは、明言していた。「クマジンの服用にあたっては、定期的な診察が行われています。服用による副作用は確認されていません」と、バーダックは記していた。

「WND」では、ジェローム・R・コルシが、クリントンの健康問題を検証していた。クリントンが日常的に服用している二種類の薬が、いずれも天然素材による旧式の薬であることが指摘されていた。バーダック医師は、クリントンの甲状腺《こうじょうせん》機能障害のために、アーマーサイロイドという薬を処方していた。これは、豚の乾燥甲状腺から生成された天然素材のものだ。

さらに、バーダック医師は、血栓が生じる恐れのあるクリントンのために、クマジンも処方していた。クマジンは、抗凝血薬のブランド名であり、元々は、摂取したネズミを失血死させる殺《さっ》鼠《そ》剤《ざい》として知られている。(28)

ヒラリーの主治医の発表内容からは、この二種類の薬を併用していたことが確認されていた。「ヒラリーは、甲状腺機能障害のために凝血が亢進《こうしん》され、血栓ができやすくなっていた。また、血栓ができやすい遺伝体質的でもあり、抗凝血薬の使用に際しては、難しい問題が生じていた」と、ロナルド・ホフマン医師は「WND」に説明している。

「医学書では、アーマーサイロイドの処方にあたっては、クマジンの併用を抑制することが望ましいとされている。定期的な血液検査により、アーマーサイロイドとクマジンの配分量が適切であるかを検証する必要があるとされている」と、ホフマンは警告していた。

ホフマンはニューヨーク市の医師で、全米ネットのラジオ番組『インテリジェント・メディスン』の司会者を務めている。また、アメリカ先端医療学会（ACAM）――補完医療や代替医療に取り組む全米最大規模の医師団体――の元会長でもある。ホフマン・センターの創立者兼医長としては、従来型医療の最新技術に、栄養医学や代謝医学による診断を融合させる自然医学のアプローチに取り組んでいた。

クリントンの健康状態が、本人や陣営が公表していたよりも、はるかに深刻な問題であることは明白だった。

クリントンは「特別代議員」を固める

民主党全国委員会による大統領予備選挙のプロセスには、共和党全国委員会と大きく異なる点がある。それが、「特別代議員」だ。民主党全国委員会の代議員たちのなかのエリート階級であり、各州での予備選挙の投票結果に拘束されない存在となっていた。

つまり、特別代議員とは、民主党内のエリート階級に、不公平な特権を与える制度である。民主党の有権者が、予備選挙や党員集会を通じて、指名候補者を選ぶという仕組みを超越していた。

民主党全国委員会は、一九七二年から予備選挙と党員集会の導入に取り組んでいた。それまでの党大会では、ワシントンの民主党指導部にとって都合のよい候補者を選出するために、ボスたちが裏舞台で票集めをしていた。そこで、党の指名候補者の選出を、そうしたボスたちの手から取り上げるための改革が行われたのである。

一九七〇年代の改革により、予備選挙と党員集会の導入が進められたが、そのようにして選出された二名の候補者は、共和党に地滑り的な大敗を喫してしまった。一九七二年には、ジョージ・マクガバンが、現職のリチャード・ニクソン大統領に完敗していた。一九七六年に当選していたジミー・カーターは、一九八〇年には、共和党からの対抗馬ロナルド・レーガンに敗北していた。そこで、軌道修正のために、特別代議員が創設されていた。

一九八〇年には、テッド（エドワード）・ケネディ上院議員が、カーター大統領に挑戦して、党大会まで決定がもつれ込んでいた。そうした流れを受けて、民主党全国委員会は、当時のノースカロライナ州知事ジェームズ・ハントを委員長とする、ハント委員会を設置した。このときに、特別代議員が誕生した。(29)

民主党全国委員会の規則では、特別代議員は、以下の三つのいずれかに該当する者とされた。

1. 各州の民主党の上院議員、下院議員、知事ほかの公選された有力者。
2. 民主党の代表的な人物。例えば、現職および元職の大統領、副大統領。
3. 民主党全国委員会の関連組織の有力幹部。(30)

民主党の特別代議員は、たいていの場合、各州で予備選挙が行われるよりも以前に、どの候補者を支持するかを表明している。そして、民主党全国委員会の規則では、第一回投票が行われる直前まで、支持を変更することが可能であるとされている。

特別代議員の合計人数は七一二名で、指名選出のプロセスでは一五パーセントを占めている。残りの八五パーセントが、民主党の予備選挙や党員集会を通じて選出される代議員となる。

特別代議員には特権がある。一般代議員とは異なり、民主党全国大会の第一回投票では、どの候補者にも自由に投票することができた。他方で、一般代議員は、民主党全国委員会の規則により、各州の予備選挙や党員集会で確定した候補者への投票が義務づけられていた。

ニューハンプシャー州予備選挙の結果として、サンダースは、一般代議員では二四人のうち一五人を獲得していた。しかし、特別代議員では八人のうち六人が、クリントン支持をすでに表明していた。残りの二人の特別代議員は、態度未定となっていた。

ニューハンプシャー州予備選挙の一般投票では、サンダースは二二パーセントの得票差でクリントンに勝利していた。しかし、実際の結果としては、クリントン一五票対サンダース一五票となり、二票の特別代議員が未定となっていた。(31)

ワシントン・ポスト紙は、こうしたニューハンプシャー州予備選挙の結果を分析する記事を掲載している。指名に必要となるのは二三八三票であるが、特別代議員の制度のお蔭で、クリントンには、サンダースに対しての圧倒的な優位が与られていることが指摘されていた。

民主党全国委員会が定める七一二人の特別代議員の大半は、各州での予備選挙や党員集会の結果とは関係なく、事前にクリントンへの投票を誓約していた。したがって、たとえサンダースが、全米各州の投票で争われる代議員数で、過半数の一六七〇人を獲得できたとしても、指名では敗れるという結果が起こりうるということだ。(32)

デビー・ワッサーマン・シュルツ委員長は、CNNの番組で、ジェイク・タッパーからの質問を受けた。そして、ニューハンプシャー州予備選挙でサンダースが獲得した代議員数に対して、特別代議員の制度が及ぼす影響について説明した。予備選挙の趣旨は、草の根の民主党員の参加により、多様性が反映されることにあると述べていた。しかし、この説明に照らせば、特別代議員の制度が、あくまでも公正であると理解することは難しかった。

「党幹部や公職者たちが、投票を拘束されない代議員として存在している理由は、草の根の活動家たちの意思に反する選択には、同意しない自由を留保するためです」

シュルツ委員長は、そのように語っていた。(33)

二〇一六年六月七日、ヒラリーは勝利を宣言する

二〇一六年六月七日、AP通信が、ヒラリーが歴史的瞬間に立っていることを報じていた。

「ヒラリー・クリントンが、『一番高くて、最も硬いガラスの天井を砕く』ことができなかったと述べて、敗北宣言をして以来、八年が経過している。しかし、民主党大統領候補の予定者となって、ようやく、その天井を突き破る歴史的な瞬間を迎えようとしている」と、AP通信は記していた。

「予備選挙での戦いは厳しいものとなった。だが、クリントンは、自らが先駆者であると強調することに余念がなかった。この数日間のカリフォルニア州での選挙運動でも、アメリカの主要政党で女性初の大統領候補者となる栄誉を受け止める、との意向を表明していた」(34)

AP通信からの別の報道発表では、ヒラリー・クリントンが、民主党での指名に必要とされる、誓約代議員と特別代議員を固めたことを伝えていた。(35)

二〇一六年六月七日の夜、選対本部があるニューヨーク州のブルックリンで、ヒラリーは支持者たちを前にして「勝利演説」を行った。この日は、パンツスーツとジャケットを白で統一した装いをしていた。

二〇〇八年六月七日には、オバマへの敗北を認めて、「ガラスの天井には一八〇〇万のヒビ割れができた」とする有名な演説をしていた。その日からは、ちょうど八年目となっていた。

「たしかに今回、私たちは一番高くて、最も硬いガラスの天井を砕くことはできませんでした。しかし、みなさんのお蔭で、約一八〇〇万のヒビ割れができています」と、八年前の夜に、クリントンは支持者を前に語っていた。(36)

「次回には、この道のりは、もっと歩きやすくなっていることでしょう」

そして、八年後のブルックリンで、クリントンは民主党の指名候補予定者となったことを宣言した。主要政党では、女性初の大統領候補者となっていた。二〇一六年の民主党大統領候補となることを確実にしたところで、この夜のヒラリーは、フェミニズムを称えるメッセージを語っていた。

「今夜の勝利は、一個人のものではありません」ヒラリーは、演説の冒頭で語った。(37)

「このときを迎えるために奮闘し、犠牲を捧げてきた、幾世代もの男女たちのものでもあります」

そこからヒラリーは、十九世紀の婦人参政権運動のことを話題とした。

「わが国でこの運動が始まったのは、まさに、このニューヨークからでした。一八四八年に、セネカフォールズという場所から始まっています。初めは、ごく少数の人々でした。女性にも平等の権利を認めるべきであるとの、強い信念を持った男女たちが集まりました。そして、『所感の宣言』と呼ばれるものを発表しています。そのような宣言が発表されたのは、人類史上では初めてのことでした」ヒラリーは語った。

「ですから、今の私たちがあるのは、先人たちのお蔭です。今夜の勝利も、そうしたすべての人たちのものなのです」

クリントンは、いっぱいの笑顔をふりまきながら、得意そうな表情を見せていた。そして、ここでも、ガラスの天井のイメージに訴えかける言葉を語っていた。

「今夜は見えないかもしれませんが、私たちは、今、ガラスの天井の下にいます。でも、このガラスを砕いたりはしないですから、心配しないでください」

そして、フェミニズムの流儀で勝利の宣言を続けた。

「みなさんに感謝します。私たちは、ようやくここまで、たどり着くことができました。主要政党で、女性がアメリカ合衆国大統領の指名候補者となるのは、わが国の歴史では初めてのことです」

ヒラリーが主張していたことは、明快だった。有権者は、自分に投票するべきである。なぜなら、自分が女性であるからだ、ということだった。

民主党の政治空間は、不寛容な極左イデオロギーに支配されていた。ヒラリーは、性別が女性であることが、投票するべき理由であると訴えていた。それでも、ヒラリー支持者のなかで、そうした主張が本質的には性差別であると考えて、偽善を感じるような人は、ほとんどいなかった。

二〇一六年六月九日木曜日のＡＰ通信では、民主党指導部からの圧力として、バーニー・サンダースが大統領選から撤退することを求められているとの報道があった。

「これまでサンダースは、政治革命のために戦い続けることを誓ってきた。しかし、いよいよ状況を受け入れるほかなく、抗戦を終える姿勢を見せている」と、AP通信は報じていた。「ホワイトハウスを目指していたサンダースの挑戦は、驚異的なものだった。しかし、もはや、これ以上の展開は見込めない。残された問題は、いつ撤退するのかということだけだ。サンダースにとっての今後の重大な課題は、選挙運動の勢いを、何らかのかたちで維持することだ。この新たな政治的なうねりをもとに、所得格差や選挙資金制度改革などのテーマで、民主党、上院、そして、国全体の政策を転換させることだ」(38)

AP通信によると、サンダースは、翌週に予定されるワシントン特別区での最後の予備選挙まで、選挙運動を継続するとしていた。しかし、この決意をめぐっては、疑問も呈されていた。選挙陣営のスタッフの約半数が、すでに解雇されていることを、事情を知る二名の人物が、AP通信に認めていた。

二〇一六年六月九日木曜日に、サンダースは、ホワイトハウスでオバマ大統領と面会した。このときのサンダースは、ヒラリーを支持する意向は明らかにしていたが、まだ敗北宣言まではしていなかった。

オバマ大統領との面会を終えたサンダースは、クリントンについてこう語った。

「近いうちに、彼女とも会いたい。ドナルド・トランプを破って、次の政権をつくるために、協力できるのかを話し合いたい。一パーセントの人たちだけではなく、全国民を代表できる政権にしたい」(39)

七月には、民主党指名大会の開幕に先立ち、熱暑のオーランドのホテルを会場にして、二日間にわたる政策協議が行われていた。このときに、クリントン陣営とサンダース陣営の関係が、爆発寸前となっていたことを、ＡＰ通信が伝えている。(40)

「サンダース陣営は、数多くのテーマで譲歩を勝ち取っていた。それでも、サンダース支持者からは、主張が通らない点をめぐって非難が生まれていた。例えば、環太平洋パートナーシップ協定では、反対の立場が明確にされていなかった」と、ＡＰ通信は報じている。

「会議が終わりに近づいた頃に、サンダース支持者たちが、資料の中のたくさんの箇所に、すでにクリントンの名前が記されていることに気づいて、怒りの声を上げた。すでに公式に指名が決まった扱いになっているとの非難だった」

クリントン陣営が、政策綱領委員会の資料のなかに、ヒラリーの名前を入れさせていたことが、反発を招いていた。

「現在の段階で、そんなこと（ヒラリーの名前を入れること）をするなんて、まるで顔を平手打ちされたようなものです。彼女は、まだ指名されたわけではないのですから」

パームビーチから参加しているサンダース支持者で、五四歳の看護婦ダイアナ・ハッチス・ニューホフさんが、ＡＰ通信に語っていた。

数週間にわたり、サンダースは明確な態度を表明していなかった。そして、ヒラリーの政策をリベラル寄りに譲歩させる運動を続けていた。民主党の政策綱領を、さらに左傾化させようとしていた。

その後にようやく、サンダースが選挙戦からの撤退を決意したことを、AP通信が伝えている。サンダースは、ニューハンプシャー州ポーツマスで——五か月前には、圧倒的な勝利を収めた州で——ヒラリーと共に姿を現した。

「クリントン元国務長官が、民主党の指名を勝ち取りました。私は、そのことを称えたいと思います」サンダースは発言した。

支持表明の言葉を語っていた演台の前面には、クリントン陣営のスローガン「団結すれば、強くなれる（ストロンガー・トゥギャザー）」が記されていた。

サンダースは、選挙戦からの撤退を公式に表明した。

「彼女が、民主党の大統領指名候補となります。彼女を、次のアメリカ合衆国大統領とするために、私は、どのような協力でもするつもりです」

しかし、サンダースはクリントン陣営を、さらに左傾化させようと決意していた。それは、締めくくりの言葉からも明らかだった。

「私たちが作っていた政策綱領は、これまでの民主党の歴史のなかでは、最も進歩的なものでした」サンダースは、支持者に向けて語った。

「この政策綱領が実現されることになるのか。それを見届けることが、これからの私たちの仕事です」(41)

サンダースは、特別代議員は「不正な制度だ」と語る

二〇一六年四月に、民主党内での議論が巻き起こっていた。サンダースは、直近の九か所のうち八か所の予備選挙を二桁のポイント差で勝利していたが、ヒラリーの方が、獲得した代議員数が多いという結果になっていた。ミレニアル世代を中心に、サンダース支持者は憤慨することになった。

「このようなことが起きている理由は、もっぱら民主党の特別代議員の制度にある。今回の選挙では、あまりにも非民主的な仕組みであるとの批判が強まっている」と、二〇一六年四月十二日に、「サロン」(ニュースサイト)でベン・ノートンが書いている。

「特別代議員、あるいは、非誓約代議員として知られる、選挙で選ばれていない数百人の党のエリートたちがいる。そして、予備選挙の結果に対して、重大な影響力を行使している」(42)

ノートンは、メディアの予備選挙の報道には、クリントン寄りの党派性があることについても、批判の矛先を向けた。代議員数のことを報じるに際して、特別代議員の票数を上乗せすることで、実際の選挙結果そのものよりも、ヒラリーを優位に見せていたからだ。ノートンの計算によると、

サンダースは、誓約代議員のおよそ四五パーセントを獲得していた。これは、予備選挙での投票を通じて決まったものだ。しかし、特別代議員の圧倒的多数は、ヒラリー支持となっていた。したがって、代議員数の総計で見たときよりも、現実には、はるかに接戦となっていた事実があった。

インディアナ州予備選挙を翌日に控えた二〇一六年五月二日月曜日、インディアナ州エバンズビルでのサンダースの演説を、ロイターが報道している。サンダースは、民主党の選出プロセスが、不正な制度になっていることを説明していた。民主党では、特別代議員の制度があることで、選挙で選ばれていない人々が、各人の意思で自由に候補者に投票できることを指摘していた。

「不正な制度であると知ってもらうには、民主党大会の仕組みを理解してもらう必要がありま す」サンダースは述べた。

「私たちは、誓約代議員票では四五パーセントを獲得しています。しかし、特別代議員票では七パーセントしか獲得できていないです。つまり、現行の制度では、事実上、いかなる候補者が対抗馬となったとしても、エスタブリッシュメントの候補者が勝てるように仕組まれているということです」

サンダースは、民主党の指名プロセスには不正な仕組みがあり、ヒラリーに有利になっている現実を、はっきりと認識していた。

「私たちのような造反者の候補者にとっては、勝つのは難しいということです」サンダースは結論を述べた。

サンダースは、特別代議員の票数が加算されているために、クリントンの後塵《こうじん》を拝する結果になっていることを、明確に理解していた。そして、もし、特別代議員の制度がなければ、クリントンが、指名に必要とされる二三八三人の代議員票を固めることは、ほとんど不可能であると考えていた。(43)

二〇一六年四月十四日には、クリントン陣営広報担当者のブライアン・ファロンが、CNNの番組『ニュー・デイ』に出演していた。そして、クリントンの指名が確定しない状態で、フィラデルフィアでの民主党全国大会を迎える「可能性は、ゼロ・パーセントだ」と発言した。

ファロンは、指名獲得に必要なマジック・ナンバーである二三八三人の代議員票に迫っていると語っていた。翌週の火曜日に予定されるニューヨーク州予備選挙と、二〇一六年四月二十六日のデラウェア州、メリーランド州、ペンシルベニア州、コネチカット州、ロードアイランド州での五つの予備選挙で、「良好な結果」が出ると予測していたからだ。この五つの州での予備選挙は、アムトラック鉄道のアセラ特急にちなんで、「アセラ予備選挙」とも別称されている。

「五月中には、数州が予定されている。現在までにクリントンが獲得している誓約代議員の票数を合計すると、サンダース上院議員の誓約代議員の票数に対して、およそ二〇〇票以上のリー

ドをしている」ファロンは語った。(44)

実際に、二〇一六年四月二十六日に、クリントンは五州のうち四州で勝利した。サンダースの勝利は、ロードアイランド州だけとなった。翌日のＡＰ通信の報道では、ファロンの見通しが的確であったことが確認されている。

「クリントンが優位の情勢となっている。現在、指名までの道のりは、約九〇パーセントまで到達している」と、二〇一六年四月二十七日水曜日にＡＰ通信は報道している。

「サンダースは、ロードアイランド州では勝利した。火曜日の選挙で、対立候補が全勝することだけは、何とか阻止したかたちとなった。しかし、もはや奇跡を期待するほかないところまで追い詰められている」(45)

特別代議員の問題をめぐって、サンダースは声を上げた。ヒラリーを指名するために、民主党予備選挙の結果が歪《ゆが》められて、不当な扱いを受けていると訴えていた。この問題は、ミレニアル世代の有権者が大量に離反する結果をもたらすことになった。

二〇一六年七月二十三日土曜日の午後、フィラデルフィアのウェルズファーゴ・センター内の小会議室では、民主党全国委員会の規則委員会の最初の会合が開かれていた。この会合では、今後の民主党大統領予備選挙において、特別代議員の役割を廃止するとの提案が否決された。いくつかの州の民主党大会では、特別代議員を廃止するか、もしくは、その権限を制限することに、賛成の決議が行われていた。しかし、そうした決議は無視されることになった。

そもそも、この提案が採用される見込みは、あまりなかった。民主党全国委員会の規則委員会で共同議長を務めていたのは、ヒラリー支持派として知られている、マサチューセッツ州選出のバーニー・フランク下院議員だった。[46]また、規則委員会のうちの二五名は、デビー・ワッサーマン・シュルツ民主党全国委員長によって任命されていた。(規則委員会は全一八七名で構成される)

規則委員会の五二名のメンバーによって共同提案された改正案は、反対が一〇八票、賛成はわずかに五八票で否決となった。[47]特別代議員を廃止もしくは制限するとの提案は、サンダース支持の代議員たちを部屋から閉め出した後に、採決されていた。

ウィキリークス：民主党全国委員会はサンダース陣営を貶《おとし》めていた

クリントン一派や民主党陣営の選挙参謀たちは、ウィキリークスのジュリアン・アサンジに機密文書が盗まれていたことを、ロシアの仕業であると非難するようになった。しかし、様々な情報提供者が現れていることには、無視を決め込んでいた。そうした人たちから示されていた事実とは、機密文書はハッキングされたのではなくて、漏洩《ろうえい》したということだ。ウィキリークスに情報を流していたのは、民主党全国委員会のあるスタッフだった。バーニー・サンダースを負かすために、ルールを捻じ曲げることも厭《いと》わないやり方がまかり通っていることに、憤慨していたことが理由だった。

私は、それがセス・リッチという名前の人物であると考えている。このスタッフは、その出来事から間もなく、二発の銃弾を背中に撃ち込まれた。ワシントン・ポスト紙は、リッチ殺害の動機は強盗だったと報じている。だが、この民主党全国委員会スタッフの父親が、記者に語ったところでは、財布も、お金も、宝飾品も、そのまま手つかずで残されていた。

二〇一六年七月二十二日金曜日、民主党全国大会でヒラリー・クリントンが指名される予定を、翌週に控えていたときに、ウィキリークスのジュリアン・アサンジが、民主党幹部の一万九二五二件のメールを、第一弾として公開した。(48)ウィキリークスは、二回にわたる投下を通じて、四万四〇五三件のメールと一万七七六一件の添付文書を公開予定としていた。

このときに暴露されたメールは、民主党全国委員会の七人の幹部のアカウントから漏洩していた。民主党全国委員会の広報責任者のルイス・ミランダ、アンドリュー・ライト上級顧問ほか、財務部門の幹部たちのメールで、二〇一五年一月から二〇一六年五月二十五日までの時期のものだ。(49)

この情報公開によって、深刻なダメージが生まれることになった。民主党幹部たちが、「ヒル・ボット」を使って、予備選挙で不正行為を画策していた証拠が暴露されていたからだ。バーニー・サンダース勝利を、断固として阻止する企みが実行されていた。

ロボットという言葉をもじった「ヒル・ボット」は、ヒラリー・クリントン陣営の活動家たちを指すあだ名だ。ヒラリー支持派の政治活動家の集団のことで、雇われている者もいれば、自発的に参加している者もいた。ソーシャルメディアでは、候補者の擁護や、政敵の非難のための攻撃的な投稿をして、政治の動向に影響を与えようと取り組んでいた。

二〇一六年五月五日付の一通のメールからも、とりわけ大きなダメージが生まれていた。民主党全国委員会の最高財務責任者のブラッド・マーシャルから、民主党全国委員会の広報責任者のルイス・ミランダ宛てに送信され、他の広報担当幹部たちにも共有されていた。

このメールでは、バーニー・サンダースのことを名指しこそしていなかったが、ユダヤ系で無神論者であると疑われる事実を利用することが、示唆されていた。宗教の問題を、攻撃の材料にすることが検討されていた。

メールの内容は、以下の通りだ。

「あまり効果はないかもしれないが。KY（ケンタッキー州）やWVA（ウェストバージニア州）では、彼の信仰のことについて、誰かに質問させられないだろうか？　神を信じているのだろうか？　ユダヤ系だと言うことも避けている。無神論者だと思われる。このことを利用すれば、数ポイント差を生み出せるかもしれない。南部バプテスト派の人たちの間では、ユダヤ系で無神論者というのは、重大な問題になるはずだ」(50)

マーシャルが考えていたのは、こういうことだ。ケンタッキー州とウェストバージニア州で――南部バプテスト派の人口が多い地域である――予備選挙が近づいている。そこで、ルイス・ミランダからヒラリー支持派の記者に、サンダースは人種的にはユダヤ系で、本当は無神論者だとの話題を耳打ちしておく。そうすれば、ヒラリー・クリントンに有利なことが起きるかもしれない、ということだった。

マーシャルは、サンダースに直ちに謝罪した。個人のフェイスブックのページに、唯一の公式コメントを投稿していた。

「私からの感情的で、思慮に欠けるメールが、予備選挙のプロセスを公正で開かれたものとする努力をしている、民主党全国委員会の委員長をはじめとする皆様、スタッフの皆様を傷つけたことを、深くお詫び申し上げます。メールの内容は、私の信条を表すものではありません。また、民主党全国委員会や、そのスタッフの信条を表すものでもありません。不快な思いをされた皆様に謝罪いたします」(51)

民主党全国委員会の全国報道官マーク・ポーステンバックから、ルイス・ミランダに送信されたメールでも、ヒラリー派の記者にリークを行うことが示唆されていた。「バーニーにまつわる話」として、サンダース陣営が、無秩序で「デタラメ」な状況であることを暴露してはどうかと提案されていた。

カリフォルニア州予備選挙を三週間後に控えていたときに、二〇一六年五月二十一日付のポーステンバックからミランダ宛てのメールでは、次のように記されている。

「記事に使えそうな、『バーニーにまつわる話』があるのではないだろうか。バーニーが思いつきで行動しているから、サンダース陣営は『デタラメ』な状態になっている」(52)

ポーステンバックは、「デタラメ」であると思われる三つの事例を挙げていた。そして、メールの最後には、こう書いていた。

「民主党全国委員会の陰謀とかではないんだ。思いつきで動いていることが原因なんだ」

進歩派の評論家でもあるマイケル・サイナト記者は、ウィキリークスが公開した民主党全国委員会のメールのデータベースを分析したうえで、次のような結論を述べている。

こうしたメールで暴露されていたのは、民主党全国委員会のデビー・ワッサーマン・シュルツ委員長ほかの幹部たちが、サンダースに対して「憎悪に満ちた軽蔑《けいべつ》」を抱いていたことだ。そして、予備選挙が始まる前から、民主党全国委員会がヒラリーを支持していたことも証明されていた。(53)

サンダースには、公平な対応をしないだけでなく、「民主党全国委員会は、憎悪に満ちた軽蔑のまなざしを向けていた。そうしたまなざしは、サンダースへの投票を踏みにじられた、数多くの有権者にも向けられていた。サンダースならば、民主党に引き込むことができた可能性がある有権者層だった」と、フィラデルフィアで民主党全国大会が開幕する前夜に、サイナトは書いている。

サイナトは、ウィキリークスが民主党全国委員会の機密文書を投下したことで、深刻なダメージが生まれたことについても論評している。

二〇一六年七月十四日に、ルーマニア人ハッカーのグシファー二・〇は、民主党全国委員会から漏洩した内部メモをインターネット上で公開した。不正によってヒラリーが指名されたとの見方は、さらに裏付けられることになった。[54]

「ウィキリークスと、グシファー二・〇による情報公開は、民主党予備選挙に対するとどめの一撃となった。反証の可能性は留保されるとしても、あらゆる局面で民主主義が傷つけられている実態があることが判明した」と、サイナトは続けている。

「民主党の規則は、特別代議員を定めているが――予備選挙が始まる前から、クリントン支持が大勢を占めていて――選出プロセスでの影響力を行使することを狙いとしている。予備選挙の期間を通じても、民主党全国委員会の幹部たちは、クリントンがサンダースに優位となるように意思決定を行っていた」

サイナトが結論として書いていた内容は、あまりにもひどい現実だった。民主党全国委員会は、クリントン寄りに偏向していた。したがって、民主党全国委員会のもとでサンダースが戦っていた相手とは、クリントンのみならず、民主党のエスタブリッシュメントの全体となっていた。

「民主党全国大会が近づいているが、有権者が理解したのは、自分たちの声が、ほとんど指導部には届くことはないという現実だ」と、サイナトは締めくくっている。

二〇一六年七月二十四日に、フロリダ州選出のデビー・ワッサーマン・シュルツ下院議員が、民主党全国委員会の委員長を辞任した。ウィキリークスによる民主党全国委員会のメールの公開で、予定される二回分のうち、第一弾が投下されてから二日後のことだ。

機密文書の漏洩によって、民主党の信用に壊滅的な打撃が生じていることは、もはや誰の目にも明らかとなっていた。クリントン支持のドナ・ブラジル副委員長が、暫定委員長に任命された。シュルツ委員長が辞意を表明したのは、日曜日の午後遅くのことだった。フィラデルフィアでの全国大会の開幕は、翌日に迫っていた。(55)民主党にとっては、最悪のタイミングとなった。

第6章　第二ラウンド　ヒラリーは、トランプ攻撃に転じる

クリントンがやってきたことは、失敗に次ぐ、失敗だ。ヒラリー・クリントンは、この二十六年間で、みなさんのご家庭のために、何かをしてくれましたか？　何もない。何もないんだ！　……投票に行くときには、覚えておいてほしい。いんちきヒラリーに投票してはいけない。それさえ分かっていたらいい。いんちきヒラリーだ。いんちきな人なんだ。

二〇一六年九月二十七日、フロリダ州メルボルンにて　ドナルド・J・トランプ(1)

民主党予備選挙の結果が出るにつれて、ヒラリーが指名されることは、ほとんど確実となっていた。そこで、ヒラリー・クリントンは、トランプへの攻撃を開始することにした。自分こそが大統領として選ばれるにふさわしい候補者であることを、アメリカ国民に向けて訴えるためだ。本選挙に向けての戦いは、民主党全国大会の一か月前から開始されていた。

トランプ大学が批判される

二〇一六年六月九日に、エリザベス・ウォーレン上院議員は、アメリカ憲法協会で演説を行った。その二日前には、カリフォルニア州予備選挙が行われていたほか、クリントンが「勝利演説」を行って、民主党の指名候補予定者となったことを宣言していた。ウォーレンは、ヒラリーへの支持を表明すると共に、トランプのことを痛烈に批判した。(2) ウォーレンからのトランプ批判は、カリフォルニア州で提訴されていたトランプ大学の全国集団訴訟の問題に、はっきりと照準が絞り込まれていた。

前月の五月に、トランプは、サンディエゴでの選挙集会で、ゴンザロ・クリエル連邦地裁判事を一二分間にわたって批判していた。クリエル判事は、サンディエゴの裁判所で、この集団訴訟の審理を担当していた。(3)

「十一月には、この裁判があるだろう」と、トランプは、五月のサンディエゴでの選挙集会で発言していた。

「裁判をするようなものではない。この件は、略式判決であっさりと棄却されるはずのものだ。誰もが、そう言っている。だが、ドナルド・トランプ嫌いの判事にあたってしまった。私のことが嫌いなんだそうだ。ゴンザロ・クリエルという人だ。だから、正しいことをしていない」

トランプは、クリエル判事がオバマ大統領によって任命されていることを指摘した。

「率直に言って、忌避してもらわないと。クリエルが出してきた判決という判決は、ダメ、ダメ、ダメなものばかりだ」

トランプのクリエル批判は続いた。

「私には、最高の弁護士がついている。こんなことは見たことがない、と言っていた」

そして、トランプはクリエルを批判するにあたって、人種の問題を持ち出していた。

「それで、どんなことになっているかと言うと、判事さんになったのは、メキシコ人なんだと思う。素晴らしいことなんだろうな」トランプの発言は続いた。

「メキシコ人だというのは、よいことなんだろうと思うな。いいですか？

メキシコ人は、いずれはドナルド・トランプのことが好きになるはずだ。私のお蔭で、みんな仕事がもらえるようになるからだ。それはよいことだと思ってくれるはずだ。私のことも、好きになってくれるはずだ……」

このときの発言は、ウォーレンがアメリカ憲法協会の大会で演説したときに、トランプを非難するための格好の材料とされた。

「ゴンザロ・クリエルさんは、インディアナ州生まれです。メキシコ生まれではありません。ご両親は移民でしたが、他人に頼らずに、真面目に働く人生を送りました」ウォーレンは言った。

ウォーレンによると、クリエルは連邦判事として、自己の弁護を禁じる行動規範に拘束されている。だからこそ、トランプはクリエル判事を「標的に」しているとしていた。そして、トランプの批判は、「まさに憎悪を煽《あお》る、人種差別的なイジメ」であると訴えた。(4)

トランプが、クリエルは恥を知るべきだと発言したことにも、ウォーレンは反論した。

「違いますよ、ドナルドさん――あなたの方こそ、恥を知るべきです」ウォーレンは言い返した。

「あなたは、他人のお金を持ち逃げする才能を、神から授かっているつもりかもしれません。だからと言って、大統領選挙というメガホンを利用して、判事さんの人格を攻撃するようなまねをするのは、恥ずべきことです。あなただけでなく、偉大なこの国にとっても、恥ずべきことです」

クリエルはとんでもない面よごしだ、とのトランプの発言にも反論した。

「違いますよ、ドナルドさん――あなたがしていることこそ、とんでもない面よごしなんですよ」ウォーレンの発言は続いた。

「あなたは、判事さんを人種差別の標的にしています。しかし、判事さんは長年の仕事として、殺人犯や麻薬密売人の脅威から、アメリカを守ってきてくれています。アメリカに来る前に、どこか遠くの国にいたのは、判事さんのご両親のことです。

ドナルド・トランプさん、あなたこそが、とんでもない面よごしですよ」

ウォーレンは、トランプが「人種差別を武器として使う」ことを選んだと決めつけた。そして、トランプの狙《ねら》いが、これまでの共和党の面々と、「まさに同じ」であるとした。「富と権力を持つ人々に、司法を従属させよう」としていると、結論づけていた。

二〇一六年六月一日に、ジェローム・コルシが「ＷＮＤ」に書いた記事では、トランプ大学を詐欺で訴える全国集団訴訟で書面を作成する法律事務所は、クリントン夫妻に合計六七万五〇〇〇ドルの講演料を払っていた事実があることが指摘されていた。(5)

「ロー＆クライム」によると、クリントン夫妻は一〇四回の講演料（二〇一四年から二〇一五年にかけての実績）を受け取っていたが、そのうち、サンディエゴのロビンス・ゲラー・ルドマン＆ダウド法律事務所からは、二〇〇九年には（改称前の事務所名で）ビル・クリントンに二二万五〇〇〇ドルが、二〇一三年と二〇一四年には、クリントン夫妻に合計四五万ドルの講演料が支払われていた。(6)(7)

また、ロビンス・ゲラー・ルドマン＆ダウド法律事務所に所属するパトリック・コフリン弁護士は、ヒラリー・クリントンの大統領選陣営に上限額まで寄付していた。

「連邦選挙委員会の記録によると、コフリンは、民主党全国委員会とヒラリー・クリントンに、長年にわたり財政的な支援をしてきた」と記されている。

「一月にも、コフリンは、クリントン陣営に五四〇〇ドルを寄付している」(8)

二〇一三年十月十八日、カリフォルニア州南部地区連邦地裁に、RICO法に基づく集団訴訟コーエン対トランプ裁判が提訴された。その書面によると、原告であるカリフォルニア州の実業家アート・コーエンの一二名の代理人弁護士のうち九名は、ロビンス・ゲラー・ルドマン&ダウド法律事務所の所属弁護士リストに名前が掲載されていた。

二〇一四年十月二十四日に、サンディエゴの連邦地裁のゴンザロ・P・クリエル判事は、コーエンの提訴を集団訴訟として受理している。そして、初回の審理の日付は、共和党全国大会の初日である七月十八日に予定されていた。

さらに、二〇一六年六月六日にも、ジェローム・コルシの記事が「WND」で掲載された。この記事では、クリエル判事と、ロビンス・ゲラー・ルドマン&ダウド法律事務所が、サンディエゴ・ララーザ法律家協会に所属していることが明らかにされた。サンディエゴ・ララーザ法律家協会は、ララーザ全米評議会の傘下にある組織ではないが、「人種《ザ・レイス》」と翻訳される言葉を、共に名称として冠していた。

ドナルド・トランプは、オバマ大統領によって任命されたゴンザロ・クリエル連邦地裁判事は「アンチ」なので、この事案では忌避されるべきだと主張していた。クリエルは、連邦判事に選任される際の質問票では、「サンディエゴのララーザ法律家協会」の会員であると記入していた。

この法律家協会が主催した、二〇一四年奨学基金年次晩餐会《ばんさんかい》のパンフレットでも、選考委員会メンバーとして、クリエルの名前が記載されていた。また、スポンサー団体としては、トランプ大学訴訟で原告代理人となるロビンス・ゲラー・ルドマン＆ダウド法律事務所も記載されていた。

トランプを批判する人たちは、サンディエゴ・ララーザ法律家協会は、ララーザ全米評議会と関係がある団体ではないと反論している。

しかし、ジェローム・コルシは、以下のことを指摘している。

・サンディエゴ・ララーザ法律家協会は、カリフォルニア・チカーノ・ラティーノ弁護士会の関連団体であるカリフォルニア・ララーザ法律家協会の系列にある。
・カリフォルニア・ララーザ法律家協会のウェブサイト（LaRazaLawyers.net）では、「リンク＆関連団体のページ」のリストの最後に、ララーザ全米評議会が掲載されている。
・また、「サンディエゴにあるラティーノ／ラティーナの法律家協会」のリストでは、サンディエゴ・ララーザ法律家協会のウェブサイト（sdlrla.com）が掲載されている。
・同じく、「推薦」のページでは、ララーザ全米評議会と、全米ヒスパニック弁護士会が、「コミュニティ」を構成する団体として挙げられている。後者の団体の旧称は、一九七一年からの歴史がある全米ララーザ法律家協会、全米ララーザ弁護士会だ。

コルシは、厳密にみたときに、サンディエゴ・ララーザ法律家協会とララーザ全米評議会が、法律上は別々の団体であることは認めている。しかし、この二つの団体の起源には、一九六〇年代にカリフォルニア州で生まれた、急進的な独立運動組織「アストラン・チカーノ学生運動」（MEChA）があると指摘している。この運動では、アステカ神秘思想をもとに、カリフォルニア州ほかのアメリカ合衆国南西部を舞台とする、「アストラン国」という理念が信奉されていた。(9)

デビッド・ホロウィッツは、自らのウェブサイト「ディスカバー・ザ・ネットワークス」で、以下の解説をしている。スペイン語で「人種」を意味する「ララーザ」という名称は、一九六〇年代初頭の「統一戦線」組織である「メキシコ系アメリカ人のための全米組織」（NOMAS）から生まれている。この団体は、当初はフォード財団の資金により設立されていた。その後は、ジョージ・ソロスのオープン・ソサエティ財団や、ジョン・D&キャサリン・T・マッカーサー財団からの資金提供を受けている。(10)

一九六八年には、南西部ララーザ評議会が、フォード財団の資金により設立された。一九七三年に、この団体はララーザ全米評議会に改称して（二〇一七年にユニドスUSに改称）、ワシントンDCに本部を移転している。

トランプは、当選直後の二〇一六年十一月十八日に、トランプ大学の全国集団訴訟について、二五〇〇万ドルで和解することに合意した。ワシントン・ポスト紙は、トランプ・オーガニゼーション法律顧問のアラン・ガーテンの発言を報じている。トランプは勝訴できたと思われる。しかし、政権移行にあたり、「わが国が直面している重大な課題に全力で取り組むため」に和解するとしていた。

さらに、同紙は、トランプ大学を別途、提訴していた、ニューヨーク州司法長官エリック・シュナイダーマンの発言も報じていた。二五〇〇万ドルでの和解は、「トランプとしては、驚くべき方向転換だ。しかし、大学詐欺による六〇〇〇人以上の被害者にとっては、大きな勝利だ」と述べていた。(11)

反撃：ビル・クリントンとローリエット・エデュケーション株式会社

クリントン陣営が、トランプ大学の問題をめぐってドナルド・トランプを攻撃したことから、ローリエット・エデュケーション株式会社の疑惑も浮上することになった。やはり、営利教育事業をめぐるスキャンダルである。ローリエット社は大学事業を経営していたが、ビル・クリントンを広告塔として迎え入れて、一六五〇万ドルを支払っていた。(12)また、この会社には、ヒラリー・クリントン在任中の国務省から五五〇〇万ドル以上が流れていた。(13)（ピーター・シュバイツァー著『クリントン・キャッシュ』での指摘による）

ローリエット社は、営利事業の「大学」を国際的に展開していたが、数多くの学生が被害を訴える裁判が起きていた。学生たちが抱えていた学生ローンの負債額は、フォーブス誌の推計によると合計七億五六〇〇万ドル――一〇億ドルの四分の三以上の金額――に達していた。⒁

ローリエット社は、営利目的の大学としては世界有数の事業を展開して、二〇一〇年に、ビル・クリントンを「名誉総長」に任命していた。クリントンは、マレーシア、ペルー、スペインなど世界各地のローリエット社の大学を、プロモーション活動のために訪れていた。

ローリエット社は、二〇〇四年に、教育事業チェーンのシルヴァン・ラーニング・センターをもとに設立され、ビル・クリントンを広告塔に据えて、約三〇カ国に七五校を展開していた。そして、投資家に利益をもたらすためにも、さらなる事業の拡大を目指していた。

ビル・クリントンという看板によって、左翼系の「大物」投資家たちも引き寄せられていた。そのなかには、ジョージ・ソロス、ウォールストリートの投資ファンドKKRのヘンリー・クラビス、マイクロソフト社の有名人ポール・アレンらがいた。

ローリエット社創業者兼CEOのダグラス・L・ベッカーは、自らの経歴について、ハーバード大学に合格したが、入学は辞退したと語っている。アイビーリーグの有名大学の学位よりも、地元のコンピューター店での仕事に魅力を感じたからだった。⒂ 一九八五年のニューヨーク・タイムズ紙の記事によると、ベッカーは、ペンシルバニア大学医学部進学課程にも合格していたが、やはり入学を辞退したと述べている。⒃ つまり、ベッカーは、ハーバード大学とペンシルバニア大学の両校に合格したとのことだが、大学に行った経歴はない。

クリントン夫妻としては、ローリエット社からの報酬額のことを公表するつもりはなかった。しかし、二〇一四年に、「デイリー・コーラー」エディターのエリック・オーウェンズが、クリントンを追及している。

オーウェンズは、ローリエット社が「世界中で物議をかもしている」と指摘していた。そして、ベッカーから高額の報酬が払われることで、この世界規模の会社へのビル・クリントンによる「たかり」の構図があると推測していた。

さらに、ヒラリー・クリントンは「この営利教育事業の巨大会社を、国務省のグローバル・パートナーシップに参加させた。そのお蔭で、ローリエット社の世界的な認知度は向上した」と指摘していた。(17)

こうした関係の一環としては、クリントン財団との関わりもあった。

二〇一三年に、ローリエット社のプレスリリースでは、ローリエット・インターナショナル大学が、クリントン・グローバル・イニシアティブ（ＣＧＩ）年次総会のライブ配信を行う予定であると発表されていた。年次総会では、オバマ大統領、ロックスターのボノらによる講演が行われて、四万五〇〇〇人以上の学生たちが聴講する予定であるとされていた。(18)

「ブラジル、マレーシア、メキシコから参加する四名のローリエットの学生が、クリントン・グローバル・イニシアティブの来賓者たちと、一対一でのインタビューの機会を与えられる予定です」と、プレスリリースには記されている。

「学生たちからインタビューする予定のクリントン・グローバル・イニシアティブの来賓者は、例えば、ニューヨーク・タイムズ紙ベストセラー本『リーン・イン』の著者で、フェイスブック社最高執行責任者のシェリル・サンドバーグさんや、クリントン財団の役員であるチェルシー・クリントンさんです。インタビューでの会話は、英語、スペイン語、ポルトガル語で配信される予定です」と、プレスリリースには記されている。

「ローリエット社としては、クリントン・グローバル・イニシアティブ（CGI）年次総会を配信するのは、今回で二年連続になります」

二〇一二年には、ビル・クリントンが運営するクリントン・グローバル・イニシアティブ大学（CGI U）が、五年目を迎えていた。ここでも、ダグラス・ベッカーのローリエット社が、スポンサー企業として参加していた。(19)

二〇一五年四月二十四日に、ブルームバーグ・ポリティクスのジェニファー・エプスタイン記者の記事は、ビル・クリントンが、ローリエット社での五年任期の「名誉総長」職を退任したことを報じていた。クリントンは、ローリエット社の世界各地のキャンパスのうち一九校を訪問して、数万人の学生に向けて講演をしてきていた。(20)

マサチューセッツ州選出のエリザベス・ウォーレン上院議員は、連邦政府が「若者を食い物にする営利事業に、補助金を出している」と批判していた。二〇一六年大統領選に臨むヒラリーが、ウォーレンと歩調を合わせたことを受けて、ビル・クリントンは退任していた。

また、この記事では、その当時には、ベッカーが二〇〇八年にヒラリーの大統領選陣営に四六〇〇ドルを寄付していたが、問題となっていなかったことを指摘していた。ただし、このときの寄付は二回目で、二〇〇〇年上院選でも、二〇〇〇ドルの寄付が行われていた。[21]

こうして、ローリエット・エデュケーション社をめぐる金銭問題が表面化したことで、クリントン夫妻は反撃を受けたかたちとなった。しかし、主要メディアの反応は、予想通りだった。こちらの事件については、まったくと言ってよいくらい報道されなかった。

他方で、ウォーレン上院議員が、クリエル判事を批判するトランプを、人種差別主義者であると非難したことは、何日間にもわたり全米のメディアを埋め尽くした。トランプとしては、自分の言い分を守るために、選挙戦の貴重な時間を消耗することを余儀なくされてしまった。

トランプ集会を妨害するために、民主党は無法者の「レンタル暴徒」を雇う

二〇一六年三月十一日金曜日に、セントルイス市街地のピーボディ・オペラハウスで、ドナルド・トランプ選挙集会が開催された。このときの集会は、抗議活動によって、たびたび妨害されることになった。

トランプが演説をしている最中に、聴衆の中に入り込んでいた抗議活動家が、大きな声を上げて騒いでいた。トランプの演壇からの反応は、攻撃的なものだった。

「そいつをつまみ出せ。口先だけのやつだ！」

そのようにトランプが発言したとき、警官による排除は、すでに何人目かになっていた。聴衆からは、賛同の声が沸き上がった。

「ママのところに帰りなさい」

また別の人が排除されていくときに、トランプがそう言っていたことを、セントルイスポスト・ディスパッチ紙が伝えている。(22)

「こんなことがあると、演説をするだけよりも、エキサイティングだよな」

騒ぎが起きると、トランプは、そんなジョークも飛ばしていた。

妨害行為をした活動家が排除されていくときには、このような軽口も叩《たた》いていた。

「素晴らしいじゃないか。（幕間の）休憩タイムみたいだ。エキサイティングだよな？　楽しんでいるかい？」

このときのセントルイスでの選挙集会では、治安妨害により三二名が逮捕されていた。会場内では二九名が、会場外では三名が逮捕された。少なくとも一名は、暴行罪での逮捕となった。

セントルイスポスト・ディスパッチ紙は、トランプが嘆き節を語っていたことも報じていた。(23)

トランプは、メディアのことを「世の中で最悪のウソつきで、最低のやつら」であると表現していた。さらに、何かとメディアが批判をするので、抗議活動をするような人たちへの対応が、手ぬるくなっていると訴えていた。

警察の対応について、トランプはこう言った。

「政治的に正しくあろうとしているから、ちょっと時間がかかり過ぎるよな。抗議活動をするような連中は、たいしたことにならないと高を括っている。みなさん、わが国は、もっと厳しくならないといけない」

トランプの発言は続いた。

「こんなふうにしたらいいと思うのは……」

最後の言葉までは語らずに、聴衆の想像に訴えかけていた。

「思っていることはあるが、言わないでおこう。みなさん、私はよい人間だから。そういうことは言わないでおく」

トランプが、遠慮がちな言い方をしていたのは、一か月前に、アイオワ州シーダーラピッズでの発言を批判されていたからだ。聴衆の支持者たちに向かって、裁判費用は自分持ちにすると断りながら、「抗議活動をするやつなんか、叩きのめしたらいい」と発言していた。

「聴衆のなかに、トマトを持ち込んでいるやつがいるかもしれない。トマトを投げつけようとするやつが出てきたら、ぶん殴ってもらえないでしょうか？　本気で言っているんですよ。いいですか？　とにかく、叩きのめしてください。お約束します。裁判の費用は、私が払うから。約束するから。約束するから。裁判所だって、分かってくれるはずだから。そんなに高い金額にはならないと思う」(24)

そのとき以降は、トランプは抗議活動への攻撃的な姿勢を改めていた。民主党陣営では、トランプのことをイジメ屋に仕立て上げようとしていた。トランプ支持の白人優位主義者を扇動して、まるでナチスのように、反対勢力を弾圧しようと企んでいるとの筋書きになっていた。

そのような言説が、民主党陣営から紡ぎ出されたのは、二〇一五年十一月に、ある出来事が起きて以降のことだ。トランプは、「ブラック・ライブズ・マター（黒人の命も大切だ）」の活動家を殴ったり、蹴ったりしたトランプ支持者を、弁護するような発言をしていた。

「たぶん、そういう相手には、もっと厳しい対応をするべきだった」(25)

同じく、二〇一六年三月十一日には、シカゴでのトランプ集会が抗議運動のために開催中止に追い込まれていた。CNNの報道によると、街頭で抗議運動を繰り広げるデモ隊が、トランプ支持者との乱闘騒ぎを発生させていた。警察当局としては、イベントの安全性を確保できないと判断することになった。

開催が予定されていたイリノイ大学の会場にも、デモ隊が入り込んでいた。五か所以上の場所に群衆が集結して、暴力行為が発生する危険が高まっていた。

「トランプ氏はシカゴに到着しています。しかし、警察当局との面会の結果、会場の内外に集まる数万人の方々の安全を優先して、今晩の集会については、後日に延期することを決定しました」と、トランプ陣営は発表した。

「ご来場くださり、本当にありがとうございました。安全に気をつけて、お帰りください」

この発表があって以降に、会場内の数か所では殴り合いが発生していた。シカゴ市警が出動して、治安を回復させることになった。

トランプ支持者の集団は、「トランプが必要だ」と大声で連呼していた。抗議活動の側では、「トランプをやっつけた」との連呼で、気勢を上げていた。トランプ反対派のなかには、バーニー・サンダースのプラカードを掲げて、「バーニー」と叫んでいる人たちも出現していた。(26)

シカゴ集会が中止になった事件に、進歩派の政治評論家のジョナサン・チャイトは触発された。二〇一六年三月十三日のニューヨーク・マガジン誌に、チャイトの論説記事が掲載されている。この記事のなかでは、民主党陣営のトランプ批判が、レッテル貼りのための言説であることが、はっきりと表現されていた。(27)

「共和党は、ナショナリズムと人種差別的な憎悪を、密かに焚きつけようとしている」と、チャイトは書いている。

「私が見るところでは、トランプによって、今まで水面下に抑圧されていたものが、表の世界に出てこようとしている。今までは、その種の病気は抑制することが可能であると思われていた。血液細胞が正常な防御反応をするときには、体全体が蝕《むしば》まれることはないからだ。しかし、この週末の暴力的な事態からは、私が思っていたよりも、病気が広がっていることがうかがえる。国全体が感染してしまっている恐れがある」

チャイトは、トランプには暴力を招き寄せる毒性があると考えた。つまり、本質的に危険な存在であると懸念していた。〝政治的に正しくない〟発言をしているとして、ヘイトスピーチのレッテルを貼ろうとしていた。しかし、そうした発言を、まるで犯罪のように決めつけるのは、極左派に特有の不寛容な態度だった。

「私は、トランプが大統領に当選する可能性はないと確信している」と、チャイトは続けている。

「しかし、私としては認識不足の点があった。トランプが落選する結果になったとしても、権威主義の手法によって、アメリカの政治が破壊されてしまう可能性があることだ。現在、街頭の活動で選挙の帰趨《きすう》が決まるとの気配が漂っている。しかし、そうした考え方は、たとえほんのわずかでも、有害で危険だ」

チャイトは、トランプの発言を抗議運動で封殺することには反対であるとした。バラク・オバマを二度にわたり当選させた国であるならば、トランプを確実に敗北させるはずであるとの確信を表明していた。

「トランプがまき散らしている毒素は、落選後にも残留するかもしれない」として、チャイトは結論を述べた。

「アメリカの民主主義が健全であることを望む者は、こうした事態が早く終息することを願うべきだ」

二〇一六年四月二十九日には、カリフォルニア州バーリンゲームで、トランプの演説が予定されていた。しかし、そのカリフォルニア州共和党大会の開催会場を、推定三〇〇〇人が取り巻いた。抗議活動家たちは、セキュリティゲートに押しかけて、トランプ支持者たちに嫌がらせをした。警察車両への破壊行為も行い、会場外のメインの交差点を封鎖した。最終的には、警察によって治安は回復された。しかし、トランプは、セキュリティ上の理由により、柵を越えて裏口から会場に入らざるを得なかった。(28)

二〇一六年五月二十四日のアルバカーキ・コンベンションセンターでのトランプの選挙集会でも、会場の内外で抗議活動家の妨害が発生していた。

「大統領選の年にあって、恐ろしい光景が生まれている。ニューメキシコ州では、ドナルド・トランプ候補に抗議する活動家たちが、Tシャツやペットボトルを燃やして、警官に投げつけた。数名の負傷者が発生した。ゴミ箱やバリケードも倒されていた」と、AP通信が報じている。

「アルバカーキ・コンベンションセンターの会場の外に集結していた暴徒に対して、警察は催涙ガスや発煙筒を使用した」

AP通信は、トランプが、度重なる妨害行為を受けていたことも伝えていた。会場内では、抗議活動家たちが「トランプはファシストだ。もうたくさんだ」と記されたプラカードを掲げて、大きな叫び声を上げていた。(29)このアルバカーキでのトランプ集会では、警備員に観客席から引きずり出されていた女性もいた。排除に抵抗して、警官との格闘になる人も出ていた。

AP通信は、トランプが「いつものように大げさ」に反応していたと報じている。セントルイスの集会のときの発言と同じように、「ママのところに帰りなさい」と、からかいながら、警備員に排除を促していた。妨害行為が起きるたびに、数千人のトランプ支持者からは、「壁をつくろう!」との連呼が沸き上がっていた。

会場の外では、抗議活動は暴力沙汰に変化していった。アルバカーキ市警は、警察官数名が投石のために負傷して、手当てを受けていると発表した。AP通信の報道によると、集会のさなかに、屋外にいた群衆はバリケードを破壊して、暴動対応の警官隊と衝突していた。

アルバカーキ州弁護士のダグ・アントーンは、木曜の夜にコンベンションセンターから立ち去るときに、窓の外からの投石を目撃したことを語っていた。

「抗議活動とかではなかった。もはや暴動になっていた」アントーンは、AP通信に語った。

「ヘイト活動をする団体が来ていた」(30)

二〇一六年五月二十五日付のAP通信の記事は、アルバカーキの事件を続報していた。四名の抗議活動家が、騒乱行為により逮捕された。また、一二名前後が拘留され、後に釈放された。逮捕者はさらに増える模様であるとされた。(31)

「ドナルド・トランプ集会の会場外で暴動が発生した。その翌日に、アルバカーキ市当局は暴動についての見解を発表している。政治的な抗議活動ではなく、暴力的な団体が治安の混乱を企図したと見ているとのことだ」

二〇一六年六月二日木曜日には、カリフォルニア州サンノゼのサンノゼ・コンベンションセンターで、トランプが熱気あふれる演説集会を開催していた。しかし、その会場外では、およそ三〇〇人から四〇〇人の反トランプの抗議活動家が、荒れ狂う集団となって待ち構えていた。トランプ支持者たちが、会場を出て帰路についたときに、襲撃が発生することになった。

撮影されていた映像が、そのときの様子を物語っている。反トランプの抗議活動家の若者たちは、トランプ支持者に唾《つば》を吐きかけて、血だらけになるまで殴りかかっていた。女性や高齢者までもが、襲撃の対象となっていた。(32)

トランプ支持者のある若い男性は、殴られて、唇から流血した姿で、カメラに向かっていた。その男性は、Tシャツの背中が破られたことを訴えていた。別のトランプ支持者の女性は、トランプ支持のプラカードを破られて、メガネも壊されていた。それでも、負けずに頑張っていた。

また、トランプ・ジャージーを着ていた女性は、たくさんの人に取り囲まれて、顔面に卵を投げつけられていた。

会場の周辺には、警備要員として、サンノゼ市警の警官が配置されてはいた。しかし、帰路につくトランプ支持者に、荒れ狂った群衆がビンを投げつけ、殴りかかり、唾を吐きかけて駐車場まで追いかけていくのを、止めることはできなかった。[33]

ここでは、ほんのいくつかの事例を挙げたが、このようなトランプの選挙運動への攻撃は、シカゴ、デトロイト、ヒューストン、ロサンゼルス、マイアミ、ワシントンDCなどの都市で、何十回も発生していた。

こうした出来事は、正当な抗議運動のなかで偶発的に起きたことだったのだろうか? もしかすると、当初は、そういうこともあったかもしれない。

しかし、反トランプの運動は、ジョージ・ソロスの資金に焚きつけられて、急速に拡大していった。ソロスが後援していた組織は、アメリカの主要都市のクレイグスリスト(広告情報サイト)に、時給一五ドルで「フルタイムの活動家」の求人広告を掲載していた。また、オープン・ソサエティ財団の関連組織「ワシントン・コミュニティ・アクションネットワーク」も、そうしたプログラムに五万ドルを投じて、シアトルのクレイグスリストに広告を掲載していた。ロサンゼルスのクレイグスリストでは、ハリウッド&ハイランドの交差点を封鎖するためとして、「反トランプの人」を求む、との広告が掲載されていた。

ある「草の根」とされる抗議活動家が、自分の首をチェーンでワゴン車にくくりつけている姿を、メディアが撮影して取り上げていた。その女性の名前は、すでに削除されてはいるが、ソロスのオープン・ソサエティ財団で働いている人物であることが判明している。(34)

民主党による無法者の「レンタル暴徒」の実態が暴露される

二〇一六年十月十七日に、「プロジェクト・ベリタス」代表で、保守派の調査ジャーナリストであるジェームズ・オキーフが、一年がかりの調査をもとに完成させたビデオ映像を公開した。その映像は、ヒラリー・クリントン陣営に、民主党の「秘密工作員」が暗躍していることを記録していた。ドナルド・トランプ集会での混乱を発生させるために、暴徒を雇って、潜入させている実態が暴露されていた。

リアル・クリア・ポリティクスの報道によると、

「ビデオ映像のなかでは、民主党活動家のロバート・クリーマーと、スコット・フォーバルが、自分たちの作戦の内容を明らかにしていた。選挙期間を通じて、ドナルド・トランプ集会が開催されるたびに、会場の内外で『無法状態』を発生させるというものだ。

フォーバルは極秘作戦について、こう語っている。

『向こうのイベントの真正面に、本物の草の根活動家を送り込む。潜り込ませるということだ』」[35]

ビデオ映像のなかで、フォーバルは説明していた。

「〝バード・ドッグ〟（鳥猟犬）という言葉がある。つまり、列の最前列に人を並ばせておく。朝の六時には到着させておかないといけない。会場で最前列を確保するためだ。トランプが間仕切りのロープのところまで出てきたら、記者団が見ている前で、質問をぶつけることができる。そのために、あらかじめ場所取りをしておくわけだ。

この作戦を成功させるには、二週間前には人の手配をして、うまく質問できるように訓練しておかないといけない。〝バード・ドッグ〟をやらせるためには訓練がいる」

このオキーフの映像のなかで、クリーマーは、自らの団体である「デモクラシー・パートナーズ」が、クリントン陣営と協力するために、毎日のように「連絡」を取り合っていると説明していた。

フォーバルは、クリントン陣営が「デモクラシー・パートナーズ」を使うことの理由を説明していた。スーパーPACや政治資金団体は、法律上は、直接の選挙運動をすることが禁じられるので、それを回避する方法が必要とされていた。

「クリントン陣営が、民主党全国委員会に金を払う。民主党全国委員会は、デモクラシー・パートナーズに金を払う。そして、デモクラシー・パートナーズは、フォーバル・グループに金を払う」

資金の流れから見れば、直接的なつながりではない。しかし、「フォーバル・グループ」の資金で、おかしな連中を雇っていた責任は、最終的には、クリントン陣営にあるということだ。このようなやり方で、トランプのもとに潜入させて、集会での混乱や暴力を扇動していた。

オキーフが極秘撮影した映像のなかで、民主党の「秘密工作員」は、クリントン陣営が金を払って、暴力沙汰を仕掛けていたことを認めていた。トランプのせいにして、メディアに非難させることを狙いとしていた。

「精神に異常がある連中を、金で雇っている。厄介なことを、確実にやってもらうためだ」

フォーバルがそう認めている場面が、オキーフの映像で撮影されていた。

「もう二十年以上も、ホームレスに金を払って、やばい仕事をさせてきた。そういう連中に夕食を食べさせて、寝泊まりする場所も見つけてやった。シャワーにも入らせた。それで、やってもらうんだ。私の代わりに。本当に、そんな連中がたくさんいた。たくさんいて……どんなことでも、やってくれた。いいやつらなんだ」

オキーフの映像では、民主党の「秘密工作員」が、さらに認めていたことがあった。三月のシカゴでのトランプ集会も、やはり抗議活動をする人たちを雇って、開催中止に追い込んでいた。

また、証言で明らかになったことは、他にもあった。トランプ集会に潜り込んだ、民主党の運動員のなかには、自分が襲われることを仕組んでいた者までいた。

それは、あまりにも衝撃的な事実だった。二〇一六年九月十二日に、ノースカロライナ州アッシュビルでは、六九歳の女性が「ナチス思想のトランプ支持者」とされる人物に、顔面を殴られていた。しかし、その女性は、暴力事件を引き起こす目的で、わざと殴られていた。民主党の「秘密工作員」が仕掛けた、潜入作戦であったことが暴露されていた。(36)

オキーフの映像が公開されると、ロバート・クリーマーとスコット・フォーバルは、民主党の「秘密工作員」を解雇されてしまった。それまでにトランプが主張してきたことが、正しかったと証明されることになった。民主党の活動家が、暴徒やおかしな連中を金で雇っている。そして、選挙集会の混乱に乗じて、暴力事件を引き起こしていると訴えてきていた。

運動員たちを雇い入れるために、(民主党全国委員会からは)かなりの資金が流れ込んでいた。「立ち上がって、抗議活動をすることしか考えていない人たちがいる。どうして、そんな人たちが、ここに来ているのだろうか」と、トランプがコロラド・スプリングスの集会で発言していたことを、ワシントン・タイムズ紙が報じていた。

「昨日、その理由が判明した。メディアでは、ほとんど報道されていないのだが。しかし、インターネットには出ている。バレたってことだ」(37)

クリントン陣営幹部のロビー・ムックは、暴力行為を発生させている活動家と、ヒラリーの間には一切の関係がないと主張した。しかし、その後に、オキーフからは、新たな映像が公開されていた。

その映像では、ヒラリーが関与する、あるプロジェクトの存在が暴露されていた。それは、全米各地のトランプ集会で、ドナルドダックのキャラクターを出没させるという妨害活動だった。ドナルドダックのコスチュームを着た活動家に、「ドナルドダックは納税申告書を公開しています」と書かれたプラカードを掲げさせて、トランプの後を追いかけさせていた。

このアイデアは、大統領候補者であるヒラリー本人から、直接出ていたものだった。オキーフの映像のなかで、「デモクラシー・パートナーズ」責任者のロバート・クリーマーから、そのことが証言されていた。(38)

「つまりは、ドナルドダックを送り込んでいたのは、これからアメリカ合衆国大統領になろうという候補者、ヒラリー・クリントン本人なのです。ドナルドダックが送り込まれた理由は、そういうわけです」クリーマーが、映像のなかで語っていた。

さらに、クリーマーは慌てて言い足していた。

「このことは、他の人には言わないように」

悲しいかな、それが現実だった。良心が欠落した民主党の工作員たちは、選挙の法律を踏みにじり、クリントン陣営の協力者として、暴漢、無法者、精神異常者といったゴロツキたちを金で雇い入れていた。そして、トランプ集会の会場の内外に送り込んで、抗議活動を通じて、暴力と混乱を生み出そうと企んでいたのである。

こうして、策謀の全体像が明るみに出ると、クリントン陣営とその代弁者たちは、メディアを通じての反撃を展開した。暴力と混乱が生まれているのは、トランプが悪いからであるとの論法になっていた。

その結果、トランプとその支持者たちには、憎悪に満ちた人々であるとのレッテルが貼られた。ナチスであり、白人優位主義者であり、ファシストであり、性差別主義者であり、外国人排斥主義者であり、同性愛差別主義者であり、イスラム排斥主義者であると、様々な言われ方をされることになった。

ドナルド・トランプを打倒しようとした変節漢

デビッド・ブロックという男がいる。トランプの選挙運動を妨害する動きのなかで、おそらく最も奇妙な存在だった。もし、ブロックが、右派なのか、左派なのかを本当に見極めようとするならば、フルタイムの監視員を雇って見張る必要があるだろう。結局のところは、(根っからの)二重スパイであるとの疑いが生じることになるはずだ。

ヒラリー・クリントン陣営の多くの人たちも、彼がヒラリーを「支援していた」ときでさえ、そのような疑念を拭い去ることができなかった。ブロックを理解するにあたっては、この人物が、若い頃から変節漢以外の何者でもなかったことを知る必要がある。

二〇〇二年の著作『右派に目がくらんで　元保守派の良心』(邦訳タイトル『ネオコンの陰謀』)で、ブロックは、テキサス州キャロルトンのニューマンスミス高校在学中に、校内新聞『オデッセイ』の編集者となり、「レーガンびいきのサンベルト地域のただ中で、リベラル派の週刊紙をつくり上げた」と記している。そして、カリフォルニア大学バークレー校の在学中には、校内新聞『ザ・デイリー・カリフォルニアン』の編集者兼記者を務めていた。(39)

しかし、バークレーにいたときに、「左翼の教条主義の文化に嫌気がさして、別の道に転じることにした」。つまり、転向したのである。保守派の卒業生からの資金援助を受けて、新保守主義の週刊誌『バークレー・ジャーナル』の発行を始めていた。ウォールストリート・ジャーナル紙では、ブロックが執筆した「キャンパスでのマルクス主義者との戦い」と題する、オプエド記事が掲載されたこともあった。(40)

ワシントン・タイムズ紙の雑誌『インサイト』の編集者ジョン・ポドレッツは、このウォールストリート・ジャーナル紙の論説に感銘を受けて、ブロックに仕事を提供した。その後に、ブロックはジョン・M・オーリン財団の後援を受けて、ヘリテージ財団のフェローとなっている。(41)

一九九二年三月にはアメリカン・スペクテーター誌で、クラレンス・トーマス(一九九一年に最高裁判事に就任)をセクハラ告発したアニタ・ヒルについて、一万七〇〇〇語の調査記事を書いた。この記事では、トーマス指名承認の公聴会でのヒルの証言が、「トーマスを引きずり降ろす目的で、活動家たちが仕組んだウソ話だった」と暴露していた。(42)この仕事を受けて、アメリカン・スペクテーター誌でのフルタイムの職を得ることになった。この雑誌は、右派の思想を支持する富豪のリチャード・メロン・スカイフが、主要な後援者となって創刊されていた。一九九三年に、記事の内容をもとに著作『アニタ・ヒルの真実』を出版すると、ベストセラーとなった。

しかし、二〇〇一年七月二日に、全米公共ラジオにインタビュー出演したときに、ブロックはアメリカン・スペクテーター誌に在籍して、アニタ・ヒルに関する本を書いたときのことを振返り、「右翼活動家から、ヒルに関する虚偽の情報を提供されて、道具として使われていた」と語っていた。

全米公共ラジオの法務担当記者ニーナ・トーテンベルクに語ったところでは、その当時は、提供された情報を、そのまま真実であると受け入れていた。そのため、事実確認まではしてはいなかったということだった。(43)

『アニタ・ヒルの真実』で成功を収めたことにより、ブロックには、本格的な保守派との評判が生まれていた。そこで、保守系出版社のフリープレス社は、一〇〇万ドルの前払金との条件で、ヒラリー・クリントンについての本の執筆を持ちかけた。しかし、フリープレス社にとっては、不運なことが起きていた。その支払いが終わったときに、ブロックは、また変節しようとしていたのである。

ヒラリー叩きの本の代わりに、ブロックが書き上げたのは、『ヒラリー・ロダムの誘惑』という題名の本だった。クリントンを、概ね支持する内容となっていた。またもや、ブロックは転向していた。政治的な立場を、左派に逆戻りさせていたのである。(44)

しかし、まだ当時のヒラリーは、ブロックに疑念を抱いていたので、この本のことについて語るつもりはなかった。さりとて、ブロックが転向していたことにも、明らかに気づいてはいなかった。

ブロックは、本のまえがきで記している。

「一九九六年二月、吹雪となった厳冬の夜のことだ。バージニア州マクリーンのある書店で、私は何時間も行列に並んでいた。そこでは、ファーストレディの著作『村じゅうみんなで』のサイン会が行われていた。ようやく行列の先頭までたどり着いたときに、私はヒラリーに自己紹介をすることができた。

そして、私が執筆した伝記本のために、いつかインタビューする機会をもらえないかと尋ねてみた。

『できないでしょうね』

彼女は、顔をしかめて言った」(45)

ブロックのこの本は、大失敗作となった。出版社に書くと約束していたはずのビル・クリントンの女遊びぶりにふれることはなく、だからと言って、何か目新しい内容が書かれていたわけでもなかった。「弁護士的な粗さがし」の対象とされていたクリントンを、おざなりに弁護するだけの内容となっていた。

フリープレス社は、この本のために、少なくとも百万ドルを失った。そして、本の編集者だったアダム・ベローも解雇された。[46]

ブロックが完全に変節した節目となったのは、一九九七年七月に、エスクァイア誌に『右翼ヒットマンの告白』と題する記事を書いたときのことだ。この記事では、アニタ・ヒルについて書いていた内容の多くを撤回した。また、「トルーパー・ゲート」（アーカンソー州知事当時のビル・クリントンの不倫行為に、州警官が関与していたとの疑惑）で話題を呼んだときのことでも、保守派としての調査報道の手法が間違っていたと認めていた。記事のなかで、「デビッド・ブロックという右翼の仕事人は、死んだことにしたい」とも書いていた。[47]

このときの変節に際して、ブロックには、何らの良心の呵責《かしやく》もなかった。保守派の富豪スカイフから資金援助を受けておきながら、左翼に逆戻りしていた。保守派からの期待を裏切って、大金を持ち逃げしたのも同然だった。

二〇〇二年の著作『右派に目がくらんで　元保守派の良心』で、ブロックは、かつては支持していたはずの右派の主張を、全力を傾けて攻撃した。保守派として仕事をしていたなかで、隠れ同性愛者であることに苦悩していたとも吐露していた。そして、自分も参画していたクリントン夫妻に対する執拗《しつよう》な調査報道のことでも、「思い悩む」ようになったと告白していた。

二〇〇四年に、ブロックは、極左派のメディア監視団体「メディア・マターズ」を設立した。「メディア・マターズ」はジョージ・ソロスとも連携して、グレン・ベック（番組司会者）をケーブルテレビでの仕事から追放したり、ルー・ドブス（番組司会者）をCNNから降板させたりした。ブロックは、スーパーPAC「アメリカン・ブリッジ21世紀」も設立して、ソロスほかの寄付者から、約一二〇〇万ドルの資金を集めていた。そして、共和党政治家を追いかけ回すために、約八〇人の陣容を揃えた。保守派政治家の「決定的」な場面をつかんで、政治生命に打撃を与える仕事に携わらせていた。[48]

こうしてブロックは、極左派としての汚れ仕事をするようになっていた。共和党上院議員候補者トッド・エイキンが、ミズーリ州のテレビ番組で「まっとうなレイプ」と発言した一件では（中絶反対の立場を述べる際に、「まっとうなレイプなら妊娠しない」と失言した）、全米に問題を拡散させたことを誇っていた。主要メディアの記者たちは、「メディア・マターズ」が報道した内容を、繰り返し取り上げることになった。この事件は、二〇一二年大統領選でのミット・ロムニー陣営には打撃となった。

「メディア・マターズ」は、標的とする保守派記者を、徹底的に追跡することにも取り組んだ。保守的な言論活動に対しての「ファクト・チェック」をかけていった。テレビ局やラジオ局が、「メディア・マターズ」が標的とする保守派記者に、オンエアの時間を提供しようとすると、〝政治的に正しくない〟と見なした、過去のあらゆる発言記録を資料として送りつけた。

それでも十分でない場合には、「メディア・マターズ」は、ソロスに資金提供された活動家たちと協力することも厭《いと》わなかった。ブロックが、ある保守派記者を標的として、職業人生を破壊することを決める。すると、その保守派記者を出演させようとする放送局のスポンサーに、圧力をかけるキャンペーンが展開されていった。

二〇一六年大統領選クリントン陣営ジョン・ポデスタ選対委員長のメールのなかでは、民主党がブロックのことを、どれだけ気違いじみた危険な人物であると見なしていたかが明らかになっている。

ウィキリークスが公開したメールでは、ポデスタが設立した進歩派シンクタンク「アメリカ進歩センター」のニーラ・タンデン所長が、ポデスタに注意を促していた。

「デビッド・ブロックが、とんでもなくクレイジーな人であることを、ヒラリーが、いま本当に理解してくれるとよいのですが」(49)

タンデンの懸念に対する、ポデスタの返事は極めつけだった。ごく簡潔なメールが返信された。

「ブロックは$マシーンだ!」(50)

タンデンからの「とんでもなくクレイジーな人」との言葉に対して、ポデスタは軽妙な返信をしていた。このメールからは、ブロックのモラルに反する行動を、明らかに軽蔑《けいべつ》していたことが見て取れる。

タンデンの意見に同意したポデスタは、ブロックが危険で信用ならない人物で、金銭で釣られるだけの「殺し屋」であることを、ヒラリーに警告していた。かつてはヒラリー嫌いであったはずのブロックは、今や、ヒラリーの宣伝マンを買って出ている。それでも、またもやヒラリー叩きの方向に、逆回転するおそれは十分にあったからだ。

ブロックにしてみれば、思想的に変節してもよいと思うだけの金額が提示されたときに、保守派に「再転向」したと、告白すればよいだけのことである。

ポデスタが懸念するきっかけとなったのは、ブロックが、スーパーPAC「アメリカン・ブリッジ21世紀」を通じて、クリントン陣営を支援する即応型の運動を始めるとの報道だった。独立型のスーパーPACとして、クリントン陣営に協力する。しかし、インターネット上でブログ掲載を行うだけなので、連邦選挙委員会の規則は回避できるとしていた。[51]

クリントン陣営の選挙運動には、何百万ドルもの資金が注ぎ込まれていた。ブロックは、そのなかで中心の位置を占めることを狙っていた。そこで作戦とされていたのは、クリントンを守るために、攻撃を仕掛けてくるあらゆる人物の評判を失墜させるというものだった。

私、ロジャー・ストーンも、その標的となった。[52]

ブロックの「メディア・マターズ」は、私に狙いを定めていた。下劣な「トランプ・マシーンの暗部」の代表であるとして、中傷キャンペーンを開始してきたのである。その目的は、選挙戦の最中に、私がケーブルテレビのニュース番組に出演できないようにすることだった。

私は、二〇一六年九月に出版したベストセラー本『クリントン夫妻と女性たちとの戦い』（序文を追加した改訂版として再刊）のプロモーション活動では、いくつかの主要テレビ局で、どうにかインタビュー出演することができた。(53)しかし、その後の選挙戦における最後の二か月間では、私をニュース番組に出演させまいとするブロックの企みが、概ね成功を収めることになった。ヒラリー・クリントンを勝利確実とみていた左派の主要メディアでは、どのケーブルテレビ局でも、どの新聞社でも、同じような状況となっていた。

しかし、デビッド・ブロックの腹心で、「メディア・マターズ」所長のブラッドリー・ベイチョクを、「プロジェクト・ベリタス」のカメラが捉えることに成功していた。ベイチョク所長が、私を標的とした中傷や弾圧への取り組みを、誇らしげに語っている場面が撮影されていた。

「だから、トランプ対策のために、私たちメディア監視団体は、重要な役割を果たすべきだと思っています。MVPにあたる人物を、戦線から追いやっていくことです。そうすると、まずはロジャー・ストーンから、ということになります」と、ベイチョク所長は語っていた。

しかし、もし、二〇一六年のチーム・トランプにMVPがいたとするならば、それはジェームズ・オキーフである。

ヒラリー・クリントンのEメール・スキャンダル：「きわめて軽率だった」

フィラデルフィアでの民主党全国大会の開幕を約三週間後に控えていた、二〇一六年七月五日に、ジェームズ・コミーFBI長官による公式声明の発表が、ケーブルテレビ各局を通じて、全米にライブ中継された。公式声明では、ヒラリー・クリントンが国務長官在任中に、私用サーバーを経由して機密情報となるメールを扱ったことは、「きわめて軽率」だったとされていた。しかし、FBIとしては、ヒラリー・クリントンの刑事訴追を行うことを勧告しないとの結論を出していた。

このコミーの声明は、クリントン陣営にとっては、私用サーバーを使用した問題について、刑事責任を全面的に免れたと主張する根拠となった。しかし、安全性が確保されないメールサーバーを経由して、政府の機密文書のやりとりをしたことは、国家安全保障に関わる法律違反にあたるとの、深刻な懸念が残されていた。

コミーの声明が発表された後に、クリントン陣営広報担当者のブライアン・ファロンが書面で声明を発表した。内容は、以下の通りである。

「本件に関わる司法当局者が、これ以上の措置が適切でないと判断したことを歓迎します。元国務長官は、私用メールサーバーを使用したことは間違いであり、今後は、そのようなことはしないと述べています。この問題が解決したことを嬉しく思います」[54]

しかし、コミーの声明の土台を揺るがしかねない情報が、明るみに出ていた。それは、ヒラリーのメール問題で、ＦＢＩが刑事捜査を開始してから一年が経過していた、二〇一六年六月二十七日の出来事だった。ビル・クリントンは、フェニックス・スカイハーバー国際空港でプライベートジェットを停機させていた。そのときに、シークレットサービスから、ロレッタ・リンチ司法長官が乗る飛行機が、間もなく空港に到着予定であると知らされると、クリントンは離陸のタイミングを遅らせていた。[55]

リンチ司法長官は、滑走路に停機中の機内にクリントンを迎え入れて、短時間の面会をすることになった。リンチは、私的な挨拶を交わしただけで、まったく政治的な意味合いはないと述べていた。しかし、この面会の事実は、国民からの疑念を招く結果となった。

驚くべきことに、リンチの主張によると、クリントンとの面会は「主として社交的なもの」だったとされている。二人のあいだの会話は、孫のことや、ゴルフの話題がほとんどだったとされていた。[56]

二〇一六年七月一日に、リンチはクリントン元大統領と面会したことについて、遺憾の意を表明した。面会の時点では、まだ、ＦＢＩがヒラリーのメールサーバー問題を捜査中だったからだ。

「今後は、決して、このような行動を取らないようにします」

リンチは、元大統領との面会について発言した。

この件を報道したAP通信は、リンチには、一九九九年にクリントン元大統領からニューヨーク東部地区連邦検事に任命されていた経歴があることを指摘していた。(57)

明らかにクリントン寄りの新聞であるはずの、ワシントン・ポスト紙でさえもが、「ビル・クリントンは重大な失策を犯した」と認めていた。そして、ビル・クリントンの「愚かなおせっかいのせいなのか、それとも、ただの愚か者であったせいなのか」は定かではないとした。この面会の事実が、「クリントンの妻、民主党、オバマ大統領のほか、オバマ政権の公正さに対する信頼感を損なう深刻な事態となった」ことは確かであると記していた。(58)

トランプも、マイク・ギャラガー（保守派の政治評論家）のラジオ番組に出演した際に、直ちに発言していた。

一五分間のインタビューのなかで、トランプは疑問を呈した。

「驚くべきことだ」トランプは言った。

「昨晩、その話を聞いた。二人で機内にいたと。そういう話だそうだ。ひどい話だ。本当に、コソコソしている。本当は、表沙汰になってほしくなかったのだろう。ああ、何てひどい話なんだ。とんでもないことだ」(59)

これまでにトランプは、ヒラリーを有利にするために、選挙が「不正に仕組まれている」と訴えてきていた。その実態が、この面会の事実で、いっそう明らかになったと述べていた。

ニューヨーク・タイムズ紙の報道によると、ビル・クリントンとリンチの面会時間は、わずか二〇分間だったとされている。会話の場には、リンチの夫もいたとされた。しかし、トランプが、そのような説明に納得することはなかった。

「半時間ほど会っていて、孫のことを話していたと。ゴルフの話も、ちょっとしたそうだ。それだけにしては、長い面会だったようだな」と、トランプの発言を同紙は伝えていた。(60)

ヒラリーは、メールサーバー問題でウソをつく

私用メールサーバーのスキャンダルが発覚して以来、ヒラリー・クリントンがとった作戦は、ウソをつき通すことだった。かねてより、アメリカ国民からの信頼度は低かったが、さらに信用が失墜することになった。

二〇一五年三月十日に、ヒラリー・クリントン元国務長官は、ニューヨーク市の国連本部で記者会見を開いた。私用メールサーバーを使用して国務省の業務メールを送受信したとのスキャンダルを、鎮静化させるためだった。メール問題をめぐる騒動を終息させておきたいと考えていた。

しかし、現実には、コミーがFBIとして刑事訴追しないとの最終判断を発表したときに、このときの説明が裏目に出ることになった。クリントンを免罪したコミー声明のなかで、FBIの

捜査結果と、国連本部の記者会見での弁明とが、いくつかの重要な点で食い違うことになったからだ。

国務長官在任中に私用メールサーバーを使用していた事実を明らかにしたのは、クリントン本人や、国務省からの情報開示ではなかった。その事実を公にしたのは、ルーマニア人ハッカーのマルセル・ラザールだ。この人物については、すでに前述しているが、「グッチ」と「ルシファー」を合体させた「グシファー」というユーザーネームで知られていた。

二〇一三年三月十五日に「スモーキング・ガン」（犯罪情報公開サイト）で掲載された記事は、グシファーが、当時六四歳のシドニー・ブルメンソールのアカウントをハッキングしていた事実を明らかにしていた。ブルメンソールは、ビル・クリントン政権でシニア・アドバイザーを務めて、ヒラリー・クリントンの長年の側近になっていた。記事によると、グシファーがブルメンソールのメールアカウントをハッキングしたのは、ヒラリー・クリントンとの間での大量のやりとりに、狙いを定めていたからだ。(61)

二〇一五年にルーマニアで行われたインタビューで、当時、服役中だったグシファーは、ハッキングによって、クリントンが国務長官として受け取っていたメール文書にアクセスしたことを語っていた。添付文書のなかには、ＣＩＡからのブリーフィングもあった。

「六、七時間かけて文書を読んだ。それから起き上がって、庭仕事をしたものです」と、グシ

ファーは語っていた。(62)

二〇一三年三月十八日に、「スモーキング・ガン」は、グシファーのハッキングについての続報を掲載した。ブルメンソールのメールが、政府の公用メールアドレスではないウェブドメイン「clintonemail.com」を経由して、クリントンに送信されていたことが暴露されていた。(63)国務長官として機密文書を取り扱う際に、政府職員に厳格に適用されるはずの、国家安全保障に関する法律に違反していた可能性が明るみに出たのである。セキュリティが確保された国務省のメールシステムを回避した行為によって、ヒラリーには刑事訴追される懸念が生まれていた。

この問題は、アメリカ国民の注目を集めることになった。直前の二〇一五年三月三日には、叙勲された退役陸軍大将のデビッド・ペトレイアス元CIA長官が、有罪を認める司法取引を成立させたことが報道されていたからだ。ペトレイアスには、伝記を書いてくれた愛人のポーラ・ブロードウェルに、機密情報を漏らしていた容疑があった。(64)

国連本部での記者会見のときに、ヒラリーは黒、グレー、白の三色柄のエレガントなパンツスーツとジャケット姿で、国務長官として世界中を外遊していたときと同じように、昂然とした調子で発言をしていた。(65)しかし、記者会見という試練にさらされるなかで、ヒラリーは苛立《いらだ》ちをみせていた。国務省在任中の行動をめぐる公開での尋問を、ヒラリーは、どうにか耐えているという様子だった。

明らかに、皮肉な状況となっていた。むしろ国民の関心は、クリントンが国務長官の職務のなかで、犯罪に該当する行為をしていたのかどうかに、向けられていたからだ。

クリントンは、セキュリティのある国務省のメールシステムを避けて、国務省の業務内容を送受信していた。しかし、国務長官としては、国務省によって記録および管理されるメールシステムを通じて、機密内容を保護するのみならず、通信履歴を完全に記録することが要請されていた。

この記者会見の冒頭で、ヒラリーは国連の話題について言及していた。あたかも、現在も国務長官という要職にあって、「いつも通り」の業務をしているかのようであった。最初の数分間は、国連のことにふれていたが、その後の話題は、焦点とされる問題に転じられた。

ヒラリーは、国務省時代に私用メールサーバーを使用した理由を、利便性のためだったと説明した。

「第一に、国務長官として仕事をするにあたり、その方が便利だったので、個人のメールアカウントを使っていました。そのこと自体は、国務省でも認められていることです。

そのようにした理由は、業務用と個人用のメールのために、二つの機器を使用するのではなく、ひとつの機器だけを使うことにした方が、面倒ではないと思ったからです」ヒラリーは語った。

「振り返って考えてみますと、二個目のメールアカウントを使用して、二個目の機器を持つべきでした。しかし、そのときには、特に問題があることだとは思っていませんでした」

二度目の大統領選に出馬するにあたってのクリントンの信用は、もはや完全に失墜しようとしていた。もっとも、機器の扱いが不得手だったので、二個のブラックベリーを使い分けることが負担だったというのは、どうやら本当のことだったようだ。

次に、クリントンが述べたのは、大半のメールの宛先が政府職員となっていたことだ。したがって、国務省の安全なメールシステムを避けるとの意図は、全くなかったとしていた。

「二番目に、私の業務メールのほとんどすべては、政府職員の公用アドレスに送信されていました。したがって、国務省のメールシステムで直ちに記録されて、保管されていました」クリントンは発言した。

しかし、この説明のなかでは、巧妙に言及が避けられていた事実があった。たとえ宛先が国務省職員であるとしても、私用メールサーバーを経由して、業務メールを送受信していたことには変わりなかった。また、国務省のメールシステムの外にいる人と送受信されたメールが、私用メールサーバーに残された可能性にも言及されていなかった。

さらに、ヒラリーは、国務省にいたときのかなりの分量のメールが、自身ほか関係者によって破棄されたことを認めていた。ただし、政府の業務に関連するメールは、すべて保管されていると述べていた。

「三番目に、退任後のことですが、国務省から元国務長官としての協力の要請がありました。それを受けて、私用のアカウントを使用した業務関連のメールについては、コピーを提供しています」クリントンの発言は続いた。

「私は、速やかに対応しました。業務に関連する可能性があるメールは、すべて提供していま す。印刷すると、およそ五万五〇〇〇ページにもなる分量でした。もっとも、それとほとんど同じものを、すでに国務省が保管していることは分かってはいます」

そして、ヒラリーは、国務省でのメールのなかで、何が「私的なもの」にあたると考えているのかも説明した。

「業務に関係するメールを完全に特定する作業を、綿密に行いました。そして、国務省に提供しています」クリントンは説明した。

「それから私的なもので、個人的なメールについては、保存はしていません。チェルシーの結婚式の計画や、私の母親が亡くなったときの葬儀の手配、友人へのお悔やみのメッセージ、ヨガの日課、家族旅行のことなど、受信ボックスによく入っているような内容のメールのことです」

ヒラリーは、それは当然のことであるとした。

「個人的な内容のメールを、公開したいと思う人はいないはずです。そうした理解のもとでプライバシーが尊重されることは、多くの方々にご理解いただけるものと思います」クリントンは述べた。

しかし、問題は、どのようにしてメールを選別したのかということだった。どのような内容が、厳密な意味で私的なものに該当するのかを含めて、ヒラリーとその取り巻きたちが判断していた。

「私的なもの」との理由で破棄されたメールのなかには、国務長官としてアクセスしていた政府の機密情報が含まれていたかもしれなかった。そうしたことは、独立的に検証されてはいなかった。

最後にクリントンは、自分の業務関連のメールのすべてを、国務省が公開することを認めたと述べた。

「四番目に、前例のないことではありますが、私の業務関連のメールのすべてを、誰もがその内容を確認できるように公開することを、国務省に依頼しました」クリントンは述べた。

「私は、国務長官としての四年間の在任中に、同僚や公僕の方々と仕事を共にしてきたことを誇りに思います。ですから、そうした内容について、誰もが自分の眼で確認できるようになることを願っています」

発言の最後に、謝罪の言葉が言い足されていた。あたかも、ただの過失であったとして免罪してもらうために、そうした言葉を述べているかのようだった。

「繰り返しになりますが、振り返ってみれば、二個の別々の機器を用意して、二種類のメールアカウントを使用するべきだったと思います。私としては、機器を一個だけにした方が面倒ではないと思っていました。しかし、確かに、それはよくないことでした」

ヒラリーは発言を終えた。

国務長官

二〇一六年九月二日に、私用メールサーバー問題に関する捜査記録が、FBIから公開された。(66)クリントンは、二つの電話番号を使用していたとみられるが、そのために、合計で一三個の携帯機器が使われていたことが判明した。これらの携帯機器を通じて、clintonemail.comを経由したメール送信が行われていた可能性があった。

「最側近のフーマ・アベディンが、FBIに証言したところでは、クリントンは、新しいブラックベリーを短期間だけ使用した後で、使い慣れた以前のモデルの機器に切り替え直すことが、何度もあった。また、使わなくなった機器をなくすことも、よくあった」と、FBIから捜査記録が公表された当日に、ザ・ヒル誌が報道している。

「クリントンのサーバー設置に携わった人物は、ふたつの出来事を覚えていると証言している。古くなった何個かの機器を、ハンマーで叩き壊したこと。機種変更をした後で、側近に古いSIMカードを捨てられてしまったと、クリントンが語っていたことだ」(67)

FBIは、クリントンが使用したとされる、いずれの機器も発見することができなかった。

FBIの捜査で判明した事実としては、二〇一四年に国務省に提出していた三万件のメールのうち、五二件のメール・スレッドのなかの一一〇件のメールに、送信時点では機密扱いの情報が含まれていた。「ポリティファクト」によると、八件のメール・スレッドに、最高レベルの機密であるトップ・シークレットの情報が含まれていた。また、三六件のメール・スレッドに機密の情報が含まれていた。

クリントンは公式声明のなかで、私用メールサーバーを経由しては、機密指定された内容の送受信は一切行っていないと繰り返していた。しかし、そうした発言内容は、捜査の結果とは完全に矛盾していた。

「ポリティファクト」によると、他にも二〇〇〇件のメールの内容が、送信時点では機密に指定されていなかったが、後になってから機密指定されたり、機密ランクが上がったりしていた。「情報開示の専門家によると、文書公開に際しては、取扱いの再検討が行われる」からだ。

さらに、ＦＢＩの捜査の結果、業務に関連する「何千件も」のメールが、提出されていなかったことが判明していた。そのうちの二件は、機密のマークが付されてはいなかったが、送信時点で機密とされる内容だった。クリントンは、国務省での業務関連のメールを、すべて提出したと主張してきていた。やはり、捜査の結果との矛盾が生じていた。(68)

ＦＢＩによる捜査の結果、トランプが主張してきたことが、真実だったと証明されていた。二〇一五年三月四日に、ベンガジ問題の下院特別調査委員会からは、関連するメールを議会に提出することを求める召喚状が出されていた。しかし、クリントンは、それを無視して、二〇一五年三月二十五日から三十一日の期間に三万一八三〇件のメールを削除していた。

ワシントン・ポスト紙が、事実関係を整理する記事を報じている。二〇一四年十二月に、クリントン側近のシェリル・ミルズは、メールサーバーの運営会社であるコロラド州のプラットリバー・ネットワークス社に業務を発注していた。政府の業務に関連しないメールで、六〇日以上が経過しているものを、サーバー内から削除することが依頼されていた。

そして、二〇一五年三月四日に、ベンガジ問題委員会からメールの提出を求める召喚状が発行されていた。それから三週間後の三月二十五日から三月三十一日の期間に、プラットリバー・ネットワークス社の社員は、二〇一四年十二月にシェリル・ミルズから依頼されていたメールの削除を失念していたことに気づいた。この社員は、「しまった」と思う出来事だったと、FBIに証言している。この社員がメールの削除を行ったのは、そのときだった。ファイルの消去には、ブリーチビットというソフトウェアが使用されていた。(69)

二〇一六年八月二十二日のワシントン・ポスト紙の報道によると、FBIのメールサーバー問題の捜査により、クリントンの弁護士から提供されていなかった、国務長官在任中の一万四九〇〇件のメールと文書が発見されていた。同紙は、この一万四九〇〇件という分量は、クリントンの弁護士が業務関連として国務省に提出していた約三万件のメールと比較したときに、およそ五〇パーセントにも相当することを指摘している。

こうした事実が判明したのは、ワシントンを本拠とする行政監視団体「ジュディシャル・ウォッチ」が、連邦裁判所に情報公開法（ＦＯＩＡ）に基づく開示請求をした結果だった。(70) メール・スキャンダルの捜査が進展していくなかで、「ジュディシャル・ウォッチ」による開示請求の訴えと法廷闘争によって、様々な文書や証言が開示されていた。その結果として、数々の画期的な成果が生まれることになった。スキャンダルを追及していた議会の委員会や、ＦＢＩが究明できなかった重要な事実を、「ジュディシャル・ウォッチ」は幾度となく解明していたのである。

クリントンのメールで、ベンガジ事件でのウソが明らかになる

「ジュディシャル・ウォッチ」は、二〇一五年十一月二日に国務省の文書を入手したことを発表した。この文書により、ベンガジのアメリカ領事館襲撃事件が発生していた夜の出来事が明らかになった。

当時のヒラリー・クリントン国務長官は、娘に宛てたメールで、「アルカイダのようなグループ」が実行犯であると送信していた。しかし、このメールの送信時刻の一時間前の公式発表では、「インターネット上に掲載された扇動的な内容」がきっかけになったと述べられていた。(71)

この国務省の文書が情報開示されたのも、「ジュディシャル・ウォッチ」が情報公開法（ＦＯＩＡ）に基づく裁判を行った結果である。ヒラリー・クリントンからチェルシー・クリントン宛

てのメールは、二〇一五年十月二十日にベンガジ問題の特別調査委員会に提供されて、ヒラリーが証言を行った二〇一五年十月二十二日に公開された。このメールが公開されたのは、連邦裁判所が国務省に対して、ベンガジ関連の記録を「ジュディシャル・ウォッチ」に開示することを命じていたからだ。

「ジュディシャル・ウォッチ」により、クリントンから娘のチェルシー宛てに送信された深夜のメールが、国務省の記録として情報公開されていた。二〇一二年九月十一日の午後一一時一一分（東部時間）に、ベンガジでのテロリストの襲撃が続行中であることを伝える内容だった。クリントンからの送信の宛先名は、チェルシーの仮名である「ダイアン・レイノルズ」となっていた。この仮名は、チェルシーがクリントンの私用メールサーバーを経由して、母親と送受信をする際に使用されていた。

ヒラリーからチェルシーに送信されていたメールの内容は、以下の通りだ。

「アルカイダのような集団によって、ベンガジで二名の職員が殺害されました。私が任命した大使（クリストファー・スティーブンス）と、妻と二人の子供を連れて赴任していた若手の広報事務官でした。とてもつらい日になりましたが、明日も、同じようなことが起きるのを恐れています」

しかし、その時刻より前の九月十一日一〇時〇八分に、ヒラリー・クリントンは国務省からの公式声明を発表していた。そのなかでは、襲撃の原因として、イスラム教に批判的なインターネット上の映像を非難していた。
国務省の公式声明で、クリントンは、ベンガジの施設やその周辺でのテロリストの活動については、まったく言及していなかった。

「このような暴力的な行動を、インターネット上に掲載された扇動的な内容に対する反撃であるとして、正当化しようとする者たちがいます。しかし、アメリカ合衆国としては、他者の宗教的信条の侮辱を意図する、いかなる行為も非難します。わが国は建国以来、宗教的寛容のために尽力してきました。明確にしておきたいことがあります。このような暴力的行為が正当化されることは、絶対にあってはならないことです」

「この重大なメールの内容を見れば、ヒラリー・クリントンがベンガジのテロ攻撃のことで、意図的なウソをついていたのは明らかだ」と、「ジュディシャル・ウォッチ」代表のトム・フィットンは述べている。

「もう一度、繰り返しておきたいです。この決定的な証拠となるメールを、アメリカ国民の前に公開させたのは――議会ではなく――ジュディシャル・ウォッチが取り組んだ裁判でした。オバマ政権とヒラリー・クリントンは、このメールの存在を知りながら、ジュディシャル・ウォッチや議会や裁判所に公開されることがないように、不法行為となる妨害を行ってきたのです」

ベンガジ襲撃事件は、二〇一二年大統領選のさなかに発生していた。オバマ大統領は、共和党の対抗馬ミット・ロムニー元マサチューセッツ州知事と戦っていた。選挙戦の中心テーマとしては、オバマ政権はテロとの戦いで成果を収めたと訴えていた。

オバマは、メッセージを簡潔に表現していた。

「GMは生きているが、オサマ・ビンラディンは死んだ」

オバマ政権は、二〇〇九年にゼネラル・モーターズ（GM）社を救済支援していた。そして、二〇一一年五月二日には、パキスタンでアルカイダのテロリスト、ビンラディンを殺害していた。(72)そうした成果を、この言葉によって訴えかけていた。

しかし、二〇一二年九月十一日のベンガジ襲撃事件がテロ攻撃であるとすると、オバマ政権がテロリストを敗走させたとの訴えは、その根拠を失いかねなかった。そこで生まれていたのが、アメリカ合衆国で制作されたイスラム教に批判的な映画に対する反撃として、ベンガジが襲撃されたとの筋書きだった。それが仮に事実でないとしても、オバマ政権にとっては、ロムニーからの批判をかわすための、格好の口実となっていたのである。(73)

オバマだけでなく、ヒラリー・クリントンとしても——二〇一六年大統領選で二度目の出馬を模索していたので——政治的なダメージが生じるのを避けたかった。アルカイダ系列のテロリストが、特にリビアで延命していると認めることは、国務長官の職責としては明らかに失点となるからだ。

ベンガジ襲撃の当日夜のヒラリーからチェルシー宛てのメールは、まさに決定的な証拠であると考えられた。ヒラリーは、襲撃は継続中であると記していた。そこでは、襲撃事件がテロリストからの攻撃であり、映画に対する反撃などではなかったとの理解が示されていた。

もし、オバマ政権がこうしたウソを語っていなければ、二〇一二年大統領選の最後の数か月では、ロムニーがオバマに打撃を与えて、決定的に優勢になっていた可能性もあった。

しかし、ウソであったことは、二〇一六年には暴露されてしまっていた。ヒラリーが、ベンガジ事件の隠蔽工作で、二枚舌を使っていたことが判明していた。また、ヒラリーが、私用メールサーバーを使っていたのは、通信を秘匿する目的であったことも明白となっていた。

クリントン財団のスキャンダルが爆発する

二〇一五年に、ピーター・シュバイツァーの著書『クリントン・キャッシュ　外国政府と企業がクリントン夫妻を大金持ちにした手法と理由についての知られざる物語』が発刊されると、FBIは、クリントン財団への予備的な調査を開始することになった。(74)シュバイツァーは、ガバメント・アカウンタビリティ研究所の共同設立者兼責任者で、「ブライトバート」で特別シニア・エディターを務めていた。ジャーナリストと調査スタッフで構成されるチームを編成して、クリントン財団が巧妙な献金ビジネスの仕掛けであることを詳細に解明していた。

クリントン財団は、ビル・クリントンを財団トップにして、寄付金を集めたり、六桁から七桁（数千万円から数億円相当）の金額の講演料を受け取ったりしていた。シュバイツァーは、そうした資金が、外国政府や、怪しげな評判のある外国企業から提供されていることを明らかにした。また、資金提供者たちが、ヒラリー・クリントンの国務長官としての立場を利用しようとしていたことも明らかにした。ヒラリーによって、有利な政策決定が実行されることや、影響力が行使されることが期待されていたのである。

二〇一六年十月十七日のＦＯＸニュースでは、ウィキリークスが公開したヒラリー・クリントン陣営ジョン・ポデスタ選対委員長のメールが、シュバイツァーの主張していたテーマの傍証となっていることが指摘されていた。クリントン財団の寄付者たちは、その献金と引き換えに、ヒラリー・クリントンがいた国務省からの見返りを期待していた。

「私たちが、一年半前から推測したり、考えたりしてきたあらゆることが、こうしたメールによって裏付けられました」

シュバイツァーは、朝の番組『ＦＯＸ＆フレンズ』に出演して語っていた。

シュバイツァーは、流出したメールの内容に驚きを感じたとも語った。メールのなかでは、自分のこと、自分の本のこと、クリントン夫妻の「金銭疑惑」のことが、幾度となく言及されていたからだ。

「これで、よく分かりました。彼らが、何よりも心配していたことが、この問題だったのです」シュバイツァーは説明を続けた。

「双方の候補者とも、いろいろな問題を抱えていることは事実でしょう。しかし、ヒラリー・クリントンに関して言えば、異常なまでに心配していた問題がありました。それが、まさしく『クリントン・キャッシュ』に書かれていた内容であったのです。金の流れの問題であり、外国からの金の流れの問題でした」(75)

二〇一六年八月には、「WND」でシニア・スタッフライターを務めるジェローム・R・コルシが、クリントン財団についての著作『犯罪者たち　ホワイトハウスを私物化して金儲けしたクリントンの企み』を出版していた。(76)シュバイツァーは、クリントン夫妻が、賄賂《わいろ》ビジネスにどっぷりと浸かっていることを書いていたが、コルシは、その裏付けとなる証拠を、さらに挙げていた。コルシの本で、議論が進められている点があった。それは、クリントンが利益供与に関する罪に抵触していたことだ。つまり、税制で優遇される非営利団体を悪用することで、その団体が目的とする公益の実現を犠牲にして、私的な利益を図る罪に該当すると指摘されていた。

このコルシの著作は、ウォールストリートのアナリストや個人投資家として著名なニューヨークの友人、チャールズ・オーテルの調査に刺激されたものだ。二〇一五年に、オーテルがクリントン財団の金銭疑惑を問題提起したことに、コルシは関心を向けていた。

オーテルによれば、クリントン夫妻とその取り巻きたちは、密かに何百万ドルもの資金を、私的な利益として受け取っている。そのことを隠蔽するために、監査された財務諸表も、内国歳入法様式９９０に基づく年次財務報告書も、粉飾していると指摘していた。

二〇一五年四月二十二日以降、オーテルによる調査の展開を、コルシは「ＷＮＤ」で詳細に報道した。最終的には、二〇回以上のシリーズ記事となった。オーテルは、クリントン財団は「巨大な犯罪組織」であると結論づけていた。つまり、クリントン家とその取り巻きたちが、一般国民を欺いて私腹を肥やすための仕組みであり、政治的影響力を堅固にするための器であるとしていた。

二〇一五年二月十八日のワシントン・ポスト紙の報道によると、ビル、ヒラリーとクリントン財団は、「財界の大物、政治献金家、外国政府、富裕な関係者たちからなる巨大な世界的ネットワーク」から、二〇億ドル近くの資金を集めていた。(77)同記事によると、外国政府ほか、外国の献金者たちは、アメリカの選挙での投票権もなく、選挙運動に貢献することもできないが、クリントン財団の主要な献金者になっていた。ヒラリー・クリントン政権ができる以前から、関係を構築しておくためだった。

ウィキリークスが、クリントン陣営ジョン・ポデスタ選対委員長の五万件を超えるメールを公開したなかで、コルシやシュバイツァーの著作で指摘されていた不正行為は、まさに具体的に証明されていた。

とりわけ重大な問題となったのは、ニューヨークを本拠とするシンプソン・サッチャー法律事務所が担った役割について記されていたメールだった。二〇一一年に、シンプソン・サッチャー法律事務所をクリントン財団に参画させていたのは、チェルシー・クリントンだった。ヒラリーの二度目のホワイトハウスへの挑戦にあたり、クリントン財団の財務面での問題を収拾するための対策を講じようとしていた。内部スキャンダルが噴出して、ダメージが生じないようにするためだった。

ウィキリークスが公開したメールによって暴露されていたのは、シンプソン・サッチャー法律事務所による監査をめぐり、チェルシー・クリントンと、ダグ・バンドの間で権力闘争が発生していたことだ。テネオ社を設立していたバンドは、クリントン政権のホワイトハウスでは「付き人」をしていた人物だ。チェルシーとしては、ダグ・バンドがテネオ社を経営していながらも、クリントン財団とクリントン・グローバル・イニシアティブの役職に留まっていることが、利益相反にあたると主張していた。(78)

バンドは、ホワイトハウスでビル・クリントンにダイエット・ソフトドリンクを運んでいた身分から、テネオ社を設立するところまで出世していた。テネオ社は、クリントン財団とクリントン・グローバル・イニシアティブに関連するコンサルティング業務を行っていた。クリントン財団に献金している企業との間で、高額の経営コンサルタント契約を結ぶことによって、バンドとクリントン夫妻には、何百万ドルもの収入がもたらされていた。

シンプソン・サッチャー法律事務所からは、様々な対策を講じることが勧告されていた。しかし、二〇一一年にチェルシー・クリントンが、その勧告を実行に移そうとすると、ダグ・バンドは激怒した。(79)

最終的に、ビル・クリントンは、高収入を得ていたテネオ社の役員を辞任することになった。それでも、ビル・クリントンは、テネオ社の顧客とのコンサルタント契約を続けていた。しかし、シンプソン・サッチャー法律事務所による改革が騒動になって以降は、テネオ社からの収入は限定的なものとなった。バンドにとっても、クリントン財団やクリントン・グローバル・イニシアティブの献金者との間で、テネオ社とのコンサルタント契約を取り付けることは難しくなってしまった。


ウィキリークスは、二〇一一年十一月十六日付のメールに添付されていた文書を公開している。ヒラリー・クリントンが国務長官をしていた当時のものだ。このメールは、バンドからポデスタに送信されたほか、シェリル・ミルズと、ビル・クリントンのシニア・アドバイザーのジャスティン・クーパーも共有の宛先とされていた。バンドは、この文書を通じて、利益相反の問題が、クリントン財団を内部から腐敗させている実態を描き出していた。(80)

添付文書とされていたのは、バンドが利益相反をめぐる問題を記した覚書だ。「テネオ社と財団の活動の背景について」との件名で、シンプソン・サッチャー法律事務所の二名の弁護士が宛名とされていた。また、共有先の宛名として、ビル・クリントン、チェルシー・クリントン、ジョン・ポデスタのほか、クリントン財団の顧問弁護士であり、CEOも務めたブルース・リンジー、クリントンの長年の側近であるテリー・マコーリフ（元バージニア州知事）の名前も記されていた。リンジーとマコーリフの二人は、当時、クリントン財団の役員を務めていた。

バンドがこの覚書を書いた目的は、利益相反の問題について、自分の立場を説明するためだったようだ。テネオ社が、クリントン財団の主要献金者を顧客としていたことが、明白な利益相反になると指摘されていたからだ。両者が共有していた顧客リストの最上位には、コカ・コーラ社が記されている。二〇〇四年以降に、コカ・コーラ社は、クリントン財団およびクリントン・グローバル・イニシアティブに四三〇〇万ドルを寄付していた。しかし、同時に、テネオ社のコンサルタント契約の顧客にもなっていた。

「財団のための募金事業や意思決定の業務を、独立した立場で担ってきました。私たち（バンドほかテネオ社）は、元大統領の営利活動――講演、著作、顧問契約など――に関する仕事に尽力してきました」と、この覚書のなかで、バンドは書いている。

「そして、講演、ビジネス、顧問契約を成立させるための代理人、弁護士、経営管理者、担当者として貢献してきました」と、バンドの記述は続いている。

「元大統領の営利活動をサポートすると共に、必要に応じて元大統領とその家族のために、現物提供となる私的な旅行、接遇、休暇などの斡旋業務や請負業務も担ってきました」

バンドは、当時のクリントンには、四件のコンサルティング契約があったことを記している。そのすべての契約は、テネオ社が成立させていた。また、クリントンの「ビジネス上のあらゆる関係」（このメモでは詳細は不明である）の管理業務も担っていた。

バンドは、以下の結論を述べている。

「二〇〇一年以来、クリントン元大統領が契約していた業務からは三〇〇〇万ドル以上の個人収入が生まれています。また、現在の契約が継続されるならば、今後の九年間では六六〇〇万ドルの収入が生まれる予定です」

さらに、この覚書によると、バンドほかのテネオ社の社員は、クリントンのために数百万ドルにのぼる講演料の契約も手配していた。

バンドは、以下のように強調している。

過去十年間、テネオ社の社員一同で、「元大統領の業務のための主要な窓口となり、マネジメントを行ってきました。

その内容としては、政治での業務（立候補者のための選挙運動など）、ビジネスでの業務（コンサルタント契約をしている会社のための顧問業務など）、クリントン財団での業務（財団や関連事業での職責の支援など）、講演での業務（講演の営業、講演旅行の随行やサポートなど）、著作での業務（本の編集、販促ツアーの手配や支援など）、本人と家族のためのサポート業務（現物提供される私的な飛行機での旅行、休暇での滞在を手配することや、家族の公私での用件をサポートすることなど）があります」

クリントン財団のエリック・ブレイバーマンCEOは、シンプソン・サッチャー法律事務所の勧告を実施するために、チェルシーによって招き入れられていたが、二〇一五年一月には辞任している。ポリティコ誌の報道によると、シンプソン・サッチャー法律事務所による監査の勧告は、クリントン家の三名と、反対派のスタッフたちの見解の対立によって挫折していた。(81)ヒラリーが二〇一六年大統領選の選挙運動を開始したことを受けて、ようやく二〇一五年五月に、バンドはクリントン財団での数々の役職を退任した。(82)

バンドは、二〇一五年十一月十七日付のポデスタ宛てのメールで、捨て台詞のような内容を記している。シェリル・ミルズとジャスティン・クーパーも共有の宛先とされていた。バンドが非難していたのは、自分はクリントン・グローバル・イニシアティブの役員として、利益相反条項にサインを求められていたが、ビル・クリントンが同様の書類にサインを求められていなかったことだ。

ほかにも、バンドが異議を唱えていたことがあった。ビル・クリントンは、クリントン・グローバル・イニシアティブの三社のスポンサーから個人的な収入を得ていながらも、さらに「高価な贈り物を数多く受け取って」いた。しかも、そうした物品を自宅で所有しているとしていた。「これに類する事例を、私は、あと五百個は挙げることができるだろう」

そのように、バンドは付け足していた。チェルシーから追い払われたことへの怒りが込められていた。(83)


ザ・ヒル誌の寄稿者で、選挙資金問題を専門とするポール・H・ジョシー弁護士は、ダグ・バンドの覚書とメールの内容を検証する論説記事を書いている。この記事では、バンドの件が暴露されたことで、クリントン夫妻が「犯罪者たち」であることが証明されたとしている。(84)

クリントン財団と、クリントン・グローバル・イニシアティブは、私物化によって腐敗している。そして、その中心的な役割を担っていたのは、バンド本人と、経営コンサルト会社のテネオ社であると、ジョシーは結論づけていた。

「バンドは、ビル・クリントンのすべてにおいて、門番役として仕えていた」と、ジョシーは書いている。

「元大統領とゴルフ仲間になりたい人は、資金を提供した。クリントン財団に頼みごとをするにも、現金が必要となった。そのようにして、〝クリントン株式会社〟ができ上がった。講演、著作、名誉職の肩書が積み上げられることで、ビル・クリントンには利益がもたらされていた」

クリントンの口利きによって免税措置を受けたり、国務省による有利な政策決定をもとにしてビジネスチャンスを拡大したりするために、巨大企業が列をなす仕組みが出来上がっていた。それをマネジメントしていたのが、ダグ・バンドとテネオ社であると、ジョシーは指摘していた。

そして、ジョシーは、このような結論も述べていた。ウィキリークスが公開したバンドの覚書とメールによって、二〇億ドル規模の世界的な帝国となったクリントン財団の「知られざる」内部事情が明らかとなった。その結果、知られざる犯罪の実態も明らかとなっていた。

フーマ・アベディンという謎の存在：ヒラリーの右腕か、それとも、テロ組織のスパイか？

ヒラリーが大統領を目指した道のりは、惨憺《さんたん》たるものとなっていた。そうしたなかで、有権者としても、様々な出来事を通じて、疑問を抱くようになっていた問題があった。アメリカン・ドリームや、ユダヤ・キリスト教の信仰に忠実であるのかということだ。ヒラリーは、女性への虐待や殺害を繰り返すような国家からも、（何百万ドルという）巨額の資金を受け取っていた。そうした国々は、LGBTコミュニティに対しても冷淡な態度を示して、攻撃の標的としていた。

しかし、そうした懸念の背後には、はるかに重大な問題が存在していた。ヒラリー最側近のフーマ・アベディンの問題だ。アベディンは、サウジのスパイである可能性があっただけでなく、最悪の場合には、テロ組織の工作員であるかもしれなかった。

このような重大な告発をする以上、私としては、二〇一六年夏の半ばに、アメリカ国民に向けて問題提起するにあたって、全力を尽くした調査を行った。

私は、アベディンについての最初の調査内容を、オルタナティブ・メディアの「ブライトバート」で発表した。

私が書いたことは、以下の通りだ。

「フーマ・アベディンは、二〇一六年大統領選クリントン陣営の選対副責任者を務めている。しかし、フーマは、それよりもはるかに重要な存在だ。女性としてはアメリカで最大の権力をもつ政治家、そして、大統領になるかもしれない人物の側近くに仕えているからだ。

フーマは、ヒラリーの『付き人』、頼りがいのあるメイドさん、親密な話し相手など、様々に表現されてきた。しかし、イスラム・スパイであるとの見方もある。そのいずれもが、正しいのかもしれない。なぜなら、これから見ていく通り、フーマ・アベディンには、興味深くはあるが、複雑きわまりない経歴があるからだ」(85)

アベディンは、アシスタントとして有能な人物というだけではなかった。「いんちきヒラリー」の耳元に、どんな些細なことでも囁《ささや》くことができる存在だった。また、数年間の結婚生活を送っていた相手は、変質者の元下院議員アンソニー・ウィーナーだった。三万通以上のメールの削除に深く関与しているとの疑惑もあった。しかしながら、イスラム過激派思想との近さや、家族的な背景は、それ以上に重大な問題だった。

アベディンの人生の旅路は、一九七六年にミシガン州カラマズーで、フーマ・マフムード・アベディンとして、インド系の父親とパキスタン系の母親のもとに生まれたところから始まる。父親は、ウエスタンミシガン大学にいたときに、ムスリム世界同盟の資金援助で設立されたムスリム学生協会に深く関わり、指導役を務めていた。(86)

両親にとって、イスラム教を広めることは使命だった。そして、フーマも両親から期待された以上に、そうした「運動」に深く関わっていた。そして、さらに影響力のある存在となっていた。


デビッド・ホロウィッツの「ディスカバー・ザ・ネットワークス」によると、フーマの母親サレハ・マフムード・アベディンは、イスラム法を熱心に擁護する社会学者として知られている。サレハは、「ムスリム・シスターフッド」(つまり、ムスリム同胞団の女性部門)のメンバーだ。また、親ハマスの「布教と救済のための国際イスラム評議会」の役員でもある。この団体は、ムスリム同胞団の有力者ユースフ・アル・カラダーウィーの指導下にあるなどで、アメリカ合衆国から公式に国際テロ組織として指定されている「ユニオン・オブ・ゴッド」の傘下にある。(87)

サレハは、イスラム世界で行われる女子割礼を擁護していることでも知られている。著書としては、『イスラムの女性』を出版していた。この著書について、アンドリュー・C・マッカーシーは、女子割礼、イスラム背教者に対する死刑、法的な女性差別、暴力的なジハードへの女性の参加などについて、イスラム法を正当化する内容であると指摘している。

進歩派メディアは、イスラム世界を代表する女性の権利の代弁者として、サレハ・アベディンを称賛していた。しかし、それだけで全てを語ることはできないことを、マッカーシーが指摘している。

「まったく語られていないのは、その『女性の権利』が、抑圧的なイスラム法の文脈のなかのものであることだ」と、マッカーシーは論評している。(88)

フーマの父親サイド・アベディンは、指導的な立場が上がるなかで、ミシガン州からサウジアラビアのジッダに家族で移住している。フーマが、わずか二歳のときのことだ。サウジアラビアへの移住を薦めたのは、ムスリム同胞団の有力者で、アブドゥルアジズ国王大学の副学長を務めていたアブドラ・オマール・ナセフだ。ナセフは、アブドゥルアジズ国王大学での元同僚のサイド・アベディンを、サウジを本拠とするイスラムのシンクタンク「イスラム・マイノリティ問題研究所（ＩＭＭＡ）」での仕事に就任させた。

ナセフは、やがてはサウジアラビアのほかに、イギリスのロンドンでも事務所を開設することを計画していた。一九八〇年代初めに、ナセフはムスリム世界同盟の事務局長に就任して、オサマ・ビンラディンとの関係を深めている。ジャーナリストのアンドリュー・Ｃ・マッカーシーによると、ムスリム世界同盟は、「長年、ムスリム同胞団の主要機関として、イスラム優越主義思

想を国際的に宣伝してきた」。(89)

一九九三年に、フーマの父親が死去すると、妻のサレハが、「イスラム・マイノリティ問題研究所」の所長を引き継いだ。サレハは、この団体が発行する学術雑誌『イスラム・マイノリティ問題ジャーナル』の編集者も務めた。最近まで、編集者としての仕事は続いていた。また、サレハは、ダル・アル・ヘクマ女子大学（サウジアラビアの大学）の経営にも参画している。

したがって、フーマは物心がつく以前から、外国の権力に忠誠を誓い、米国人であることが不名誉だとされる環境で過ごしてきた。「イスラム・マイノリティ問題研究所」では、同族経営のようなかたちで、弟ハッサンと妹へーバも指導的な立場を務めている。

一九八八年には、ナセフ、ムスリム世界同盟、パキスタン政府によって、「ラビタ・トラスト」が設立されている。二〇一四年時点の記録を見るかぎり、この信託財団とナセフの関係は継続していることがうかがえる。(90) ここで、思い出してもらいたいことがある。ナセフは、サイド・アベディンの「イスラム・マイノリティ問題研究所」のスポンサーだった。(91)

ジハード主義者による九・一一のテロ攻撃により、ワールド・トレード・センターが崩壊して何千もの人々が死亡する事件が起きた一か月後に、「ラビタ・トラスト」は、ジョージ・W・ブッシュの大統領令で、特別指定国際テロリストの団体に認定されている。(92) 二〇〇一年十月十二日には、財務省から資産凍結の対象とされている。(93)

財務省が資産凍結を発表したときのプレスリリースでは、一九八八年にビンラディンと共にアルカイダを創立していた、ワーエル・ハムザ・ジュライダンが、「ラビタ・トラスト」の責任者であることが記されている。(94)(95)この人物は、ビンラディンの組織の兵站《へいたん》責任者であり、アフガニスタンではビンラディンと共に戦っていた。ジュライダン本人も、米国財務省から特別指定国際テロリストの認定を受けて、資産を凍結されている。

しかし、二〇一四年の記録によると、「ラビタ・トラスト」は、バングラデシュ在留のパキスタン人を帰国させる事業のために、パキスタン国内で活動の再開を計画しているようだ。

以上を見たときに、ここで示されている事実関係は、フーマの両親とイスラム過激派との関係の履歴に過ぎないのであり、フーマ・アベディンには、何の関係もないことではないかと思われるかもしれない。

しかし、そのような推論は、完全に誤りだ。

フーマ・アベディンは、一八歳になるまでサウジアラビアに住んでいた。両親の仕事は、ナセフとの深い関わりがあった。フーマはアメリカに戻ると、ジョージワシントン大学に学んでいるが、その二年後には、ビルとヒラリーのクリントン夫妻がいたホワイトハウスで、モニカ・ルインスキーと一緒にインターンをしていた。青いドレスをめぐる性的関係が事件となったモニカは、ビルのもとでインターンをしていた。そのときに、フーマはヒラリーのもとでインターンをしていた。

一九九八年にルインスキーのセックス・スキャンダルが騒動となったときに、ホワイトハウスにいたフーマ・アベディンらの女性スタッフたちは、ファーストレディを守るための輪をつくっていた。しかし、アベディンは、ホワイトハウスで働きながらも、家族でしていた仕事での編集者を務めたままでいた。――それが、『イスラム・マイノリティ問題ジャーナル』だ。(96)

ヒラリー・クリントンが、二〇〇〇年の上院議員選挙に出馬したときに、フーマは出世して、個人アドバイザー兼秘書となっていた。(97)二〇〇一年にワールド・トレード・センターのビルが崩壊したときに、ヒラリー・クリントンはニューヨーク州選出の上院議員となっていた。

したがって、クリントン上院議員のアシスタントを務めていたフーマ・アベディンには、「ラビタ・トラスト」がテロ資金支援団体と認定されて資産凍結されたときに、自ら前に進み出て、明らかにするべきことがあったはずだ。

それは、家族の後援者であるアブドラ・オマール・ナセフのことであり、ムスリム世界同盟のことであり、「ラビタ・トラスト」のことだ。

クリントン上院議員とフーマ・アベディンは、沈黙を守ったことによって、すべてのニューヨーク州民と、すべてのアメリカ国民を裏切っていた。

さらに、注目するべきことがある。二〇〇五年四月から二〇〇六年三月までのフーマの収入は、合計二万七九九九・九二ドルとされている。しかし、二〇〇六年九月十八日には、ワシントンDCに六四万九〇〇〇ドルの価格でマンションを購入していた。(98)

ここで、疑問が生じることになる。年間二万八〇〇〇ドル程度の給料であるのに、それだけの資金が、どこから出てきたのだろうか？

給料をはるかに超える支出がある。そうしたところから足がついて、これまでに数多くの大物スパイが捕まってきた。

サウジアラビアに十七年も住み、両親にはテロ組織とつながる中東のイスラム教徒の著名人との長年の親交があり、アメリカに来て二年後には、ファーストレディのアシスタントに就職した人物がいる。

私たちは、そのような人物のことを、どのように理解したらよいのだろうか？

二〇〇八年まで、フーマはヒラリーの随行首席補佐官を務めていたので、つねにヒラリーの側にいた。二〇〇九年には、ヒラリー・クリントン国務長官の首席補佐官代理に任命されている。このときに、フーマは、『イスラム・マイノリティ問題ジャーナル』の発行者欄から自分の名前を削除していた。

二〇一〇年に、フーマはアンソニー・ウィーナー下院議員と結婚した。二〇一一年には、夫の猥褻《わいせつ》メールの事件——勃起している写真を女性に送信していた——が発覚している。その年に、夫は下院議員を辞職した。それでも、フーマの恵まれた境遇には変わりがなかった。

二〇一二年に、ヒラリー・クリントンは、疑問のある書類にサインをしている。その結果、フーマは国務省での勤務と同時に、クリントン家の財団と親密な関係にあるニューヨークの民間企業でも働くことが承認されていた。(99)クリントンが自らサインをした役職の変更を承認する書類により、フーマの肩書は、首席補佐官代理から、特権をもつ受託業者であるSGE（特別政府職員）に変わっていた。こうしてフーマは、国務省のほかにも、前述したテネオ・グループで勤務できることになった。

二〇一二年六月から二〇一三年二月までの間では、フーマには四つの仕事があったことになる。ヒラリーがいた国務省で補佐官の仕事をしていたほか、テネオ・グループではコンサルタントとなっていた。そして、クリントン財団での勤務と給料の支払いもあり、さらにはヒラリーの私的な個人秘書でもあった。フーマには四つの収入源が生まれていた。

このことが明らかになると、国務省も、上院司法委員会のチャールズ・グラスリー上院議員も、利益相反の可能性についての調査を開始した。アベディンが不正確な出勤時間記録を提出して、連邦政府からの給与が一万ドル水増しされていた事実が判明したことでは、横領罪の疑いも生じていた。

また、グラスリー上院議員は、フーマが特別政府職員としての要件を、本当に満たしていたのかにも疑問を呈した。その要件のひとつには、ある人が新たに受託者としての資格が与えられるためには、その受託される業務が、従来の仕事とは完全に異なることが求められていた。ワシントン・タイムズ紙が入手した記録によると、フーマは、特別政府職員（SGE）になっても、首席補佐官代理のときと同様の仕事をしていく予定であると、国務省職員に伝えていた。[100]

そして、二〇一三年には、クリントンが国務長官職から私人としての生活に戻る際に、アベディンは移行チームの一員を務めている。その頃に、アベディンはクリントン財団での勤務を継続しながら、自らのコンサルティング会社であるザイン・エンデバーズ社を設立していた。会社が設立されたのは、アベディンが国務省を去る一一日前のことだった。[101]

二〇一五年十月十六日に、ベンガジ問題の下院調査委員会による非公開会合で、アベディンは証言を行った。二〇一二年のベンガジ襲撃事件で、J・クリストファー・スティーブンス大使ほか三名のアメリカ人が殺害された問題が焦点となっていた。[102]

フーマは、こう述べていた。

「本日、私がここに来たのは、委員会のために最善を尽くすためです。ベンガジ襲撃事件で死亡された方々と、負傷された方々の職務に、謹んで敬意を表したいと思います」

そして、国務省でクリントンに仕えたことは「栄誉」であり、国務省での勤務を「誇り」に思っているとも述べていた。

しかし、委員会メンバーの共和党リン・ウェストモアランド下院議員は、こう語っている。アベディンは質問に対して、「『覚えていません』とか、『思い出せません』」と、何度も繰り返していた。

ヒラリーとアベディンが、きわめて親密な関係にあることは、疑いの余地がない。アベディンは二十年間にわたって、ヒラリーのために忠実かつ誠実であり続けた。

「私には娘が一人います。ただ、二人目の娘がいるとしたら、それは、フーマになります」

そのように、ヒラリーは二〇一〇年に語っている。

二〇一一年には、サウジアラビアでフーマの母親サレハを訪ねている。そのときに、フーマの立場について「機密にかかわる、とても重要なものです」と話していた。

ニューズウィーク誌の記事で、ニーナ・バーレイは、フーマ・アベディンがホワイトハウスのインターンから始まり、二〇一六年大統領選ヒラリー・クリントン陣営の副責任者にまで出世したのは「驚くべきこと」だと記している。

「アベディンは二〇歳の頃から、ヒラリーの側近たちの輪の中にいた」と、バーレイは書いている。

「フーマは、ヒラリー・クリントンの側近くで、あらゆることを学んできた。ヒラリー・クリントンのことにかけては、おそらく、彼女の親友たちの誰よりも、よく知っている。もしかすると、彼女の夫よりも、そうであるかもしれない」(103)

では、主要メディアでは、フーマ・アベディンのことは、どのように報じられていたのだろうか？

簡潔に言おう。報道されていなかった。

クリントンの二〇一六年大統領選を守り抜くために、左翼陣営が取った作戦は、政治的中傷を武器とすることだった。それは、デビッド・ブロックの「メディア・マターズ」が、「ヒラリー・クリントンの政治的野心を支援するプロパガンダ・マシーン」となっていたのと変わりはなかった。アベディンとイスラムとの関係や、ヒラリー・クリントンとの親密な関係について、真実を伝えようとするジャーナリストが現れたならば、「ニセ情報と中傷」の記事によって応戦することが予定されていた。(104)

しかし、この問題は、ただのアシスタントについての話などではなかった。フーマ・アベディンは、クリントンの傍らで長い年月を過ごしてきた人物だ。それなのに、アメリカ国民としては、何ら聞かされるべき回答を受け取ってはいなかった。

トランプは選挙運動のなかで、クリントンの近くにアベディンがいることを批判しただけでなく、ウィーナーのこともやり玉に挙げていた。(105)

「ヒラリーにとってのナンバーワンは、フーマ・アベディンだ。その結婚相手は、アンソニー・ウィーナーだ。下劣なやつで、変態だ」と、トランプは二〇一六年七月二十七日の記者会見で発言した。

「私が言っているだけではない。これは確かな話なんだ。フーマが夜、家に帰ってから、アンソニー・ウィーナーに、何でも秘密を伝えてしまう。そんなことは、あってはならないことだ」

二〇一六年八月下旬に、ウィーナーが未成年女性に猥褻《わいせつ》メールを送っていたことが、またもや発覚した。フーマは、ついに離婚を決意した。

トランプは、直ちに発言した。ウィーナーを機密情報の「すぐそば」に近づかせていたことは、クリントンの判断能力が疑われる問題だとした。(106)

二〇一六年大統領選が終結する前に、トランプの発言が正しく、先見性もあったことが証明されることになった。

それでも、疑問は残されたままである。

サウジのスパイなのか、それとも、テロ組織の工作員なのか？(107)

ヒラリーがドナルド・トランプに敗北した後、CBSは、将来の大統領の可能性がある二〇人の女性についての記事を発表していた。

誰が、そのリストの上位にいたと思いますか？

驚くべきことに、CBSのリストでは、最上位に近いところに、フーマ・アベディンの名前が挙げられていた。(108)

フーマ・アベディンが、今後も、アメリカ政治の権力の中枢に留まるのであれば、トランプ大統領か、あるいは他の誰かが、彼女の素性について、疑惑の資金について、イスラム過激派の思想との関わりについて、明確な回答を求めて追及してくれることを願いたいものだ。

原註

序章

1. "Transcript: Donald Trump announces plan to form presidential exploratory committee," CNN, "Larry King Live," October 8, 1999, http://www.cnn.com/ALLPOLITICS/stories/1999/10/08/trump.transcript/.
2. Donald Trump with Dave Shiflett, *The America We Deserve*. (Los Angeles, CA: Renaissance Books, distributed by St. Martin's Press, 2002).
3. Adam Nagourney, "President? Why Not? Says a Man at the Top," *New York Times*, September 25, 1999, http://www.nytimes.com/1999/09/25/nyregion/president-why-not-says-a-man-at-the-top.html.
4. "Transcript: Donald Trump announces plan to form presidential exploratory committee," CNN, op.cit.
5. Pat Buchanan, *A Republic, Not an Empire: Reclaiming America's Destiny* (Washington, DC: Regnery, 1999).
6. "Pat Buchanan insists controversial book not pro-Hitler," CNN, September 26, 1999, http://www.cnn.com/ALLPOLITICS/stories/1999/09/26/buchanan.GOP/.
7. Francis X. Clines, "Trump Quits Grand Old Party for New," *New York Times*, October 25, 1999, http://www.nytimes.com/1999/10/25/us/trump-quits-grand-old-party-for-new.html.
8. Stacey Singer, "Trump: I've Got What It Takes to Be President," *Sun-Sentinel*, Florida, November 16, 1999, http://articles.sun-sentinel.com/1999-11-16/news/9911150656_1_reform-party-robin-hood-donald-trump.
9. Adam Nagourney, "A Question Trails Trump: Is He Really a Candidate?" *New York Times*, December 10, 1999, http://www.nytimes.com/1999/12/10/us/a-question-trails-trump-is-he-really-a-candidate.html.
10. Joel Siegel and Corky Siemaszko, "Trump Will Run . . . AWAY. Donald's ready to call it quits in presidential race," *New York Daily News*, February 14, 2000, http://www.nydailynews.com/archives/news/trump-run-donald-ready-call-quits-presidential-race-article-1.868809.
11. Parker, Ashley, and Steve Eder. "Inside the Six Weeks Donald Trump Was a Nonstop 'Birther'." *New York Times*, July 2, 2016. Web. <http://www.nytimes.com/2016/07/03/us/politics/donald-trump-Birther-obama.html?_r>.
12. Ibid.
13. Ellison, Sarah. "Exclusive: Is Donald Trump's Endgame the Launch of Trump News?" *The Hive*. Vanity Fair, June 16, 2016. Web. <http://www.vanityfair.com/news/2016/06/donald-trump-tv-network>.
14. Michael Sainato, "WikiLeaks Reveals DNC Elevated Trump to Help Clinton," Observer.com, October 10, 2016, http://observer.com/2016/10/wikileaks-reveals-dnc-elevated-trump-to-help-clinton/. See also: Tyler O'Neil, "WikiLeaks Bombshell: Clinton Relied on Trump Primary Win, GOP Obliged," *PJ Media*, October 10, 2016, https://pjmedia.com/trending/2016/10/10/wikileaks-bombshell-clinton-relied-on-trump-primary-win-gop-obliged/.
15. Phillip Rucker, "On eve of book tour, Hillary Clinton rejects blame for

Benghazi and vows to fight back," *Washington Post*, June 9, 2014, https://www.washingtonpost.com/politics/on-eve-of-book-tour-hillary-clinton-causes-flap-by-saying-she-struggled-with-money/2014/06/09/0a21bcce-efe7-11e3-9ebc-2ee6f81ed217_story.html?utm_term=.8a54eb7c4b93. Hillary Clinton, "President Barack Obama endorses Hillary Clinton for President," posted on YouTube, June 9, 2016, https://www.youtube.com/watch?v=S9W0F2mz1jc&spfreload=10.
16. David French, "Hillary Clinton Greatest 'Accomplishments,'" *National Review*, July 16, 2016, http:// www.nationalreview.com/article/437949/hillary-clinton-accomplishments-not-much.
17. Jonathan Chait, "Republicans Say Hillary Clinton Is Running for Obama's Third Term. Yes, Please," *New York Magazine*, September 13, 2016, http://nymag.com/daily/intelligencer/2016/09/clinton-is-running-for-obamas-third-term-yes-please.html.
18. Terence P. Jeffrey, "Obama May Become First President Since Hoover Not to See 3% GDP Growth," CNSNews.com, July 29, 2016, http://www.cnsnews.com/blog/terence-p-jeffrey/obama-may-be-first-president-hoover-not-see-3-gdp-growth.
19. Louis Woodhill, "Barack Obama's Sad Record on Economic Growth," *Real Clear Politics*, February 1, 2016, http://www.realclearmarkets.com/articles/2016/02/01/barack_obamas_sad_record_on_economic_growth_101987.html.
20. Susan Jones, "Record Number Employed: 152,085,000; But Record 95,055,000 Not in Labor Force," CNSNews.com, December 2, 2016, http://www.cnsnews.com/news/article/susan-jones/record-number-employed-152085000-record-95055000-americans-not-labor.
21. Tyler Durden, "Multiple Jobholders Hits 21st Century High, As Full-Time Jobs Tumble," ZeroHedge.com, November 4, 2016, http://www.zerohedge.com/news/2016-11-04/multiple-jobholders-hit-new-all-time-high-full-time-jobs-tumble.
22. Kelly Riddell, "No, Obama, you presided over a loss of manufacturing jobs and failed to deliver on exports," *Washington Times*, November 30, 2016, http://www.washingtontimes.com/news/2016/nov/30/no-obama-you-presided-over-loss-manufacturing-jobs/.
23. Rick Baum, "During Obama's Presidency Wealth Inequality Has Increased and Poverty Levels Are Higher," *Counterpunch*, February 28, 2016, http://www.counterpunch.org/2016/02/26/during-obamas-presidency-wealth-inequality-has-increased-and-poverty-levels-are-higher/.
24. Nadia Pfaum, "Trump: 43 million Americans on food stamps—True," Politifact.com, July 21, 2016, http://www.politifact.com/truth-o-meter/statements/2016/jul/21/donald-trump/trump-43-million-americans-food-stamps/. See also: Ryan McMaken, "Thanks, Bush and Obama: 1 in 7 Americans Were on Food Stamps," Mises Wire, Mises Institute, March 8, 2016, https://mises.org/blog/thanks-bush-and-obama-1-7-americans-were-food-stamps-2015.
25. "Full List of Obama Tax Hikes," Americans for Tax Reform, no date, http://www.atr.org/full-list-ACA-tax-hikes-a6996.
26. James L. Gattuso and Diane Katz, "Red Tape Rising 2016: Obama Regs Top $100 Billion Annually," Heritage Foundation, May 23, 2016, http://www.heritage.org/research/reports/2016/05/red-tape-rising-2016-obama-regs-top-100-billion-annually.
27. Dave Boyer, "$20 trillion man: National debt nearly doubles during Obama presidency," *Washington Times*, November 1, 2015, http://www.washingtontimes.com/news/2015/nov/1/obama-presidency-to-end-with-20-trillion-national-/.
28. Paul Sperry, "America has suffered a terror attack every year under Obama," *New*

York Post, June 16, 2016, http://nypost.com/2016/06/16/america-has-suffered-a-terror-attack-every-year-under-obama/.

29. Megan Christie, Rhonda Schwartz, Josh Margolin, and Brian Ross, "Christmas Party May Have Triggered San Bernardino Terror Attack: Police," ABC News, December 1, 2016, http://abcnews.go.com/US/christmas-party-triggered-san-bernardino-terror-attack-police/story?id=43884973.
30. Ashley Fantz, Faith Karimi, and Elliott C. McLaughlin, "Orlando shooting: 49 killed, shooter pledged ISIS allegiance," CNN, June 13, 2016, http://www.cnn.com/2016/06/12/us/orlando-nightclub-shooting/.
31. Paul Bedard, "99 percent Muslim, 43,000 Somali refugees settled in U.S. under Obama," *Washington Examiner*, November 28, 2016, http://www.washingtonexaminer.com/99-muslim-43000-somali-refugees-settled-in-us-under-obama/article/2608316.
32. Stephen Dinan, "Obama administration to go beyond 10,000 Syrian refugees," *Washington Times*, August 5, 2015, http://www.washingtontimes.com/news/2016/aug/5/obama-admin-go-beyond-10000-syrian-refugees/.
33. David A. Fahrenthold, Tom Hamburger, and Rosalind S. Helderman, "The inside story of how the Clintons built a $2 billion global empire," *Washington Post*, June 2, 2015, https://www.washingtonpost.com/politics/the-inside-story-of-how-the-clintons-built-a-2-billion-global-empire/2015/06/02/b6eab638-0957-11e5-a7ad-b430fc1d3f5c_story.html.
34. Gallup Poll
35. Massimo Calabresi, "Remembering 1980: Are the Polls Missing Something?" *Time*, October 31, 2012, http://swampland.time.com/2012/10/31/remembering-1980-are-the-polls-missing-something/.
36. For the comparison of the 2016 presidential election to 2008, see: Jerome R. Corsi, "Will This Election Day Be Repeat of 1980?" WND.com, October 19, 2016, http://www.wnd.com/2016/10/will-this-election-day-be-repeat-of-1980/.

第一部　ドナルド・トランプは、こうして共和党大統領候補の指名をハイジャックした

1. Theodore H. White, *The Making of the President 1960* (New York: Atheneum Publishers, 1961), p. 79.
2. Editorial, "Ben Carson for President," *Wall Street Journal*, February 8, 2013, http://www.wsj.com/articles/SB10001424127887323452204578292302358207828.

第１章　トランプ対エリートたち

1. Quoted in Daniel Schulman, "Donald Trump Can't Stop Trash Talking Jeb Bush," *Mother Jones*, February 8, 2016, http://www.motherjones.com/politics/2016/02/donald-trump-cant-stop-trash-talking-jeb-bush.
2. Theodore Schleifer, "Bush takes on immigration—but at heckler's request," CNN Politics, updated June 16, 2015, http://www.cnn.com/2015/06/15/politics/jeb-bush-immigration-protestors-miami/.
3. United We Dream, @UnitedWeDream, Twitter.com, posted June 15, 2015, at 4:26 pm ET, https://twitter.com/UNITEDWEDREAM/status/610559137752215553.

The tweet was linked to the group's press release, "Breaking: Immigrant Youth Interrupt Jeb Bush Presidential Announcement," also dated June 15, 2015, http://unitedwedream.org/press-releases/breaking-immigrant-youth-interrupt-jeb-bush-presidential-announcement/.

4. Phyllis Schlafly, *A Choice, Not an Echo* (Alton, IL: Pere Marquette, 1964).
5. "Full text of Jeb Bush's presidential announcement," *Politico*, June 15, 2015, http://www.politico.com/story/2015/06/jeb-bush-2016-announcement-full-text-119023.
6. "Jeb Bush Announces White House Bid, Saying 'America Deserves Better,'" *New York Times*, June 15, 2015, http://www.nytimes.com/2015/06/16/us/politics/jeb-bush-presidential-campaign.html.
7. Time Magazine Staff, "Here's Donald Trump's Presidential Announcement Speech," Time.com, June 16, 2015, http://time.com/3923128/donald-trump-announcement-speech/.
8. Alexander Burns, "Donald Trump, Pushing Someone Rich, Offers Himself," *New York Times*, June 16, 2015, http://www.nytimes.com/2015/06/17/us/politics/donald-trump-runs-for-president-this-time-for-real-he-says.html.
9. Jose A. DelReal, "Donald Trump announces presidential bid," *Washington Post*, June 6, 2015, https://www.washingtonpost.com/news/post-politics/wp/2015/06/16/donald-trump-to-announce-his-presidential-plans-today/.
10. Ben Terris, "Donald Trump begins 2016 bid, citing his outsider status," *Washington Post*, June 16, 2015, https://www.washingtonpost.com/politics/donald-trump-is-now-a-candidate-for-president-of-the-united-states/2015/06/16/5e6d738e-1441-11e5-9ddc-e3353542100c_story.html.
11. Jonathan Lemire, Associated Press, "Donald Trump says he has no regrets about '16 kickoff speech," Press Release, June 17, 2015.
12. David Bauder, Associated Press Television Writer, "Trump announcement a boon to late-night comics," June 17, 2015, Press Release.
13. Jerome Hudson, "22 Times Obama Admin Declared Climate Change a Greater Threat than Terrorism," Breitbart.com, November 14, 2015, http://www.breitbart.com/big-government/2015/11/14/22-times-obama-admin-declared-climate-change-greater-threat-terrorism/.
14. Video, "Donald Trump: John McCain is not a war hero," *Guardian*, July 19, 2015, https://www.theguardian.com/us-news/video/2015/jul/19/donald-trump-john-mccain-not-a-war-hero-video
15. Eugene Scott, Mark Preston, and Eric Bradner, "Defiant Trump refuses to apologize to McCain," CNN Politics, July 20, 2015, http://www.cnn.com/2015/07/18/politics/donald-trump-john-mccain-war-hero/.
16. Nick Gass, "Donald Trump half-apologizes to John McCain," *Politico*, July 21, 2015, http://www.politico.com/story/2015/07/donald-trump-john-mccain-half-apology-120397.
17. "'I love Latinos,' says Trump at U.S.-Mexico border," Agence France Press—English, July 23, 2015.
18. Colin Campbell, "Donald Trump threatens to make Republicans' worst nightmare come true," *Business Insider*, July 23, 2015, http://www.businessinsider.com/donald-trump-third-party-run-2015-7.
19. Kevin Cirilli and Bob Cusack, "Exclusive: Trump threatens third-party run," *The Hill*, July 23, 2015, http://thehill.com/homenews/campaign/248910-exclusive-trump-threatens-third-party-run.
20. Sarah Caspari, "What if Donald Trump runs as an independent?" *Christian Science Monitor*, July 23, 2015.
21. Michael Barbaro, Maggie Haberman, and Jonathan Martin, "Can't Fire Him:

Republican Party Frets Over What to Do With Donald Trump," *New York Times* July 9, 2015, http://www.nytimes.com/2015/07/10/us/politics/donald-trump-republican-party-debate.html?_r=0.
22. "Vladimir Putin's approval rating at record levels," *Guardian*, July 23, 2015, https://www.theguardian.com/world/datablog/2015/jul/23/vladimir-putins-approval-rating-at-record-levels.
23. Andrew Rafferty, "Trump Says He Would 'Get Along Very Well' with Putin," NBC News, July 30, 2015, http://www.nbcnews.com/politics/2016-election/trump-says-he-would-get-along-very-well-putin-n401051.
24. Ashley Parker and David E. Sanger, "Donald Trump Calls on Russia to Find Hillary Clinton's Missing Emails," *New York Times*, July 27, 2016, http://www.nytimes.com/2016/07/28/us/politics/donald-trump-russia-clinton-emails.html.
25. Tyler Durden, "How Matt Drudge Won the 2016 Election," ZeroHedge.com, November 17, 2016, http://www.zerohedge.com/news/2016-11-17/how-matt-drudge-won-2016-election. Original piece submitted by Ethan Harfenist with Tal Reznik, Vocativ.com, November 16, 2016, http://www.vocativ.com/376550/drudge-won-2016-election/.
26. Miguel Roig-Franzia, "How Alex Jones, conspiracy theorist extraordinaire, got Donald Trump's ear," *Washington Post*, November 17, 2016, https://www.washingtonpost.com/lifestyle/style/how-alex-jones-conspiracy-theorist-extraordinaire-got-donald-trumps-ear/2016/11/17/583dc190-ab3e-11e6-8b45-f8e493f06fcd_story.html?utm_term=.d2d8f61bd9ad.
27. Roger Stone with Mike Colapietro, *The Man Who Killed Kennedy: The Case Against LBJ*. (New York:Skyhorse Publishing, 2013).
28. Miguel Roig-Franzia, "How Alex Jones, conspiracy theorist extraordinaire, got Donald Trump's ear," *Washington Post*, loc.cit.
29. Ibid.
30. Kit Daniels, "Hillary Clinton Directly Attacks Alex Jones," Infowars.com, August 25, 2016, http://www.infowars.com/hillary-clinton-directly-attacks-alex-jones/.
31. Harper Neidig, "Clinton video ties Trump to conspiracy theorist Alex Jones," *The Hill*, October 16, 2016, http://thehill.com/blogs/ballot-box/presidential-races/301266-clinton-campaign-releases-adtying-trump-to-conspiracy.
32. Liam Stack, "He Calls Hillary Clinton a 'Demon.' Who is Alex Jones," *New York Times*, October 13, 2016, http://www.nytimes.com/2016/10/14/us/politics/alex-jones.html.
33. Maggie Haberman, "Alex Jones, Host and Conspiracy Theorist, Says Donald Trump Called to Thank Him," *New York Times*, November 16, 2016, http://www.nytimes.com/2016/11/17/us/politics/alex-jones-trump-call.html?_r=0.

第2章　第一ラウンド　共和党候補者討論会

1. Donald J. Trump, posted on Twitter, August 7, 2015, https://twitter.com/realDonaldTrump/status/629553442944602112?ref_src=twsrc%5Etfw.
2. Sarah Dutton, Jennifer DePinto, Anthony Salvanto, and Fred Backus, "CBS News poll: Donald Trump leads GOP field in 2016 presidential race," CBS News, August 4, 2015, http://www.cbsnews.com/news/cbs-news-poll-donald-trump-leads-gop-field-in-2016-presidential-race/.
3. Transcript, "Read the Full Text of the Primetime Republican Debate," Time.com, August 11, 2015, http://time.com/3988276/republican-debate-primetime-transcript-full-text/.

4. Holly Yan, "Donald Trump's 'blood' comment about Megyn Kelly draws outrage," CNN Politics, August 8, 2015, http://www.cnn.com/2015/08/08/politics/donald-trump-cnn-megyn-kelly-comment/.
5. Ben Jacob, "Donald Trump banned from RedState over menstruation jibe at Megyn Kelly," *Guardian*, August 8, 2015, https://www.theguardian.com/us-news/2015/aug/08/donald-trump-black-balled-by-conservatives-over-menstruation-comment.
6. "232 Photos, 131 Quotes, 43 Numbers that tell the story of America's craziest election," *Politico*, November/December 2016, http://www.politico.com/magazine/2016-campaign-in-photos.
7. M.J. Lee and Chris Moody, "Donald Trump signs RNC loyalty pledge," CNN, September 3, 2015, http://www.cnn.com/2015/09/03/politics/donald-trump-2016-rnc-pledge-meeting/.
8. Robert Costa, "Trump's party loyalty pledge ends one GOP problem, brings others," *Washington Post*, September 3, 2015, https://www.washingtonpost.com/politics/trump-to-sign-gop-pledge-commit-to-back-party-nominee/2015/09/03/c5d9ea7c-5242-11e5-9812-92d5948a40f8_story.html.
9. Ryan Teague Beckwith, "Transcript: Read the Full Text of the Second Republican Debate," Time.com, September 16, 2015, http://time.com/4037239/second-republican-debate-transcript-cnn/.
10. Steve Peoples, Associated Press, "Analysis: Trump underwhelms, Fiorina shines in GOP debate," Press Release, September 17, 2015.
11. Paul Solotaroff, "Trump Seriously: On the Trail with the GOP's Tough Guy," *Rolling Stone*, September 9, 2015, http://www.rollingstone.com/politics/news/trump-seriously-20150909.
12. Leah Libresco, "Who Spoke the Most?" FiveThirtyEight.com, in an analysis entitled "What Went Down in the Second GOP Debate," on Nate Silver's website, September 16, 2015, http://fivethirtyeight.com/live-blog/2016-election-second-republican-presidential-debate/.
13. Harry Enten, "Was the Second Debate the Beginning of the End for Donald Trump?" FiveThirtyEight.com, September 24, 2015, http://fivethirtyeight.com/datalab/was-the-second-republican-debate-the-beginning-of-the-end-for-donald-trump/.
14. CNN Rush Transcript, "Trump, Bush Speaking at Campaign Events Tonight; Trump Takes Questions at Town Hall; Trump and Fiorina Attack Business Records," CNN television broadcast September 17, 2015, http://transcripts.cnn.com/TRANSCRIPTS/1509/17/ebo.01.html.
15. Joy Y. Wang, "Donald Trump fails to correct man who calls Obama Muslim," MSNBC.com, September 18, 2015, http://www.msnbc.com/msnbc/donald-trump-fails-correct-man-who-calls-obama-muslim.
16. Jill Colvin, Associated Press, "Trump condemned for not correcting statement that Obama is Muslim," September 19, 2015.
17. Michelle Toh, "Obama a Muslim 'problem'? Trump says: 'I'm not morally obligated to defend the president,'" *Christian Science Monitor*, September 19, 2015.
18. CNN Political Unit, "Trump takes credit for Obama birth certificate," April 27, 2011, http://politicalticker.blogs.cnn.com/2011/04/27/trump-takes-credit-for-obama-birth-certificate/.
19. Charles C. W. Cooke, "Donald Trump's Birther Moment Tells Us about Donald Trump, and Not Much Else," *National Review*, September 18, 2015, http://www.nationalreview.com/article/424271/donald-trumps-Birther-moment-tells-us-about-donald-trump-and-not-much-else-charles-c. 1
20. Khorri Atkinson and Joy Y. Wang, "Donald Trump fires back on anti-Muslim

controversy," MSNBC.com, September 19, 2015, http://www.msnbc.com/msnbc/donald-trump-fires-back-anti-muslim-controversy.

21. Jill Colvin, "10 moments from Trump's Iowa speech," Associated Press, November 13, 2015.
22. Tim Hains, "Trump's Updated ISIS Plan: 'Bomb the S. . . Out of Them,' Send in Exxon to Rebuild," RealClearPolitics.com, November 13, 2015.
23. David Sherfinski, "Trump targets 'single problem' in world—and it's 'not global warming,'" *Washington Times*, April 28, 2016, http://www.washingtontimes.com/news/2016/apr/28/donald-trump-wont-rule-out-using-nuclear-weapons-a/.
24. Jill Colvin, "Trump says he saw people celebrating 9/11 in Jersey City," Associated Press, November 22, 2015.
25. Lauren Carroll, "Fact-checking Trump's claim that thousands in New Jersey cheered when World Trade Center tumbled," Politifact.com, November 22, 2015, http://www.politifact.com/truth-o-meter/statements/2015/nov/22/donald-trump/fact-checking-trumps-claim-thousands-new-jersey-ch/.
26. Press Release, "Donald J. Trump Statement on Preventing Muslim Immigration," DonaldJTrump.com, December 7, 2015, https://www.donaldjtrump.com/press-releases/donald-j.-trump-statement-on-preventing-muslim-immigration.
27. Press Release, "Poll of U.S. Muslims Reveals Ominous Levels of Support for Islamic Supremacists' Doctrine of Shariah, Jihad," Center for Security Policy, June 23, 2015, http://www.centerforsecuritypolicy.org/2015/06/23/nationwide-poll-of-us-muslims-shows-thousands-support-shariah-jihad/.
28. Edith M. Lederer, "U.N. rights chief: Trump call for Muslim ban 'irresponsible,'" Associated Press, December 8, 2015, https://www.nexis.com/results/enhdocview.do?docLinkInd=true&ersKey=23_T25139946242&format=GNBFI&startDocNo=0&resultsUrlKey=0_T25139946248&backKey=20_T25139946249&csi=304478&docNo=15.
29. Collins, Gail. "Trump Deals the Woman Card." *New York Times*, April 27, 2016. Web. <http://www.nytimes.com/2016/04/28/opinion/trump-deals-the-woman-card.html>.
30. Alastair Jamieson, "Donald Trump: Bill Clinton Has 'Terrible Record of Women Abuse,'" NBC News, December 28, 2015, http://www.nbcnews.com/politics/2016-election/donald-trump-bill-clinton-has-terrible-record-women-abuse-n486671.
31. Veronica Stracquarlursi, "Donald Trump Turns Up Attacks on Bill and Hillary Clinton," ABC News, December 28, 2015, http://abcnews.go.com/Politics/donald-trump-turns-attacks-bill-hillary-clinton/story?id=35975280.
32. Steven Ginsberg and Robert Costa, "I. Will. Never. Leave. This. Race," *Washington Post*, December 9, 2015, https://www.washingtonpost.com/politics/i-will-never-leave-this-race/2015/12/08/af1b1d46-9ad2-11e5-8917-653b65c809eb_story.html.
33. Nick Gass, "Trump proclaims he will 'never' leave the race," *Politico*, December 9, 2015, http://www.politico.com/story/2015/12/trump-not-leaving-2016-race-216585.
34. Jeremy Diamond, "Trump: I could 'shoot somebody and I wouldn't lose voters,'" CNN Politics, January 24, 2016, http://www.cnn.com/2016/01/23/politics/donald-trump-shoot-somebody-support/.
35. "Beware of Unauthorized Trump PAC's, Ed Rollins and Teneo," BeforeItsNews.com, May 29, 2016, http://beforeitsnews.com/tea-party/2016/05/beware-of-unauthorized-trump-pacs-ed-rollins-and-teneo-2572846.html.
36. Nick Gass, "Trump super PAC chair predicts he would 'lose badly today,'" *Politico*, August 24, 2016, http://www.politico.com/story/2016/08/ed-rollins-

trump-lose-227363.

第3章　第二ラウンド　共和党予備選挙でトランプが選ばれる

1. Steve Holland and Valerie Volcovici, "Eyeing an Indiana victory, Trump says 'It's over,'" Reuters, May 2, 2016, http://www.reuters.com/article/us-usa-election-trump-idUSKCN0XS1AE.
2. Tierney Sneed, "Ted Cruz: I Would 'Absolutely Not' Bail Out the Big Banks Again," TPM.com, November 10, 2015, http://talkingpointsmemo.com/livewire/ted-cruz-banks-fail.
3. Mike McIntire, "Ted Cruz Didn't Report Goldman Sachs Loan in a Senate Race," *New York Times*, January 13, 2016, http://www.nytimes.com/2016/01/14/us/politics/ted-cruz-wall-street-loan-senatebid-2012.html.
4. Jerome R. Corsi, "Ted Cruz Battles 'Globalist' Charge Against Wife," WND.com, March 31, 2015, http://www.wnd.com/2015/03/ted-cruz-again-battles-globalist-charge-against-wife/.
5. Theodore Schleifer, "Meet Ted Cruz's top fundraiser: his wife," CNN, August 21, 2015, http://www.cnn.com/2015/08/21/politics/ted-cruz-2016-heidi-cruz-fundraiser/.
6. Stephen Labaton, "F.D.I.C. Sues Neil Bush and Others at Silverado," *New York Times*, September 22, 1990, http://www.nytimes.com/1990/09/22/business/fdic-sues-neil-bush-and-others-at-silverado.html.
7. "Trump campaign says Donald won't participate in Fox News/Google debate," Fox News, January 27, 2016, http://www.foxnews.com/politics/2016/01/27/trump-campaign-says-candidate-won-t-participate-in-fox-newsgoogle-debate.html.
8. John Whitsides, Ginger Gibon, and Steve Holland, "Trump overshadows Republican debate even as he sits it out," Reuters, January 29, 2016, http://www.reuters.com/article/us-usa-election-idUSKCN0V619Q.
9. David Bauder, Associated Press, "GOP suspends partnership with NBC News for February debate," published at PBS.org, October 30, 2015, http://www.pbs.org/newshour/rundown/gop-will-allow-nbc-co-host-february-debate/.
10. Julie Bykowicz, Associated Press, "Marco Rubio's strong third-place finish in Iowa could sound like a starting gun to the Republican Party's top donors," published by US News.com, February 3, 2016, http://www.usnews.com/news/politics/articles/2016-02-03/rubio-could-see-campaign-fortunes-rise-from-iowa-finish.
11. Bill Barrow and Emily Swanson, "In Iowa, late deciders and evangelicals sided against Trump," February 3, 2016.
12. Mark Hensch, "Carson slams GOP rivals' 'dirty tricks' in Iowa," *The Hill*, February 2, 2016, http://thehill.com/blogs/ballot-box/presidential-races/267849-carson-slams-gop-rivals-dirty-tricks-in-iowa.
13. Ibid.
14. Mark Hensch, "Rep. Steve King: I had 'obligation' to tell Iowa voters about Carson," *The Hill*, February 3, 2016, http://thehill.com/blogs/ballot-box/presidential-races/268051-steve-king-i-had-obligation-to-tell-iowa-voters-about.
15. Jose A. DelReal, "Donald Trump accuses Ted Cruz of fraud in Iowa caucuses, calls for results to be invalidated," *Washington Post*, February 3, 2016, https://www.washingtonpost.com/news/post-politics/wp/2016/02/03/donald-trump-accuses-ted-cruz-of-fraud-in-iowa-caucuses-calls-for-results-to-be-invalidated/?utm_term=.6abe441ebdba.

16. Eliza Collins, "Trump calls Cruz a liar," *Politico*, February 2, 2016, http://www.politico.com/story/2016/02/trump-ted-cruz-liar-219190.
17. Michelle Ye Hee Lee, "Ted Cruz's claim that he has 'ever supported legislation' of undocumented immigrants," *Washington Post*, December 18, 2015, https://www.washingtonpost.com/news/fact-checker/wp/2015/12/18/ted-cruzs-claim-that-he-has-never-supported-legalization-of-undocumented-immigrants/?utm_term=.8a1f71bf3eb8.
18. William Saletan, "The Real Ted Cruz," Slate.com, January 10, 2016, http://www.slate.com/articles/news_and_politics/cover_story/2016/01/ted_cruz_may_be_the_most_gifted_liar_ever_to_run_for_president.html. See also: "Cruz: Obama, Hillary, Dems out of touch with American people," Fox News, December 18, 2015, http://video.foxnews.com/v/4667702262001/?#sp=show-clips.
19. Eugene Kiely, "Cruz Loans Not 'Transparent,'" FactCheck.org, January 15, 2016, http://www.factcheck.org/2016/01/cruz-loans-not-transparent/.
20. Ibid.
21. Robert Farley, "Cruz's Record Before the Supreme Court," FactCheck.org, March 3, 2015, https://www.factcheck.org/2016/03/cruzs-record-before-the-supreme-court/.
22. Deroy Murdock, "Cruz Campaign Tactics Can't be TrusTED," *Natonal Review*, February 20, 2016, http://www.nationalreview.com/article/431661/ted-cruzs-dirty-campaign-tactics.
23. Liza Mundy, "The New Power Wives of Capital Hill," *Politico*, July/August 2014, http://www.politico.com/magazine/story/2014/06/the-new-power-wives-of-capitol-hill-108012_Page5.html#.WGbr_neZM9y. See also: Ana Marie Cox, "The Truth Behind Ted Cruz's Lies," *Daily Beast*, March 22, 2015, http://www.thedailybeast.com/articles/2015/03/22/the-truth-behind-ted-cruz-s-lies.html.
24. Paul LeBon, "Liar Liar Cruz on Fire: Exposing the Biggest Fraud in U.S. Political History—Stunning Revelations About Pastor Rafael and Ted Cruz," Kindle Edition, Amazon Digital Services LLC, July 23, 2015, https://www.amazon.com/Liar-Cruz-Fire-political-Revelations-ebook/dp/B012GPF6PU.
25. Jill Colvin, "Trump campaign shows a different side after Iowa loss," Associated Press, February 5, 2016, https://www.nexis.com/results/enhdocview.do?docLinkInd=true&ersKey=23_T25140849888&format=GNBFI&startDocNo=26&resultsUrlKey=0_T25140857822&backKey=20_T25140857823&csi=304478&docNo=39.
26. Ben Jacobs and Sabrina Siddiqui, "Marco Rubio's broken record blunder costs him the New Hampshire debate," *Guardian*, February 7, 2016, https://www.theguardian.com/us-news/2016/feb/07/republican-debate-new-hampshire-marco-rubio-chris-christie-donald-trump-ted-cruz.
27. "Transcript of the New Hampshire GOP debate, annotated," *Washington Post*, February 6, 2016, https://www.washingtonpost.com/news/the-fix/wp/2016/02/06/transcript-of-the-feb-6-gop-debate-annotated/.
28. Steve Peoples and Julie Bykowicz, "Debate Takeaways: Rubio shaken, Trump not stirred," Associated Press, February 7, 2016.
29. Katie Reilly, "14 Times Donald Trump and Ted Cruz Insulted Each Other," Time.com, September 23, 2016, http://time.com/4506350/donald-trump-ted-cruz-insults/
30. Katrina Lamansky, "What makes Super Tuesday so 'super' for the primary?" ABC, Channel 8 WQAD, Davenport, Iowa.
31. Glenn Kessler, "Donald Trump and David Duke: For the record," *Washington Post*, March 1, 2016, https://www.washingtonpost.com/news/fact-checker/wp/2016/03/01/donald-trump-and-david-duke-for-the-record/?utm_

term=.669a1e5fb390.
32. Eric Bradner, "Donald Trump stumbles on David Duke, KKK," CNN Politics, February 29, 2016, http://www.cnn.com/2016/02/28/politics/donald-trump-white-supremacists/.
33. Patrick O'Connor, "Mitt Romney Attacks Donald Trump, Pushes for Contested Convention," *Wall Street Journal*, March 3, 2016, http://www.wsj.com/articles/mitt-romney-to-attack-donald-trump-as-a-fraud-1457021229.
34. Transcript of Mitt Romney's Speech on Donald Trump, *New York Times*, March 3, 2016, http://www.nytimes.com/2016/03/04/us/politics/mitt-romney-speech.html?_r=0.
35. Tom LoBianco, "Donald Trump: Mitt Romney 'would have dropped to his knees' for my endorsement," CNN Politics, March 3, 2016, http://www.cnn.com/2016/03/03/politics/donald-trump-mitt-romney-would-have-dropped-to-his-knees-for-my-endorsement/index.html.
36. Jim Dalrymple II, "Romney Says He Won't Support Trump, Warns of 'Trickle-Down Racism," *BuzzFeed*, June 20, 2016, https://www.buzzfeed.com/jimdalrympleii/romney-says-he-wont-support-trump-warns-of-trickle-down-raci?utm_term=.yu66Xv6wlX#.ecBomvoXQm.
37. Alex Altman, Zeke J. Miller, and Philip Elliot, "Why a Contested GOP Convention Just Got More Likely," Time.com, March 16, 2016, http://time.com/4260668/republican-convention-contested-super-tuesday-donald-trump-delegates/.
38. "Trump builds momentum with big night, narrowing field," Fox News, March 16, 2016, http://www.foxnews.com/politics/2016/03/16/trump-builds-momentum-with-big-night-narrowing-field.html.
39. Maggie Haberman, "For His Unconventional Campaign, Donald Trump looks to an Unorthodox Manager," *New York Times*, September 3, 2015, http://www.nytimes.com/2015/09/04/us/politics/donald-trump-corey-lewandowski-campaign-manager.html?mtrref=www.google.com&gwh=F88DEBE20D33845E7C970BC8D3712286&gwt=pay.
40. Michael Sebastian, "14 Things to Know About Hope Hicks, Donald Trump's 27-Year Old Former Model Press Secretary," *Cosmopolitan*, June 20, 2016, http://www.cosmopolitan.com/politics/news/a56404/who-is-hope-hicks-trump-press-secretary/.
41. Kenneth P. Vogel, Ben Schreckinger, and Hadas Gold, "Trump campaign manager's behavior prompts staff concerns," *Politico*, March 15, 2016, http://www.politico.com/story/2016/03/donald-trump-corey-lewandowski-220742.
42. Michelle Fields, "Michelle Fields: In Her Own Words," Breitbart.com, March 10, 2016, http://www.breitbart.com/big-journalism/2016/03/10/3276486/.
43. Ben Terris, "Inside Trump's inner circle, his staffers are willing to fight for him. Literally," *Washington Post*, March 10, 2016, https://www.washingtonpost.com/lifestyle/style/inside-trumps-inner-circle-his-staffers-are-willing-to-fight-for-him-literally/2016/03/10/4b2b18e8-e660-11e5-a6f3-21ccdbc5f74e_story.html?utm_term=.92f9bf8c0a13.
44. Alex Pappas, "Reporter Posts Photo of Bruise After Saying Trump Campaign Manager 'Yanked Me Down,'" *Daily Caller*, March 10, 2016, http://dailycaller.com/2016/03/10/reporter-posts-photo-of-bruise-after-saying-trump-campaign-manager-yanked-me-down/.
45. Rebecca Savransky, "Trump campaign denied altercation with reporter," *The Hill*, March 10, 2016, http://thehill.com/blogs/ballot-box/presidential-races/272565-trump-campaign-goes-after-reporter.
46. Jerome R. Corsi, "Trump Camp Spotlights Fields' History of Becoming News,"

WND.com, March 31, 2016, http://www.wnd.com/2016/03/trump-camp-spotlights-fields-history-of-becoming-news/.
47. Dylan Byers, Tal Kopan, and Tom LoBianco, "State will not prosecute Donald Trump's campaign manager," CNN Politics, April 14, 2016, http://www.cnn.com/2016/04/13/politics/corey-lewandowski-donald-trump-charges-dropped/.
48. Dylan Byers, "Donald Trump says reporter made up story about being grabbed by his campaign manager," CNN Politics, March 11, 2016, http://www.cnn.com/2016/03/11/politics/donald-trump-breitbart-reporter-michelle-fields-corey-lewandowski/.
49. Alexander Burns and Maggie Haberman, "Donald Trump Hires Paul Manafort to Lead Delegate Effort," *New York Times*, March 28, 2016, http://www.nytimes.com/politics/first-draft/2016/03/28/donald-trump-hires-paul-manafort-to-lead-delegate-effort/?_r=0.
50. Chris Enloe, "Report: Trump Campaign Manager Corey Lewandowski Demoted, Replaced by the Campaign's Delegate Strategist," *The Blaze*, April 19, 2016, http://www.theblaze.com/stories/2016/04/19/report-trump-campaign-manager-corey-lewandowski-demoted-replaced-by-the-campaigns-delegate-strategist/.
51. Andrew Prokop, "Donald Trump's amazing incompetence at delegate selection, explained," Vox.com, April 14, 2016, http://www.vox.com/2016/4/14/11406062/donald-trump-delegates-convention.
52. Nick Gass, "Trump blasts delegate fight as 'crooked deal,'" *Politico*, April 11, 2016, http://www.politico.com/story/2016/04/trump-delegate-fight-crooked-221789.
53. Lauren Fox, "How Can Ted Cruz Pretend He Deserves the Republican Nomination Now?" Talking-PointsMemo.com, TPM, April 21, 2016, http://talkingpointsmemo.com/dc/ted-cruz-isgoing-to-have-a-hard-time-convincing-voters-he-deserves-the-nomination.
54. Kyle Cheney and Darren Samuelsohn, "Cruz campaign hunts for 'Trojan Horse delegates," *Politico*, April 19, 2016, http://www.politico.com/story/2016/04/cruz-campaign-hunting-for-delegate-deserters-222176#ixzz46Ou2a9cE.
55. Ashley Killough and Eugene Scott, "Trump on Cruz: 'He's bribing people, essentially' for delegates," CNN Politics, April 25, 2016, http://www.cnn.com/2016/04/24/politics/donald-trump-jr-ted-cruz-bribery/.
56. Jacob Engels, "Ted Cruz: Closet Pentecostal," *East Orlando* Post, March 10, 2016, http://eastorlandopost.com/ted-cruz-closet-pentecostal.
57. Sarah Pulliam Bailey, "Ted Cruz's logo: A burning flag, Al Jazeera's logo or a Pentecostal church logo?" *Washington Post*, March 25, 2015, https://www.washingtonpost.com/news/acts-of-faith/wp/2015/03/25/ted-cruzs-logo-a-burning-flag-al-jazeeras-logo-or-a-pentecostal-church-logo/?utm_term=.b7a771ff4816.
58. National Enquirer Staff, "SHOCKING CLAIMS: Pervy Ted Cruz Caught Cheating—With 5 Secret Mistresses!" *National Enquirer*, March 23, 2016, http://www.nationalenquirer.com/celebrity/ted-cruz-sex-scandal-mistresses-cheating-claims/.
59. 166 Dick Siegal, National Enquirer Online Editor, "How the Enquirer Broke the John Edwards Love Child Scandal," *National Enquirer*, June 19, 2014, http://www.nationalenquirer.com/photos/how-enquirer-broke-john-edwards-love-child-scandal/.
60. Tim Hains, "Ted Cruz Denies Affair Allegations: 'Sleazy Donald' Trump Is 'Inventing a Tabloid Smear," *Real Clear Politics*, March 25, 2016, http://www.realclearpolitics.com/video/2016/03/25/ted_cruz_denies_affair_allegations_sleazy_donald_trump_inventing_a_tabloid_smear.html.
61. Jessica Earnshaw, "Racy naked pic of Donald Trump's wife Melania used in

political campaign against him," *Express*, published in the U.K., March 25, 2016, http://www.express.co.uk/celebritynews/655230/Donald-Trump-wife-Melania-naked-photo-Ted-Cruz-Twitter-row.
62. Jesse Byrnes, "Trump revs up Heidi Cruz attacks," *The Hill*, March 24, 2016, http://thehill.com/blogs/ballot-box/274159-trump-doubles-down-on-heidi-cruz-attacks.
63. Jesse Byrnes, "Cruz on Trump threat to wife: 'That should be beneath Donald,'" *The Hill*, March 23, 2016, http://thehill.com/blogs/ballot-box/presidential-races/274007-cruz-on-trump-threatening-wife-that-should-be-beneath.
64. Michelle Moons, "Donald Trump: 'Ted Cruz's Problem with the *National Enquirer* is His and His Alone," Breitbart.com, March 25, 2016, http://www.breitbart.com/big-government/2016/03/25/donald-trump-ted-cruzs-problem-with-the-national-enquirer-is-his-and-his-alone/.
65. Wayne Madsen, "Special Report. Mysterious 'Mr. X' in photo with Oswald—FBI couldn't Identify Him," *Wayne Madsen Report*, April 15, 2016, http://www.waynemadsenreport.com/articles/20160415_2.
66. J.R.Taylor, "Ted Cruz's Father—Caught with JFK Assassin," *National Enquirer*, April 20, 2016, http://www.nationalenquirer.com/celebrity/ted-cruz-scandal-father-jfk-assassination/.
67. Maria Recio, "Trump links Cruz's father to JFK assassin, channeling *National Enquirer*," *Miami Herald*, April 22, 2016, http://www.miamiherald.com/news/politics-government/article73449297.html.
68. Jerome R. Corsi, "Source of Trump's JFK Claim Also Accused Rubio," WND.com, May 3, 2016, http://www.wnd.com/2016/05/source-of-trumps-jfk-claim-also-accused-rubio/.
69. Chris Cillizza, "Ted Cruz just threw a Hail Mary named 'Carly Fiorina,'" *Washington Post*, April 27, 2016, https://www.washingtonpost.com/news/the-fix/wp/2016/04/27/ted-cruz-picks-carly-fiorina-as-his-vice-presidential-nominee-but-why/?utm_term=.ffd4d6ab425c.
70. Eric Bradner, John Berman, and Phil Mattingly, "Mike Pence endorses Ted Cruz," CNN Politics, April 29, 2016, http://www.cnn.com/2016/04/29/politics/mike-pence-to-endorse-ted-cruz-friday/.
71. Fox News Insider, "WATCH: Trump Connects Cruz's Father to Lee Harvey Oswald," FoxNews.com, May 3, 2016, http://insider.foxnews.com/2016/05/03/watch-trump-calls-out-cruzs-father-old-photo-lee-harvey-oswald.
72. Evertt Rosenfeld, "Ted Cruz suspends presidential campaign," CNBC, May 3, 2016, http://www.cnbc.com/2016/05/03/ted-cruz-suspends-campaign.html.
73. Matt Flegenheimer, "Ted Cruz Suspends His Campaign for President," *New York Times*, May 3, 2016, http://www.nytimes.com/2016/05/04/us/politics/ted-cruz.html.
74. Matthew Nussbaum, "RNC chairman: Trump is our nominee," *Politico*, May 3, 2016, http://www.politico.com/blogs/2016-gop-primary-live-updates-and-results/2016/05/reince-priebus-donald-trump-is-nominee-222767.
75. Thomas Kaplan, "John Kasich Suspends Campaign for President," *New York Times*, May 4, 2016, http://www.nytimes.com/2016/05/05/us/politics/john-kasich.html.
76. Ed O'Keefe, "Jeb Bush drops out of 2016 presidential campaign," *Washington Post*, February 20, 2016, https://www.washingtonpost.com/politics/jeb-bush-suspends-2016-campaign/2016/02/20/d3a7315a-d721-11e5-be55-2cc3c1e4b76b_story.html.

第二部　ヒラリー・クリントンは、こうして民主党大統領候補の指名を盗んだ

1. Saul D. Alinsky, *Rules for Radicals: A Pragmatic Primer for Realistic Radicals* (New York: Vintage Books, 1971).
2. Hillary D. Rodham, Political Science, "THERE IS ONLY THE FIGHT . . . An Analysis of the Alinsky Model," a thesis submitted in partial fulfillment of the requirements for the Bachelor of Arts degree under the Special Honors Program, Wellesley College, Wellesley, Massachusetts, 1969, http://www.hillaryclintonquarterly.com/documents/HillaryClintonThesis.pdf.
3. Dolly Kyle, *Hillary: The Other Woman* (Washington, DC: WND Books, 2016), p. 32.

第４章　高齢の社会主義者バーニー・サンダースが、大統領候補予定者のヒラリー・クリントンに挑戦する

1. Donald J. Trump, posted on Twitter, May 11, 2016, https://twitter.com/realDonaldTrump/status/730343346204508160?ref_src=twsrc%5Etfw.
2. Amy Chozick, "Hillary Clinton Announces 2016 Presidential Bid," *New York Times*, April 12, 2015, http://www.nytimes.com/2015/04/13/us/politics/hillary-clinton-2016-presidential-campaign.html?_r=0.
3. "Transcript: Hillary Clinton Announces Run for President. What she said in her highly anticipated video," *Bloomberg Politics*, April 13, 2015, http://www.bloomberg.com/politics/articles/2015-04-13/transcript-hillary-clinton-announces-run-for-president.
4. Amy Chozick, "Hillary Clinton, in Roosevelt Island Speech, Pledges to Close Income Gap," *New York Times*, June 13, 2016, http://www.nytimes.com/2015/06/14/us/hillary-clinton-attacks-republican-economic-policies-in-roosevelt-island-speech.html.
5. Sam Frizell, "Transcript: Read the Full Text of Hillary Clinton's Campaign Launch Speech," Time.com, June 13, 2015, http://time.com/3920332/transcript-full-text-hillary-clinton-campaign-launch/.
6. Jane Kasperkevic, "Hillary Clinton 2016 campaign rally on Roosevelt Island—as it happened," *Guardian*, June 13, 2015, https://www.theguardian.com/us-news/live/2015/jun/13/hillary-clinton-campaign-rally-new-york.
7. Anne Gearan, "How Hillary Clinton launched her campaign's latest phase," *Washington Post*, June 13, 2015, https://www.washingtonpost.com/news/post-politics/wp/2015/06/13/after-staying-small-hillary-clinton-goes-big-with-splashy-kick-off-rally-in-new-york/?utm_term=.91aa5fd8cea1.
8. Edwin J. Feulner, Ph.D., "Assessing the 'Great Society,'" Heritage Institute, June 30, 2014, http://www.heritage.org/research/commentary/2014/6/assessing-the-great-society.
9. Bill Chappel, "U.S. Students Slide in Global Rankings on Math, Reading, Science," NPR—New Jersey Public Radio, December 3, 2013, http://www.npr.org/sections/thetwo-way/2013/12/03/248329823/u-s-high-school-students-slide-in-math-reading-science.

10. Tim Mak, "Bernie's Past with the Far Far Far Left," *Daily Beast*, January 30, 2016, http://www.thedailybeast.com/articles/2016/01/30/bernie-s-past-with-the-far-far-far-left.html.
11. Katharine Q. Seelye, "As Mayor, Bernie Sanders Was More Pragmatist than Socialist," *New York Times*, November 25, 2015, http://www.nytimes.com/2015/11/26/us/politics/as-mayor-bernie-sanders-was-more-pragmatic-than-socialist.html.
12. Chris Cillizza, "Bernie Sanders isn't going to be president. That's not the point," *Washington Post*, April 29, 2015, https://www.washingtonpost.com/news/the-fix/wp/2015/04/29/bernie-sanders-isnt-going-to-be-president-but-he-matters-anyway/?utm_term=.9676d40fec8c.
13. Ben Terris, "Bernie Sanders: 'Now is not the time for thinking small,'" *Washington Post*, May 26, 2015, https://www.washingtonpost.com/news/post-politics/wp/2015/05/26/bernie-sanders-speaks-to-thousands-at-first-big-campaign-rally-now-is-not-the-time-for-thinking-small/?utm_term=.bf0bbac31073.
14. Russell Berman, "Bernie Sanders Launches His Vermonster Campaign," *The Atlantic*, May 26, 2016, http://www.theatlantic.com/politics/archive/2015/05/bernie-sanders-launches-his-run-for-president-in-2016/394118/.
15. Terris, op.cit.
16. Ibid.
17. "Text of Bernie's Announcement," Burlington, Vermont, May 26, 2016, BernieSanders.com, https://berniesanders.com/bernies-announcement/.
18. Eric Levitz, "Entitled Millennial Workers of the World Unite!" *New York Magazine*, February 4, 2016, http://nymag.com/daily/intelligencer/2016/01/entitled-millennial-workers-of-the-world-unite.html.
19. John Wagner, "Why Millennials love Bernie Sanders, and why that may not be enough," *Washington Post*, October 27, 2015, https://www.washingtonpost.com/politics/in-bernie-sanders-anxious-millennials-find-a-candidate-who-speaks-to-them/2015/10/27/923d0b74-66cc-11e5-9223-70cb36460919_story.html?utm_term=.b9042cd42c3c.
20. Cenk Uygur, "Why Millennials Love Bernie Sanders," *Huffington Post*, May 4, 2016, http://www.huffingtonpost.com/cenk-uygur/why-millennials-love-bernie_b_9839450.html.
21. Tony Lee, "Ed Klein: Obama Urging Biden to Make WH Run, Rejecting Meetings with Hillary," Breitbart.com, October 19, 2015, http://www.breitbart.com/big-government/2015/10/19/ed-klein-obama-urging-biden-to-make-wh-run-rejecting-meetings-with-hillary/.
22. Alex Seitz-Wald, "Elizabeth Warren: 'I'm not running and I'm not going to run,'" MSNBC, April 9, 2015, http://www.msnbc.com/msnbc/elizabeth-warren-gives-strongest-denial-presidential-run-yet#51859.
23. Coleen McCain Nelson and Peter Nicholas, "Joe Biden Decides not to Enter Presidential Race," *Wall Street Journal*, October 21, 2015, http://www.wsj.com/articles/joe-biden-decides-not-to-enter-presidential-race-1445444657. See also: Carol E. Lee, Colleen McCain Nelson, and Peter Nicholas, "How Joe Biden Decided Not to Run for President," *Wall Street Journal*, October 21, 2015, http://www.wsj.com/articles/how-joe-biden-decided-not-to-run-for-president-1445460995.
24. Coleen McCain Nelson, "Beau Biden, Son of Vice President Joe Biden, Dies at 46," *Wall Street Journal*, May 30, 2015, http://www.wsj.com/articles/beau-biden-vice-president-joe-bidens-elder-son-dies-at-age-46-1433037918.
25. David Lightman, "Inside Democratic Party, growing concerns about Clinton," *McClatchy DC*, August 27, 2015, http://www.mcclatchydc.com/news/politics-

government/election/article32561658.html. See also: Francesca Chambers, "Democrats worry that Hillary's not ready for 2016 as campaign clock ticks down and email-gate rages on," *Daily Mail*, March 12, 2015, http://www.dailymail.co.uk/news/article-2991933/Democrats-worry-Hillary-s-not-ready-2016-campaign-clock-ticks-email-gate-rages-on.html.

26. David Weigel, "Larry Lessig ends presidential campaign, citing unfair debate rules," *Washington Post*, November 2, 2015, https://www.washingtonpost.com/news/post-politics/wp/2015/11/02/larry-lessig-ends-presidential-campaign-citing-unfair-debate-rules/?utm_term=.bf9b856c3e5e.
27. Dan Merica, "Clinton to DNC: 'Party of Lincoln has become the party of Trump,'" CNN Politics, August 28, 2015, http://www.cnn.com/2015/08/28/politics/hillary-clinton-2016-dnc-meeting-minneapolis/.

第5章　第一ラウンド　ヒラリーは、サンダースに対して勝利を宣言する

1. Tara Golshan, "Donald Trump actually read his victory speech from a teleprompter. Here's the transcript," Vox.com, June 7, 2016, http://www.vox.com/2016/6/7/11880448/donald-trump-victory-speech-transcript.
2. Hadas Gold, "CNN's Dem debate draws a record 15.3 million viewers," *Politico*, October 14, 2015, http://www.politico.com/blogs/on-media/2015/10/democrat-debate-a-ratings-record-214784.
3. Dominic Patten, "Fox News Channel Wins GOP Debate with Record-Smashing Ratings," Deadline.com, August 7, 2015, http://deadline.com/2015/08/gop-debate-ratings-fox-donald-trump-megyn-kelly-1201495153/.
4. Lisa de Moraes, "CNN GOP Debate Draws Nearly 23 Million Viewers," Deadline.com, September 17, 2015, http://deadline.com/2015/09/cnn-gop-debate-record-ratings-20-million-viewers-1201531579/.
5. Brian Stelter, "Fox's GOP debate had record 24 million viewers," CNN Money, August 7, 2015, http://money.cnn.com/2015/08/07/media/gop-debate-fox-news-ratings/.
6. Julie Pace and Lisa Lerer, "Clinton, Sanders clash on guns, economy, foreign policy," Associated Press, October 14, 2015.
7. Patrick Healy, "After Months of Difficulties, a Night That Turned Clinton's Way," *New York Times*, October 14, 2015.
8. Associated Press, "Democratic debate on CNN draws 5.6 million viewers," April 15, 2016, https://www.yahoo.com/tv/democratic-debate-cnn-draws-5-6-million-viewers-194924581.html.
9. Michael O'Connell, "TV Ratings: 12th GOP Debate Drops to 11.9 Million Viewers on CNN," *Hollywood Reporter*, March 11, 2016, http://www.hollywoodreporter.com/news/tv-ratings-12th-gop-debate-874461.
10. Manuela Tobias and Nolan D. McCaskill, "Bernie Sanders wins Michigan in stunning upset," *Politico*, March 8, 2016, http://www.politico.com/story/2016/03/politico-breaking-news-sanders-wins-michigan-220460.
11. Carl Bialik, "Why the Polls Missed Bernie Sanders' Michigan Upset," FiveThirtyEight.com, March 9, 2016, http://fivethirtyeight.com/features/why-the-polls-missed-bernie-sanders-michigan-upset/.
12. "Hillary wears glasses on campaign trail for first time at late-night event in Las Vegas—after coughing fit and the admission she worries about her health," *Daily*

Mail, February 18, 2016, http://www.dailymail.co.uk/news/article-3452950/Hillary-wears-glasses-campaign-trail-time-late-night-event-Las-Vegas-coughing-fit-admission-worries-health.html.

13. "Hillary Clinton suffers from her THIRD public coughing fit while speaking about race relations in Harlem," *Daily Mail*, February 17, 2016, http://www.dailymail.co.uk/news/article-3450558/Hillary-Clinton-suffers-public-coughing-fit-two-years-speaking-race-relations-Harlem.html.
14. Tom Kertscher, "In Context: Hillary Clinton's 'What difference does it make' comment," *Politifact*, May 8, 2013, http://www.politifact.com/truth-o-meter/article/2013/may/08/context-hillary-clintons-what-difference-does-it-m/.
15. Amie Parnes, "Clinton breaks into coughing fit hours into Benghazi testimony," *The Hill*, October 22, 2015, http://thehill.com/blogs/blog-briefing-room/news/257843-clinton-breaks-into-coughing-fit-hours-into-benghazi-testimony.
16. Emily Smith, "Karl Rove: Hillary may have brain damage," *New York Post*, Page Six, May 12, 2014, http://pagesix.com/2014/05/12/karl-rove-hillary-clinton-may-have-brain-damage/.
17. Karen Tumulty, "Rove on Hillary Clinton: 'Of course she doesn't have brain damage,'" *Washington Post*, May 13, 2014, https://www.washingtonpost.com/news/post-politics/wp/2014/05/13/karl-rove-hillary-clinton-has-to-be-forthcoming-about-her-2012-health-episode/?utm_term=.abcaa4a87397.
18. "Hillary Clinton Hospitalized with Blood Clot," ABC News, December 30, 2012, http://abcnews.go.com/blogs/politics/2012/12/hillary-clinton-hospitalized-with-blood-clot/.
19. Press Release, "Judicial Watch: Email Reveals Top Aide Huma Abedin Warning State Department Staffer that Hillary Clinton Is "Often Confused," *Judicial Watch*, November 16, 2015, http://www.judicialwatch.org/press-room/press-releases/judicial-watch-email-reveals-top-aide-huma-abedin-warning-state-department-staffer-that-hillary-clinton-is-often-confused/.
20. Amy Chozick, "Finally, an Explanation for Hillary Clinton's Long Bathroom Break," *New York Times*, December 20, 2015, http://www.nytimes.com/politics/first-draft/2015/12/20/finally-an-explanation-for-hillary-clintons-long-bathroom-break/.
21. Alex Swoyer, "Law Enforcement Officials, Medical Professionals: There's Something Seriously Wrong with Hillary Clinton's Health," Breitbart.com, January 6, 2016, http://www.breitbart.com/big-government/2016/01/06/law-enforcement-officials-medical-professionals-theres-something-seriously-wrong-hillary-clintons-health/.
22. WikiLeaks Podesta email #11,562, Subject: "Fwd: Office," from Robby Mook to John Podesta, March 14, 2015, https://wikileaks.org/podesta-emails/emailid/11563. See also: Ezra Dulis, "WikiLeaks: Hillary Clinton Campaign Plans to Get Ahead of 'Hyper Sensitive' Health, Tax Issues," Breitbart.com,October 16, 2016, http://www.breitbart.com/2016-presidential-race/2016/10/16/wikileaks-hillary-clinton-campaign-health-hyper-sensitive/.
23. WikiLeaks email #29,549, Subject: "Re: Jeb," from Huma Abedin to Joel Benenson, April 21, 2015, https://wikileaks.org/podesta-emails/emailid/29549. See also: Andrew Stiles, "WikiLeaks: Huma Warned: Hillary 'Still Not Perfect in Her Head,'" *Headstreet*, October 25, 2016, http://heatst.com/politics/wikileaks-huma-hillary-cracked-head/.
24. Lisa Bardack, MD, "Healthcare Statement, RE: Hillary Rodham Clinton, Date of birth:10/26/47," letter dated July 28, 2015, https://m.hrc.onl/secretary/10-documents/01-health-financial-records/2015-07-28_Statement_of_Health_-_LBardack.pdf.

25. Heidi Evans, Daily News Staff Writer, "Hillary Clinton: My life at 60," *New York Daily News*, October 27, 2007, http://www.nydailynews.com/news/hillary-clinton-life-60-article-1.228020.
26. Jerome R. Corsi, "Hillary's Medications Could Explain Health Scares," WND.com, January 27, 2016, http://www.wnd.com/2016/01/hillarys-medication-could-explain-health-scares/.
27. Paul Joseph Watson, "WikiLeaks E-Mails: Hillary Looked Into Parkinson's Drug After Suffering 'Decision Fatigue,'" Invowars.com, August 23, 2016, http://www.infowars.com/wikileaks-e-mails-hillary-looked-into-parkinsons-drug-after-suffering-from-decision-fatigue/.
28. Jerome R. Corsi, "Doctor: Hillary's Mix of Old-Fashioned Meds Pose Risk," WND.com, February 2, 2016, http://www.wnd.com/2016/02/doctor-hillarys-mix-of-old-fashioned-meds-pose-risk/.
29. Becca Stanek, "Superdelegates explained," *The Week*, April 4, 2016, http://theweek.com/articles/615261/superdelegates-explained.
30. Rebecca Kaplan, "What is a superdelegate?" CBS News, February 25, 2016.
31. Alvin Chang, "What are Democratic superdelegates? A cartoon explainer," Vox.com, February 12, 2016, http://www.vox.com/2016/2/12/10978302/what-are-democratic-superdelegates.
32. Callum Borchers, "We need more questions like this one from Jake Tapper to Debbie Wasserman Schultz [video]," *Washington Post,* February 12, 2015, https://www.washingtonpost.com/news/the-fix/wp/2016/02/12/we-need-more-questions-like-this-one-from-jake-tapper-to-debbie-wasserman-schultz-video/?utm_term=.02fe04508f85.
33. Ben Norton, "Un-Democratic Party: DNC chair says superdelegates ensure elites don't have to run 'against grassroots activists,'" Salon.com, February 13, 2016, http://www.salon.com/2016/02/13/un_democratic_party_dnc_chair_says_superdelegates_ensure_elites_dont_have_to_run_against_grassroots_activists/.
34. Catherine Lucey and Lisa Lerer, Associated Press, "Eight years later, Clinton ready to break one glass ceiling," June 7, 2016.
35. Hope Yen, Associated Press, "Delegate math: Clinton wins, and how AP counts delegates," June 7, 2016.
36. "Text of Clinton's 2008 concession speech," *Guardian*, June 7, 2008, https://www.theguardian.com/commentisfree/2008/jun/07/hillaryclinton.uselections20081.
37. "Full Transcript of Hillary Clinton June 7 Victory Speech," *Blue Nation Review*, June 8, 2016, http://bluenationreview.com/full-transcript-of-hillary-clintons-june-7-victory-speech/.
38. Erica Werner and Josh Lederman, Associated Press, "Sanders under pressure to quit as Democrats look to unite," June 9, 2016.
39. Clare Foran, "Bernie Sanders Signals the End," *The Atlantic*, June 9, 2015, http://www.theatlantic.com/politics/archive/2016/06/bernie-sanders-president-obama-white-house-hillary-clinton/486416/.
40. Catherine Lucey, Associated Press, "Sanders to back Clinton. Will supporters follow?" July 12, 2016.
41. Stewart Ledbetter, "Sen. Bernie Sanders ends bid, endorses Hillary Clinton for president," NBC Channel 5, July 13, 2016, http://www.mynbc5.com/article/sen-bernie-sanders-ends-bid-endorses-hillary-clinton-for-president/3327708.
42. Ben Norton, "'This system is so rigged' Outrage as undemocratic superdelegate system gives Clinton unfair edge over Sanders," Salon.com, April 12, 2016, http://www.salon.com/2016/04/12/this_system_is_so_rigged_outrage_as_superdelegate_system_undermines_democracy_giving_clinton_unfair_edge_over_sanders/.

43. "Sanders takes aim at 'rigged system' of superdelegates," Reuters, May 2, 2016, http://www.reuters.com/video/2016/05/02/sanders-takes-aim-at-rigged-system-of-su?videoId=368334396.
44. Nick Gass, "Clinton press secretary: Superdelegates can help Clinton clinch nomination by early June," *Politico*, April 14, 2014, http://www.politico.com/blogs/2016-gop-primary-live-updates-and-results/2016/04/hillary-clinton-needs-superdelegates-221943.
45. Calvin Woodward, "AP News Guide: Trump sweeps 5 states, Clinton wins 4," Associated Press, April 27, 2016.
46. Tom Cahill, "DNC Committee Rejects Amendments to Eliminate Superdelegates After Locking Sanders Delegates Out of the Room," *US Uncut*, July 23, 2016, http://usuncut.com/politics/dnc-rules-committee-superdelegates/.
47. Jon Queally, Staff Writer, "Establishment Wins Again as DNC Rules Committee Rejects Proposal to Abolish Superdelegates," July 23, 2016, http://www.commondreams.org/news/2016/07/23/establishment-wins-again-dnc-rules-committee-rejects-proposal-abolish-superdelegates.
48. Stephen Braun, Associated Press, "Hacked emails show Democratic Party hostility to Sanders," July 23, 2016.
49. WikiLeaks, "The DNC Email Database," Wikileaks.org, July 22, 2016, https://wikileaks.org/dnc-emails/.
50. Email from Brad Marshall, entitled "No shit," dated May 5, 2016, Wikileaks.org, "The DNC Email Database," email #7643, https://wikileaks.org/dnc-emails/emailid/7643.
51. Kristen East, "Top staffer apologizes for email on Sanders' religion," *Politico*, July 23, 2016, http://www.politico.com/story/2016/07/top-dnc-staffer-apologizes-for-email-on-sanders-religion-226072.
52. Email from Mark Paustenbach to Luis Miranda, entitled "Bernie narrative," dated May 21, 2016, Wikileaks.org, "The DNC Email Database," Email #11,056, https://wikileaks.org/dnc-emails/emailid/11056.
53. Michael Sainato, "WikiLeaks Proves Primary Was Rigged: DNC Undermined Democracy," *Observer*, July 22, 2016, http://observer.com/2016/07/wikileaks-proves-primary-was-rigged-dnc-undermined-democracy/.
54. Guccifer 2.0, "New DNC Docs," Guccifer2.wordpress.com, July 14, 2016, https://guccifer2.wordpress.com/2016/07/14/new-dnc-docs/.
55. Ryan Koronowski, "Debbie Wasserman Schultz Resigns from DNC in Wake of WikiLeaks Email Dump," ThinkProgress.org, July 24, 2016, https://thinkprogress.org/debbie-wasserman-schultz-resigns-from-dnc-in-wake-of-wikileaks-email-dump-d294bbdffb16#.y7ua949lt.

第6章　第二ラウンド　ヒラリーは、トランプ攻撃に転じる

1. Jenna Johnson, "At Florida rally, Trump resumes attacking 'Crooked Hillary Clinton,'" *Washington Post*, September 27, 2016, https://www.washingtonpost.com/news/post-politics/wp/2016/09/27/at-florida-rally-trump-resumes-attacking-crooked-hillary-clinton/?utm_term=.b4655a999321.
2. Jennifer Steinhauer, "Elizabeth Warren Endorses Clinton and Goes Taunt-for-Taunt with Trump," *New York Times*, June 9, 2016, http://www.nytimes.com/2016/06/10/us/politics/elizabeth-warren-hillary-clinton-donald-trump.html?_r=0.
3. Josh Blackman, "Donald Trump's Dangerous Attack on U.S. District Judge

Gonzalo Curiel and the 'Rigged' Federal Judiciary," *Josh Blackman's Blog*, May 27, 2016, http://joshblackman.com/blog/2016/05/27/donald-trumps-dangerous-attack-on-u-s-district-judge-gonzalo-curiel-and-the-rigged-federal-judiciary/.
4. Adam L. Silverman, "Senator Warren's Speech at the American Constitution Society," BalloonJuice.com, June 9, 2016, https://www.balloon-juice.com/2016/06/09/senator-warrens-speech-at-the-american-constitution-society/.
5. Jerome R. Corsi, "Attorneys Suing Trump U Paid $675,000 to Clintons for Speeches," WND.com, June 1, 2016, http://www.wnd.com/2016/06/attorneys-suing-trump-u-paid-675000-to-clintons-for-speeches/.
6. Rachel Stockman, "Guess Who Else Paid Out Big Bucks for Clinton Speeches? LawNewz.com, May 31, 2016, http://lawnewz.com/high-profile/guess-who-else-paid-out-big-bucks-for-clinton-speeches/.
7. Josh Gerstein, "Clintons made $25 million in speeches since 2014," *Politico*, May 15, 2015, http://www.politico.com/story/2015/05/bill-and-hillary-clinton-made-roughly-25-million-in-speeches-since-2014-118009.
8. Ibid.
9. Diana Hull, "La Raza-Chicano Activism in California," *The Social Contract Press*, Volume 9, Number 4 (Summer 1999), http://www.thesocialcontract.com/artman2/publish/tsc0904/article_766.shtml.
10. "National Council of La Raza (NCLR)," DiscoverTheNetworks.org, December 8, 2016, http://www.discoverthenetworks.org/printgroupProfile.asp?grpid=153.
11. Rosalind S. Helderman, "Trump agrees to $25 million settlement in Trump University fraud cases," *Washington Post*, November 18, 2016, https://www.washingtonpost.com/politics/source-trump-nearing-settlement-in-trump-university-fraud-cases/2016/11/18/8dc047c0-ada0-11e6-a31b-4b6397e625d0_story.html?utm_term=.64d1174f0f03.
12. Stone, Roger. "Trump U Is Nothing Compared To Laureate Education." *Daily Caller*. N.p., 2 June 2016. Web. <http://dailycaller.com/2016/06/02/trump-u-is-nothing-compared-to-laureate-education/>.
13. Peter Schweizer, "Bill Clinton Bagged $16 Million from Company that Received Millions from Hillary's State Department," Breitbart.com, August 5, 2015, http://www.breitbart.com/big-government/2015/08/05/bill-clinton-bagged-16-million-from-company-that-received-millions-from-hillarys-state-dept/.
14. Steven Salzberg, "For-Profit Colleges Encourage Huge Student Debt," *Forbes*, July 12, 2015, http://www.forbes.com/sites/stevensalzberg/2015/07/12/for-profit-colleges-encourage-huge-student-debt/#35f8f4db2a05.
15. Joanne P. Cavanaugh, "Sylvan's Fast Learners," *Johns Hopkins Magazine*, September 1998, http://pages.jh.edu/jhumag/0998web/sylvan.html.
16. Irvin Molotsky, "Encyclopedic Medical Card Shows the Worth of Young Ideas," *New York Times*, May 19, 1985, http://www.nytimes.com/1985/05/19/us/encyclopedic-medical-card-shows-the-worth-of-young-ideas.html.
17. Eric Owens, "Why are the Clintons hawking a seedy, Soros-backed for-profit college corporation?" *Daily Caller*, January 13, 2014, http://dailycaller.com/2014/01/13/why-are-the-clintons-hawking-a-seedy-soros-backed-for-profit-college-corporation/.
18. "Laureate International Universities Broadcasts Clinton Global Initiative's Annual Meeting," Laureate International Universities, Press Release, Sept, 24, 2013, http://www.laureate.net/NewsRoom/PressReleases/2013/09/Laureate-International-Universities-Broadcasts-Clinton-Global-Initiatives-Annual-Meeting.
19. "President Clinton Announces Program for the Fifth Annual Clinton Global Initiative University Meeting," Clinton Global Initiative, Press Release, March 8, 2012, http://press.clintonglobalinitiative.org/press_releases/president-clinton-

announces-program-for-the-fifth-annual-clinton-global-initiative-university-meeting/.
20. Jennifer Epstein, "Bill Clinton Leaves For-Profit College Position," *Bloomberg Politics*, April 24, 2015, http://www.bloomberg.com/politics/articles/2015-04-24/bill-clinton-leaves-for-profit-college-position.
21. Jerome R. Corsi, "Clinton For-Profit Education Scandal Dwarfs Trump U," WND.com, June 3, 2016, http://www.wnd.com/2016/06/clinton-for-profit-education-scandal-dwarfs-trump-u/.
22. Kevin McDermott, "Trump jeers at rivals, protesters, media in raucous St. Lois appearance," *St. Louis Post-Dispatch*, March 11, 2016, http://www.stltoday.com/news/national/govt-and-politics/trump-jeers-at-rivals-protesters-media-in-raucous-st-louis/article_6d17d069-5996-58a4-9fa3-70a032b820ad.html.
23. Ibid.
24. Sam Reisman, "Trump Tells Crowd to 'Knock the Crap Out' of Protesters, Offers to Pay legal fees," *Mediaite*, February 1, 2016, http://www.mediaite.com/online/trump-tells-crowd-to-knock-the-crap-out-of-protesters-offers-to-pay-legal-fees/.
25. Josh Feldman, "Trump on #BlackLivesMatter Protester at Rally: 'Maybe He Should Have Been Roughed Up,'" *Mediaite*, November 22, 2015, http://www.mediaite.com/tv/trump-on-blacklivesmatter-protester-at-rally-maybe-he-should-have-been-roughed-up/.
26. Jerem Diamond and Theodore Schleifer, CNN, "Trump supporters, protesters clash after Chicago rally postponed," CNN, March 12, 2016, http://www.cnn.com/2016/03/11/politics/donald-trump-chicago-protests/.
27. Jonathan Chait, "Donald Trump Poses an Unprecedented Threat to American Democracy," *New York Magazine*, March 13, 2016, http://nymag.com/daily/intelligencer/2016/03/trump-poses-unprecedented-threat-to-democracy.html.
28. Joe Tacopino, "Violent protesters force Trump to climb over wall to get to event," *New York Post*, April 29, 2016, http://nypost.com/2016/04/29/hundreds-of-protesters-gather-outside-trump-speech-after-night-of-violence/.
29. Jill Colvin and Russell Contreras, "Protests turn violent outside Trump rally in New Mexico," Associated Press, May 25, 2016, http://www.pbs.org/newshour/rundown/protests-turn-violent-outside-trump-rally-in-new-mexico/.
30. Ibid.
31. "The Latest: 4 arrested amid protests at Trump rally," Associated Press, May 25, 2016.
32. John Santucci, Candice Smith, and David Caplan, "Violence Breaks Out at Trump Rally in San Jose, Protesters Hurl Eggs, Throw Punches, Intimidate Supporters," ABC News, June 3, 2016, http://abcnews.go.com/Politics/violence-breaks-trump-rally-san-jose-protesters-hurl/story?id=39576437.
33. Paul Elias and Martha Mendoza, "San Jose, California police under fire after Trump rally," Associated Press, June 3, 2016, https://www.nexis.com/results/enhdocview.do?docLinkInd=true&ersKey=23_T25187897380&format=GNBFI&startDocNo=51&resultsUrlKey=0_T25187897399&backKey=20_T25187911100&csi=304481&docNo=64.
34. Sergey Gladysh, "Anti-Trump protests are paid and staged, Craigslist reveals," November 12, 2016, http://theduran.com/anti-trump-protesters-paid-staged-craigslist-reveals/.
35. Tim Hains, "James O'Keefe: Clinton Campaign, DNC Coordinate with Organizations to Incite Violence at Trump Events," *Real Clear Politics*, October 17, 2016, http://www.realclearpolitics.com/video/2016/10/17/new_okeefe_video_clinton_campaign_dnc_coordinated_with_organizations_to_beat_up_trump_supporters.html.

36. Victoria Taft, "Dem Operatives Admit on Hot Mic They Started Chicago Riot that Shut Down Trump Rally & That's Not All," *Independent Journal Review*, October 2016, http://ijr.com/2016/10/715882-dem-operatives-admit-on-hot-mic-they-started-chicago-riot-that-shut-down-trump-rally-thats-not-all/. See also: Joe Burgess, "69-year-old woman punched at Trump rally," *Asheville (NC) Citizen-Times*, http://www.citizen-times.com/story/news/local/2016/09/13/69-year-old-woman-punched-asheville-trump-rally/90301468/.
37. Valerie Richardson, "Democratic heads roll after video shows agitators planted at Trump rallies," *Washington Times*, October 18, 2016, http://www.washingtontimes.com/news/2016/oct/18/undercover-video-shows-democrats-saying-they-hire-/.
38. "Trump campaign: Video shows Clinton coordinated with liberal group to incite crowds," Fox News, October 25, 2016, http://www.foxnews.com/politics/2016/10/25/trump-campaign-video-shows-clinton-coordinated-with-liberal-group-to-incite-crowds.html.
39. David Brock, *Blinded by the Right: The Conscience of an Ex-Conservative* (New York: Crown, 2002).
40. Michelle Goldbert, "How David Brock Built an Empire to Put Hillary in the White House," *The Nation*, December 15–22, 2004 Issue, https://www.thenation.com/article/how-david-brock-built-empire-put-hillary-white-house/.
41. Ibid.
42. David Brock, *The Real Anita Hill* (New York: Free Press, 1993).
43. "David Brock Interview," National Public Radio, July 2, 2001, http://www.npr.org/programs/atc/features/2001/jul/010702.brock.html.
44. David Brock, *The Seduction of Hillary Rodham* (New York: Free Press, 1996).
45. Ibid., p. ix.
46. Jacob Laskin, "David Brock: Media Liar," *Front Page Magazine*, September 21, 2005, http://archive.frontpagemag.com/readArticle.aspx?ARTID=7186.
47. David Brock, "Confessions of a Right-Wing Hit Man," *Esquire*, July 1997, http://classic.esquire.com/confessions-of-a-right-wing-hit-man/.
48. Edward Helmore, "Once the scourge of Democrats, former Republican plays tough for Hillary Clinton," *Guardian*, November 2, 2014, https://www.theguardian.com/world/2014/nov/29/david-brock-former-republican-hitman-hillary-clinton.
49. Jonathan Turley, "Podesta Warned: 'I Hope Hillary Truly Understands Now How Batshit Crazy David Brock Is," JonathanTurley.org, November 4, 2016, https://jonathanturley.org/2016/11/04/podesta-warned-i-hope-hillary-truly-understands-now-how-batshit-crazy-david-brock-is/. See also: WikiLeaks Podesta Email #43904, email from Neera Tanden to John Podesta, dated February 11, 2015, https://wikileaks.org/podesta-emails/emailid/43904.
50. WikiLeaks Podesta Email #35061, email from John Podesta to Neera Tanden, Subject: "Re: Why?" May 13, 2015, https://wikileaks.org/podesta-emails/emailid/35061.
51. Maggie Haberman, "Hillary Clinton-Aligned Group Gets Closer to Her Campaign," *New York Times*, May 12, 2015, http://www.nytimes.com/politics/first-draft/2015/05/12/hillary-clinton-aligned-group-gets-closer-to-her-campaign/?ref=politics. See also: Matea Gold, "How a super PAC plans to coordinate directly with Hillary Clinton's campaign," *Washington Post*, May 12, 2016, https://www.washingtonpost.com/news/post-politics/wp/2015/05/12/how-a-super-pac-plans-to-coordinate-directly-with-hillary-clintons-campaign/?utm_term=.5a5186355f7b.
52. Amy Chozick, "As Trump and Clinton Clash, 2 Operatives Duke It Out

in Their Shadows," *New York Times*, May 23, 2016, http://www.nytimes.com/2016/05/24/us/politics/roger-stone-david-brock-trump-clinton.html.
53. Roger Stone and Robert Morrow, *The Clintons' War on Women* (New York: Skyhorse Publishing, 2016).
54. "FBI's Comey: Clinton 'extremely careless' about emails, but bureau will not advise criminal charges," Fox News, July 5, 2016, http://www.foxnews.com/politics/2016/07/05/fbi-recommends-no-charges-to-be-filed-against-clinton.html.
55. Edward Klein, "Bill Clinton's airport run-in with Loretta Lynch was no accident," *New York Post*, October 3, 2016, http://nypost.com/2016/10/03/book-details-how-team-obama-schemed-to-let-hillary-skate/.
56. Kevin Johnson, "Loretta Lynch, Bill Clinton meeting raises eyebrow," *USA Today*, June 30, 2016, http://www.usatoday.com/story/news/politics/elections/2016/06/30/loretta-lynch-bill-clinton-meeting/86555274/.
57. Ken Thomas and Eric Tucker, "Lynch meeting latest episode to strain Clinton trust," Associated Press, July 2, 2016.
58. Dan Balz, Chief Correspondent, "How everyone looks bad because Bill Clinton met with Loretta Lynch," *Washington Post*, July 2, 2016, https://www.washingtonpost.com/politics/how-everyone-looks-bad-because-bill-clinton-met-with-loretta-lynch/2016/07/02/a7807adc-3ff4-11e6-a66f-aa6c1883b6b1_story.html?utm_term=.3b02a44b3a3e.
59. Mike Gallagher, "Republican Presidential nominee @RealDonaldTrump is on today's Mike Gallagher Show," June 30, 2016, http://www.mikeonline.com/republican-presidential-nominee-realdonaldtrump-is-on-todays-mike-gallagher-show-mikeonline/.
60. Maggie Haberman, "Bill Clinton's Meeting with Loretta Lynch Causes Stir in Both Parties," *New York Times*, July 1, 2016, http://www.nytimes.com/2016/07/02/us/politics/bill-clinton-loretta-lynch.html.
61. "Hacker Targets Clinton Confidant in New Attack," *The Smoking Gun*, March 15, 2013, http://www.thesmokinggun.com/documents/sidney-blumenthal-email-hack-687341.
62. Matei Rosca, "EXCLUSIVE: Jailed hacker Guccifer boasts, 'I used to read [Clinton's] memos . . . and then do the gardening,'" Pando.com, March 20, 2015, https://pando.com/2015/03/20/exclusive-interview-jailed-hacker-guccifer-boasts-i-used-to-read-hillarys-memos-for-six-seven-hours-and-then-do-the-gardening/.
63. "Hacker Begins Distributing Confidential Memos Sent to Hillary Clinton on Libya, Benghazi Attack," *The Smoking Gun*, March 18, 2013, http://www.thesmokinggun.com/buster/sidney-blumenthal/hacker-distributes-memos-784091.
64. Pierre Thomas, Mike Levine, Jack Cloherty, and Jack Date, "Former CIA Head David Petraeus to Plead Guilty," ABC News, March 3, 2015, http://abcnews.go.com/Politics/cia-head-david-petraeus-plead-guilty/story?id=29340487.
65. Zeke J. Miller, "Transcript: Everything Hillary Clinton Said on the Email Controversy," Time.com, March 10, 2015, http://time.com/3739541/transcript-hillary-clinton-email-press-conference/.
66. FBI National Press Office, Washington, DC, "FBI Releases Documents in Hillary Clinton E-Mail Investigation," Press Release, September 2, 2016, https://www.fbi.gov/news/pressrel/press-releases/fbi-releases-documents-in-hillary-clinton-e-mail-investigation.
67. Jessie Hellmann, "FBI identifies 13 mobile devices Clinton potentially used to send emails," *The Hill*, September 2, 2016, http://thehill.com/blogs/ballot-box/

presidential-races/294319-fbi-report-clinton-possibly-used-13-mobile-devices-to.
68. Lauren Carroll, "FBI findings tear holes in Hillary Clinton's email defense," Politifact.com, July 6, 2016, http://www.politifact.com/truth-o-meter/statements/2016/jul/06/hillary-clinton/fbi-findings-tear-holes-hillary-clintons-email-def/.
69. Michelle Lee, "Fact check: Trump's claim Clinton destroyed emails after getting a subpoena from Congress," *Washington Post*, October 19, 2016, https://www.washingtonpost.com/politics/2016/live-updates/general-election/real-time-fact-checking-and-analysis-of-the-final-2016-presidential-debate/fact-check-trumps-claim-clinton-destroyed-emails-after-getting-a-subpoena-from-congress/?utm_term=.c0e0a15cf861.
70. Spencer S. Hsu, " FBI uncovers 14,900 more documents in Clinton email probe," *Washington Post*, August 22, 2016, https://www.washingtonpost.com/local/public-safety/fbi-uncovered-at-least-14900-more-documents-in-clinton-email-investigation/2016/08/22/36745578-6643-11e6-be4e-23fc4d4d12b4_story.html?postshare=3331471876111787&tid=ss_tw&utm_term=.c760c10246bb.
71. Press Release, "Judicial Watch Forced Out Email Showing Clinton Blamed Benghazi on 'Al Qaeda-like group' on Night of Attack," *Judicial Watch*, November 13, 2015, http://www.judicialwatch.org/press-room/press-releases/judicial-watch-litigation-forced-production-of-key-email-showing-hillary-clinton-blamed-benghazi-assault-on-al-qaeda-like-group-in-email-sent-to-daughter-on-night-of-september-11-att/.
72. David Horsey, "'GM is alive, Osama is dead' is Obama's answer to Republicans," *Los Angeles Times*, September 5, 2012, http://articles.latimes.com/2012/sep/05/nation/la-na-tt-obamas-answer-20120905.
73. Richard Benedetto, "Obama Got Pass on Benghazi, Thanks to Romney," *Real Clear Politics*, May 11, 2013, http://www.realclearpolitics.com/articles/2013/05/11/obama_got_pass_on_benghazi_thanks_to_romney_118361.html. See also: Deroy Murdock, "Hillary Clinton and Obama's Lies on Benghazi—Too Many to Count, but Let's Try," *National Review*, October 29, 2015, http://www.nationalreview.com/article/426289/hillary-clinton-and-obamas-lies-benghazi-too-many-count-lets-try-deroy-murdock.
74. Peter Schweizer, *Clinton Cash: The Untold Story of How and Why Foreign Governments and Businesses Helped Make Bill and Hillary Rich* (New York: HarperCollins Books, 2015).
75. "'Clinton Cash' Author: WikiLeaks Emails Confirm Clinton Foundation Pay-to-Play Allegations," Fox News, October 17, 2016, http://insider.foxnews.com/2016/10/17/clinton-cash-author-wikileaks-emails-confirm-clinton-foundation-pay-play-scam.
76. Jerome R. Corsi, *Partners in Crime: The Clinton's Scheme to Monetize the White House for Personal Profit*(Washington, DC: WND Books, 2016).
77. Rosalind S. Helderman, Tom Hamburger, and Steven Rich, "Clintons' foundation has raised nearly $2 billion—and some key questions," *Washington Post*, February 18, 2015, https://www.washingtonpost.com/politics/clintons-raised-nearly-2-billion-for-foundation-since-2001/2015/02/18/b8425d88-a7cd-11e4-a7c2-03d37af98440_story.html?utm_term=.3401e44107cb.
78. Jerome R. Corsi, "Clinton Foundation Auditor Also in Global Crossing Scandal," WND.com, October 27, 2016, http://www.wnd.com/2016/10/clinton-foundation-auditor-also-in-global-crossing-scandal/.
79. Chuck Ross, "WIKILEAKS Emails: Chelsea Clinton Acted Like a 'Spoiled Brat Kid,'" *Daily Caller*, October 10, 2016, http://dailycaller.com/2016/10/10/wikileaks-emails-chelsea-clinton-acted-like-a-spoiled-brat-kid/.

80. Email from Doug Band to John Podesta, dated November 16, 2016, Wikileaks.org, "Podesta Email File," Email #32,240, https://www.wikileaks.org/podesta-emails/emailid/32240#searchresult.
81. Kenneth P. Vogel, "Eric Braverman Tried to Change the Clinton Foundation. Then He Quit," *Politico*, March 1, 2015, http://www.politico.com/magazine/story/2015/03/clinton-foundation-eric-braverman-115598.
82. Isabel Vincent and Melissa Klein, "Clinton confidant cuts ties with the formidable family," *New York Post*, June 21, 2015, http://nypost.com/2015/06/21/clinton-confidant-cuts-ties-with-the-formidable-family/.
83. Email from Doug Band to John Podesta, dated November 17, 2016, Wikileaks.org, "Podesta Email File," Email #21,978, https://wikileaks.org/podesta-emails/emailid/21978#efmAALABKAD5AGdAGfAHV.
84. Paul H. Jossey, "Clinton Foundation memo reveals Bill and Hilary as partners in crime," *The Hill*, October 31, 2016, http://thehill.com/blogs/pundits-blog/presidential-campaign/303663-bill-and-hillary-partners-in-crime-literally.
85. Roger Stone, "Roger Stone: It's Time America Got Some Answers About Huma Abedin," Breitbart.com, June 13, 2016, http://www.breitbart.com/national-security/2016/06/13/roger-stone-its-time-america-got-some-answers-about-huma-abedin/.
86. "Huma Abedin," DiscoverTheNetworks.org, no date, http://www.discoverthenetworks.org/individualProfile.asp?indid=2556.
87. Ibid.
88. Andrew C. McCarthy, "The Huma Unmentionables," *National Review*, July 24, 2013, http://www.nationalreview.com/corner/354351/huma-unmentionables-andrew-c-mccarthy.
89. Andrew C. McCarthy, "Huma Abedin and the Muslim Brotherhood: Closely Connected," *PJ Media*, July 24, 2012, https://pjmedia.com/andrewmccarthy/2012/07/24/huma-abedin-and-the-muslim-brotherhood-closely-connected/?singlepage=true.
90. "Naseef optimistic about Rabita trust reactivation," *Arab News*, March 23, 2014, http://www.arabnews.com/news/544526.
91. Jorgen S. Nielsen, "Contemporary Discussions on Religious Minorities in Islam," *BYU Law Review*, Volume 2002, Issue 2, http://digitalcommons.law.byu.edu/cgi/viewcontent.cgi?article=2116&context=lawreview.
92. "Comprehensive List of Terrorists and Groups Identified Under Executive Order 13224," The Office of the Coordinator for Counterterrorism, U.S. Department of State, December 31, 2001, https://2001-2009.state.gov/s/ct/rls/fs/2001/6531.htm.
93. US District Court for the Southern District of New York: "In Re: Terrorist Attacks on September 11, 2001 (September 21, 2005), in "Developments in international law, prepared by the Editorial Staff of International Legal Materials, October 31, 2005," American Society of International Law, published in *International Law in Brief*, http://web.archive.org/web/20130906194225/http://www.asil.org/ilib051031.cfm.
94. "Treasury Department Statement on the Designation of Wa'el Hamza Julidan," Office of public Affairs, U.S. Department of the Treasury, September 6, 2002, https://www.treasury.gov/press-center/press-releases/Pages/po3397.aspx.
95. "Founders meet and form al-Qaeda," GlobalSecurity.org, no date, http://www.globalsecurity.org/security/profiles/founders_meet_and_form_al-qaeda.htm.
96. "Advisory editorial board," *Journal of Muslim Minority Affairs*, Volume 18, Issue 1, 1998, http://www.tandfonline.com/doi/abs/10.1080/13602009808716388.
97. Spencer Morgan, "Hillary's Mystery Woman: Who Is Huma?" Observer.com,

April 2, 2007, http://observer.com/2007/04/hillarys-mystery-woman-who-is-huma/.

98. "Property Detail, District of Columbia, Owner Huma Abedin," purchase price listed as $649,000, found on Photobucket.com, sale date of September 18, 2006, http://s242.photobucket.com/user/kayeyedoubledee/media/District_of_Columbia_Property_Detai.jpg.html.
99. Raymond Hernandez, "Questions on the Dual Role of a Clinton Aide Persist," *New York Times*, August 18, 2013, http://www.nytimes.com/2013/08/19/nyregion/questions-on-the-dual-role-of-a-clinton-aide-persist.html?ref=politics&_r=0.
100. John Solomon, "Hillary Clinton personally signed deal that let top aide collect two salaries," *Washington Times*, September 24, 2015, http://www.washingtontimes.com/news/2015/sep/24/hillary-clinton-signed-deal-let-huma-abedin-double/.
101. Chris Frates, "New company established 11 days before Huma Abedin left State Department," CNN Politics, August 19, 2015, http://www.cnn.com/2015/08/19/politics/hillary-clinton-huma-abedin-zainendeavors-llc/.
102. Benjamin Siegel, "Hillary Clinton's Top Aide Huma Abedin Questioned About Benghazi Attacks," ABC News, October 16, 2015, http://abcnews.go.com/Politics/hillary-clintons-top-aide-huma-abedin-grilled-benghazi/story?id=34508529.
103. Nina Burleigh, "Meet Huma Abedin, Mysterious Clinton Aide Whose Emails Might Change History," *Newsweek*, April 28, 2016, http://www.newsweek.com/2016/05/06/huma-abedin-hillary-clinton-anthony-weiner-453204.html.
104. Lee Stranahan, "The Truth About Huma Abedin that Media Matters Doesn't Want America to See," Breitbart.com, January 18, 2016, http://www.breitbart.com/big-government/2016/01/18/the-truthabout-huma-abedin-that-media-matters-doesnt-want-america-to-see/.
105. Katie McHugh, "Donald Trump Repeatedly Warned Anthony Weiner Was a Security Risk," Breitbart.com, October 29, 2016, http://www.breitbart.com/2016-presidential-race/2016/10/29/donaldtrump-repeatedly-warned-anthony-weiner-was-a-national-security-risk/.
106. Alex Swoyer, "Trump on Huma Abedin, Anthony Weiner: 'Just Another Example of Hillary Clinton's Bad Judgment," Breitbart.com, August 29, 2016, http://www.breitbart.com/2016-presidential-race/2016/08/29/trump-on-huma-abedin-anthony-weiner-just-another-example-of-hillary-clintons-bad-judgment/.
107. Jessica Chasmar, "Trump ally Roger Stone: Clinton aide Huma Abedin could be 'terrorist agent,'" *Washington Times*, June 13, 2016, http://www.washingtontimes.com/news/2016/jun/13/rogerstone-huma-abedin-top-clinton-aide-could-be-/.
108. "If not Hillary Clinton, who? 20 women who could shatter the glass ceiling," CBS News, no date, http://www.cbsnews.com/pictures/hillary-clinton-president-20-women-who-could-shatter-the-glassceiling/7/.

ロジャー・ストーン
Roger Stone
ドナルド・トランプとの40年来の親交があり、政治顧問を務める。共和党の政治参謀として、リチャード・ニクソン、ロナルド・レーガンの大統領選などに携わり、2016年大統領選ではトランプの当選に貢献する。ロシア疑惑捜査で逮捕され、7件の罪で起訴、有罪となる。トランプ大統領が収監直前に刑を免除、その後に恩赦となる。著書に『ケネディを殺した男』など、著者を描いたドキュメンタリー映画に『困った時のロジャー・ストーン』がある。

〔訳者〕**藤井幹久**
東京大学法学部卒。幸福の科学理事(兼)宗務本部特命担当国際政治局長。訳書に、アーサー・ラッファー、スティーブン・ムーア共著『トランポノミクス』『トランプ経済革命』(共に幸福の科学出版刊)。

トランプVSディープ・ステート　上巻

──世界を震撼させた米大統領選の真相──

2021年12月23日　初版第1刷

著　者　ロジャー・ストーン
訳　者　藤井幹久
発行者　佐藤直史
発行所　幸福の科学出版株式会社
〒107-0052　東京都港区赤坂2丁目10番8号
TEL 03-5573-7700
https://www.irhpress.co.jp/

印刷・製本　株式会社 研文社

落丁・乱丁本はおとりかえいたします

ISBN978-4-8233-0320-3 C0030

大川隆法 ベストセラーズ・世界の未来を考える

自由・民主・信仰の世界

日本と世界の未来ビジョン

国民が幸福であり続けるために──。未来を拓くための視点から、日米台の関係強化や北朝鮮問題、日露平和条約などについて、日本の指針を示す。

1,650円

大川隆法 思想の源流

ハンナ・アレントと「自由の創設」

ハンナ・アレントが提唱した「自由の創設」とは?「大川隆法の政治哲学の源流」が、ここに明かされる。著者が東京大学在学時に執筆した論文を特別収録。

1,980円

コロナ不況にどう立ち向かうか

コロナ・パンデミックはまだ終わらない──。東京五輪断行が招く二つの危機とは? 政府や自治体に頼らず、経済不況下を強靱に生き抜く「智慧」がここに。

1,650円

トランプは死せず

復活への信念

戦いはまだ終わらない──。退任後も世界正義実現への強い意志を持ち続けるトランプ氏の守護霊が、復活への構想や、リーダー国家・アメリカの使命を語る。

1,540円

幸福の科学出版

大川隆法「法シリーズ」・最新刊

メシアの法

「愛」に始まり「愛」に終わる

法シリーズ
第28作

「この世界の始まりから終わりまで、あなた方と共にいる存在、それがエル・カンターレ」──。現代のメシアが示す、本当の「善悪の価値観」と「真実の愛」。

第１章　エローヒムの本心
──善悪を分かつ地球神の教え

第２章　今、メシアが語るべきこと、なすべきこと
──人類史の転換点にある地球への指針

第３章　メシアの教え
──「神の言葉」による価値観を変える戦い

第４章　地球の心
──人類に霊的覚醒をもたらす「シャンバラ」

第５章　メシアの愛
──魂の修行場「地球」における愛のあり方

2,200円

幸福の科学の中心的な教え──「法シリーズ」

大川隆法著作 31年連続ベストセラー　好評発売中！

幸福の科学出版

※表示価格は税込10%です。